21 世纪汽车运用与维修系列规划教材

汽车机械基础

主　编　颜　宇　田秋荣　叶　芳

中国水利水电出版社
www.waterpub.com.cn

内 容 提 要

本书主要内容包括：制图的基本知识、标准件的画法、常用的公差与配合、零件图、装配图、汽车常用工程材料、汽车零件加工工艺、常用传动机构、机械传动、汽车液压传动、汽车常用机械零件。书中设立章前导读和章后小结，并设立了不同难易程度的习题，以方便读者学习和复习。本书面向高等职业教育，重在培养具有实践和创新能力的高等应用型人才。

本书可作为高职高专院校汽车运用技术专业、汽车检测与维修专业、汽车电子技术与控制专业、汽车整形技术专业、汽车定损与评估专业、汽车技术服务与营销专业的教学用书，也可作为成人高校、高专、夜大、职大、函大等的教学用书，还可作为自学者及工程技术人员的自学用书，以及普通高等院校相关专业的教学参考书。

本书配有免费电子教案，读者可以从中国水利水电出版社网站以及万水书苑下载，网址为：http://www.waterpub.com.cn/softdown/或 http://www.wsbookshow.com。

图书在版编目（CIP）数据

汽车机械基础 / 颜宇，田秋荣，叶芳主编. -- 北京
: 中国水利水电出版社，2012.4（2016.9重印）
21世纪汽车运用与维修系列规划教材
ISBN 978-7-5084-9516-3

Ⅰ. ①汽… Ⅱ. ①颜… ②田… ③叶… Ⅲ. ①汽车－机械学－高等职业教育－教材 Ⅳ. ①U463

中国版本图书馆CIP数据核字(2012)第033925号

策划编辑：杨庆川/宋俊娥　责任编辑：宋俊娥　加工编辑：孙　丹　封面设计：李　佳

书　　名	21世纪汽车运用与维修系列规划教材 汽车机械基础
作　　者	主　编　颜　宇　田秋荣　叶　芳
出版发行	中国水利水电出版社 （北京市海淀区玉渊潭南路1号D座　100038） 网址：www.waterpub.com.cn E-mail：mchannel@263.net（万水） sales@waterpub.com.cn 电话：（010）68367658（发行部）、82562819（万水）
经　　售	北京科水图书销售中心（零售） 电话：（010）88383994、63202643、68545874 全国各地新华书店和相关出版物销售网点
排　　版	北京万水电子信息有限公司
印　　刷	虎彩印艺股份有限公司
规　　格	184mm×260mm　16开本　19印张　463千字
版　　次	2012年4月第1版　2016年9月第3次印刷
印　　数	5001—5500册
定　　价	32.00元

前　　言

汽车作为一部特殊的大型机器，其维修行业在现代技术高速发展的今天变得越来越复杂，并伴随着越来越多的机械基础知识，现在的汽车维修人员必须掌握一定的相关知识。在教学过程中，可以理论联系实际，把汽车维修知识和机械基础知识穿插起来进行讲解，相互融合，使学生能够在短期内获得汽车维修所必需的各种知识，以便在以后的汽车维修过程中游刃有余。

本书主要内容包括：制图的基本知识、标准件的画法、常用的公差与配合、零件图、装配图、汽车常用工程材料、汽车零件加工工艺、汽车机械传动、汽车液压传动、汽车常用机械零件。书中设立章前导读和章后小结，并设立了不同难易程度的习题，以便读者学习和复习。本书紧密结合汽车专业知识，理论联系实践，对汽车制图、汽车材料、汽车机械基础知识进行详细讲解。

本书由山东技师学院的颜宇、田秋荣，山东凯文科技职业学院的叶芳任主编。第1～5章由叶芳编写，第6～9章由田秋荣编写，第10～11章由颜宇编写。全书由颜宇统稿。另外，丁风明、魏春均、窦磊、孙龙、刘振革、安世锋、曲金烨、曲佳佳、庞德旭、孟桂莲等为本书内容的编写提供了部分资料。

本书在编写过程中，除了参考所列文献外，还参考了许多国内外出版、发表的报刊、网站等相关内容，以及部分外文资料的内容，在此对原作者、编译者表示由衷的感谢。

由于编者的水平有限，书中难免会出现差错。恳请广大读者对本书提出宝贵的意见和建议，以便再版时能修订改正。

编　者

2011年5月

目　　录

第二部分 汽车材料

第一部分　汽车制图

第1章　制图的基本知识

本章导读

机械图样是设计、安装、维修机械设备，以及加工和检验零件的最基本的技术文件，为了便于技术管理、方便技术交流，国家标准给予了相关的规定，包括三投影面体系的建立、三视图的画法和尺寸标注，以及一些规定画法和简化画法等知识。本章主要介绍了正投影法及其投影特性、点的三面投影规律、立体的三面投影及表面取点、组合体的三面投影及尺寸标注、视图、剖视图、断面图、局部放大图以及常见的一些简化画法等内容。

本章要点

1. 正投影法的概念及基本特性。
2. 基本立体的三面投影，截交线、相贯线的性质。
3. 组合体的投影。
4. 机件形状的常用表达方法。

1.1　三投影面体系的基本知识

1.1.1　投影的基本知识

1. 投影的概念

物体在光线的照射下就会在平面上产生影子，这里的光源称为投射中心，光线称为投射线，平面称为投射面，这种得到形体轮廓的方法称为投影法。如图1-1所示，△*ABC*被光源*S*照射，在平面*P*上得到△*abc*。其中*S*称为光源，*SA*、*SB*、*SC*称为投射线，延长*SA*、*SB*、*SC*，分别与*P*面相交于*a*、*b*、*c*三点，连接*a*、*b*、*c*三点，得到的△*abc*就是△*ABC*在*P*面的投影。

2. 投影的分类

投影法按照投射方向是否平行，又可分为中心投影法和平行投影法。

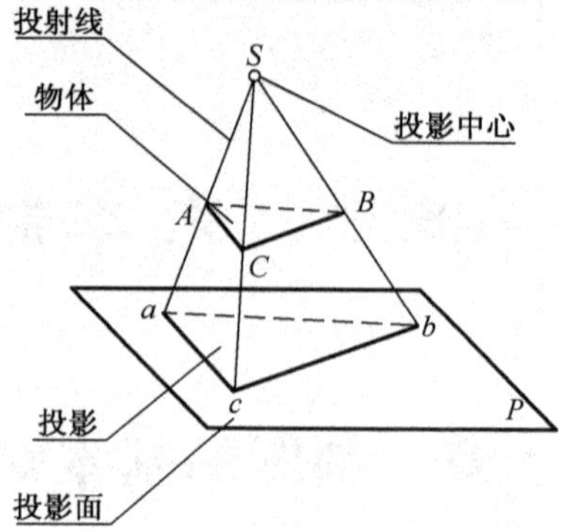

图 1-1　投影法

（1）中心投影法。投射线汇交成一点的投影法称为中心投影法。用中心投影法得到的投影称为中心投影，如图 1-1 所示。用中心投影法绘制的图形有立体感，工程上常用这种方法绘制建筑物的透视图，但中心投影法不能反映物体的真实形状和大小，所以不适宜绘制机械图样。

（2）平行投影法。投射线互相平行的投影法称为平行投影法。用平行投影法所得到的图形称为平行投影，如图 1-2 所示。根据投射线是否垂直投影面，又可将平行投影法分为斜投影法和正投影法。投射线倾斜于投影面的平行投影法称为斜投影法，如图 1-2（a）所示；投射线垂直于投影面的平行投影法称为正投影法，如图 1-2（b）所示。正投影法能够反映物体的真实大小和形状，而且作图简单，所以一般工程图样都采用正投影法来绘制。本书主要研究正投影法，若无特殊说明，所指的投影均指正投影。

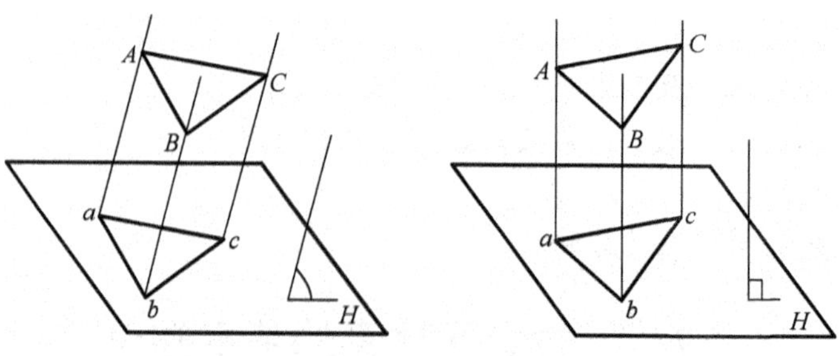

（a）斜投影法　　（b）正投影法

图 1-2　平行投影法

3. 正投影法的基本性质

正投影法和其他投影法相比有显著的优点，主要体现在以下三个方面：

（1）真实性。当平面（或直线）平行于投影面时，在投影面上得到的投影能够反映平面的真实形状（或直线的实际长度），这就称为正投影的真实性，如图 1-3 所示。

（2）积聚性。当平面（或直线）垂直于投影面时，在投影面上得到的投影积聚为一条直线（或积聚为一点），这就称为正投影的积聚性，如图 1-4 所示。

（3）类似性。当平面（或直线）与投影面倾斜时，在投影面上得到的投影比实际形状（或实际长度）小，但形状相似。即若平面是一个多边形，则其投影是一个缩小且边数相等的多边形，这就称为正投影的类似性，如图 1-5 所示。

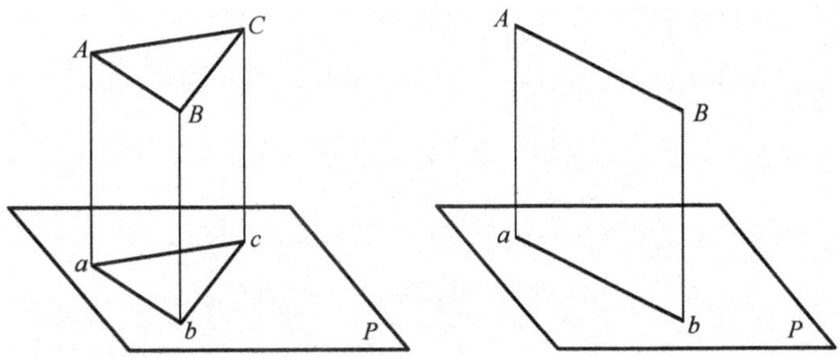

图 1-3　正投影的真实性

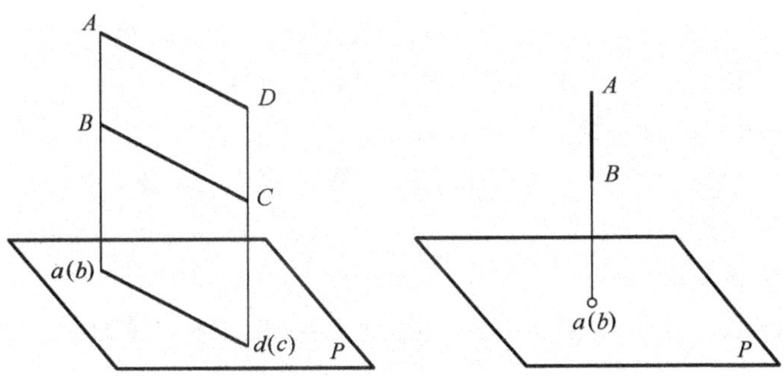

图 1-4　正投影的积聚性

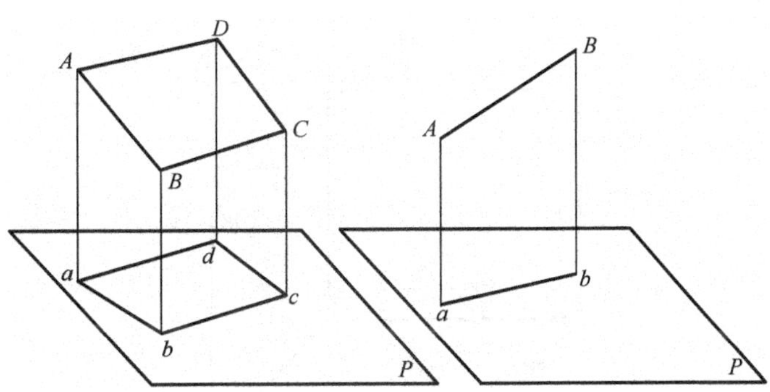

图 1-5　正投影的类似性

1.1.2　三投影面体系及三视图的形成

1. 两投影面体系

设立两个互相垂直的平面，如图 1-6 所示，用 H 和 V 表示，H 表示水平面，V 表示正平面，这两个平面就组成了两投影面体系，两投影面的交线称为投影轴，H 和 V 的交线称为 OX 轴。

在两投影面体系中，过空间点 A 分别向 H 面、V 面做垂线，分别交于点 a 和 a'，其中 a 点称为空间点 A 的水平投影，a'称为空间点 A 的正面投影。

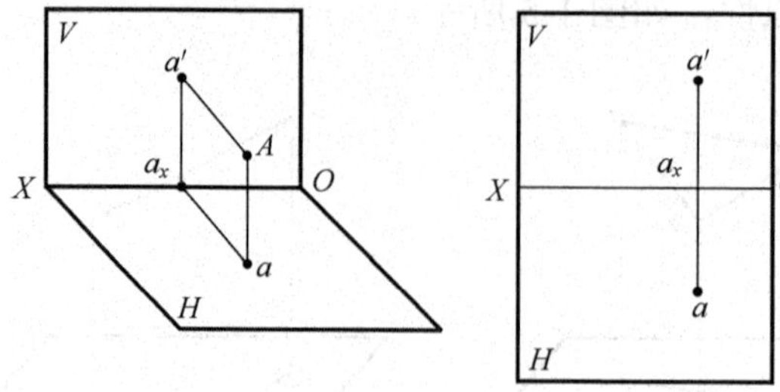

图 1-6　点在两投影面体系中的投影

在投影图中，空间点用大写字母表示，如 A，B，$C\cdots$，水平投影用相应的小写字母表示，如 a，b，$c\cdots$，正面投影用相应的小写字母加一撇表示，如 a'，b'，$c'\cdots$。

如图 1-6 所示，由 Aa、Aa'确定的平面 Aaa_xa'同时垂直于 H 面和 V 面，也垂直于 H 面和 V 面的交线 OX 轴，所以有 $aa_x \perp OX$，$a'a_x \perp OX$，当 a 随 H 面旋转至与 V 面共面时，依然有 $aa_x \perp OX$。因此，在投影图上 a、a_x、a'三点共线，即 $aa' \perp OX$。

由此得出两投影面的投影规律：

（1）点的水平投影 a 和点的正面投影 a'的连线垂直于 OX 轴，即 $aa' \perp OX$。

（2）点的投影到投影轴的距离等于该点到相邻投影面的距离，即 $aa_x=Aa'$，$a'a_x=Aa$。

2. 三投影面体系及点的投影

（1）三投影面体系。在两投影面体系的基础上再加上一个投影面，使这个投影面同时垂直于 H 面和 V 面，这个投影面我们称之为侧平面，简称侧面，用 W 表示，这样便构成了三投影面体系。如图 1-7 所示，三个投影面两两垂直并相交，形成了 OX 轴、OY 轴、OZ 轴，这三个投影轴的交点 O 称为原点。

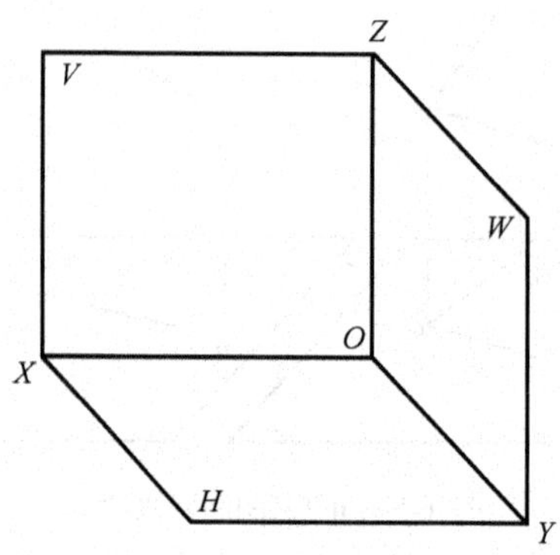

图 1-7　三投影面体系

（2）点在三投影面体系中的投影。过空间点 A 分别作垂直于 H 面、V 面、W 面的投射线，交点分别为 a、a'、a''（注：点在侧面的投影用相应的小写字母加两撇表示，如 a''，b''，$c''\cdots$），交点即为空间点 A 在三个投影面上的投影。其中投射线 Aa 和 Aa''构成的平面与 OY 轴相交，交点为 a_y，同样，投射线 Aa'和 Aa''构成的平面与 OZ 轴相交，交点为 a_z。现将 H 面绕 OX 轴向下旋转 90°，将 W 面绕 OZ 轴向右旋转 90°，此时，H、V、W 三面在一个投影面上，如图 1-8 所示，即为点 A 的三面投影图。

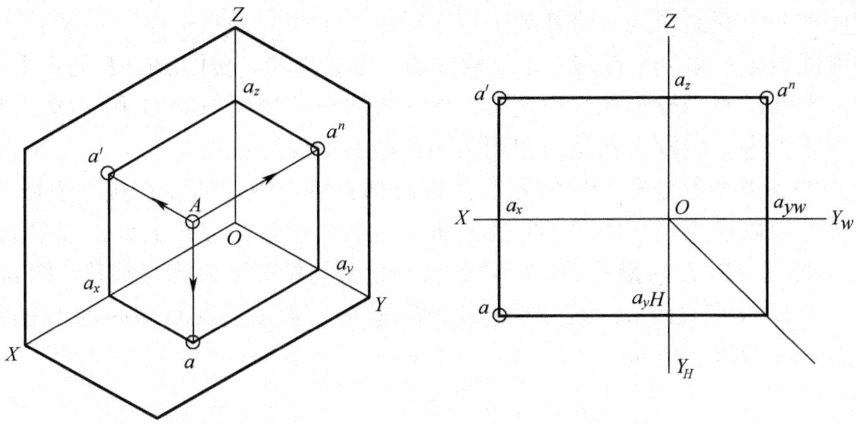

（a）直观图　　　　　　　　（b）展开图

图 1-8　点的三面投影

（3）点的三面投影规律。由点的两面投影规律可知，

$$Aa=a'a_x=a''a_y=a_zO$$
$$Aa'=aa_x=a''a_z=a_yO$$
$$Aa''=a'a_z=aa_y=a_xO$$

以上等式说明，点的投影反映空间点到各投影面的距离，因此，已知空间点，可以作出点的投影图；反之，若已知点的投影图，可以唯一确定该点的空间位置。

在投影面的展开图中可以得出以下关系式：

$$aa'\perp OX$$
$$a'a''\perp OZ$$
$$aa_x=a''a_z$$

上述关系式可概括为：

1）点的正面投影和水平投影的连线垂直于 OX 轴，即 $aa'\perp OX$ 轴。

2）点的正面投影和侧面投影的连线垂直于 OZ 轴，即 $a'a''\perp OZ$ 轴。

3）点的水平投影到 OX 轴的距离等于该点的侧面投影到 OZ 轴的距离。

在投影图中，为了表示 $aa_x=a''a_z$ 的关系，常用过原点 O 的 45°斜线或用以 O 点为圆心的圆弧把点的水平投影和侧面投影连接起来。

1.2　基本立体的投影

基本立体分为平面立体和曲面立体。表面均为平面的基本立体称为平面立体，常见的有棱柱、棱锥；表面由平面和曲面或完全由曲面组成的基本立体称为曲面立体。常见的曲面立体有圆柱、圆锥、球、圆环等。

1.2.1　平面立体的投影

1．棱柱

常见的棱柱有正三棱柱、正四棱柱和正六棱柱，如图 1-9（a）所示为一个正三棱柱，由三个矩形棱面和两个底面围成。将其放平摆正后，上下底面为水平面，其水平投影反映实形，正面投影和侧面投影积聚为直线段。正三棱柱的三个棱面中，棱面 *BCFE* 为正平面，在正面的投影反映实际形状，水平投影和侧面投影积聚为直线段。棱面 *ABCD* 和 *ADFE* 为铅垂面，在水平面的投影积聚为直线段，在正面和侧面的投影有类似性。

由于棱柱的各表面都处在特殊位置，其投影都有特殊性，所以在棱柱表面取点，其原理和方法与在平面内取点相同。如图 1-9（b）所示，已知棱面 *ADFE* 上点 *M* 的正面投影 *m'*，求 *m* 和 *m''*。由于棱面 *ADFE* 为铅垂面，所以在水平面上的投影积聚为直线段，即 *ae*，点 *M* 在平面 *ADFE* 上，所以 *m* 在直线 *ae* 上，过 *m'* 向下做垂线，与 *ae* 的交点即为点 *M* 的水平投影 *m*，根据点的投影规律即可求出 *m''*。

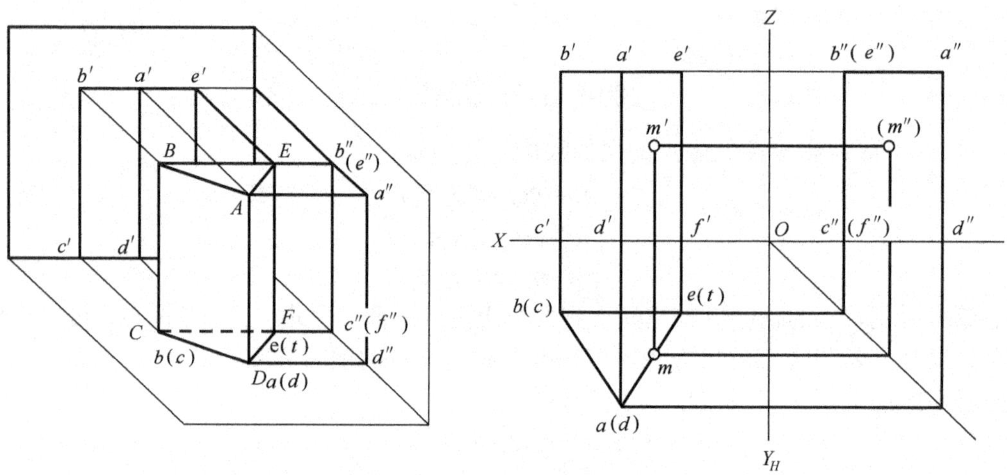

（a）直观图　　（b）三视图

图 1-9　正三棱柱的投影

2. 棱锥

常见的棱锥有正三棱锥和正四棱锥，如图 1-10（a）所示为一个正三棱锥，锥顶为 *S*，其底面为等边△*ABC*，是水平面。三个棱面为全等的等腰三角形，其中棱面△*SBC* 为侧垂面，在侧面的投影积聚为直线段，*BC* 为侧垂线，在侧面的投影积聚为一点。棱面△*SAB* 和△*SAC* 为一般位置平面，在各个投影面的投影具有类似性。

组成棱锥的表面可能是特殊位置平面，如△*SBC* 为侧垂面，△*ABC* 为水平面，也可能为一般位置平面，如△*SAB* 和△*SBC*。凡属于特殊位置表面上的点，其投影可利用平面投影的积聚性直接求得；对于一般位置上的点，可通过在该平面内做辅助线的方法求得。做辅助线的方法有如下两种：

（1）连接锥顶 *S* 和 *K* 两点并延长，与底边有交点，交点属于特殊位置点，可以直接求出交点的另外两面的投影，*K* 点在直线上，然后求出 *K* 点的另外两面投影，如图 1-10（b）所示。

（2）过点 *K* 在△*SAC* 上作 *AC*（*SA* 或 *SC*）的平行线，与 *SC* 交于 *E* 点，即作 *e'k'* // *a'c'*，*E* 的三面投影可以直接求出，再过 *e* 作 *ac* 的平行线即可求出 *k*，最后根据 *k*、*k'* 求出 *k''*。

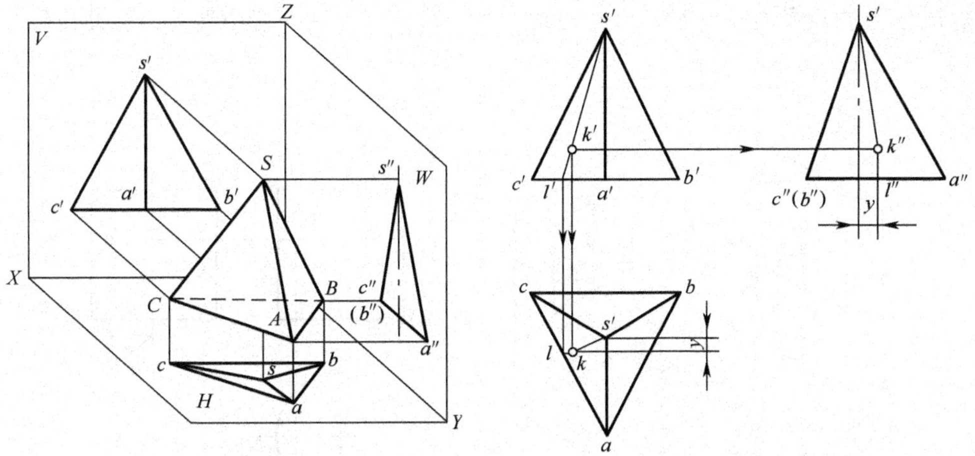

（a）直观图　　　　　　（b）三视图

图 1-10　正三棱锥的投影

1.2.2　回转体的投影

由回转面组成，或由回转面和平面组成的立体称为曲面立体。一动线（直线或曲线）绕另一固定直线旋转而成的曲面称为回转面。该动线称为母线，母线在回转体上的任一位置称为素线，固定直线称为轴线，母线上任意一点的运动轨迹都是圆，这个圆称为纬圆，它的半径是母线上的点至轴线的距离。纬圆所在的平面垂直于轴线。在曲面立体上，从某一方向进行投影，在这一方向上，可见与不可见的分界线称为转向轮廓线。

常见的回转体有圆柱、圆锥、球和圆环。

1. 圆柱

圆柱的表面由圆柱面和上下两底面组成。圆柱面可以看做是由直线绕与它平行的固定直线旋转而成。

圆柱的上下底面为水平面，在 *H* 面的投影反映实形，在正面和侧面的投影积聚为直线段，圆柱上下表面上所有点的正面投影和侧面投影都有积聚性。圆柱面的水平投影积聚为圆，圆柱面上的点的水平投影都积聚在这个圆周上。圆柱面的正面投影和侧面投影均为柱面转向轮廓线的投影。所以圆柱的正面投影和侧面投影为两个全等的矩形。

由于圆柱的面都是特殊位置面（平面和曲面），所以圆柱表面的点都可利用积聚性求得。如图 1-11 所示，已知圆柱上一点 *M* 的正面投影 *m*′，求 *m* 和 *m*″。由于 *m*′在矩形框内，得到点 *M* 在圆柱的柱面上，圆柱的柱面在水平面上的投影积聚为一个圆，由于 *m*′可见，所以点 *M* 在圆柱的前半个柱面上，因此水平投影 *m* 在前半个圆上，过 *m*′向下做垂线，与前半个圆的交点即为 *M* 点的水平投影 *m*，再根据点的投影规律求出 *m*″，且 *m*″不可见。

2. 圆锥

圆锥体的表面由圆锥面和底面组成。圆锥面可以看成是母线绕与其相交的轴线旋转而成。

如图 1-12 所示，圆锥的底面为水平面，在 *H* 面的投影反映实形，底面的正面投影和侧面投影积聚为直线段。圆锥面的水平投影为圆，正面投影和侧面投影是两个全等的等腰三角形，没有积聚性，两腰为圆锥面转向轮廓线的投影。因此，在圆锥表面取点，除了底圆上的点和锥面转向轮廓线上的点具有特殊性，可直接求出外，其他点都是一般位置点，必须作辅助线才能求出。

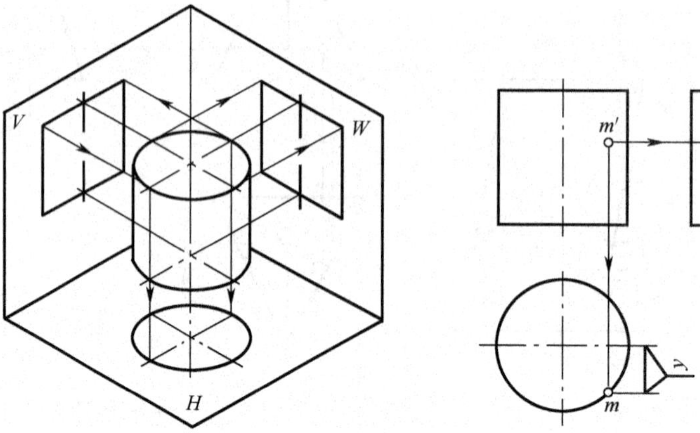

图 1-11 圆柱的三面投影

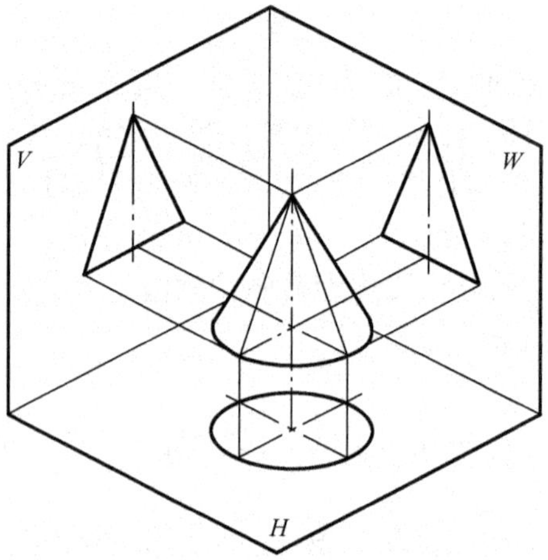

图 1-12 圆锥的三面投影

已知圆锥面上有一点 M 的正面投影 m'，求 m、m''，有两种作辅助线的方法：

（1）辅助线法。连接锥顶 S 和 M 两点并延长，与底面交点为 A。如图 1-13 所示，在三投影面体系中，连接 $s'm'$ 并延长与底边的交点为 a'，过 a' 向下作垂线与底圆有两个交点，由于 a' 可见，所以与前半个圆的交点为 A 点的水平投影 a，然后连接 sa，m 在直线 sa 上，过 m' 向下作垂线，与 sa 的交点即为 M 点的水平投影 m，再根据点的投影规律求出 m''，且 m'' 可见。

（2）辅助圆法。在圆锥面上过 M 点作垂直于轴线的纬圆，纬圆的正面投影和侧面投影均积聚为直线段，M 点的这两个面的投影必在直线段上。纬圆的水平投影反映实形，M 点的水平投影在此圆上。如图 1-14 所示，过 m' 作一条水平线与三角形的两条边交于 a'、b'，线段 $a'b'$ 即为过 M 点的纬圆的正面投影，纬圆的水平投影为圆，圆的直径为线段 $a'b'$ 的长度，以 s 点为圆心，以 $a'b'$ 的长度的一半为半径画圆，然后过 m' 向下作垂线，与前半个圆的交点即为 M 点的水平投影 m，根据点的投影规律即可求出 m''。

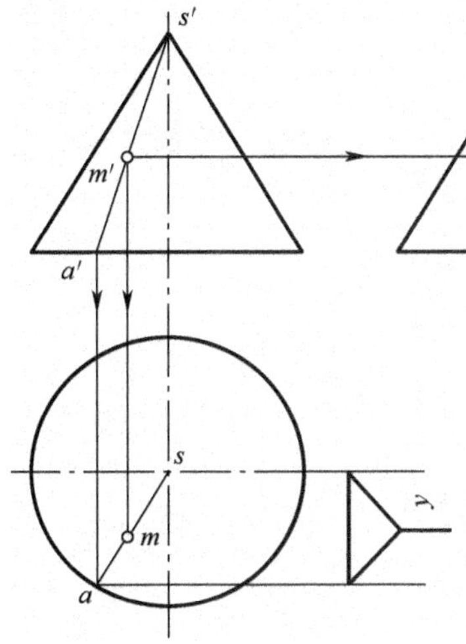

图 1-13　用辅助线法求圆锥表面点的投影

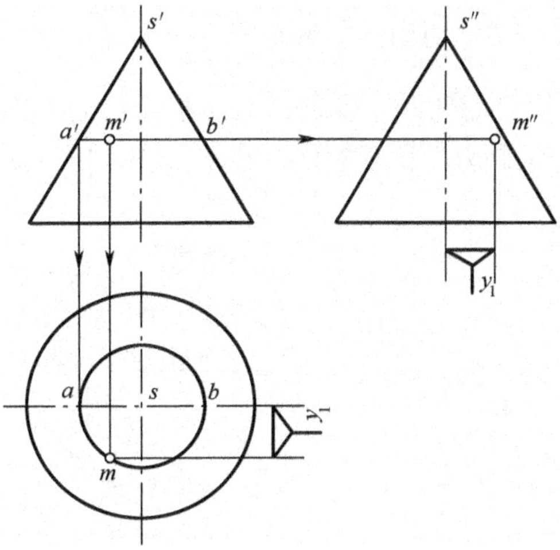

图 1-14　用辅助圆法求圆锥表面点的投影

3．圆球

圆球可以看成是由一母线圆绕其直径旋转而成。

圆球的三面投影均为与球直径相等的圆，分别是圆球对三个投影面的转向轮廓线圆的投影，均无积聚性。所以在圆球表面上取点，除特殊位置点可直接求出之外，其余处于一般位置的点需要作辅助圆来求，作辅助圆的方法有三种：水平圆、正平圆和侧平圆。

已知圆球表面上 *M* 点的正面投影 *m*′，求其水平投影 *m* 和侧面投影 *m*″。

过点 *M* 作一水平圆，该辅助圆的正面投影和侧面投影积聚为直线段，水平投影反映实际形状。如图 1-15 所示，在三视图中过 *m*′作一条水平线与正面投影圆交于 *a*′、*b*′，线段 *a*′*b*′即为辅助圆的正面投影，以 *a*′*b*′长度的一半为半径，以 *O* 点为圆心画圆，此圆即为辅助圆的水平投影，由于 *m*′不可见，点 *M* 在后半个圆上，过 *m*′向下作垂线，与后半个圆的交点即为 *m*，且 *m* 不可见，根据点的投影关系即可求出 *m*″。

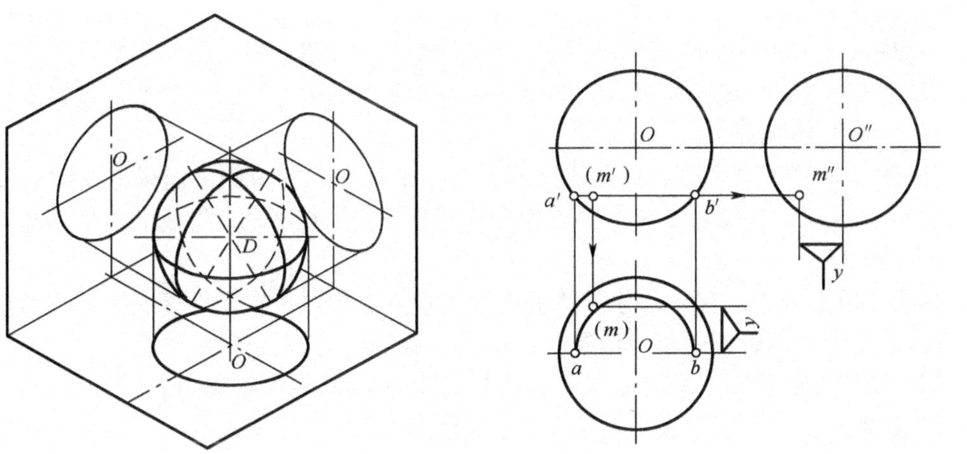

图 1-15　圆球的三面投影

1.2.3 切割体的投影

用平面切割立体，则该切割面称为截平面，截平面与立体表面的交线称为截交线，由截交线所围成的平面称为截断面，如图 1-16 所示。

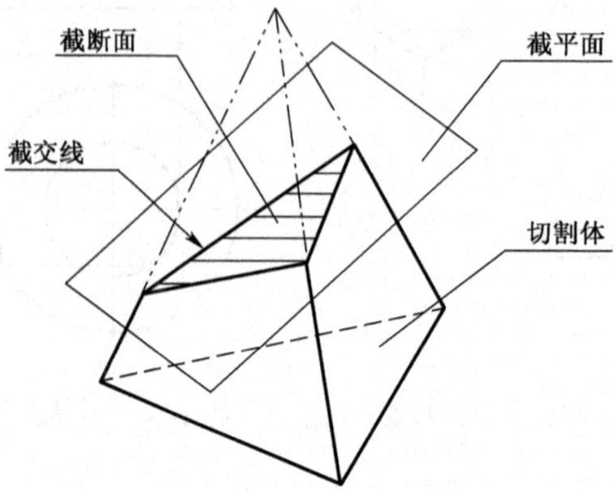

图 1-16 截平面与截交线

由于立体的形状各不相同，以及截平面和立体的相对位置不同，所以截交线的形状也各不相同。但截交线都具有以下两个基本特性：

（1）共有性。截交线是截平面与立体表面的共有线，截交线上的点是截平面与立体表面的共有点。

（2）封闭性。由于立体表面是封闭的，所以截交线是封闭的平面直线（或曲线），截断面是封闭的平面图形。

1. 平面立体的截交线

（1）棱柱。棱柱表面是由平面围成的，棱线为平行于轴线的直线，故截平面与平面立体表面相交，所得截交线的形状是平面多边形，截平面与棱线的交点为多边形的顶点，多边形的边是平面立体表面与截平面的交线。

（2）棱锥。棱锥的表面由平面围成，棱线为直线，故截平面与棱锥相交，所得到的截交线的形状是平面多边形，棱线与截平面的交点是多边形的顶点，多边形的边是棱锥表面与截平面的交线，如图 1-16 所示。

综上所述，求平面立体被切割后的投影主要是求截交线的投影，而求截交线的实质就是求两平面的交线，可以根据截交线的共有性和封闭性，利用棱线法，将线的投影转化为点的投影，具体步骤如下：

1）空间及投影分析。首先，分析截平面与切割体的相对位置，以便确定截交线的形状；其次，分析截平面与投影面的相对位置，以便确定截交线的投影特性。

2）画出截交线的投影。求出截平面与被截棱线的交点，并判断其可见性，然后依次连接各顶点成多边形。

3）完善各轮廓投影。

2. 曲面立体表面的截交线

（1）圆柱。由于圆柱表面的投影具有积聚性，圆柱面在与轴线垂直的投影面上有积聚性，端面在与轴线平行的投影面上有积聚性，所以可直接用积聚性求圆柱表面的截交线。根据截平面与圆柱轴线的相对位置不同，所得到的截交线也不同，可能为矩形、圆、椭圆三种情况，如表 1-1 所示。

表 1-1　圆柱的截交线

分类	截平面平行于轴线	截平面垂直于轴线	截平面与轴线倾斜
立体图		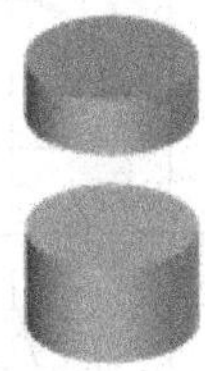	
三视图	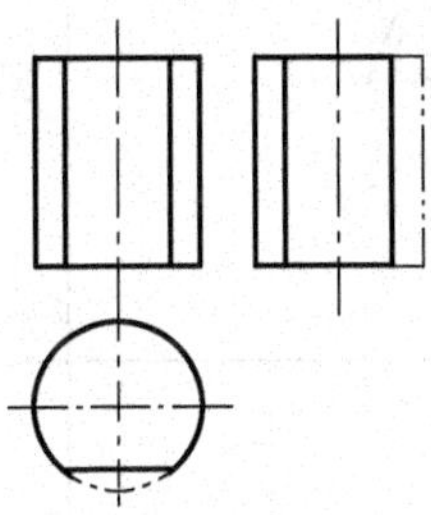	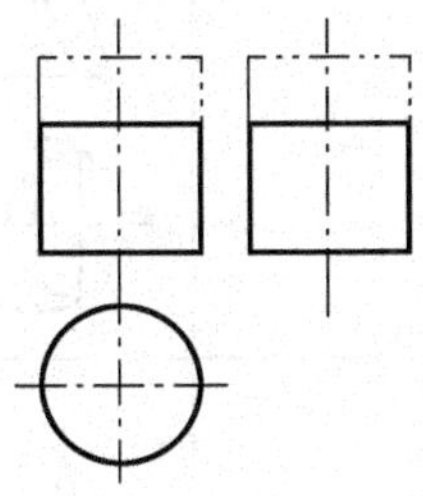	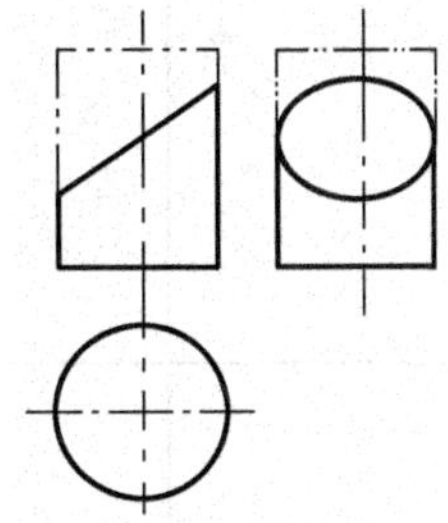
截交线形状	矩形	圆	椭圆

（2）圆锥。由于圆锥表面的投影没有积聚性，因而求圆锥表面的截交线不能像求圆柱表面的截交线那样直接利用投影规律求点的投影。截平面与圆锥轴线的相对位置不同，其截交线的形状也不同，具体如表 1-2 所示。

表 1-2　圆锥的截交线

分类	立体图	三视图	截交线形状
截平面垂直于轴线	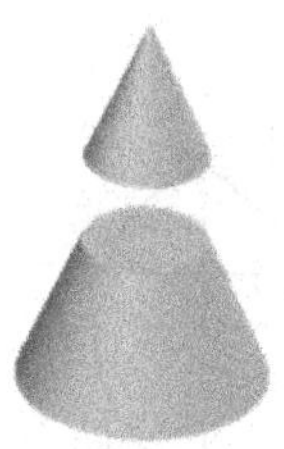	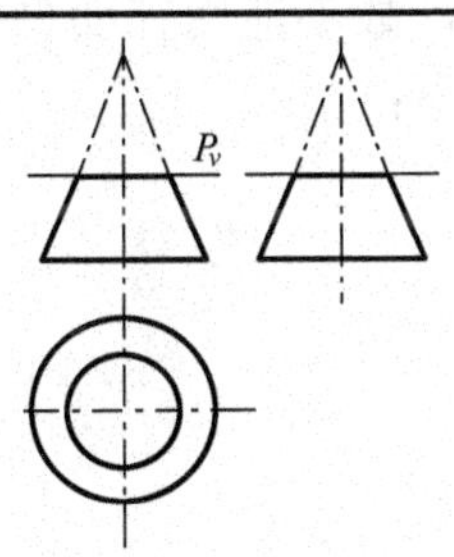 	圆
截平面倾斜于轴线（$\theta>\alpha$）	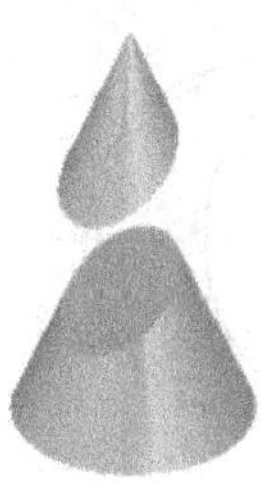	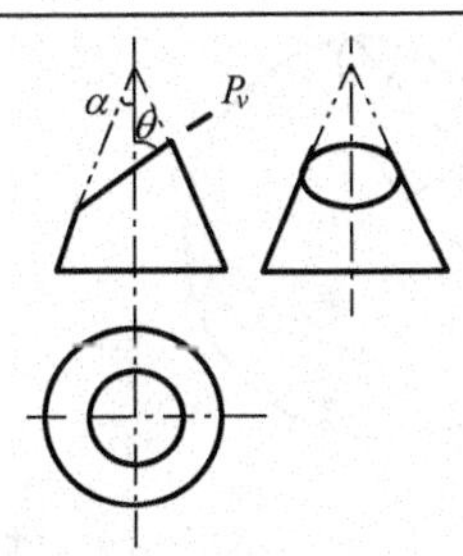 	椭圆

续表

分类	立体图	三视图	截交线形状
截平面平行于轴线	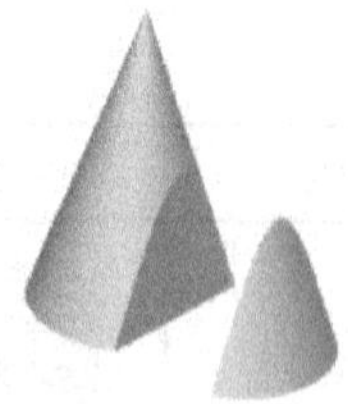	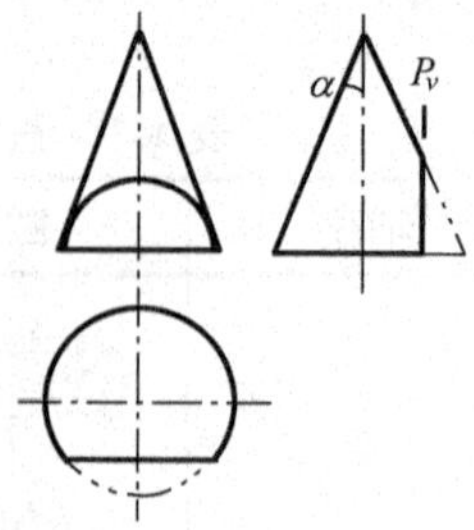	双曲线
截平面平行于一条素线	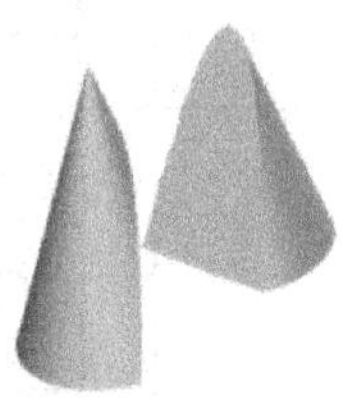	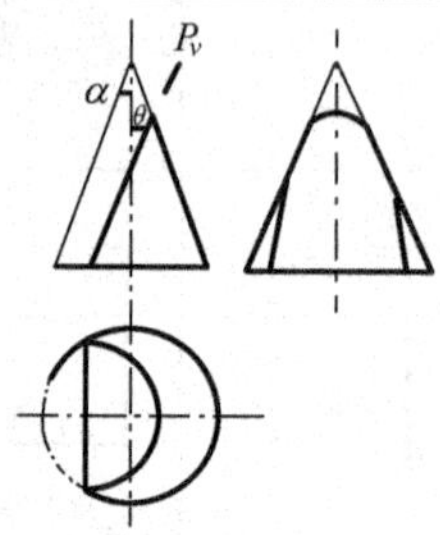	抛物线
截平面过锥顶（θ=α）	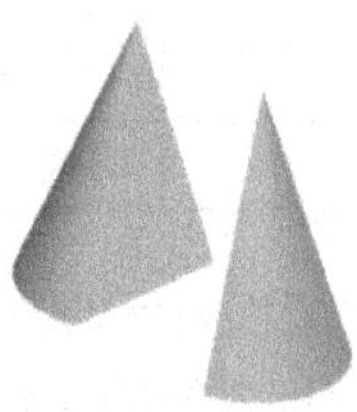	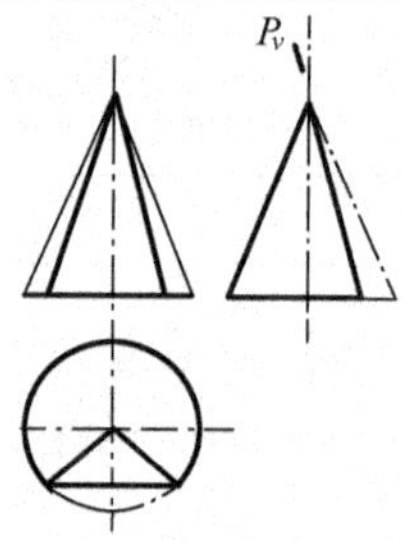	三角形

（3）圆球。从空间形状来看，球体被任何平面切割，截交线都是圆，但由于截平面的相对位置不同，其截交线的投影可能是直线、圆或椭圆。

由于球体表面没有直线，故不能用辅助直线法求球体表面的截交线。如图 1-17 所示，求球体表面的截交线的步骤如下：

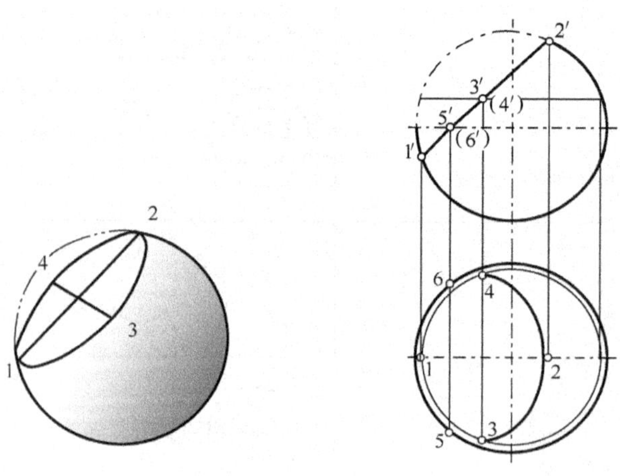

图 1-17　圆球的截交线

1）求截断面上特殊位置点的投影。如最前、最后、最高、最低、最左或最右，具体如图 1-17 中的点 1、2、3、4。

2）当截平面为投影面平行面时，可直接利用积聚性和真实性求出其投影；当截平面为投影面垂直面时，用辅助平面（水平面、正平面或侧平面）法求截交线上一般位置点的投影，如图 1-17 中的点 5、6。

综上所述，求曲面体截交线的实质是求截平面与曲面上被截各素线的交点，然后依次光滑连接。其步骤和求平面立体截交线的步骤类似，但是当截交线的投影为非圆曲线时，要先找特殊点，如外形素线上的点和极限位置点，然后通过作辅助线或辅助圆的方法找出几个一般位置点的投影，用光滑的曲线顺次连接各点，即可得到截交线的投影。

1.2.4　相贯体的投影

一般的零件往往不是单一、完整的基本体，而是由几种基本体进行切割或相交而成。两个立体相交，其表面就会产生交线，相交的立体称为相贯体，它们的交线称为相贯线。由于两立体的形状不一样、大小不一样、相对位置也不同，因而相贯线的形状也各不相同，但都有以下两个基本性质：

（1）共有性。相贯线是两立体表面的共有线，也是两立体表面的分界线，相贯线上的点一定是两相交立体表面的共有点。

（2）封闭性。由于立体的表面是封闭的，所以相贯线一般都是封闭的。

立体相贯可以分为平面立体的相贯、曲面立体的相贯、平面立体和曲面立体的相贯，相贯线分别为直线、曲线、直线和曲线所围成的封闭的空间图形，如图 1-18 所示。因此，求两立体的相贯线实际上可以看成是求立体表面的截交线。

（a）平面立体和曲面立体相贯　　（b）两曲面立体相贯

图 1-18　相贯线及零件示例

立体相贯有三种形式：实实相贯，如图 1-19（a）；虚实相贯，如图 1-19（b）；虚虚相贯，如图 1-19（c）。

（a）实实相贯　　（b）虚实相贯　　（c）虚虚相贯

图 1-19　立体相贯的三种形式

1. 平面体和曲面立体相贯

如图 1-18（a）所示，平面体和曲面立体相贯，相贯线是由若干段平面曲线（或直线）所组成的空间折线，每一段是平面体的棱面与曲面立体表面的交线。所以，求交线的实质是求各棱面与曲面立体表面的截交线，具体步骤为：

（1）分析各棱面与曲面立体表面的相对位置，从而确定交线的形状。

（2）求出各棱面与曲面立体表面的截交线。

（3）连接各段交线，并判断其可见性。

2. 曲面立体相贯

如图 1-18（b）所示，曲面立体相贯，相贯线一般为光滑封闭的空间曲线，它是两曲面立体表面的共有线。所以，求相贯线主要是要求出一些关键点，然后用光滑的曲线顺次连接，可采用表面取点法和辅助平面法。

表面取点法是利用投影的积聚性直接找点，即为特殊位置点。当两个曲面立体中有一个或两个圆柱面，且轴线垂直于投影面时，利用圆柱面的积聚性求投影，其它投影可根据表面上取点的方法求出。

如图 1-20 所示，求两圆柱相交的相贯线。

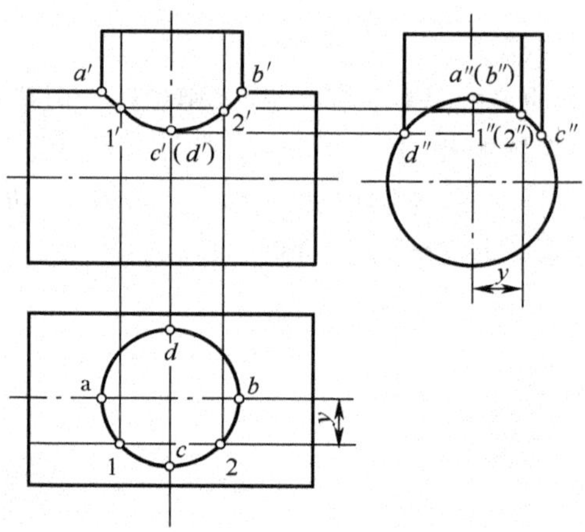

图 1-20　两圆柱相交相贯线的投影

由投影图可知，直径不同的两圆柱轴线垂直相交，相贯线为前后左右对称的空间曲线。由于大圆柱轴线垂直于 *W* 面，小圆柱轴线垂直于 *H* 面，所以，相贯线的 *W* 面投影为一段圆弧，*H* 面投影为圆，只有 *V* 面投影需要求。

作图步骤：先在相贯线的 *H* 面投影上找出最左、最右、最前、最后点 *A*、*B*、*C*、*D* 的投影 *a*、*b*、*c*、*d*，再在相贯线的 *W* 面投影上相应地作出 *a*″、*b*″、*c*″、*d*″，根据 *H* 面投影和 *W* 面投影再求出 *a*′、*b*′、*c*′、*d*′的投影。再求一般位置点，在已知相贯线的 *W* 面投影上任取一重影点 1″（2″），找出 *H* 面投影 1、2，然后作出 *V* 面投影 1′、2′。

由于相贯线的 *V* 面投影左右、前后对称，所以后面的相贯线与前面的相贯线重影，只需按顺序光滑连接前面可见部分的各点的投影，即完成作图。

辅助平面法是利用三点共面的原理，用辅助平面同时截断相贯的基本形体，找出两组截交线的交点，交点为辅助平面与基本形体表面的共有点，用多个辅助平面截切，可以得到多个这样的共有点，求出这些共有点的投影，最后将其连接成光滑的曲线，该曲线就是所求的相贯线。需要注意的是，所选择的辅助平面应为投影面平行面或垂直面，并使该面与两回转面交线的投影为直线段或圆。

如图 1-21 所示，以圆柱和圆锥相贯为例进行分析，求相贯线的投影。

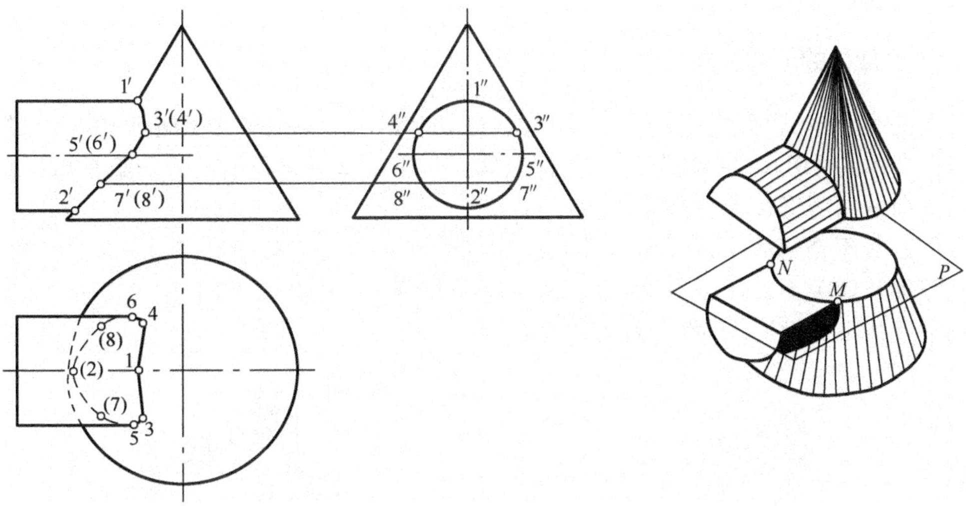

图 1-21　圆柱和圆锥相交相贯线的投影

分析：由图可见相贯线是一条封闭的空间曲线，且前后对称，所以相贯线的前半部分和后半部分的正面投影重合。由于圆柱的侧面投影积聚为圆，相贯线的侧面投影也必重合在这个圆上。因此，只需要作出相贯线的正面投影和水平投影。

作图步骤如下：

（1）求特殊位置点的投影。相贯线的最高点、最低点的侧面投影为 1″、2″，根据相贯线的共有性，可作出正面投影 1′、2′，根据投影关系作出水平投影 1、2。相贯线的最前点、最后点的侧面投影为 5″、6″，过 5″、6″作辅助水平面 P，P 平面与圆锥面的截交线的水平投影为圆，与圆柱面的截交线为圆柱的最前、最后转向轮廓线，在水平投影上用辅助圆法可求得水平投影 5、6，由于圆柱面前后对称，所以正面投影 5′、6′为重影点，根据投影关系作出正面投影 5′（6′）。

（2）求一般位置点的投影。在点 1、5 之间选作辅助水平面 Q，Q 平面与圆柱面交于两条平行直线，与圆锥面交于一个圆，共有点的侧面投影为 3″、4″，和求 5、6 点的方法一样，用辅助圆法求得水平投影 3、4，再根据投影关系求得 3′（4′）。同理求得 7″、8″，7、8 和 7′、8′。

（3）用光滑的曲线顺次连接各点的正面投影和水平投影，并整理轮廓线。

总结：求相贯线的方法与求截交线类似，具体步骤如下：

（1）找出一系列特殊位置点。

（2）求出一般位置点。

（3）判别可见性。

（4）顺次连接各点的同面投影。

（5）整理轮廓线。

1.3　组合体的投影

工程上使用的任何复杂的机件都可以看作由一些基本几何体组合而成，这种由若干个基本几何体组成的形体称为组合体。

1.3.1　组合体的形体分析

组合体的组合形式可以分为三种：叠加、挖切和综合。叠加式是指由两个以上基本体叠加而成的组合体；挖切式是指在基本几何体上切去若干基本几何体所组成的组合体；综合式为既有叠加也有挖切所形成的组合体。

组合体在其组合形式中，相邻表面间的相互位置有平齐（共面）、不平齐（不共面）、相切、相交四种位置关系，如图 1-22（a）中，基本体Ⅰ和Ⅲ的后表面平齐（共面），Ⅰ和Ⅱ的后表面不平齐（不共面），Ⅰ的上端和Ⅱ相交。

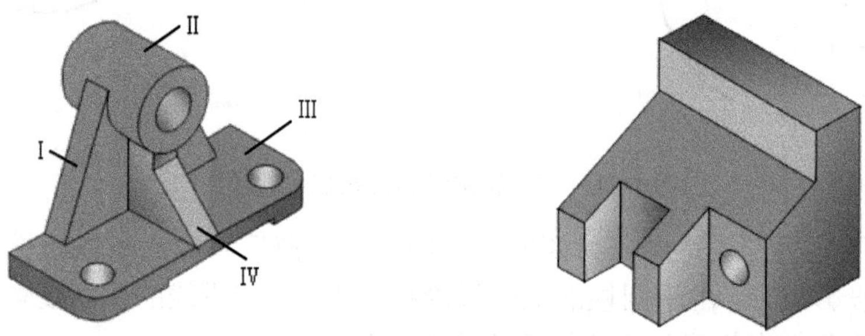

（a）综合式　　　　（b）挖切式

图 1-22　组合体的组合形式

当相邻两表面平齐（共面）时，两表面平齐处不应画分界线。当相邻两表面不平齐（不共面）时，两表面不平齐处应画出分界线。如图 1-23（a）所示，由俯视图可知，这两物体前后表面都平齐，所以在主视图中两表面的交界处没有分界线。如图 1-23（b）所示，由俯视图可知，这两物体前表面平齐，没有分界线，后表面不平齐，有分界线，所以在主视图中两表面的分界线用虚线绘制。

（a）前后表面平齐　　　　（b）前表面平齐，后表面不平齐

图 1-23　两表面平齐关系

当相邻两表面相切时，其相切处不应画线，如图 1-24 所示。当相邻两表面相交时，其相交处应画出交线，如图 1-25 所示。

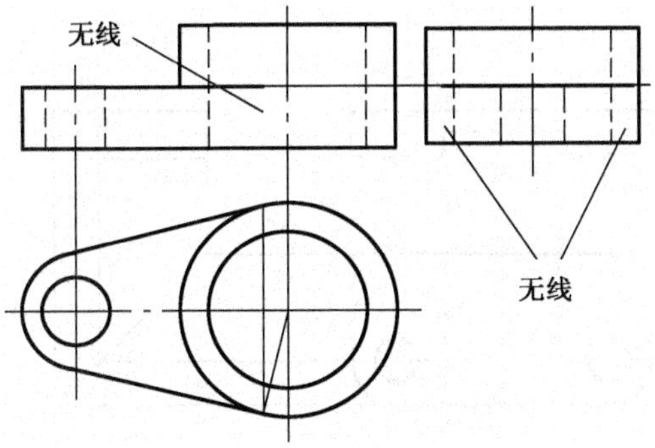

图 1-24　两表面相切

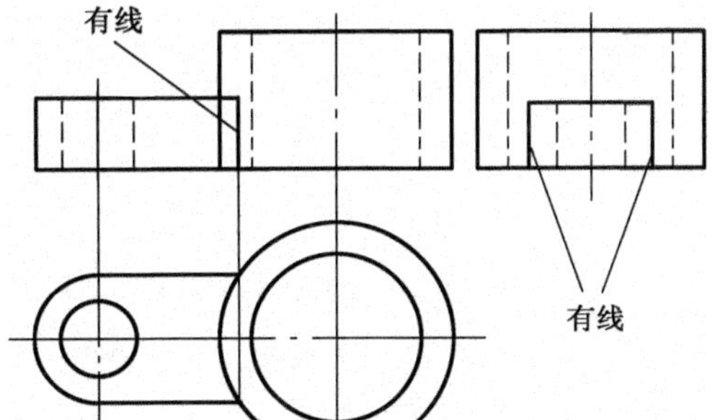

图 1-25　两表面相交

1.3.2　组合体三视图的画法

1. 形体分析

在画组合体视图之前，要先对组合体进行形体分析，了解组合体各基本形体的形状、组合形式、相对位置，以便把握组合体的整体结构，这种方法称为形体分析法。形体分析法就是假想将组合体分解成若干个基本体，然后弄清各基本形体的组合形式、相对位置及相邻两表面间的连接关系，从而达到了解整体的目的。

2. 选择主视方向

主视图是组合体视图的主要视图，画图时，先要确定主视图的投射方向。主视图的选择原则是将最能反映组合体的形状特征、基本形体的形状以及相对位置的投射方向作为主视图的投射方向，还要兼顾其他视图的清晰度，使其他视图中的虚线数量尽量少。

3. 选比例、确定图幅

用尺子量出组合体的总长、总宽、总高，计算出视图需占面积，同时还要考虑各视图之间要留有适当的间距和标注尺寸的空隙，然后按照国家标准选定适当的比例和图幅。一般情况下，为了使作图方便，尽量选用 1:1 的比例。

4. 布图、绘底稿

布置视图时，要使视图均匀地布置在图纸上，不要偏向某一方，更不要集中在图纸的一角，视图的四周都要留有一定的空间，要注意整体的美观。

绘底稿时要先绘制出确定各视图位置的基准线，然后按照组合体的形体分析绘图。绘图时要遵循这样一个原则：先画主要形体，后画细节；先画可见的图线，后画不可见的图线。绘制各基本形体时应先从明显反映形体特征的视图入手，并分析投影的对应关系，三个视图配合着一起画，以避免出错，确保投影关系正确，提高绘图速度。

5. 检查、加深

画完底稿后，应按形体逐个进行检查，补充遗漏的图线，擦去多余的图线，按照标准线型加深。

如图 1-26 所示为轴承座（见图 1-22（a））三视图的绘图步骤。

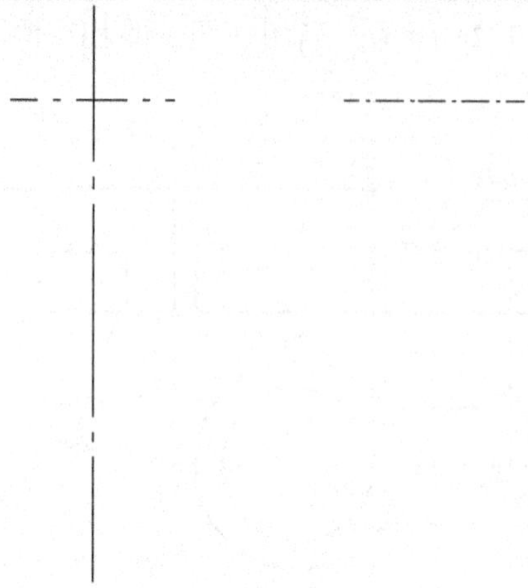

（a）画轴线、对称中心线和基准线

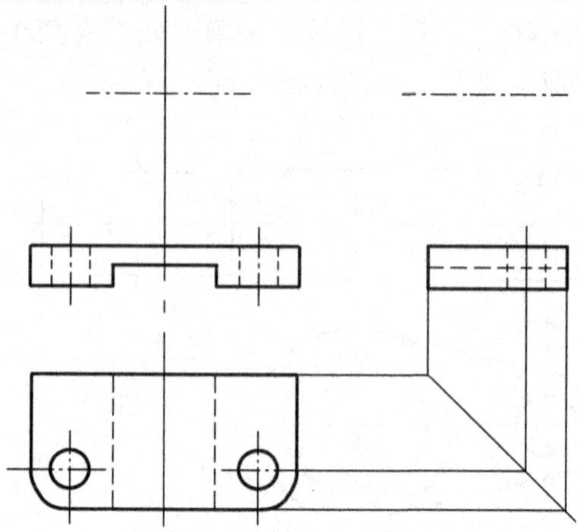

（b）画底板的三视图

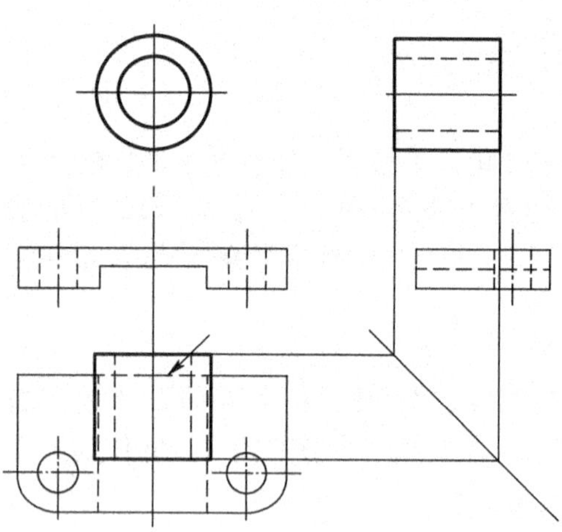

（c）画圆柱体的三视图

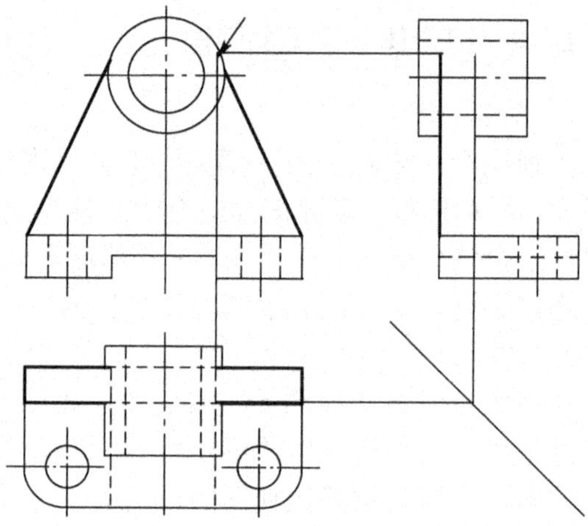

（d）支撑板的三视图

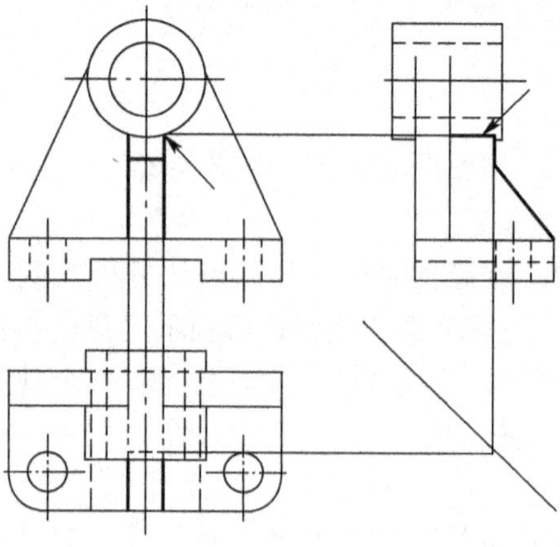

（e）画肋板的三视图

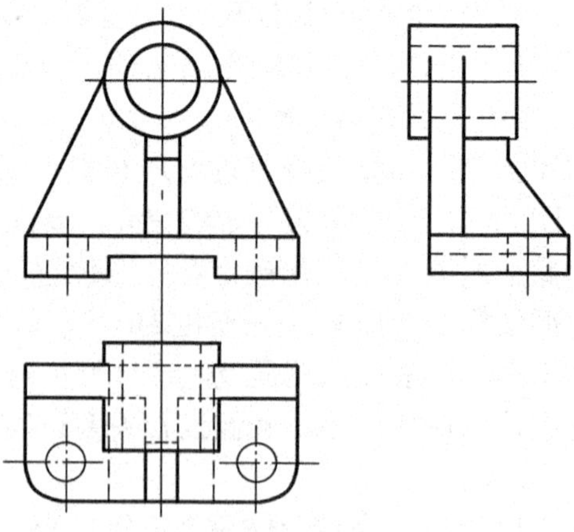

（f）检查、加深

图 1-26　轴承座三视图的绘图步骤

1.4　机件形状的常用表达方法

在实际生产中，零件的形状是多种多样的，针对零件的不同结构特点，需要采取不同的表达方法，才能完整、清晰、简明地表达出零件各部分的结构形状。

1.4.1　视图

将机件向投影面投影时所得到的图形，称为视图。常见的视图有基本视图、向视图、局部视图、斜视图。

1. 基本视图

物体向基本投影面投射所得的视图，称为基本视图，将机件向六个基本投影面投射，得到六个基本视图，分别为主视图、俯视图、左视图、右视图、仰视图、后视图。其中前三个视图最为常用，具体如下：

主视图——正面（V）投影，从前向后投射。

俯视图——水平（H）投影，从上向下投射。

左视图——侧面（W）投影，从左向右投射。

右视图——从右向左投射。

仰视图——从下向上投射。

后视图——从后向前投射。

如图 1-27 所示可以看出：主视图、后视图反映物体的长度和高度；俯视图、仰视图反映物体的长度和宽度；左视图、右视图反映物体的高度和宽度。有这样的投影规律：主视图、俯视图、仰视图、后视图四个视图长对正；主视图、左视图、后视图、右视图四个视图高平齐；俯视图、左视图、仰视图、右视图四个视图宽相等。而且需要注意的是：除后视图外，远离主视图的一侧为物体的前面，靠近主视图的一侧为物体的后面，具体如图 1-28 所示。

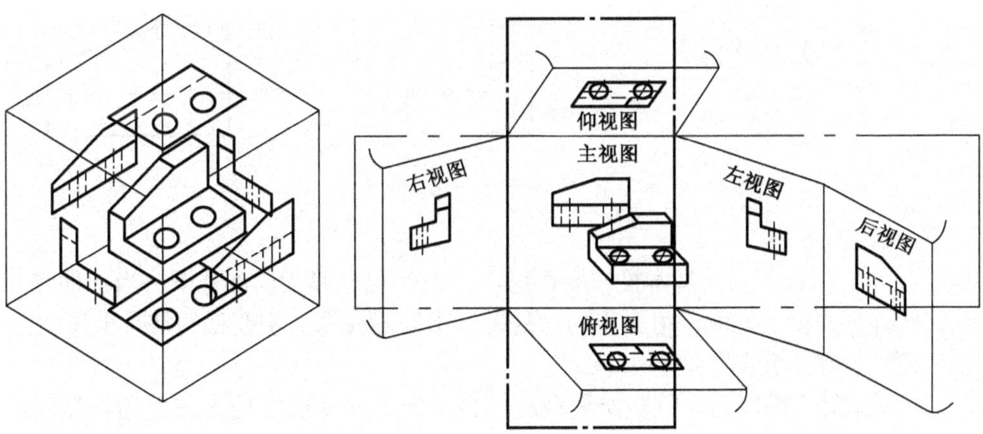

图 1-27　基本视图的形成

2. 向视图

向视图是自由配置的视图。当基本视图不能按规定的位置配置时，可采用向视图的表达方式。在实际操作中，有时为了合理地利用图幅，部分视图不按规定的位置关系配置时，可将其平移到适当的位置自由配置，如图 1-29 所示，但是应该在视图上方用大写字母标注出视图的名称“×”，并在相应的视图附近用箭头指明投射方向，注上相同的字母，以便于识读和查找。

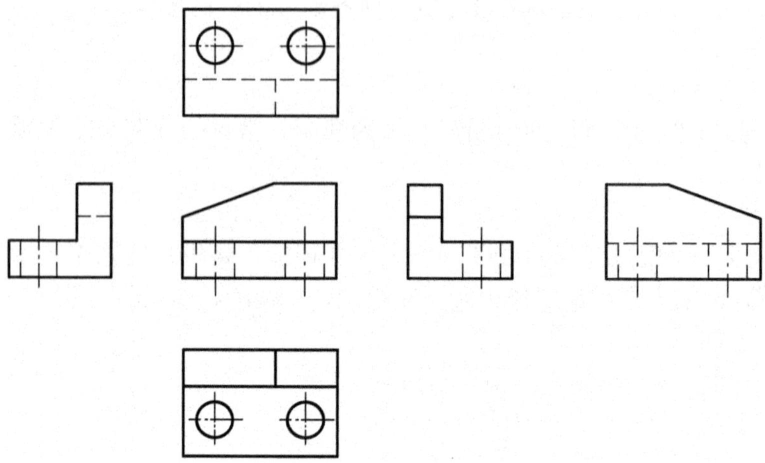

图 1-28　基本视图的配置

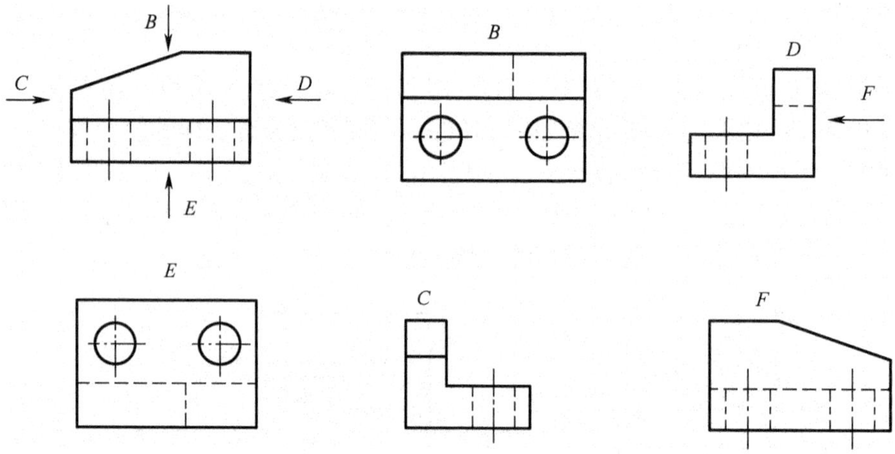

图 1-29　向视图

3. *局部视图*

将机件的某一部分结构向基本投影面投射所得到的视图称为局部视图。当机件在某个方向上仅有局部的外形需要表达时，可采用局部视图。画局部视图的主要目的是减少作图工作量。

局部视图的画法、配置及标注如下：

（1）局部视图的断裂边界用波浪线画出，当所表达的局部结构是完整的，且外轮廓又封闭时，波浪线可以省略，如图 1-30 中的局部视图 *B*。画波浪线时不应该超出机件。

（2）局部视图可按基本视图配置，如图 1-30 中的局部视图 *A*，也可按向视图配置在其他适当位置，如图 1-30 中的局部视图 *B*。当局部视图按投影关系配置，中间又没有其他图形隔开时，允许省略标注，包括箭头和字母均可省略。

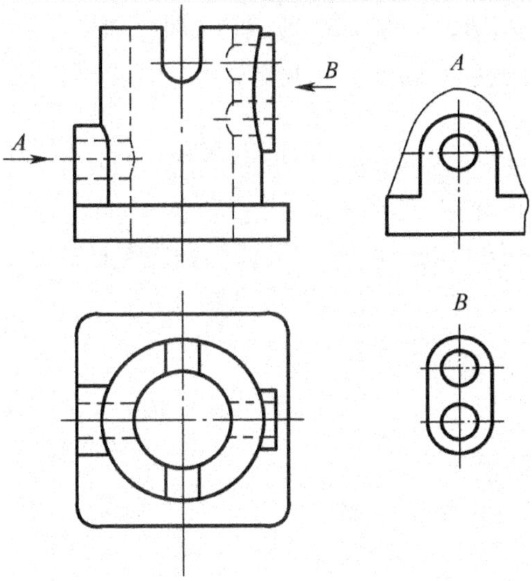

图 1-30　局部视图的画法

4. 斜视图

机件向不平行任何基本投影面的平面投射所得的图形，称为斜视图。如图 1-31 所示，机件的倾斜部分在基本视图上不能反映实形，这样给绘图、读图、标注尺寸等带来困难，此时采用斜视图，即设置一个辅助投影面，使它与倾斜表面平行，同时垂直于某一基本投影面，这样就可在新投影面上反映实形。

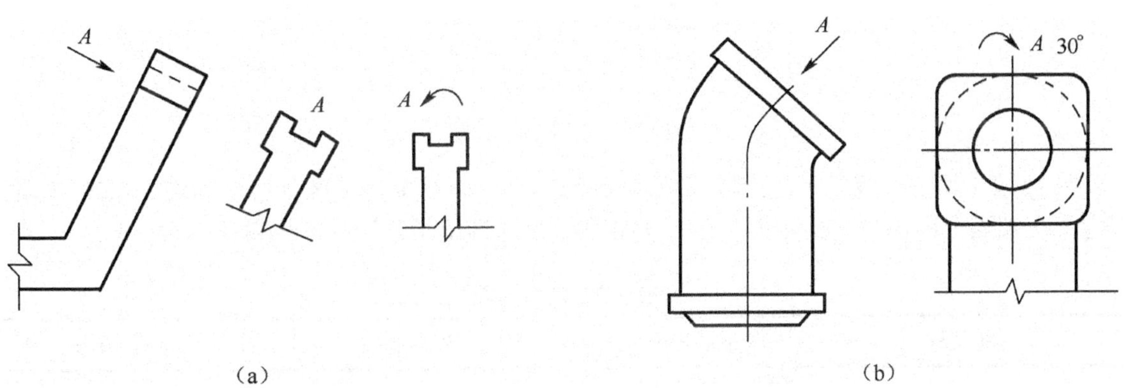

图 1-31　斜视图及其标注

斜视图的画法、配置及标注如下：

（1）斜视图按向视图的配置形式配置并标注，在不引起误解的情况下，允许将斜视图旋转配置，并标注相应的大写字母和旋转符号，大写字母应靠近旋转符号的箭头端。

（2）斜视图用来表达机件倾斜部分的投影，所以其余部分不必全部画出，断裂边界可用波浪线绘制。

1.4.2　剖视图

当机件的内部形状比较复杂时，视图中将会出现许多虚线，这些虚线与外形轮廓线交错重叠在一起，就会造成层次不清，不便于绘图、读图和标注尺寸。为了解决这个问题，画图时通常采用剖视的方法来表达机件的内部结构形状。

1. 剖视图的基本概念

（1）剖视图的形成。假想用剖切面（平面或柱面）将机件切开，将观察者和剖切平面之间的部分移去，将余下的部分向投影面投影，这样得到的图形称为剖视图，简称剖视，如图1-32（a）所示。因为剖切是假想的，实际上机件仍是完整的，所以画其他视图时，仍应按完整的机件画出，如图1-32（b）所示，俯视图要完整地画出。

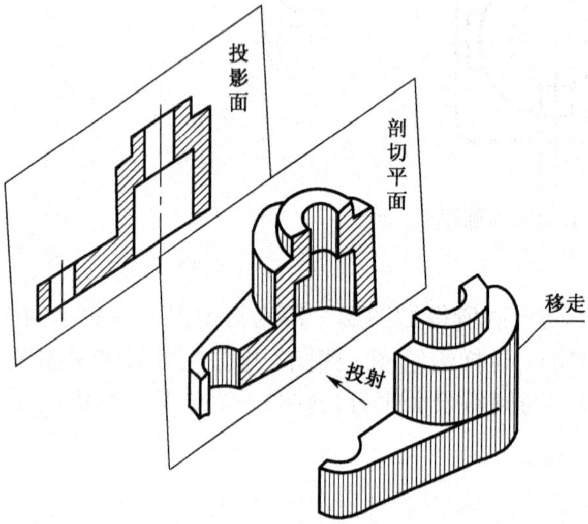

（a）

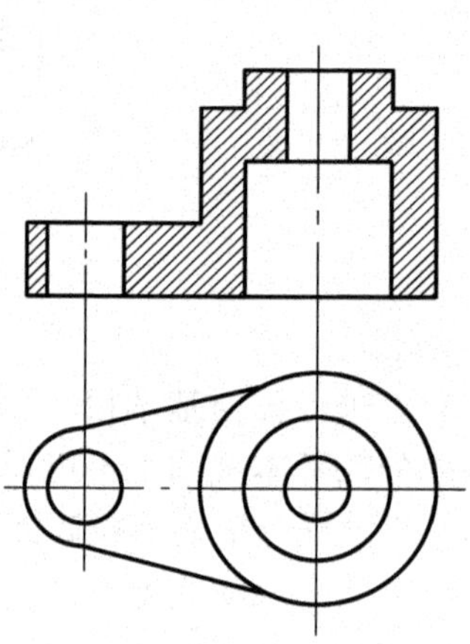

（b）

图1-32　剖视图的形成

（2）剖切符号。为了区分剖到和未剖到的部分，同时也为了区分材料的类别，国家标准规定要在端面上画出规定的剖面符号。如表1-3所示列出了常用材料的剖面符号。

表1-3　剖面符号

材料名称	剖面符号	材料名称	剖面符号
金属材料（已有规定剖面符号的除外）	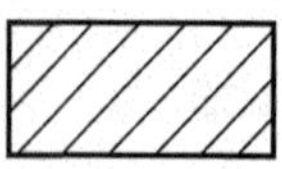	木质胶合板	
绕圈绕组元件	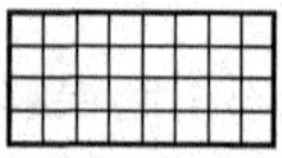	混凝土	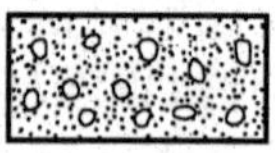
非金属材料（已有规定剖面符号的除外）	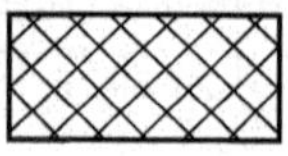	砖	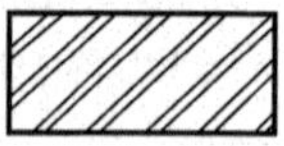
转子、电枢、变压器和电抗器等的叠钢片	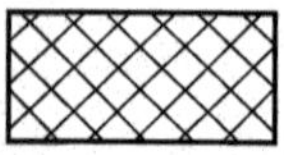	型砂、填砂、粉末冶金、砂轮、陶瓷刀片、硬质合金刀片等	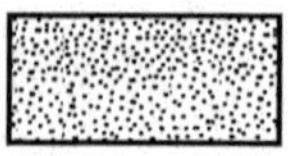

（3）剖视图的标注。对剖视图进行标注是为了判断剖切位置和剖切后的投射方向，从而找出各视图之间的对应关系。剖视图本身不能反映剖切平面的位置，只能在其他视图上表示。

1）剖视图标注的三要素。

- 剖切线——指示剖切面位置的线，用细点画线表示。
- 剖切符号——指示剖切面起、讫、转折位置（用粗实线表示，长约 5mm）及投射方向（用箭头表示）的符号。
- 字母——标注在剖视图上方，用大写拉丁字母标出剖视图的名称。为便于读图时查找，应在剖切符号外侧注上相同的字母。

2）可省略标注的剖视图。当单一的剖切平面通过机件的对称平面或基本对称平面，且剖视图按投影关系配置，中间没有被其他图形隔开时，可省略标注。当剖视图按投影关系配置，中间没有被其他图形隔开时，可省略箭头，如图 1-33 所示。

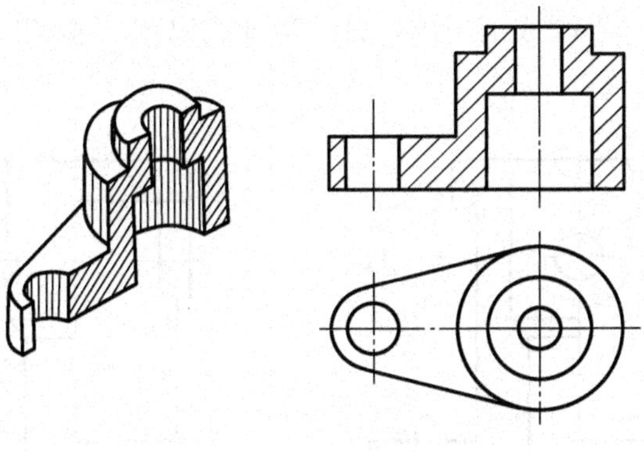

图 1-33　省略标注的剖视图

（4）画剖视图的注意事项。

1）尽量使剖切平面通过内部结构比较复杂的部位的对称平面或轴线，以便清楚地表达机件的内部结构。此外，剖切平面应该取平行于投影面的位置，这样可在剖视图中反映出剖切到的部分实形。

2）剖切是一种假想过程，其他视图仍完整画出。

3）剖切平面后方的可见轮廓线应全部画出，不得遗漏。不可见部分的轮廓线在不影响机件形状完整表达的前提下，可以不再画出。

4）在同一张图中，同一个机件的所有剖视图的剖面符号应该相同。

2. 剖视图的种类及其画法

根据剖切平面剖切机件的范围不同，剖视图可分为全剖视图、半剖视图和局部剖视图。

（1）全剖视图。用剖切平面完全地剖开机件所得到的剖视图，称为全剖视图，如图 1-34 所示。全剖视图主要适用于表达内形复杂的不对称的零件或外形简单的对称零件，以及圆筒形零件的内部形状。

标注方法为：在剖切位置处画断开的粗实线。断开线应画在图形轮廓线之外，不与轮廓线相交，且在两段粗实线的旁边写上两个相同的大写字母，然后在剖视图的上方标出同样的字母。

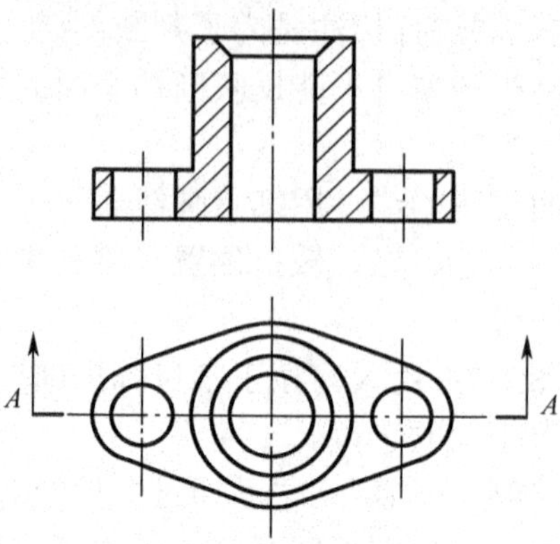

图 1-34　全剖视图

（2）半剖视图。当机件具有对称平面，向垂直于对称平面的投影面上投射得到的图形，可以以对称中心线为界，一半画成剖视图，另一半画成视图，这样的图形称为半剖视图，如图 1-35 所示。

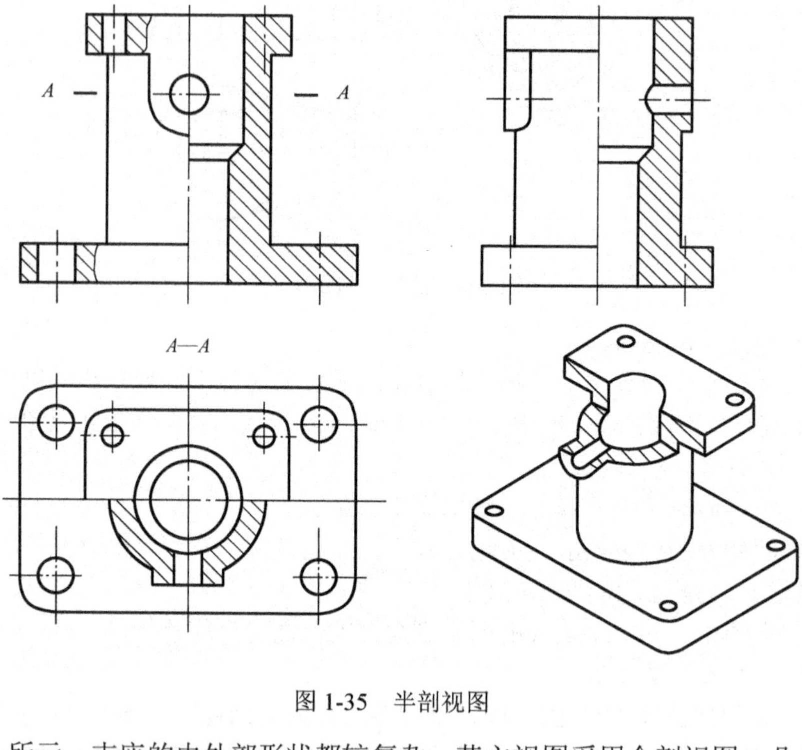

图 1-35　半剖视图

如图 1-35 所示，支座的内外部形状都较复杂，若主视图采用全剖视图，凸台和圆孔都在剖切平面前，它的形状和上下位置都不能在主视图上反映。若俯视图画成全剖视图，则顶板和上面的四个小孔的形状和相对位置也不能表达出来。因此，根据其主视图左右对称的特点，以中心线为界，一半用视图表达外形，如凸台、圆孔等；另一半用剖视图表达内形，如圆柱孔、槽口等。

（3）局部剖视图。为了表达机件的内部形状，若没有必要或不适合作全剖视图或半剖视图，可用剖切平面局部地剖开机件，这样得到的剖视图称为局部剖视图，如图 1-36 所示。局部剖切后，机件断裂处的轮廓线用波浪线表示，为了不引起读图的误解，波浪线不要与图形中的其他图线重合，也不要画在其他图线的延长线上。

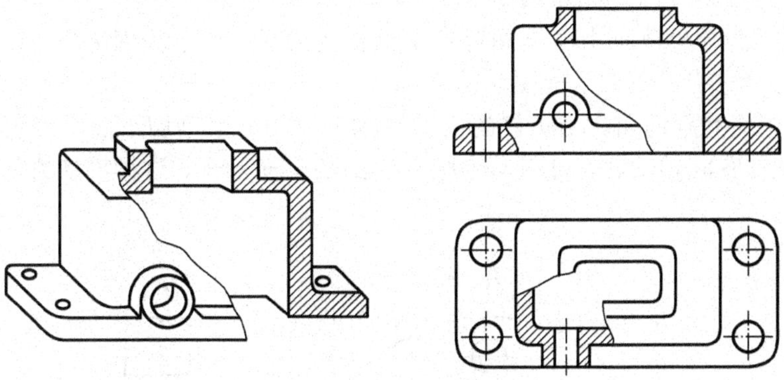

图 1-36　局部剖视图

3．剖视图的剖切方法

机件可用单一的剖切平面剖切，也可用几个剖切平面组合起来剖切，具体情况需视机件的结构特征而定。

（1）单一剖切面。用一个剖切面剖开机件的方法，称为单一剖。单一剖切面包括单一剖切平面和单一剖切柱面，它们均可得到三种剖视图，即全剖视图、半剖视图、局部剖视图。

单一剖切平面一般采用平行于基本投影面的剖切平面，但当机件上有倾斜部分的内部结构需要表达时，与画斜视图一样，选择一个垂直于基本投影面且与所需表达部分平行的投影面，然后再用一个平行于这个投影面的剖切平面剖开机件，向这个投影面投影，这样得到的剖视图称为斜剖视图。

单一剖切柱面适用于表达位于柱面上的孔、槽等。

（2）几个平行的剖切平面。用几个相互平行的剖切平面剖开机件，这种剖切方法称为阶梯剖，如图 1-37 所示。这种剖切方法适用于机件的内部结构形状较多，而且它们的轴线又不在同一平面内的物体。

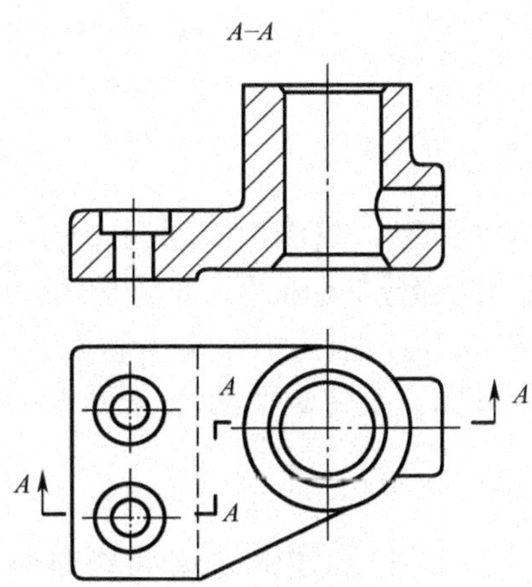

图 1-37　阶梯剖

采用阶梯剖画剖视图时，各剖切平面剖切后所得的剖视图是一个图形，不应在剖视图中画出各剖切平面的界限；剖切平面的转折处不应与视图中的轮廓线重合；在图形内也不应出现不完整的结构要素。

在标注时应注意：在剖切平面的起迄处和转折处，用相同的大写字母及剖切符号表示剖切位置，并在起迄两端外侧画上与剖切符号垂直相连的箭头表示投射方向，在其相应的剖视图上方标出相同的大写字母来表示剖视图的名称。

（3）几个相交的剖切面。当机件的内部结构形状用一个剖切平面不能表达完全，且这个机件在整体上又具有回转轴时，可用两个相交的剖切平面剖开，这种剖切方法称为旋转剖，如图 1-38 所示。

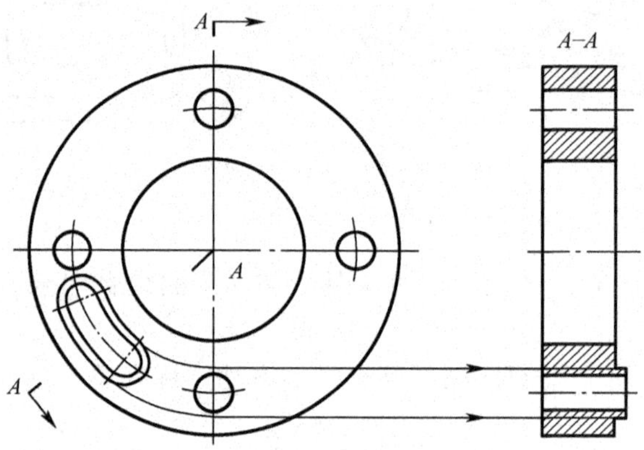

图 1-38　旋转剖

采用旋转剖画剖视图时，先假想按剖切位置剖开机件，然后把被剖切平面剖开的结构及其有关部分旋转到与选定的基本投影面平行，再进行投影。

用旋转剖画剖视图时，应注意以下事项：

（1）旋转剖必须标注，标注时，在剖切平面的起、迄、转折处画上剖切符号，标上相同的字母，并在起迄处画出箭头表示投影方向，在剖视图的上方标写相同的字母。

（2）在剖切平面后的其他结构一般仍按原来的位置投射。

（3）当剖切后产生不完整要素时，应将该部分按不剖画出。

1.4.3　断面图

1．断面图的定义

假想用剖切平面将机件的某处切断，仅画出断面的图形，称为断面图（简称断面），如图 1-39（a）所示。断面图用于表达某部分的断面形状，如机件上的肋板、轮辐、键槽等。

同样是用假想的平面将机件断开，但断面图和剖视图有区别，断面图只画出剖切平面的机件相交部分的断面形状，而剖视图需要将断面的形状画出来，还要将断面后可见的轮廓线也画出来，如图 1-39（b）所示。

2．断面图的种类

断面图根据配置位置的不同，可分为移出断面和重合断面。

（1）移出断面。画在视图轮廓线之外的断面图，称为移出断面图，如图 1-40 所示。

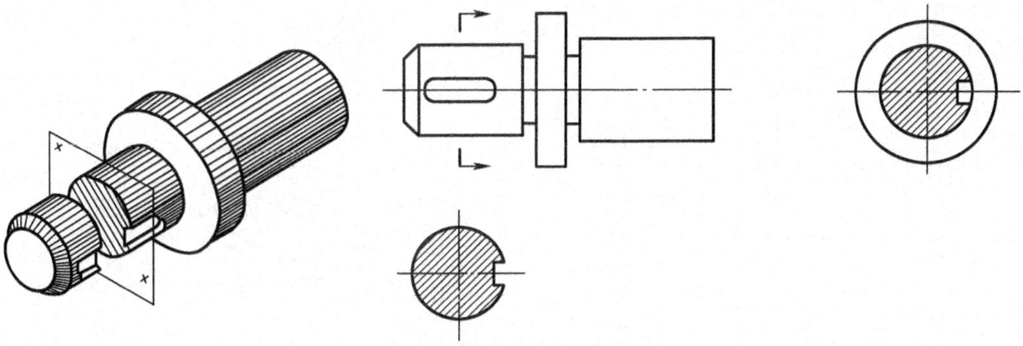

(a) 断面图　　(b) 剖视图

图 1-39　断面图和剖视图的区别

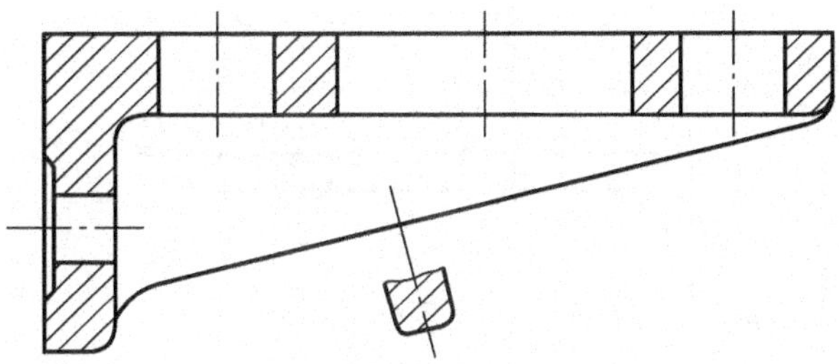

图 1-40　移出断面图

移出断面图的轮廓线用粗实线表示，图形位置应尽量配置在剖切线或剖切符号的延长线上，必要时也可画在其他位置。当断面图形对称时，因为向两边投射得到的断面图是相同的，所以将断面图画在视图的中断处，如图 1-41 所示，中间用波浪线隔开。

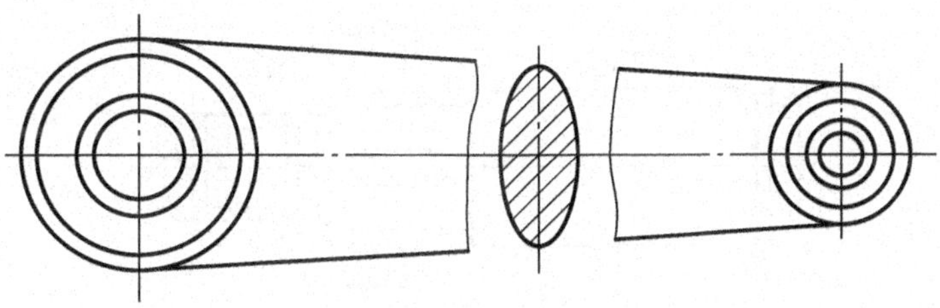

图 1-41　剖视图配置在视图中断处

一般情况下，画断面图时只画出剖切的断面形状，但当剖切平面通过回转面形成的孔或凹坑的轴线时，这些结构按剖视画出。当剖切平面通过非圆孔并导致出现完全分离的两个断面时，这些结构也按剖视画出，如图 1-42 所示。

（2）重合断面。画在视图轮廓线内部的断面图，称为重合断面图，如图 1-43 所示。其轮廓线用细实线绘制，断面线应与断面图形的对称线或主要轮廓线成 45°。当视图的轮廓线与重合断面的图形线相交或重合时，视图的轮廓线仍要完整地画出，不得中断。

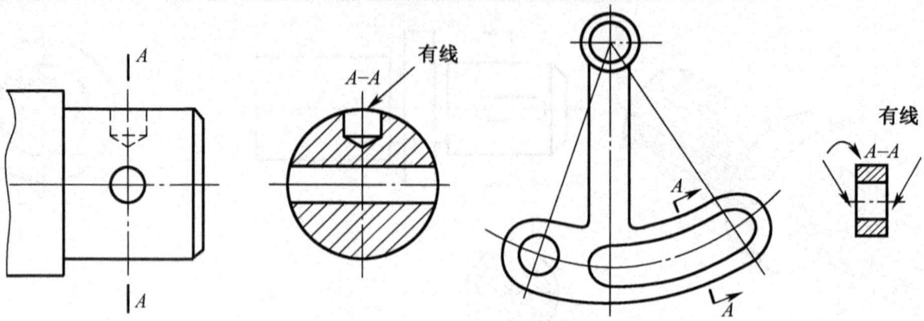

图 1-42　按剖视图画断面图

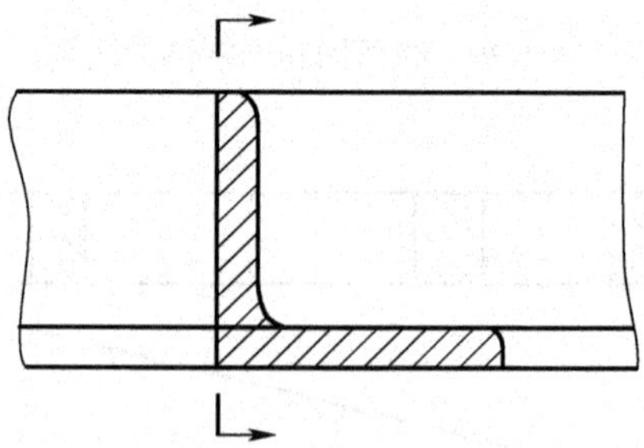

图 1-43　重合断面图

1.4.4　其他表达方法和简化画法

机件上有些部分很小，在视图中表达不清楚或不便标注尺寸，如果用原图的比例将它单独画出仍然表达不清楚，可以将这部分放大画出，如图 1-44 所示。将机件的部分结构用大于原图形的比例画出的图形，称为局部放大图。

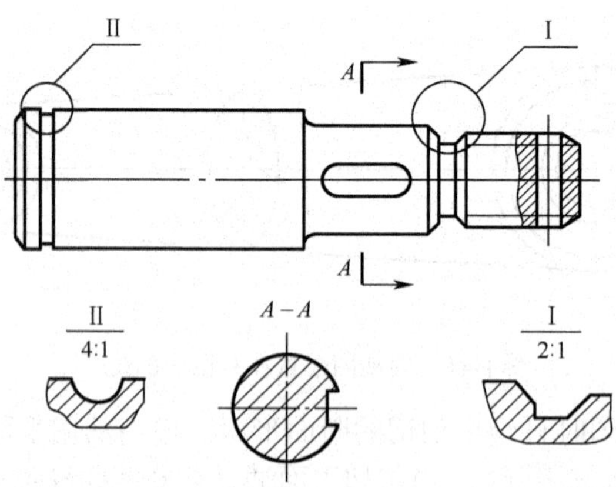

图 1-44　局部放大图

在局部放大图上，局部范围的断裂边界线用波浪线画出。若局部放大图为剖视图或断面图时，其剖面符号与被放大部位的剖面符号一致。

简化画法是指在不影响对机件完整、清晰表达的前提下，对机件某些结构的图示画法进行简化而规定的表达方法。常遇到的简化画法有以下情况：

（1）对于机件的肋板、轮辐及薄壁等，如按纵向剖切，这些结构都不画剖面符号，而用粗实线将它与相邻部分分开，如图 1-45 所示。当零件回转体上均匀分布的肋板、轮辐、孔等结构不处于剖切平面上时，可将这些结构旋转到剖切平面上画出。

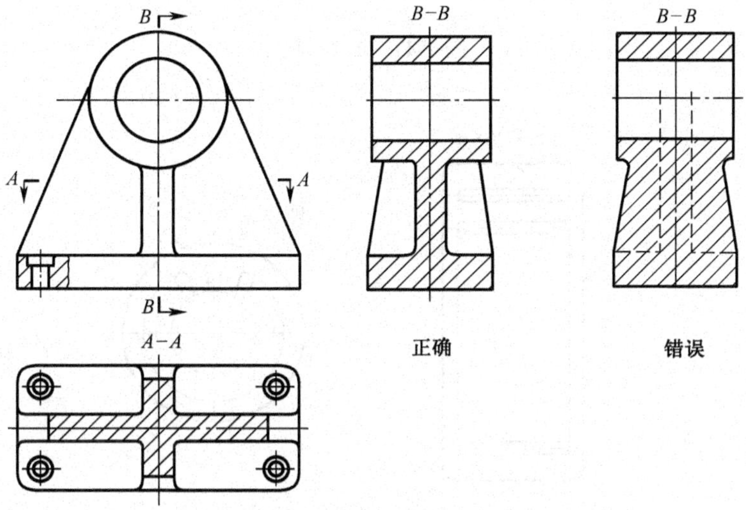

图 1-45　肋板的画法

（2）当某一图形对称时，可画略大于一半；在不致引起误解时，对于对称机件的视图也可只画出一半或四分之一，此时必须在对称中心线的两端画出两条与其垂直的平行细实线，如图 1-46 所示。

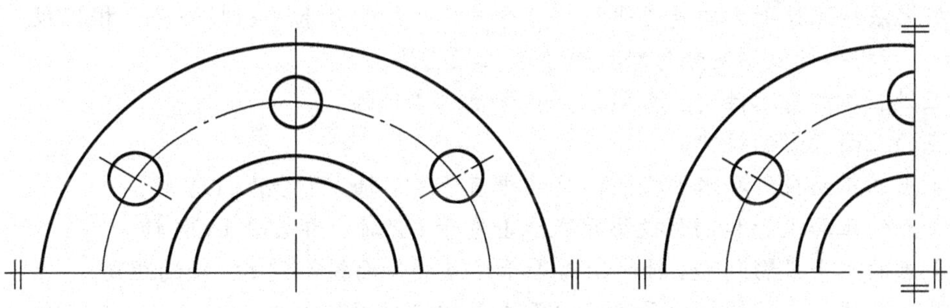

图 1-46　对称图形的简化画法

（3）对于较长的机件，若沿长度方向的形状一致或按一定规律变化时，为节省图纸和画图方便，可将其断开后缩短绘制，两端用波浪线断开，但是标注尺寸时，要标注机件的实际尺寸，如图 1-47 所示。

（4）当机件具有若干个相同结构（齿、槽等）并按一定的规律分布时，只需画出几个完整的结构，其余用细实线连接，零件图则必须注明该结构的总数，如图 1-48 所示。同理，当有若干直径相同且呈规律分布的孔时，可以仅画出一个或几个，其余只需用点画线表示其中心位置，在零件图中应注明孔的总数。

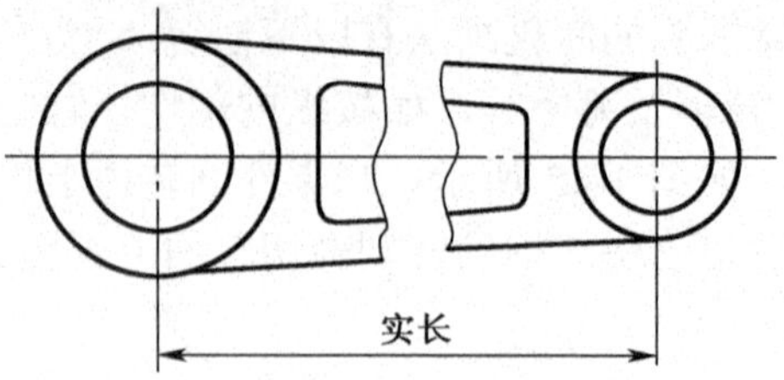

图 1-47　断裂画法

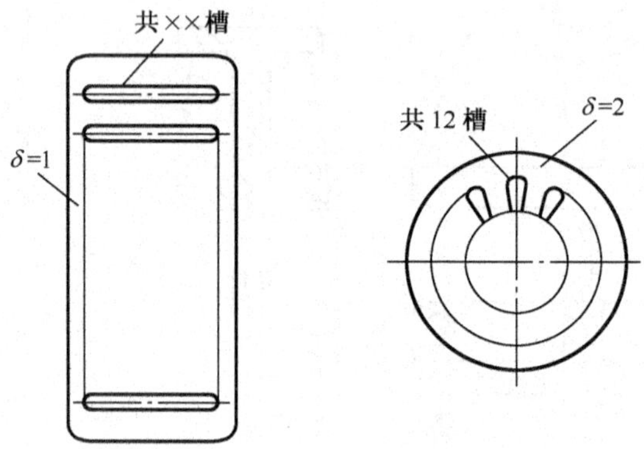

图 1-48　相同结构要素的简化画法

（5）机件上一些较小结构，如在一个图形上表达清楚时，其他图形可简化或省略。

本章小结

1. 投影法按照投射方向是否平行，可分为中心投影法和平行投影法。根据投影线是否垂直投影面，可将平行投影法分为斜投影法和正投影法。

2. 正投影法的基本性质：真实性、积聚性、类似性。

3. 点的三面投影的规律：

（1）点的正面投影和水平投影的连线垂直于 OX 轴，即 $aa' \perp OX$ 轴。

（2）点的正面投影和侧面投影的连线垂直于 OZ 轴，即 $a'a'' \perp OZ$ 轴。

（3）点的水平投影到 OX 轴的距离等于该点的侧面投影到 OZ 轴的距离。

4. 基本立体的三面投影的画法及平面表面取点的投影。

5. 组合体的组合形式可以分为三种：叠加、挖切和综合。组合体在其组合形式中，相邻表面间的相互位置有平齐（共面）、不平齐（不共面）、相切、相交四种位置关系。

6. 画组合体三视图的步骤：

（1）对组合体进行形体分析。

（2）选择主视图的投射方向。

（3）选比例、确定图幅。

（4）布图、绘底稿。

（5）检查、加深。

7. 机件常见的表达方法包括：基本视图、向视图、斜视图、剖视图、断面图、局部放大图。

8. 根据剖开机件范围的大小，剖视图分为全剖视图、半剖视图和局部剖视图。

9. 剖视图和断面图的区别：断面图只画出剖切平面的机件相交部分的断面形状，而剖视图需要将断面的形状画出来，还要将断面后可见的轮廓线也画出来。

习题 1

1. 完成点 *A*、*B*、*C* 的三面投影，判断图中 *A*、*B*、*C* 的相对位置。

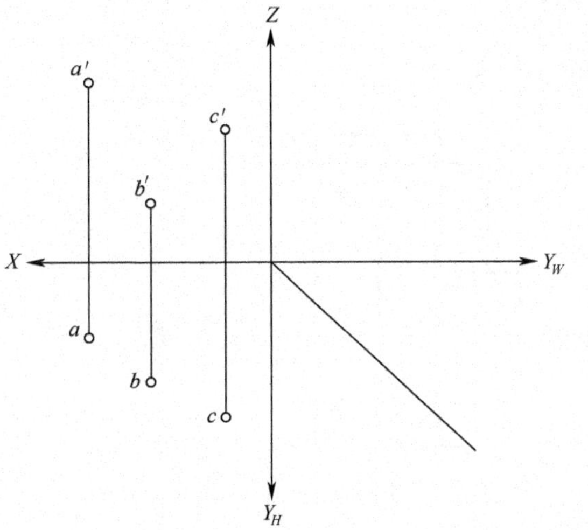

______ 点最高

______ 点最低

______ 点最左

______ 点最右

______ 点最前

______ 点最后

2. 作平面四边形 *ABCD* 的投影。

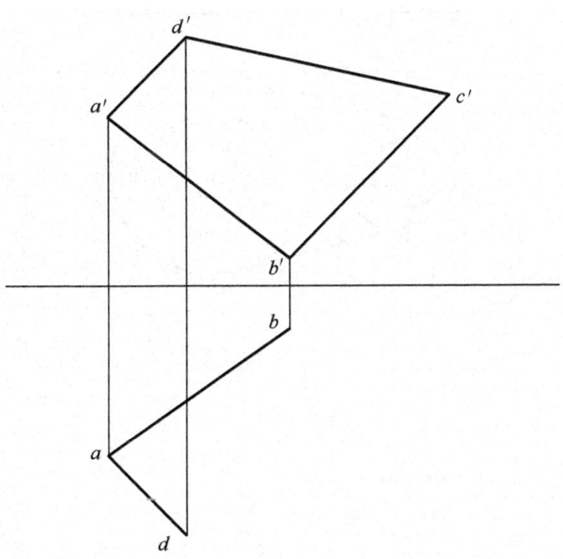

3. 分析截交线的投影，参照立体图补画第三视图。

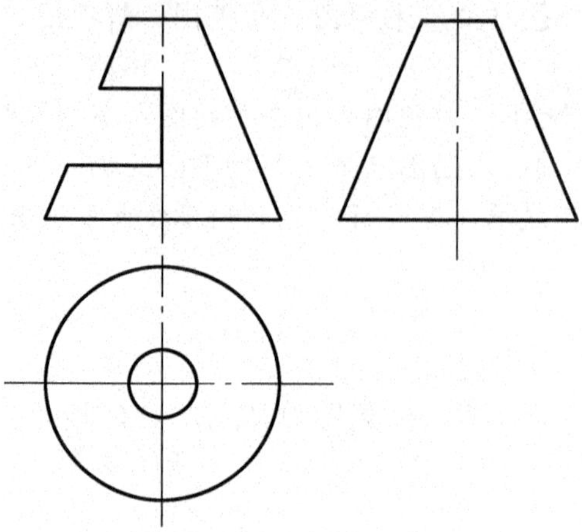

4．在指定位置将主视图改画成全剖视图。

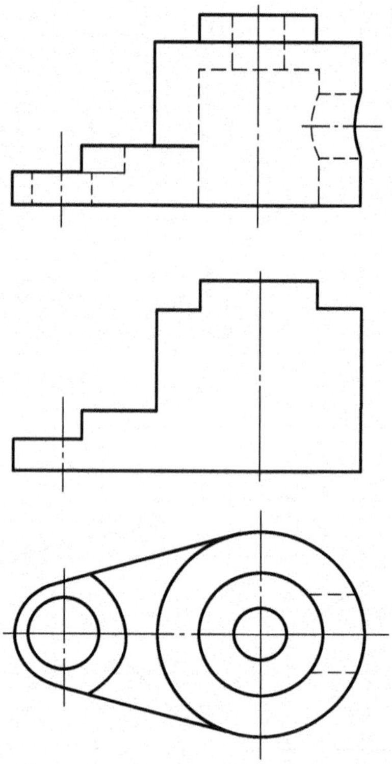

第 2 章　标准件的画法

本章导读

汽车是一个结构复杂的物体，由很多个零部件组成，这些零部件又通过大量的螺栓、螺母、垫圈、键、销等零件连接在一起，由于这些连接件使用广泛、用量大，为了便于批量生产和使用，国家标准对这些零部件的规格参数、结构形状、尺寸大小及技术要求进行了标准化，统称为常用标准件，简称标准件。本章介绍这些汽车常用标准件的结构、画法和标记方法。

本章要点

1. 螺纹的基本知识、规定画法以及螺纹的标记。
2. 螺纹紧固件连接的画法。
3. 键连接和销连接。
4. 滚动轴承的作用、种类及画法。
5. 圆柱齿轮的基本知识及直齿圆柱齿轮的规定画法。

2.1　螺纹紧固件及其连接

2.1.1　螺纹的基本知识

一个平面图形（如三角形、梯形、锯齿形等）绕一圆柱或圆锥表面作螺旋运动而形成的具有相同剖面的连续凸起和凹槽，称为螺纹。凸起部分的顶端称为螺纹牙顶，凹槽部分的底部称为螺纹牙底，在圆柱或圆锥外表面上的螺纹称为外螺纹，在圆柱或圆锥内表面的螺纹称为内螺纹，内外螺纹一般成对使用，如图 2-1 所示。

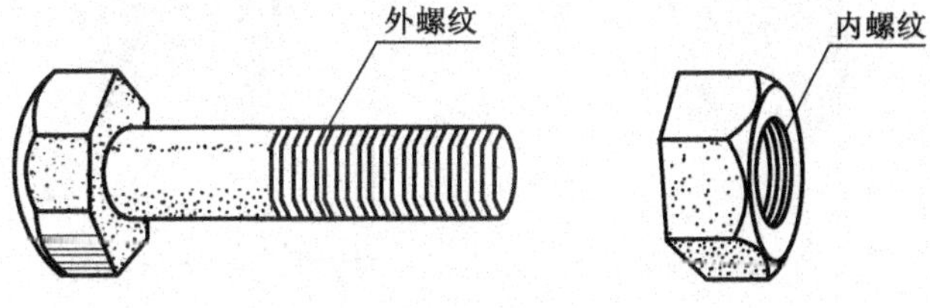

图 2-1　螺纹结构

螺纹的五要素有：螺纹牙型、直径、线数、螺距和导程、螺纹的旋向。

螺纹牙型是指在通过螺纹轴线的剖面上的螺纹的轮廓形状。常见的牙型有三角形、梯形、锯齿形等，不同的螺纹牙型有不同的用途。

螺纹的直径有三个：大径、小径、中径。与外螺纹牙顶或内螺纹牙底相重合的假想圆柱的直径 d 或 D 称为大径；与外螺纹牙底或内螺纹牙顶相重合的假想圆柱的直径 d_1 或 D_1 称为小径；母线通过牙型上沟槽与凸起宽度相等的地方的一个假象圆柱的直径 d_2 或 D_2 称为中径，如图 2-2 所示。代表螺纹尺寸的直径称为公称直径，一般指螺纹的大径。

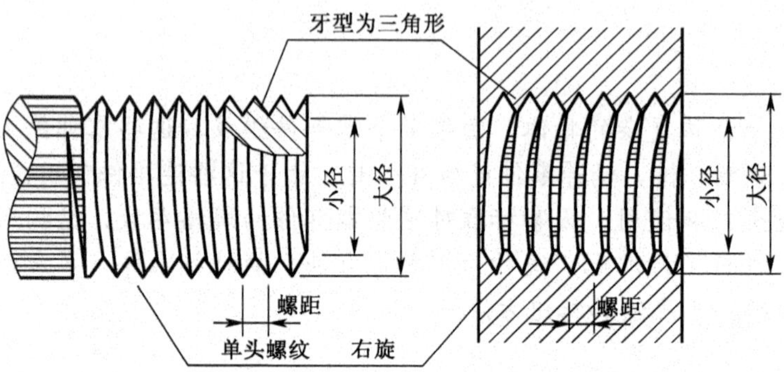

图 2-2　螺纹的牙型、螺距和直径

线数是指在同一圆柱或圆锥面上螺纹的条数，用 n 表示。螺纹的线数有单线，也有多线。沿一条螺旋线形成的螺纹称为单线螺纹；沿两条或两条以上，并且轴向等距分布的螺旋线所形成的螺纹称为多线螺纹。

螺纹上相邻两牙在中径线上对应点之间的轴向距离称为螺距，用 P 表示。同一条螺旋线上的相邻两牙在中径线上对应点之间的轴向距离称为导程，用 P_h 表示。单线螺纹的螺距等于导程，多线螺纹的螺距乘以线数等于导程，即 $P_h=nP$。

螺纹有右旋和左旋之分，如图 2-3 所示。将外螺纹轴线沿铅垂位置放置，螺纹右边朝上倾斜，左边朝下倾斜的为右旋；反之右边朝下倾斜，左边朝上倾斜的为左旋。当内外螺纹旋合时，顺时针旋入的螺纹称为右旋螺纹，逆时针旋入的螺纹称为左旋螺纹。

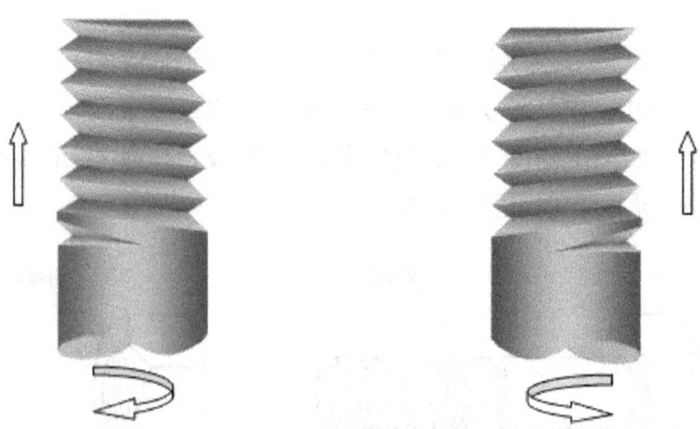

（a）左旋螺纹　　　　（b）右旋螺纹

图 2-3　螺纹的旋向

只有这五要素都相同的内外螺纹才能相互旋合。

在螺纹的五要素中，螺纹牙型、直径和螺距是决定螺纹最基本的要素，凡是这三要素都符合标准的螺纹，称为标准螺纹。牙型符合标准，公称直径或螺距不符合标准的螺纹称为特殊螺纹。牙型不符合标准的螺纹称为非标准螺纹。

2.1.2　螺纹的规定画法

绘制螺纹的真实投影是非常繁琐的事情，并且在实际生产中也没有必要这样做。为了便于绘图，国家标准（GB/T4459.1－1995）对螺纹的画法做了统一规定，并且不论螺纹的牙型如何，其画法相同。

1. 外螺纹的规定画法

如图 2-4 所示，画外螺纹时，螺纹的大径用粗实线表示，小径用细实线表示（$d \approx 0.85d$），在螺杆的倒角或倒圆部分内也应画出小径。完整螺纹与螺尾之间用螺纹终止线分开，螺纹终止线用粗实线画出。在垂直于螺纹轴线的投影面的视图中（投影为圆的视图中），大径用粗实线表示，小径用细实线画成约 3/4 的圆，倒角圆省略不画。

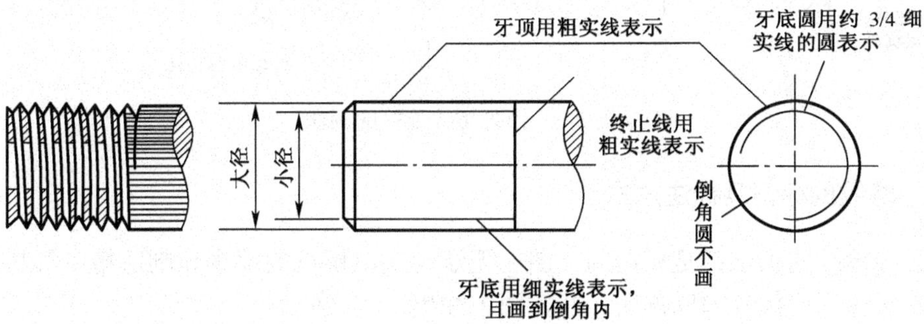

图 2-4　外螺纹的规定画法

2. 内螺纹的规定画法

内螺纹常用剖视图表示，如图 2-5 所示，在剖视图中，螺纹大径用细实线表示，小径和螺纹终止线用粗实线表示。在垂直于螺纹轴线的视图中（投影为圆的视图中），表示小径的圆用粗实线表示，表示大径的圆弧用细实线画成约 3/4 的圆，倒角圆省略不画。

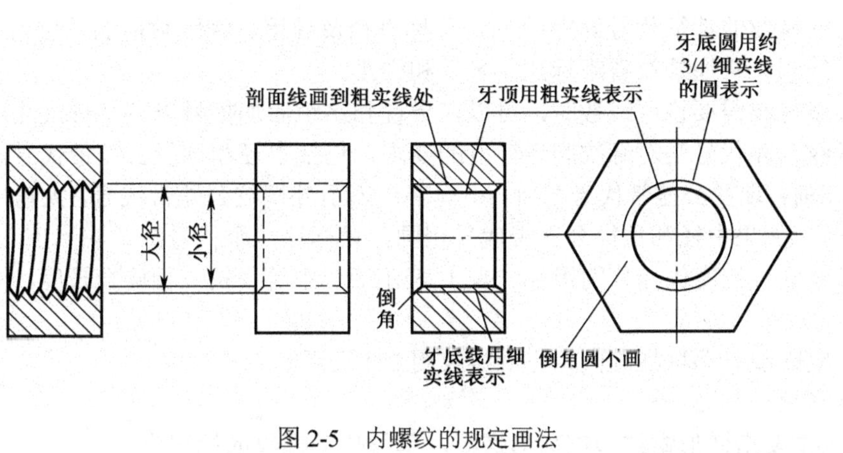

图 2-5　内螺纹的规定画法

无论是外螺纹还是内螺纹，在剖视图或断面图中，剖面线都必须画到粗实线为止。

绘制不穿通的螺孔时，一般将钻孔深度和螺纹深度分别画出，钻孔深度 H 一般比螺纹深度 b 大 0.5D（D 为螺纹大径）。钻孔底部的锥角为 120°。

3. 内外螺纹连接的画法

螺纹连接常用剖视图表示，其中内外螺纹的旋合部分按外螺纹画，其余部分按各自的画法画。国家标准规定，当实心螺杆通过轴线剖切时，按不剖处理，具体画法如图 2-6 所示。

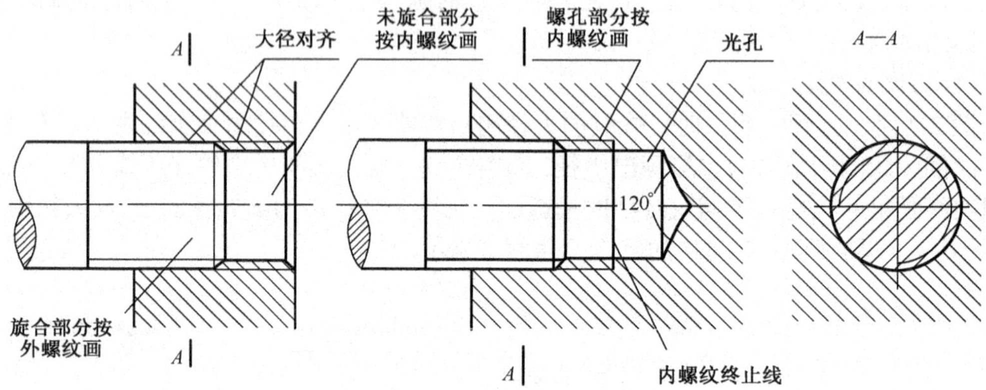

图 2-6　内外螺纹连接的画法

2.1.3　螺纹的标记及标注方法

由于各种螺纹的画法都是相同的，图上无法反映出螺纹的要素和制造精度等特征，因此，规定螺纹用螺纹标记代号加以说明，并在图中注出。

1. 普通螺纹的标注

特征代号 | 公称直径 | × | 螺距 | – | 中径公差带代号 | 顶径公差带代号 | – | 旋合长度 | – | 旋向

（1）普通螺纹的特征代号为字母 M，公称直径及导程、螺距数值的单位为 mm。

（2）单线粗牙普通螺纹省略标注“×”和螺距。

（3）多线螺纹需要说明线数时，可以在导程和螺距后加括号以英文形式注出。

（4）螺纹公差代号是对螺纹制造精度的要求，包括中径和顶径公差带代号。标注时中径公差带代号在前，顶径公差带代号在后，小写字母表示外螺纹公差带代号，大写字母表示内螺纹公差带代号。如果中径和顶径公差带代号相同，只标注一个代号。

（5）螺纹旋合长度代号分别用 S、N、L 表示短、中等、长三种旋合长度，中等旋合长度省略标注 N。

（6）右旋螺纹省略标注旋向，左旋螺纹用 LH 表示。

2. 传动螺纹的标记

传动螺纹主要指梯形螺纹和锯齿形螺纹，单线传动螺纹的标记为

特征代号　公称直径 × 螺距　旋向 – 中径公差带代号 – 旋合长度

多线螺纹螺距处应当标记为导程（P 螺距）。

例：Tr32×12（P6）LH - 7e - L

3. 管螺纹的标注

管螺纹分为两类：非螺纹密封的管螺纹和螺纹密封的管螺纹，标记分别如下：

非螺纹密封的管螺纹：

特征代号　尺寸代号　公差等级代号 – 旋向

螺纹密封的管螺纹：

特征代号　尺寸代号 – 旋向

其中：

（1）螺纹的特征代号分为两类：①用螺纹密封的管螺纹特征代号：R_c 表示圆锥内螺纹，R 表示圆锥外螺纹，R_p 表示圆柱管螺纹；②非螺纹密封的管螺纹的特征代号：G。

（2）管螺纹的尺寸代号为管子的内径，而不是指螺纹的大径。作图时，可根据尺寸代号查出螺纹的大径。

（3）非螺纹密封的管螺纹，外螺纹公差等级分 A、B 级两种，内螺纹公差带仅一种，无需注出。

（4）右旋螺纹省略标注旋向，左旋螺纹用 LH 表示。

4. 特殊螺纹和非标准螺纹的标注

特殊螺纹在标注时，应在特征代号前加注“特”字，例如：特 Tr24×1.25-7H。

非标准螺纹应画出螺纹的牙型，并注出所需要的尺寸及有关要求。

2.1.4　螺纹紧固件的连接画法

1. 螺纹紧固件

在机器或部件的装配中，零件的连接形式根据拆开时是否会损坏连接部分，分为可拆连接和不可拆连接。在零件连接中使用较多的螺纹连接、键连接和销连接都属于可拆连接，而铆钉连接、焊接和粘结属于不可拆连接。在可拆连接中，螺纹连接的应用最为广泛。

螺纹紧固件有螺栓、双头螺柱、螺钉、螺母和垫圈，如图 2-7 所示。螺纹紧固件的类型和结构形式很多，一般都是标准件，不需要单独画零件图，只需要按国家标准规定进行标记。

螺纹紧固件的标记由名称、标准代号、形式与尺寸、性能等级等组成，标记的方法有完整标记和简化标记两种，一般采用简化标记。

例如：螺纹的规格为 d=M12，公称长度 l=100，性能等级为 8.8 级，表面氧化，A 级的六级头螺栓，标记为：螺栓 GB/T5782—2000 M12×100。

2. 螺纹紧固件的画法

螺纹紧固件一般按比例画出，即当螺纹的公称直径（大径）选定后，除了螺栓等紧固件的有效长度要根据实际使用情况确定外，其他各部分尺寸都按螺纹公称直径的一定比例画出，具体如图 2-8 所示。

图 2-7　常见的螺纹紧固件

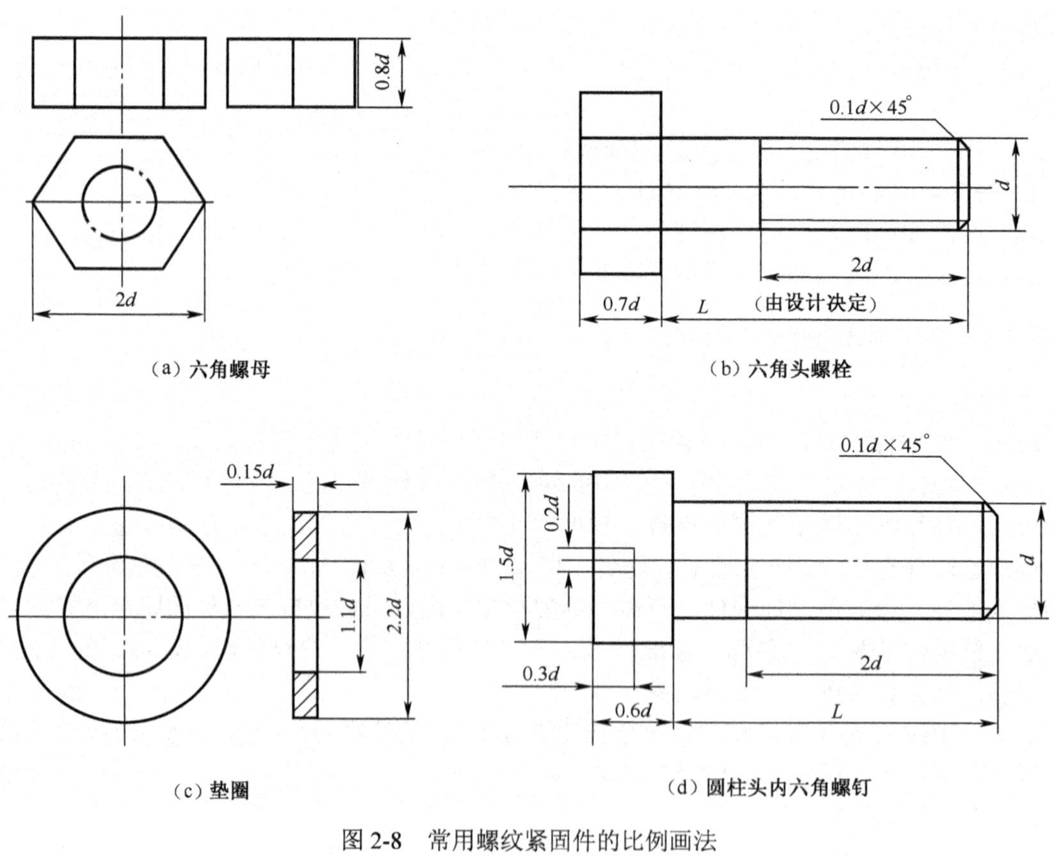

图 2-8　常用螺纹紧固件的比例画法

3. 螺纹紧固件的连接画法

螺纹紧固件的连接方式有三种：螺栓连接、双头螺柱连接和螺钉连接。

（1）螺栓连接。螺栓连接用于连接两个不太厚并允许钻成通孔的零件。连接时，将螺栓穿过被连接件上的通孔，套上垫圈，用螺纹拧紧，具体画法如图 2-9 所示。

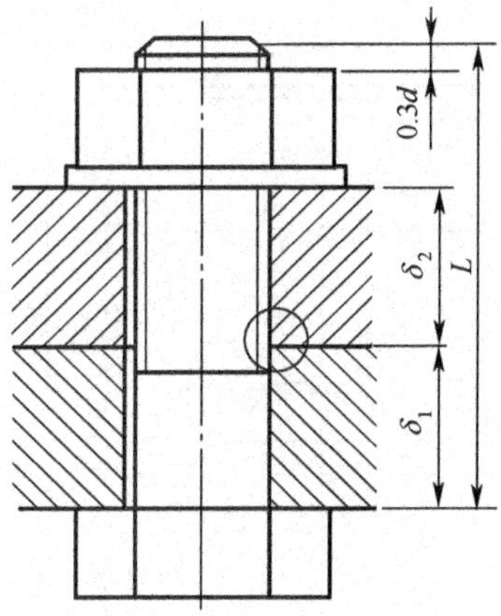

图 2-9　螺栓连接的画法

螺栓的有效长度按照公式确定，

$$L \geqslant \delta_1 + \delta_2 + h + m + a$$

式中，δ_1、δ_2 为被连接件的厚度；h 为垫圈的厚度，按比例取 0.15d；m 为螺母厚度，按比例取 0.8d；a 为螺栓顶端露出螺母的高度，按比例取 0.3d。

（2）双头螺柱连接。双头螺柱连接常用于被连接件之一较厚，不适于钻成通孔的场合。

双头螺柱连接时，将螺柱的一端穿过通孔，旋入到有螺纹的较厚的连接件中，这样就将两个连接件连接起来，螺柱的这端称为旋入端。螺柱的另一端套上垫圈，用螺母拧紧，起固定作用，这一端称为紧固端。在拆卸时，只需拧下螺母，取出垫圈，而不必拧出螺柱，因此，这种连接不会损坏被连接件上的螺孔，用于连接需要经常拆卸的零部件。

如图 2-10 所示，螺柱的旋入端长度 b_m 由带螺孔的被连接件的材料决定，对于铸铁零件 b_m 为 1.25d，铝合金零件 b_m 为 2d，钢、青铜零件 b_m 为 d。

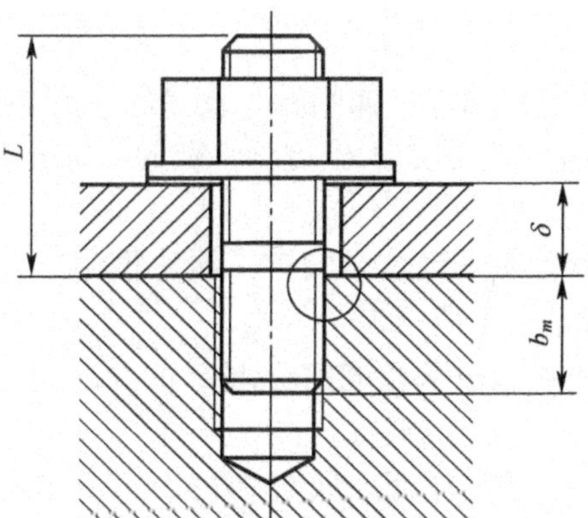

图 2-10　双头螺柱的连接画法

（3）螺钉连接。螺钉连接一般用于受力不大而且不经常拆装的零件之间的连接。它的两个被连接件中，较薄的加工成通孔，较厚的加工出螺孔，螺钉穿过通孔，拧入螺孔内。

螺钉连接的装配图一般采用比例画法，其旋入端与螺柱相同，穿过通孔端的画法与螺栓连接的画法相似，如图 2-11 所示。

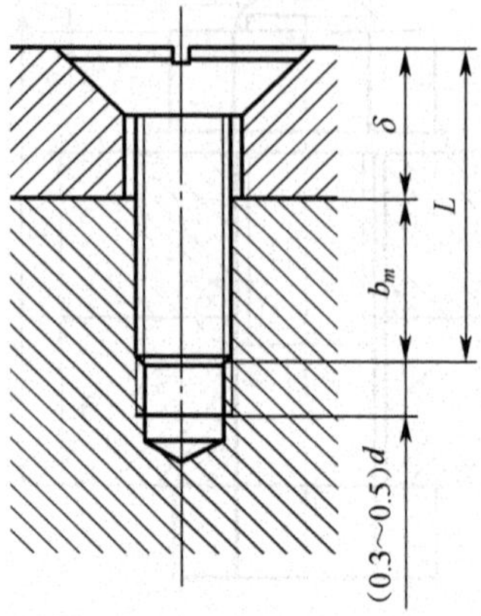

图 2-11　螺钉连接的画法

总结，绘制螺纹紧固件的连接装配图时要遵循以下规定：

（1）在剖视图上，相邻零件的剖面线应画成不同方向，若方向相同则间隔应不同，但同一个零件在各剖视图上的方向和间隔必须一致。

（2）两零件的接触表面只画一条线，若两表面不接触，无论间隙大小，都应画出两条线。间隙过小的可以夸大画出。

（3）当剖切平面通过螺纹紧固件的轴线时，螺栓、螺柱、螺钉、螺母及垫圈等零件都按不剖画。

2.2　键连接和销连接

2.2.1　键的基本知识

键通常用来连接轴和轴上的传动件，如齿轮、皮带轮，起传递扭矩的作用。如图 2-12 所示，连接时，必须在轮毂和轴上先分别加工出键槽，键的一部分被安装在轴上的键槽内，另外的凸出部分嵌入轮毂槽内。

键的种类很多，常用的有普通平键、半圆键、钩头楔键三种，其中普通平键应用最广。常用的键的型式和规定标记如表 2-1 所示。

键和键槽的尺寸可根据轴的直径从相应的标准中查得，键的长度应小于或等于轮毂的长度，并取标准值。

普通平键和半圆键的两侧面是工作面，如图 2-13 所示，在装配图中，键的两侧面与键槽两侧面、键的底面与轴上键槽的底面均为接触面，所以画一条线；而键的顶面是非工作表面，它与轮毂的键槽顶面之间应留有间隙，是不接触面，所以要画出两条线。在主视图上，键被纵向剖切，按不剖处理，不画剖面线，在左视图上被横向剖切，要画出剖面线。

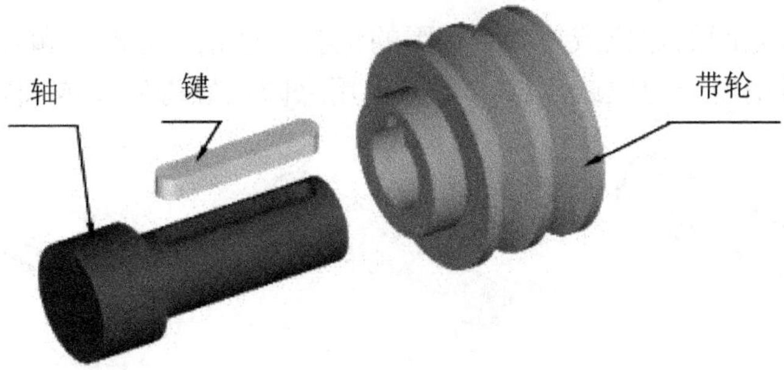

图 2-12　键连接

表 2-1　常用键的型式和规定标记

序号	名称（标准号）	图例	标记示例
1	普通平键 （GB 1096－79） 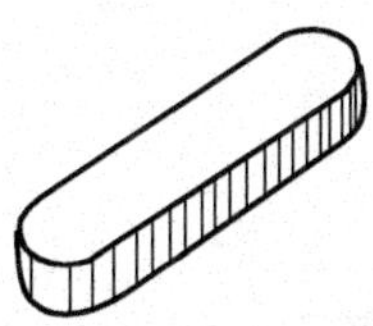	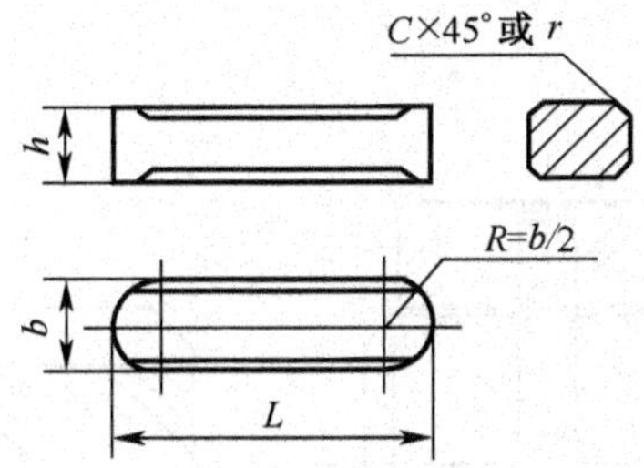	b=8、h=7、L=25 的普通平键（A 型）： 键 8×25 GB 1096－79
2	半圆键 （GB 1099－79） 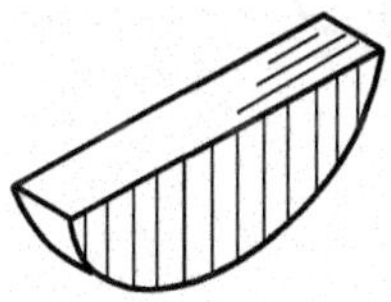	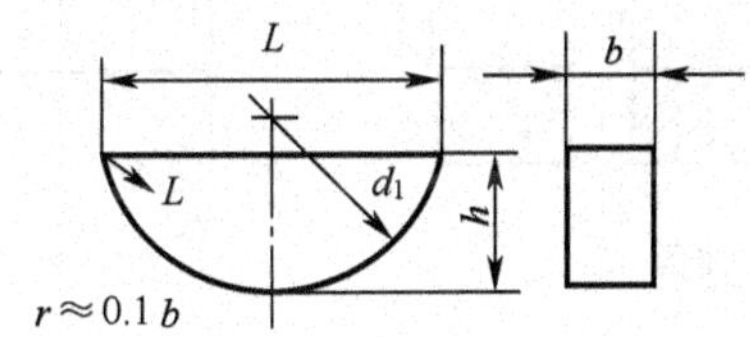	b=6、h=10、d_1=25、L=24.5 的半圆键： 键 6×25 GB 1099－79

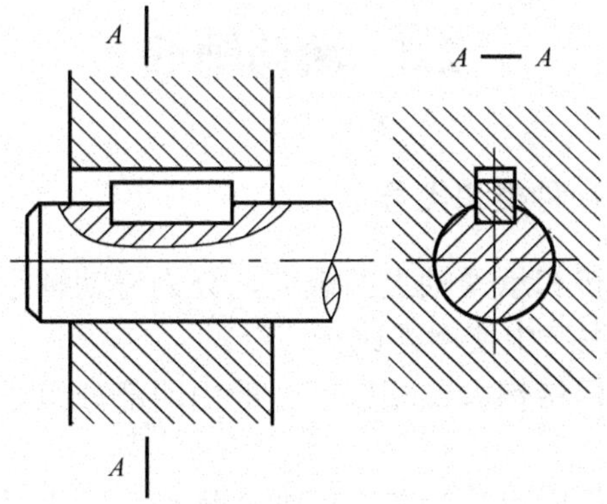

图 2-13　普通平键连接

当需要传递较大的力矩时，采用花键连接。常用的花键有矩形花键、三角形花键和渐开线形花键。

2.2.2 销连接

销通常用于零件之间的定位或连接。常用的销有圆柱销、圆锥销和开口销三种，如图 2-14 所示，圆柱销和圆锥销用于定位或连接，开口销用来防止螺母松动或固定其他零件。

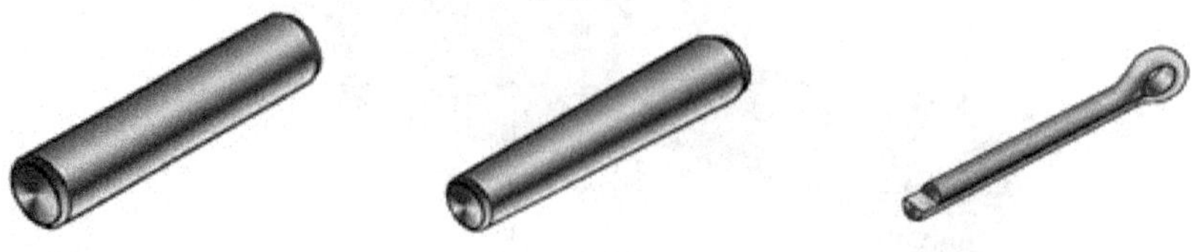

圆柱销　　圆锥销　　开口销

图 2-14　常用销的种类

销是标准件，其型式、尺寸均已标准化，实际使用时可以通过查表得到。

用销连接或定位的两个零件的销孔应在装配时一起加工，在零件图上应注明，如图 2-15 所示。

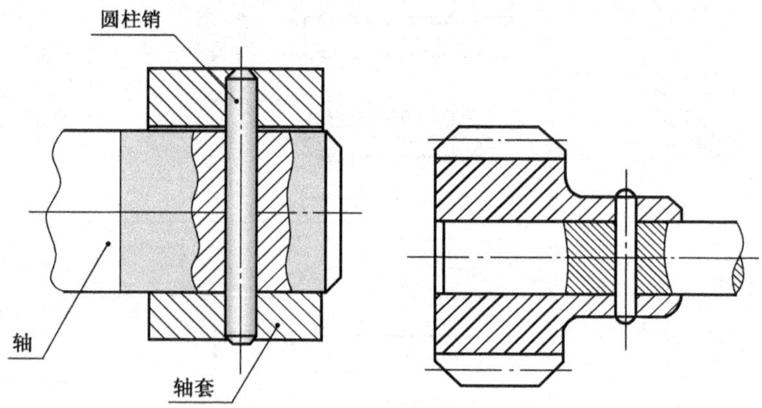

图 2-15　销在装配图中的画法

2.3　滚动轴承

2.3.1　滚动轴承的作用、种类和代号

轴承是用来支撑轴的旋转和承受轴上的载荷，分为滑动轴承和滚动轴承两种，由于滚动轴承的摩擦阻力小，所以在生产中使用得比较广泛。

滚动轴承的种类很多，但结构大致相似，一般由四部分组成：外圈、内圈、滚动体和保持架，如图 2-16 所示。

滚动轴承按其受力方向不同可分为三类：向心轴承、推力轴承和向心推力轴承。向心轴承主要承受径向力，如深沟球轴承；推力轴承只承受轴向力，如推力球轴承；向心推力轴承同时承受径向力和轴向力，如圆锥滚子轴承。

滚动轴承的种类很多，为了便于选用，国家标准规定用代号来表示滚动轴承。滚动轴承的代号由字母和数字组成，包括前置代号、基本代号和后置代号三部分。基本代号表示滚动轴承的基本类型、结构和尺寸，是滚动轴承代号的基础。前置代号和后置代号是轴承在结构形状、尺寸、公差、技术要求等有改变时，在基本代号的左右添加的补充代号。前置代号用字母表示，后置代号用字母（或加数字）表示。

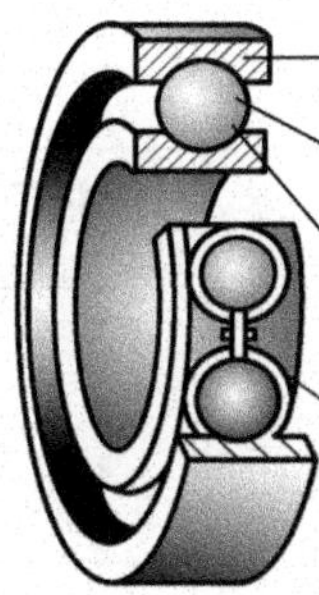

图 2-16　深沟球轴承

基本代号由轴承类型代号、尺寸系列代号和内径代号构成，通常用 4 位数字表示，从左往右依次为：轴承类型代号、尺寸系列代号、内径代号。

轴承类型代号用数字或字母表示，如表 2-2 所示；尺寸系列代号由轴承的宽（高）度系列代号（一位数字）和直径系列代号（一位数字）左右排列组成。它反映了同种轴承在内圈孔径相同时的内外圈的宽度和厚度的不同及滚动体大小的不同。尺寸系列代号不同的轴承，其外廓尺寸不同，承载能力也不同。尺寸系列代号有时可以省略：除圆锥滚子轴承外，其余各类轴承宽度系列代号“0”，均省略；深沟球轴承和角接触球轴承的 10 尺寸系列代号中的“1”可以省略；双列深沟球轴承的宽度系列代号“2”可以省略。内径代号表示滚动轴承内圈孔径，当内径尺寸在 20~480 mm 范围内时，内径尺寸=内径代号×5。

表 2-2　滚动轴承类型代号

代号	轴承类型	代号	轴承类型
0	双列角接触球轴承	7	角接触球轴承
1	调心球轴承	8	推力圆柱滚子轴承
2	调心滚子轴承和推力调心滚子轴承	N	圆柱滚子轴承
3	圆锥滚子轴承	NN	双列或多列圆柱滚子轴承
4	双列深沟球轴承	U	外球面球轴承
5	推力球轴承	QJ	四点接触球轴承
6	深沟球轴承		

例如：滚动轴承 6204GB/T276－1994。其中，6 为类型代号，表示深沟球轴承；2 为尺寸系列代号，表示 02 系列，0 省略了；04 为内径代号，表示轴承的公称直径为 4×5=20mm。

2.3.2　滚动轴承的画法

滚动轴承是标准件，不必画出零件图。在装配图中，滚动轴承可以用通用画法、特征画法或规定画法来绘制，具体画法如图 2-17 所示，前两种属于简化画法，在同一个图样中一般只采用这两种简化画法中的一种。对这三种画法，国家标准 GB/T4459.7－1998《机械制图 滚动轴承表示法》做了统一规定。

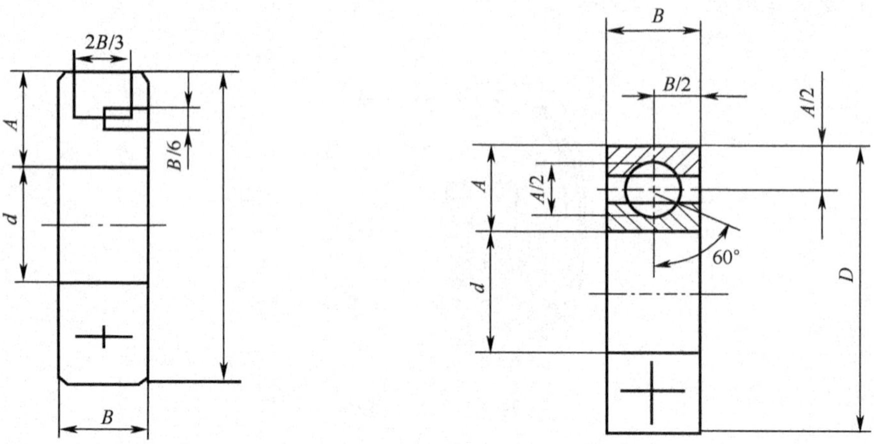

（a）简化画法　　（b）规定画法

图 2-17　深沟球轴承的画法

2.4　齿轮

齿轮是能互相啮合的有齿的机械零件，它在机械传动及整个机械领域中的应用极其广泛。在汽车上，手动变速器就是通过不同的齿轮相互啮合，从而改变汽车的行驶速度或方向的。

齿轮的作用是传递动力、改变运动的速度和方向。齿轮的种类有很多，根据传动情况可分为三类：圆柱齿轮、圆锥齿轮、涡轮蜗杆。其中，圆柱齿轮用于两平行轴线之间的传动，如变速器的各个齿轮；圆锥齿轮用于两相交轴线间的传动，如主减速器齿轮、差速器齿轮；涡轮蜗杆用于两垂直交叉轴线间的传动，如循环球式转向器的齿轮。

2.4.1　圆柱齿轮的基本知识

圆柱齿轮的轮齿有直齿、斜齿和人字齿三种。下面以标准直齿圆柱齿轮为例，介绍其各部分的名称、尺寸计算和规定画法，如图 2-18 所示。

1. 直齿圆柱齿轮的各部分结构

（1）齿顶圆。这指通过齿轮各齿顶端的圆，直径用 d_a 表示。

（2）齿根圆。这指通过齿轮各齿槽底部的圆，直径用 d_f 表示。

（3）分度圆。这是一个假想圆，在这个圆上，标准齿轮的齿厚与齿槽宽相等，直径用 d 表示。

（4）齿高。齿顶圆和齿根圆之间的径向距离称为齿高，用 h 表示。分度圆将齿高分为两个不相等的部分：齿顶圆与分度圆之间的距离称为齿顶高，用 h_a 表示；分度圆与齿根圆之间的距离称为齿根高，用 h_f 表示。齿高是齿顶高和齿根高之和，即 $h = h_a + h_f$。

（5）齿厚。每个轮齿齿廓在分度圆上的弧长称为齿厚，用 s 表示。

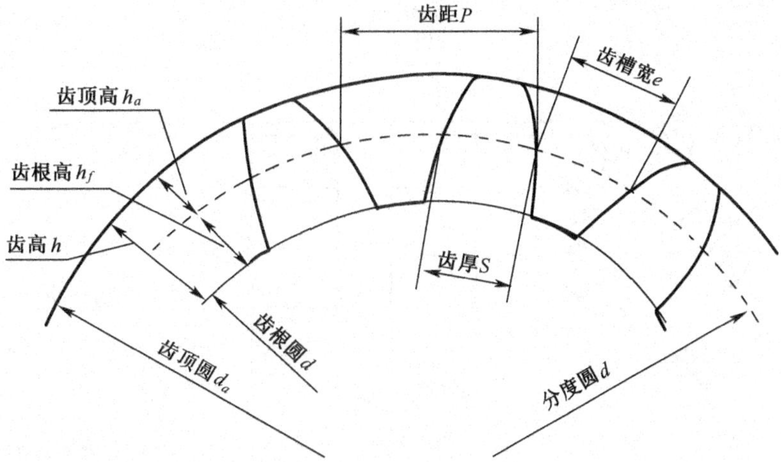

图 2-18　直齿圆柱齿轮各部分名称

（6）齿槽宽。相邻两齿之间的齿槽在分度圆上的弧长，用 e 表示。在标准齿轮中，$s=e$，$p=s+e$。

（7）齿距。分度圆上相邻两齿对应点之间的弧长，用 p 表示。

（8）中心距。两啮合齿轮轴线之间的距离，用 a 表示。

2. 直齿圆柱齿轮的基本参数

（1）齿数。轮齿的个数，用 z 表示。

（2）模数。设齿数为 z 的标准齿轮中，分度圆的周长 $=zp=\pi d$，$d=z(p/\pi)$。令 $m=p/\pi$，即齿距和圆周率的比值，则 $d=zm$，称 m 为模数。模数是设计、制造齿轮的重要参数，模数值越大，轮齿的尺寸越大，承受能力越强。不同模数的齿轮要用不同模数的刀具加工。为了便于设计和加工，模数的数值已标准化。

（3）压力角。一对齿轮啮合时，在齿廓接触点处的齿廓公法线（受力方向）与分度圆的切线方向（运动方向）之间的夹角，又称为齿形角，用 α 表示。我国标准渐开线齿轮的压力角为 20°。只有模数和压力角都相同的齿轮才能互相啮合。

2.4.2　圆柱齿轮的规定画法

1. 单个圆柱齿轮的画法

如图 2-19 所示，在视图中，齿顶圆和齿顶线用粗实线表示，分度圆和分度线用细点画线表示，齿根圆和齿根线用细实线表示，也可省略不画。在剖视图中，当剖切平面通过齿轮的轴线时，轮齿按不剖画，齿根线用粗实线表示。

2. 圆柱齿轮啮合的画法

两标准齿轮啮合时，分度圆处于相切位置。除啮合区外，其余部分的结构均按单个齿轮画法画。啮合部分的规定画法如下：在平行于圆柱齿轮轴线的投影面的视图上，即投影为非圆的视图上，剖切时，两分度线重合用细点画线绘制，齿根线用粗实线绘制，一个齿轮的齿顶线画成粗实线，另一个齿轮的齿顶线画成虚线或省略不画。在垂直于圆柱齿轮轴线的投影面的视图上，即投影为圆的视图上，两齿轮的分度圆应该相切，啮合区的齿顶圆用粗实线画出，也可省略不画；齿根圆用细实线绘制，也可省略不画。具体画法如图 2-20 所示。

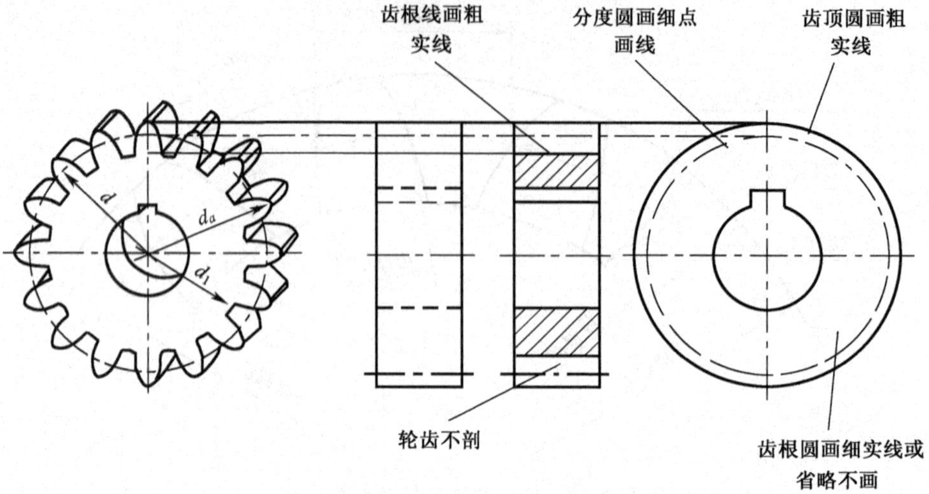

图 2-19　单个圆柱齿轮的画法

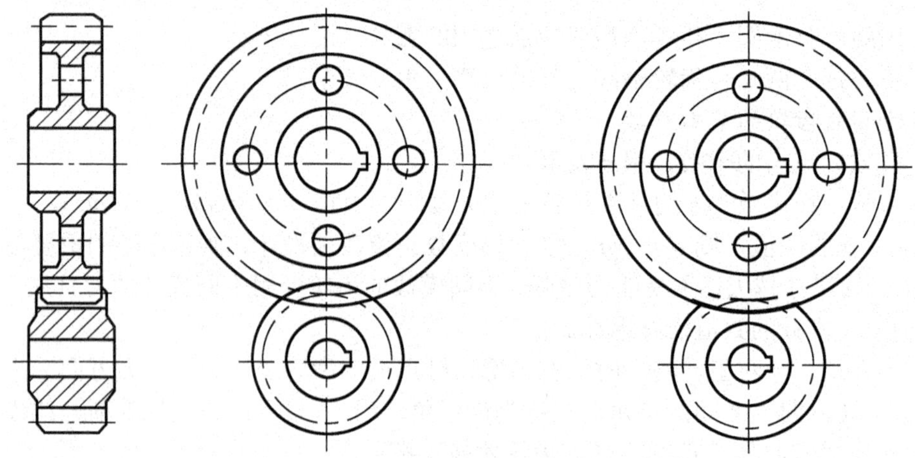

（a）规定画法　　（b）省略画法

图 2-20　圆柱齿轮啮合的画法

本章小结

1. 螺纹的五要素有：螺纹牙型、直径、线数、螺距和导程、螺纹的旋向。螺纹的直径有三个：大径、小径、中径，代表螺纹尺寸的直径称为公称直径，一般指螺纹的大径。

2. 画外螺纹时，螺纹的大径用粗实线表示，小径用细实线表示（$d_1 \approx 0.85d$），在螺杆的倒角或倒圆部分内也应画出小径。完整螺纹与螺尾之间用螺纹终止线分开，螺纹终止线用粗实线画出。在垂直于螺纹轴线的投影面的视图中（投影为圆的视图中），大径用粗实线表示，小径用细实线画成约 3/4 的圆，倒角圆省略不画。

3. 内螺纹常用剖视图表示，在剖视图中，螺纹大径用细实线表示，小径和螺纹终止线用粗实线表示。在垂直于螺纹轴线的视图中（投影为圆的视图中），表示小径的圆用粗实线表示，表示大径的圆用细实线画成约 3/4 圆，倒角圆省略不画。

4. 螺纹连接常用剖视图表示，其中内外螺纹的旋合部分按外螺纹画，其余部分按各自的画法画。

5. 螺纹紧固件的连接方式有三种：螺栓连接、双头螺柱连接和螺钉连接。

6. 键通常用来连接轴和轴上的传动件，连接时，必须在轮毂和轴上先分别加工出键槽，键的一部分被安装在轴上的键槽内，另外的凸出部分嵌入轮毂槽内。

7. 销通常用于零件之间的定位或连接。常用的销有圆柱销、圆锥销和开口销三种。

8. 滚动轴承是标准件，不必画出零件图。在装配图中，滚动轴承可以用通用画法、特征画法或规定画法来绘制。

9. 直齿圆柱齿轮的基本参数包括：齿数 z、模数 m、压力角 α。

10. 两标准齿轮啮合时，分度圆处于相切位置。除啮合区外，其余部分的结构均按单个齿轮画法画。

习题 1

1. 螺纹的五要素是什么？
2. 内外螺纹的规定画法中，分别有哪些原则要遵守？
3. 分析以下螺纹画法中的错误，并在指定位置画出其正确的图形。

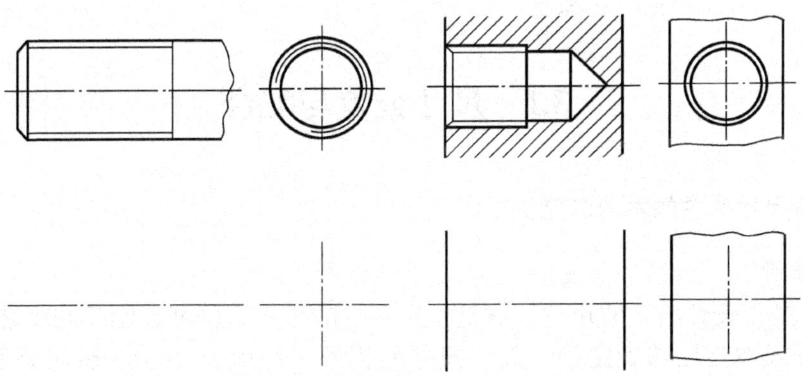

4. 按螺纹的标记填表。

螺纹标记	螺纹种类	大径	螺距	导程	线数	旋向	公差代号
M20-6h							
M16×1-5g6g							
M24LH-7H							
B32×6LH-7e							
Tr48×16（P8）-8H							

第 3 章　常用的公差和配合

本章导读

在汽车或其他机器设备中，经常会遇到某个零件损坏后，买一个相同规格的零件，装好后就能正常使用。这就要求零件具有互换性。所谓互换性就是指机器零部件相互之间可以替换，而且能够保证使用要求的一种性能。要实现零件的互换性，除了需要统一其结构和尺寸外，还需要统一规定公差和配合，本章主要介绍一些常用的公差与配合的基本知识。

本章要点

1. 与尺寸、公差有关的术语及定义。
2. 配合与基准制。
3. 表面粗糙度的概念、特征代号及标注。
4. 形位公差项目、符号及标注。

3.1　尺寸公差与配合

3.1.1　与尺寸有关的术语和定义

1. 基本尺寸

基本尺寸是指设计给定的尺寸。它是根据零件的结构、强度、刚度和工艺性等要求，通过计算、试验或按类比法确定的。基本尺寸的代号：孔用 D 表示，轴用 d 表示。

2. 实际尺寸

实际尺寸是指通过测量所得的尺寸。由于存在加工误差，按同一图样要求所加工的各个零件，其实际尺寸往往各不相同，即使是同一工件的不同位置、不同方向的实际尺寸也往往不同，而且存在测量误差，所以实际尺寸并不是尺寸的真值。孔的实际尺寸用 D_a 表示，轴的实际尺寸用 d_a 表示。

3. 极限尺寸

极限尺寸是指允许尺寸变化的两个极限值，上极限值为最大极限尺寸，下极限值为最小极限尺寸。极限尺寸是以基本尺寸为基数来确定的，它可能大于、等于或小于基本尺寸。合格零件的实际尺寸应在两个极限尺寸之间。极限尺寸的代号：孔用 $D_{\max}$、$D_{\min}$ 表示，轴用 $d_{\max}$、$d_{\min}$ 表示。

3.1.2　尺寸公差

1．*尺寸偏差*

某一尺寸减去基本尺寸所得的代数差，称为尺寸偏差。

最大极限尺寸减去基本尺寸所得的代数差称为上偏差，孔的上偏差用 ES 表示，轴的上偏差用 es 表示；即：ES=$D_{max}-D$，es=$d_{max}-d$。

最小极限尺寸减去基本尺寸所得的代数差称为下偏差，孔的下偏差用 EI 表示，轴的下偏差用 ei 表示。即：EI=$D_{min}-d$，ei=$d_{min}-d$。

关于尺寸、公差与偏差的关系具体如图 3-1 所示。

当极限尺寸大于、小于或等于基本尺寸时，极限偏差分别为正、负或零值，所以偏差可以为正、负或零值。

2．*尺寸公差*

零件在制造过程中，由于加工或测量等因素的影响，完工后的实际尺寸总存在一定的误差。为保证零件的互换性，必须将零件的实际尺寸控制在允许变动的范围内，这个允许的尺寸变动量称为尺寸公差。所以尺寸公差是指在切削加工中，零件尺寸允许的变动量，用 T 表示。尺寸公差等于最大极限尺寸与最小极限尺寸之差，或等于上偏差与下偏差之差，所以公差总为正值。在基本尺寸相同的情况下，尺寸公差越小，则尺寸精度越高。孔公差用 T_h 表示，轴公差用 T_s 表示。

3．*公差带*

在分析公差与配合时，需要作图。由于公差数值和尺寸数值相差很大，不便用同一比例，因此在作图时，只画出放大的孔和轴的公差图形，这种图形称为公差带图。

在作图时，先画一条横坐标代表基本尺寸，这条线是用来确定偏差的基准线，称为零线。再按比例画两条平行零线的直线，代表上偏差和下偏差或最大极限尺寸和最小极限尺寸。这两条直线所限定的区域称为公差带。它是由公差大小和其相对零线的位置（即基本偏差）来确定的，如图 3-2 所示。

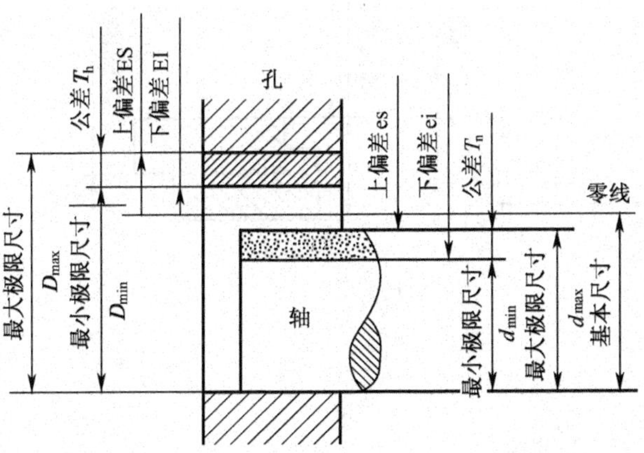

图 3-1　尺寸、公差与偏差的示意图

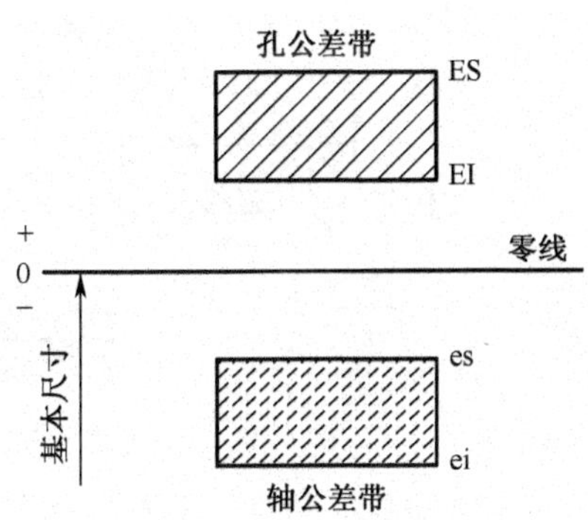

图 3-2　公差带图

正偏差位于零线之上，下偏差位于零线之下。在零线处标注出基本尺寸，在公差带的边界线旁标注出极限偏差值。

3.1.3 配合与基准制

配合是指基本尺寸相同的相互结合的孔轴公差带之间的关系。这种关系决定着配合的松紧程度，用间隙和过盈来描述。

在孔和轴的配合中，孔的尺寸减去相配合的轴的尺寸所得的代数差，称为间隙或过盈。差值为正时，称为间隙，用 X 表示；差值为负时，称为过盈，用 Y 表示。过渡配合是指可能具有间隙或过盈的配合。此时，孔的公差带与轴的公差带相互交叠。具体如图 3-3 所示。

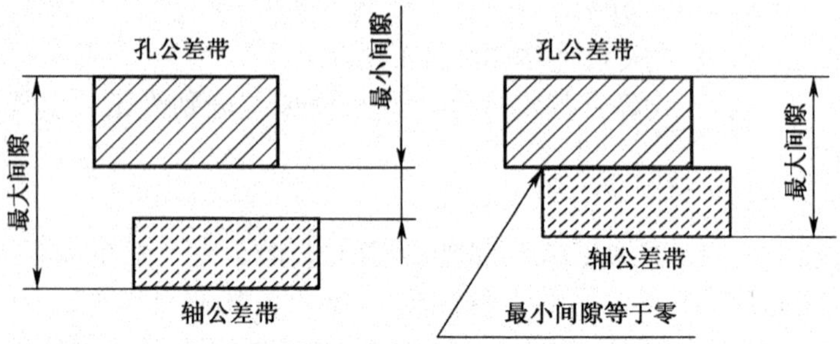

（a） 间隙配合

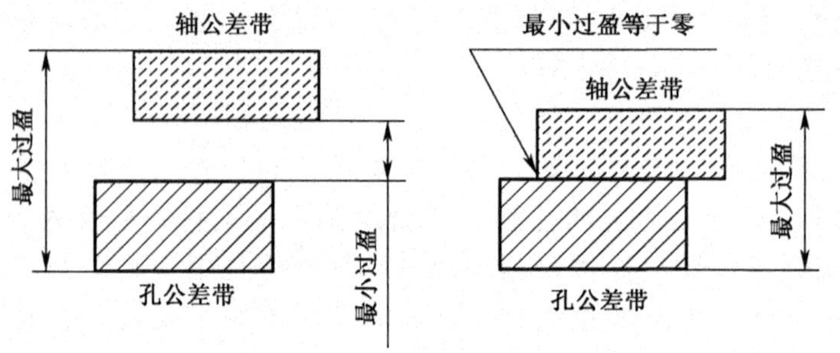

（b）过盈配合

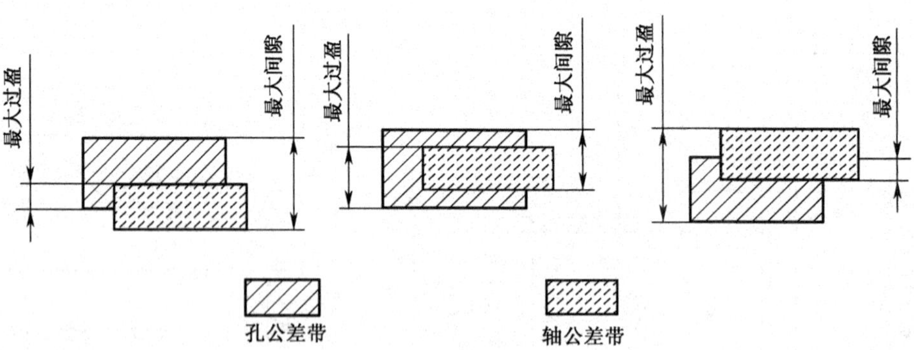

（c）过渡配合

图 3-3 配合种类

公差带的配合分为基孔制和基轴制。基孔制是指基本偏差为一定的孔的公差带，与不同基本偏差的轴的公差带形成各种配合的一种制度。基准孔的下偏差为零，并用代号 H 表示，如图 3-4（a）所示。基轴制是指基本偏差为一定的轴的公差带，与不同基本偏差的孔的公差带形成各种配合的一种制度。基准轴的上偏差为零，并用代号 h 表示，如图 3-4（b）所示。

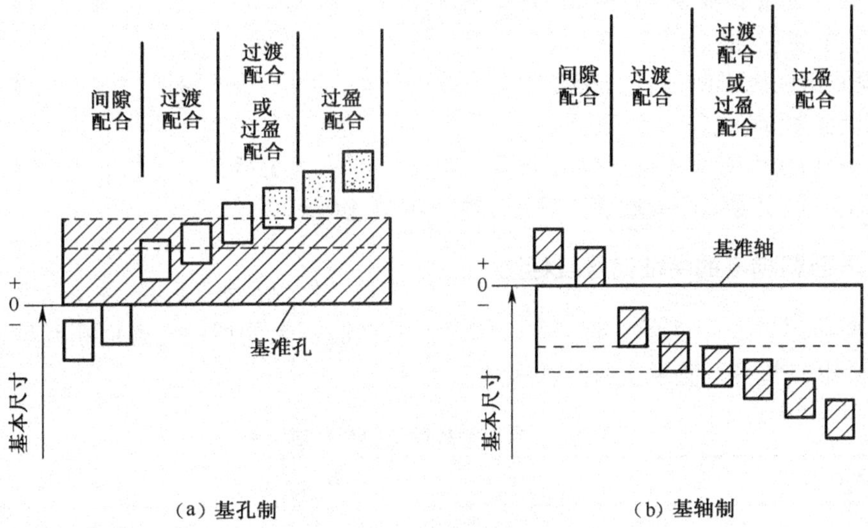

图 3-4　基孔制配合和基轴制配合

3.2　表面粗糙度

3.2.1　表面粗糙度的概念

在机械加工过程中，由于刀痕，切削过程中切屑分离时金属的塑性变形，工艺系统中的高频振动、刀具和被加工表面的摩擦等原因，致使被加工零件的表面产生微小的峰谷，如图 3-5 所示，这些微小峰谷的高低程度和间距状况就称为表面粗糙度。其两波峰或两波谷之间的距离（波距）很小（在 1mm 以下），用肉眼是难以看到的，属于微观几何形状误差。表面粗糙度越小，表面越光滑。

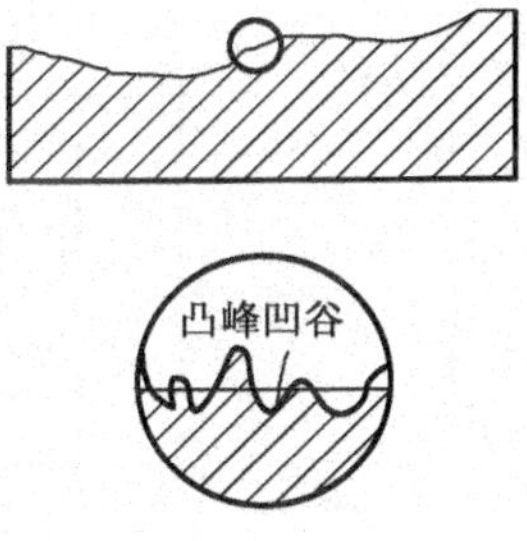

图 3-5　零件表面的实际几何轮廓形状

3.2.2　表面粗糙度对零件使用性能的影响

表面粗糙度的大小对机械零件的使用性能有很大的影响，主要有以下几个方面：

（1）表面粗糙度影响零件的耐磨性，表面越粗糙，配合表面间的有效接触面积越小，压强越大，磨损就越快。

（2）表面粗糙度影响配合性质的稳定性。对间隙配合来说，表面越粗糙，就越易磨损，使工作过程中的间隙逐渐增大；对过盈配合来说，由于装配时将微观凸峰挤平，减小了实际有效过盈，降低了连接强度。

（3）表面粗糙度影响零件的密封性。粗糙的表面之间无法严密地贴合，气体或液体通过接触面间的缝隙渗漏。

（4）表面粗糙度影响零件的疲劳强度。粗糙零件的表面存在较大的波谷，它们像尖角缺口和裂纹一样，对应力集中很敏感，从而影响零件的疲劳强度。

3.2.3 表面粗糙度的特征代号及标注

国家标准规定了零件表面特征符号、代号及其在图样上的标注。表面粗糙度的符号在图上用细实线画出，符号及其意义具体如表 3-1 所示。

表 3-1 表面粗糙度的符号及意义

序号	意义及说明
	基本符号，表示表面可用任何方法得到。当不加注粗糙度参数值或有关说明时，仅适用于简化代号标注
	表示表面用去除材料的方法获得。如车、铣、钻、磨、剪切、抛光、腐蚀、电火花加工等方法
	表示表面用不去除材料的方法获得。如铸、锻、冲压变形、热轧、冷轧、粉末冶金等方法
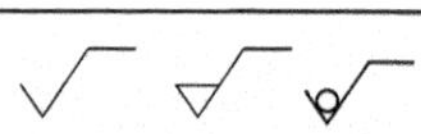	在上述 3 个符号长边上加一条横线，用于标注有关参数及说明
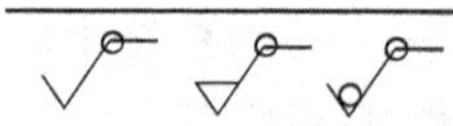	在上述 3 个符号长边上加一个小圆圈，表示所有表面具有相同的表面粗糙度

表面粗糙度在图样上的标注示例，如图 3-6 所示。

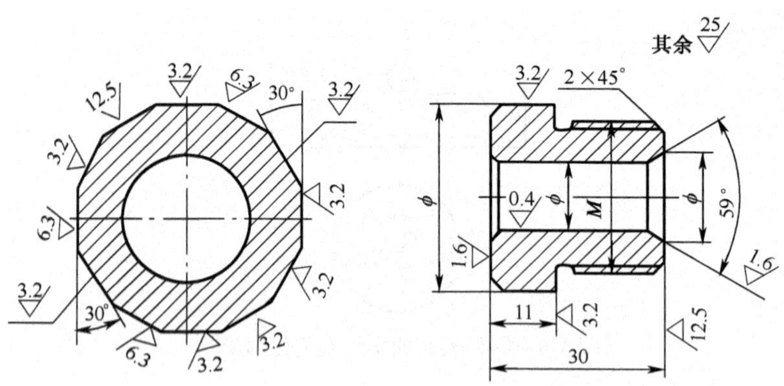

图 3-6 表面粗糙度在图样上的标注

3.2.4 表面粗糙度数值的选用

在选择表面粗糙度的数值时，应遵循以下原则：

（1）在满足表面功能要求时，尽量选用较大的表面粗糙度值。

（2）同一零件上，工作表面的粗糙度值小于非工作表面的粗糙度值。

（3）摩擦表面比非摩擦表面的参数值要小；滚动摩擦表面比滑动摩擦表面的参数值要小；运动速度高、单位压力大的摩擦表面的粗糙度值要小。

（4）受循环载荷的表面及容易引起应力集中的部位粗糙度值要小。

（5）一般情况下，过盈配合表面比间隙配合表面的粗糙度值要小；对于间隙配合，间隙越小，粗糙度值应越小。

（6）配合性质相同时，零件尺寸越小，则表面粗糙度值应越小；同一精度等级，小尺寸比大尺寸的表面粗糙度值要小，轴比孔的表面粗糙度值要小。

3.3　形位公差

3.3.1　形位公差的概念

零件在机械加工过程中不仅会产生尺寸误差，而且构成零件几何特征的点、线、面的实际形状或相互位置与理想几何体规定的形状和相互位置还不可避免地存在差异，这种形状上的差异就是形状误差，而相互位置的差异就是位置误差，统称为形位误差。形位误差不仅会影响机械产品的质量，如密封性、运动平稳性、连接强度、使用寿命等，还会影响零件的互换性。所以，为了保证机械产品的质量和零件的互换性，应对形位误差加以限制，给出一个经济合理的误差许可变动范围，即形位公差。

3.3.2　形位公差的项目及符号

国家标准中将形位公差共分为 14 个项目，其中形状公差有 6 个项目，位置公差有 8 个项目。形位公差的每一个项目都规定了专门的符号，如表 3-2 所示。

表 3-2　形位公差项目

分类		项目	符号
形状	形状	直线度	—
		平面度	▱
		圆度	○
		圆柱度	⌭
形状或位置	轮廓	线轮廓度	⌒
		面轮廓度	⌓

分类		项目	符号
位置公差	定向	平行度	//
		垂直度	⊥
		倾斜度	∠
	定位	同轴（同心）度	◎
		对称度	⌯
		位置度	⌖
	跳动	圆跳动	↗
		全跳动	⌰

3.3.3 形位公差的标注

国家标准规定，在图样上，形位公差一般采用代号标注，无法采用代号标注时，允许在技术要求中用文字加以说明。形位公差的标注结构为框格、指引线和基准代号，如图 3-7 所示。

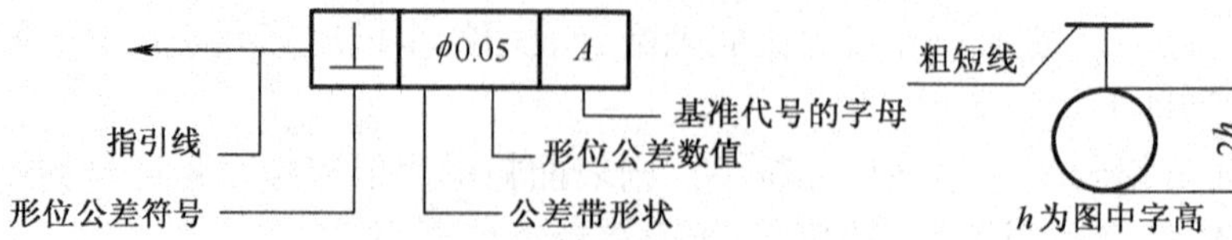

图 3-7　形位公差的标注

公差框格用细实线绘制，由两格或多格组成，水平放置，两格的一般用于形状公差，多格的一般用于位置公差。框格的内容从左到右依次填写：公差项目符号；公差值（单位为 mm，可省略）和有关符号；基准字母和有关符号。

指引线由细实线和箭头组成，用来连接公差框格和被测要素。指引线一般从公差框格的左端垂直引出，箭头指向被测要素。当被测要素为线或表面时，指引线的箭头应指在该要素的轮廓线或其延长线上，并应明显地与尺寸线错开，如图 3-8（a）所示；当被测要素为轴线或中心平面时，指引线的箭头应与该要素的尺寸线对齐，如图 3-8（b）所示。

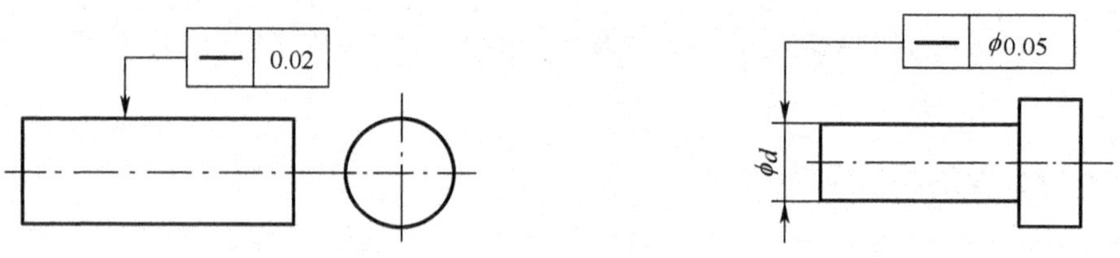

（a）被测要素为轮廓线　　（b）被测要素为中心线

图 3-8　指引线箭头指向的位置

对于位置公差，还需要用基准符号及连线表明被测要素的基准要素，基准符号为一条短的粗实线，代表基准的字母用大写字母表示，并且应与公差框格内的字母相对应，都应水平书写，如图 3-9 所示。当基准要素为素线及表面时，基准符号应靠近该要素的轮廓线或其引出线标注，并应明显地与尺寸线错开；当基准要素为轴线或中心平面时，基准符号应与该尺寸线对齐；当基准要素为各要素的公共轴线、公共中心平面时，基准符号可以直接靠近公共轴线或中心线标注。

（a）　　（b）

图 3-9　位置公差的标注

3.3.4　形状公差与误差

形状公差是指单一实际要素的形状所允许的变动量，包括直线度、平面度、圆度、圆柱度、线轮廓度、面轮廓度。形状公差带是限制单一实际被测要素变动的区域，它的特点是不涉及基准，方向和位置均是浮动的，可根据被测要素的实际方向和位置进行平移或转动，只要被测要素位于其中即可。

1. 直线度

直线度公差可用来限制圆柱体和圆锥体的素线，回转体的轴线、棱线，以及平面上任一直线的形状误差，它是针对直线发生不直而提出的要求，如图 3-10 所示。

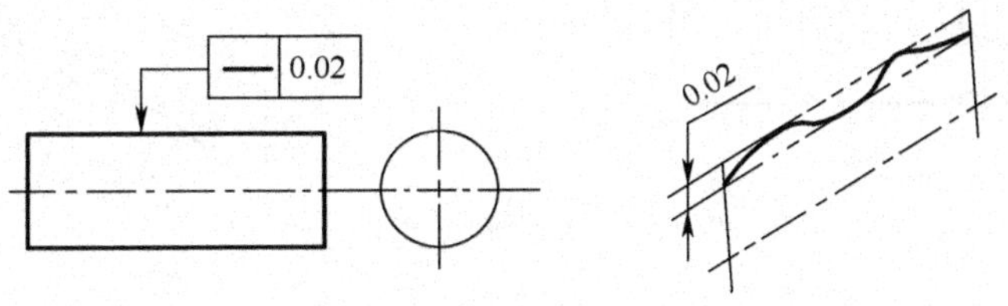

（a）

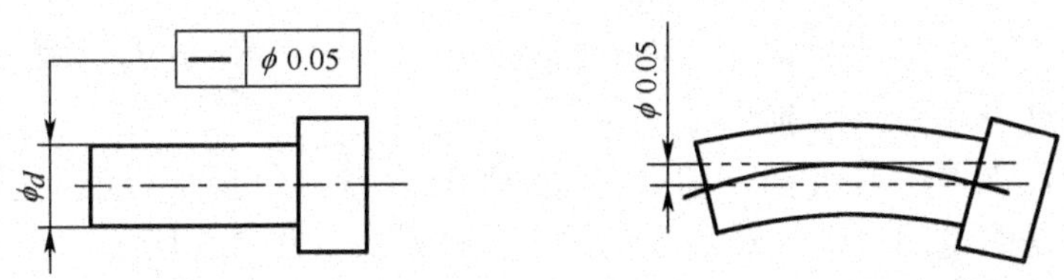

（b）

图 3-10　直线度及其公差带

2. 平面度

平面度是限制实际平面对理想平面变动量的一项指标，是针对平面发生不平而提出的要求。平面度公差带是距离为公差值 t 的两平面之间的区域，如图 3-11 所示。

图 3-11　平面度及其公差带

3. 圆度

圆度是限制实际圆对理想圆变动量的一项指标，它是对具有圆柱面（包括圆锥面、球面）的零件，在一个正截面内的圆形轮廓要求，如图 3-12 所示。

4. 圆柱度

圆柱度是限制实际圆柱面对理想圆柱面变动量的一项指标，它控制了圆柱体横截面和轴截面内的各项形状误差，如圆度、素线直线度、轴线直线度等，如图 3-13 所示。圆柱度是圆柱体各项形状误差的综合指标。

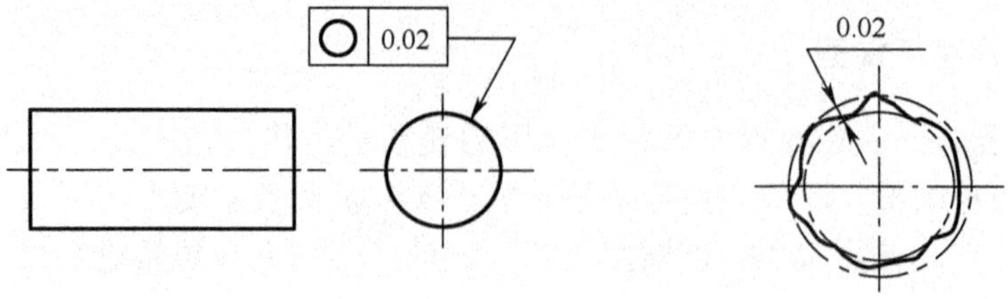

图 3-12　圆度及其公差带

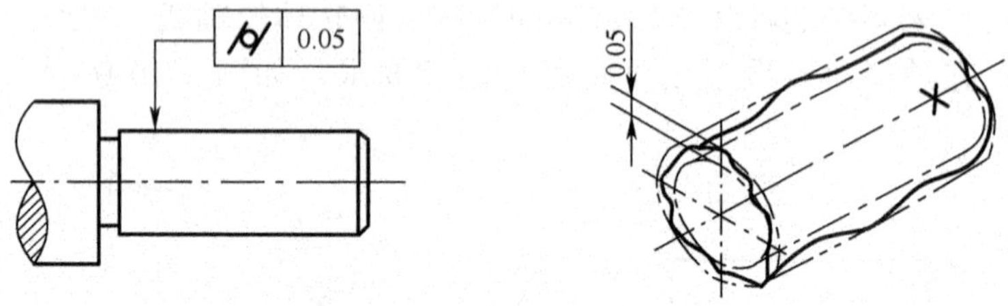

图 3-13　圆柱度及其公差带

3.3.5　位置公差与误差

位置公差是用来限制被测要素在方向和位置关系上的误差，分为定向公差、定位公差和跳动公差三类，在这里主要介绍前两类。

定向公差是被测要素对基准在方向上允许的变动全量，包括平行度、垂直度和倾斜度，其公差带的方向都是确定的，但位置是浮动的，具体解释如表 3-3 所示。

表 3-3　定向公差的分类及示例

公差项目		公差带的图例	标注示例
平行度	线对线	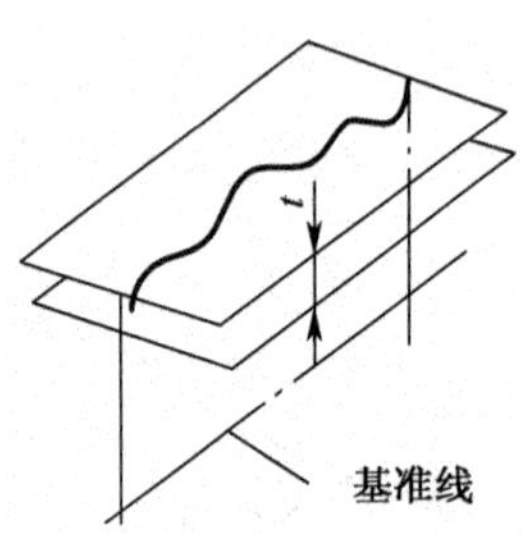	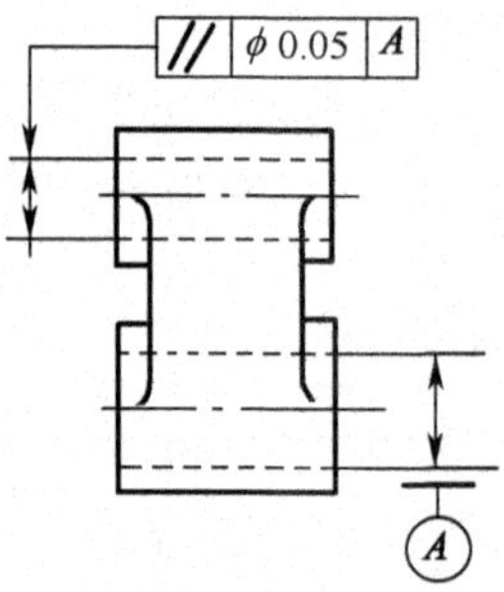
	线对线	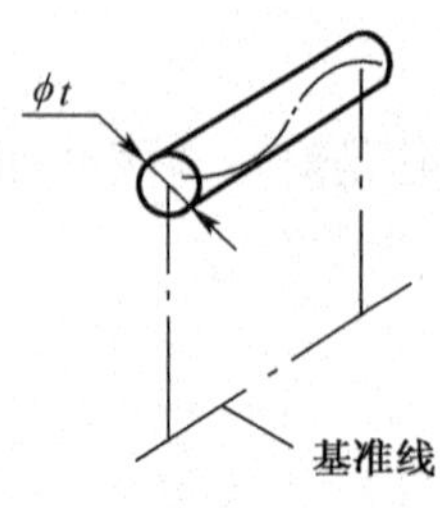	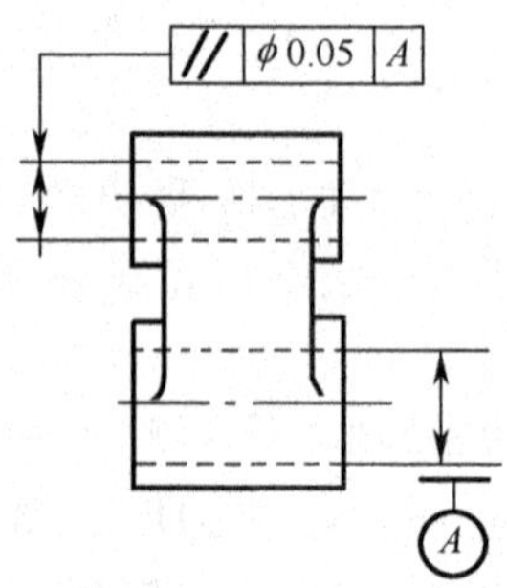

续表

公差项目		公差带的图例	标注示例
平行度	线对面	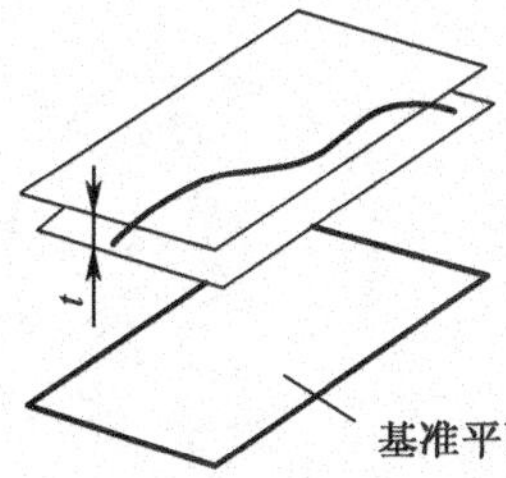	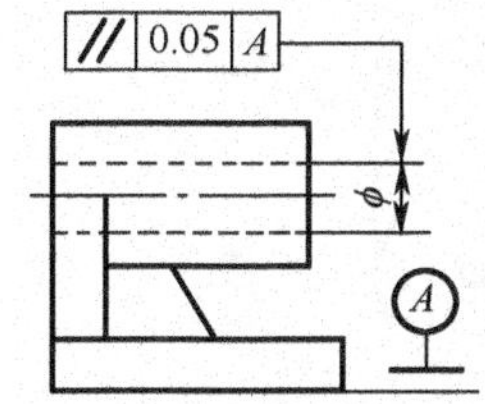
	面对线	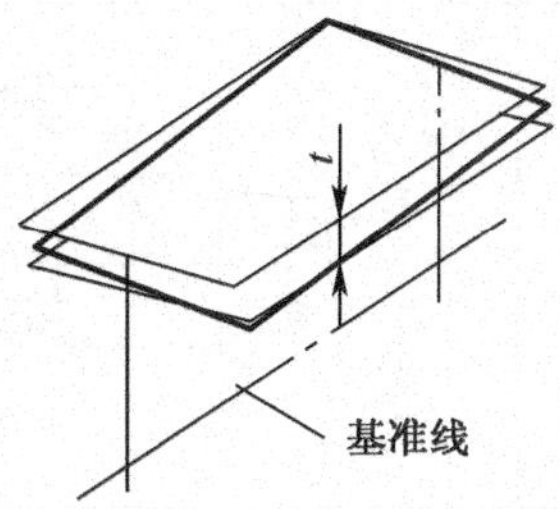	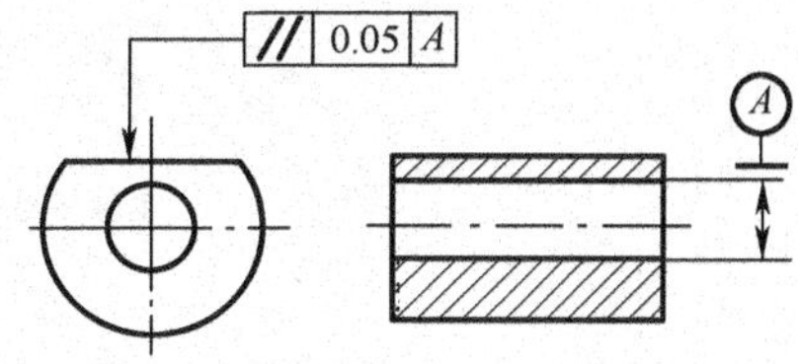
	面对面	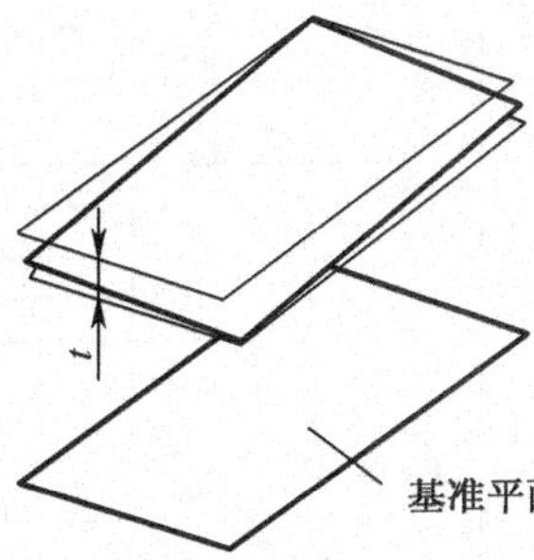	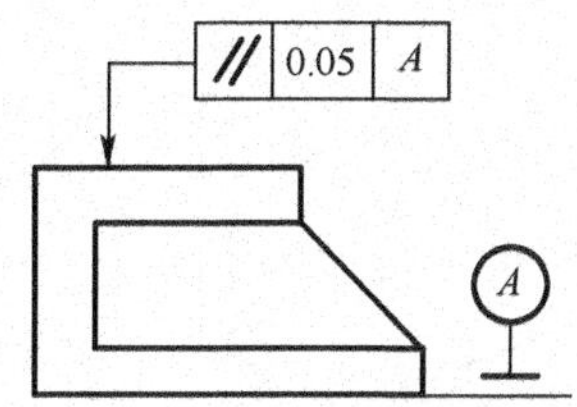
垂直度	线对面	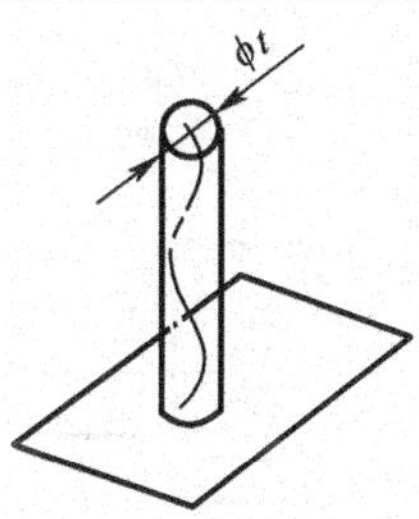	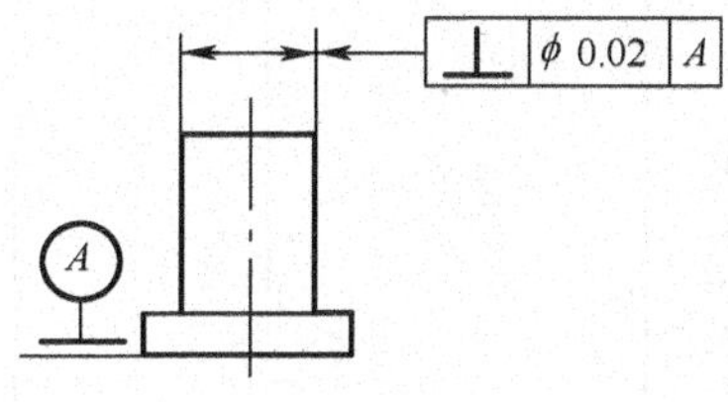
	面对面	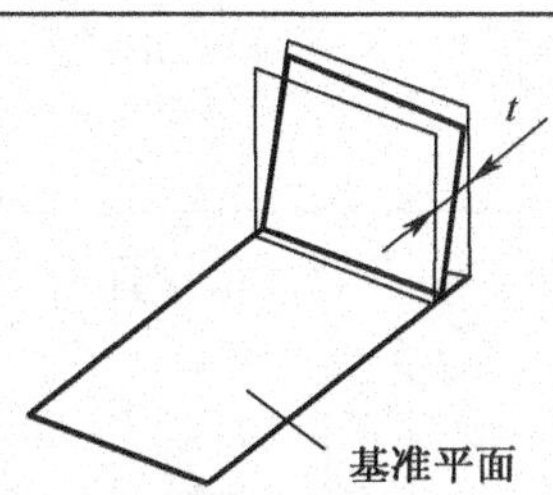	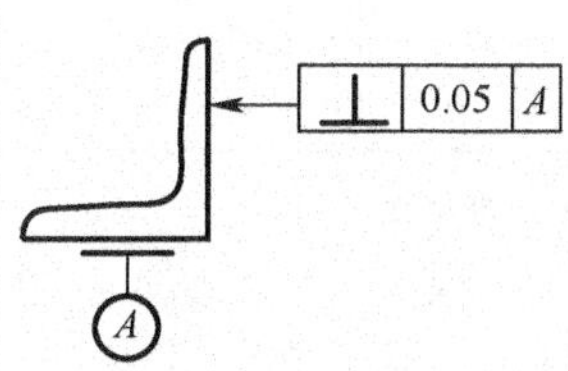

定位公差是被测要素对基准在位置上允许的变动全量，包括同轴度、对称度和位置度，其中，同轴度只涉及轴线，对称度涉及的要素有中心线、中心平面、轴线，位置度涉及的要素有点、线、面。具体解释如表 3-4 所示。

表 3-4　定位公差的分类及示例

公差项目		公差代图例	标注示例
同轴度	点的同心度	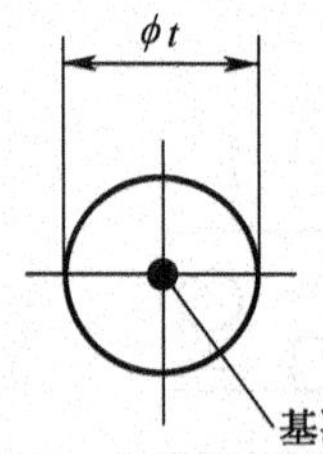	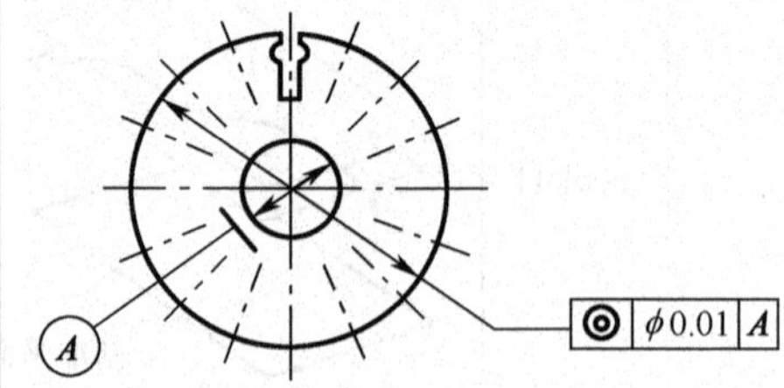
	线的同轴度	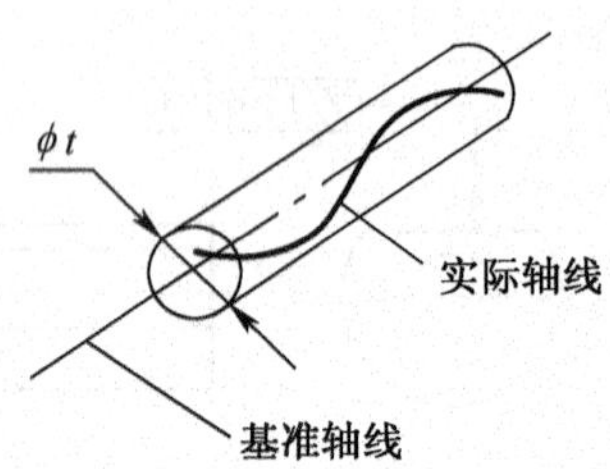	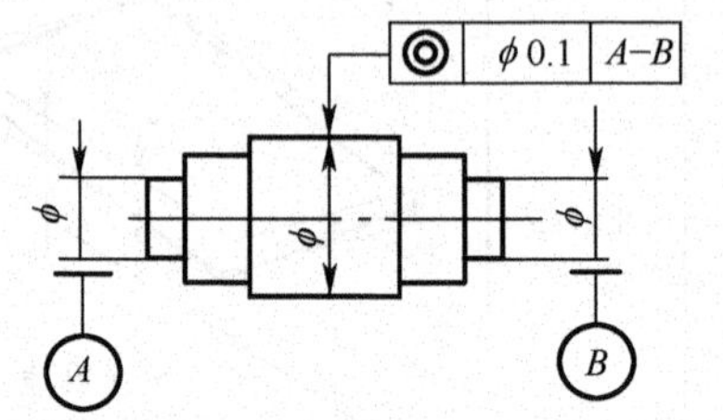
对称度	中心平面的对称度	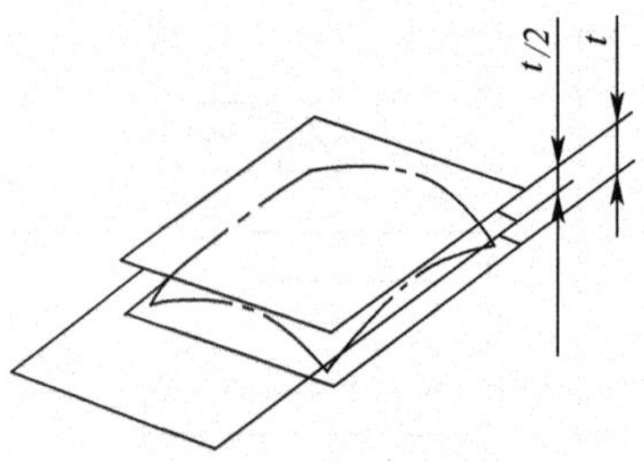	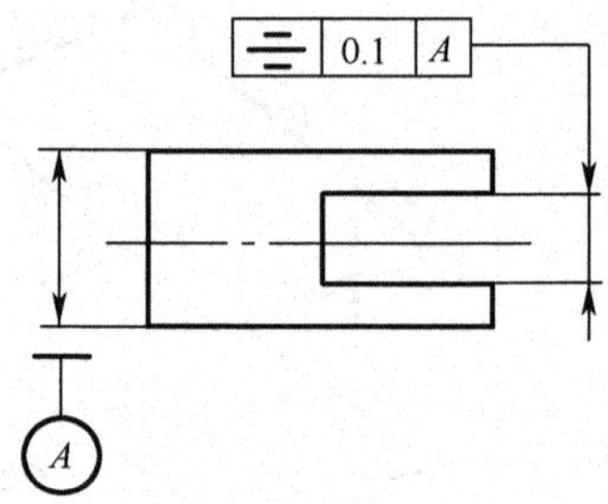
位置度	点的位置度	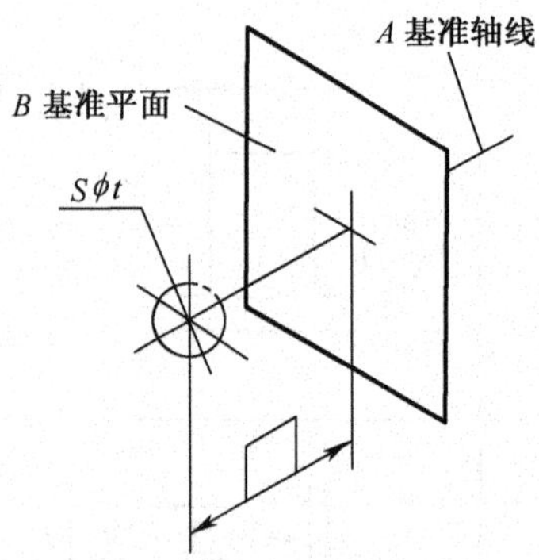	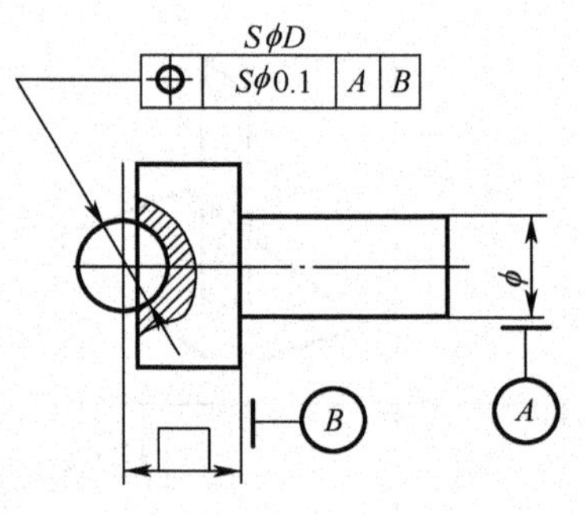
	线的位置度	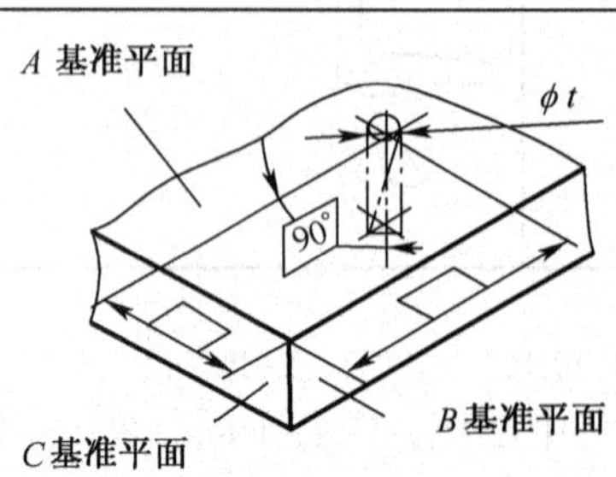	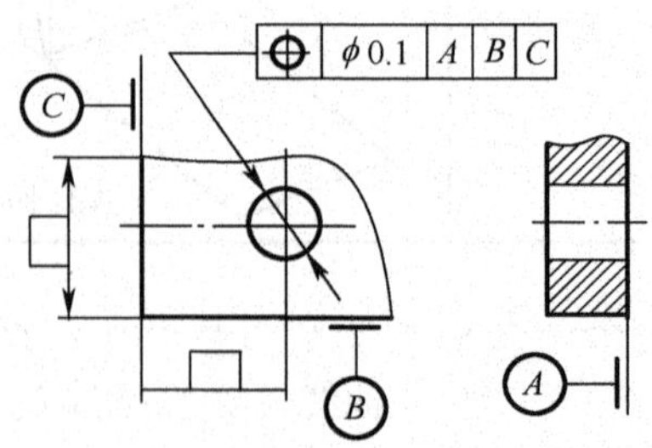

本章小结

1. 基本尺寸是指设计给定的尺寸；实际尺寸是指通过测量所得的尺寸；极限尺寸是指允许尺寸变化的两个极限值，上极限值为最大极限尺寸，下极限值为最小极限尺寸。

2. 某一尺寸减去基本尺寸所得的代数差，称为尺寸偏差。当极限尺寸大于、小于或等于基本尺寸时，极限偏差分别为正、负或零值，所以偏差可以为正、负或零值。

3. 尺寸公差是指在切削加工中，零件尺寸允许的变动量，用 T 表示。尺寸公差等于最大极限尺寸与最小极限尺寸之差，或等于上偏差与下偏差之差，所以公差总为正值。

4. 配合是指基本尺寸相同的相互结合的孔轴公差带之间的关系。在孔和轴的配合中，孔的尺寸减去相配合的轴的尺寸所得的代数差，称为间隙或过盈。差值为正时，称为间隙，用 X 表示；差值为负时，称为过盈，用 Y 表示。

5. 在机械加工过程中，由于刀痕，切削过程中切屑分离时金属的塑性变形，工艺系统中的高频振动、刀具和被加工表面的摩擦等原因，致使被加工零件的表面产生微小的峰谷，这些微小峰谷的高低程度和间距状况就称为表面粗糙度。

6. 零件在机械加工过程中不仅会产生尺寸误差，而且构成零件几何特征的点、线、面的实际形状或相互位置与理想几何体规定的形状和相互位置还不可避免地存在差异，这种形状上的差异就是形状误差，而相互位置的差异就是位置误差，统称为形位误差。

7. 形位公差共分为 14 个项目，其中形状公差有 6 个项目，位置公差有 8 个项目。

8. 形状公差是指单一实际要素的形状所允许的变动量，包括直线度、平面度、圆度、圆柱度、线轮廓度、面轮廓度。

9. 位置公差是用来限制被测要素在方向和位置关系上的误差，分为定向公差、定位公差和跳动公差三类；包括平行度、垂直度、倾斜度、同轴度、对称度、位置度、圆跳动、全跳动。

习题 3

1. 根据表 3-5 中的已知数值填空。

表 3-5

基本尺寸	最大极限尺寸	最小极限尺寸	上偏差	下偏差	公差
轴ϕ40	40.050	40.015			
孔ϕ12				-0.054	0.041
轴ϕ60	60.039				0.074
孔ϕ50			0.060		0.082

2. 计算如图 3-14 所示的孔、轴的极限尺寸和公差。

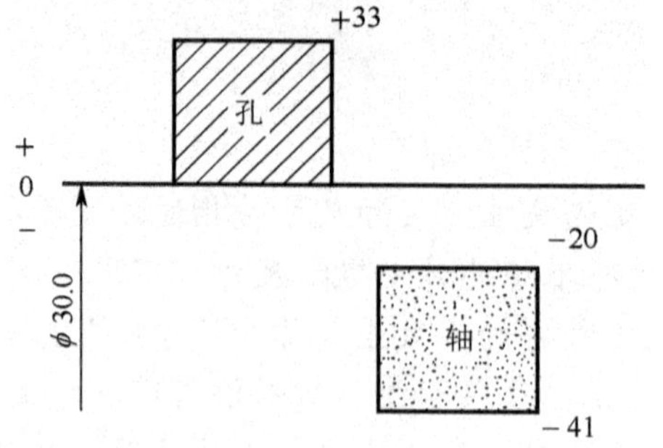

图 3-14

3．表面粗糙度的符号有哪几种？它们的含义有什么不同？

4．形位公差可以分为哪两类？总共有多少个项目？请写出这些公差项目及相应的符号。

第 4 章　零件图

本章导读

机器或部件都是由若干个零件组成的，零件是不可拆分的单元个体，通过加工而成，没有任何装配过程。零件图是用来表达单个零件的结构形状、尺寸大小和技术要求的图样。在机器或部件中，除了标准件之外，其余零件一般均应绘制出零件图。根据零件的作用及其结构特点，可将零件分为四类：轴套类零件、轮盘类零件、叉架类零件、箱体类零件。本章主要讨论零件图的作用、内容、尺寸标注、表达方案的确定以及读零件图的方法。

本章要点

1. 零件图的作用和内容。
2. 零件图上常见的工艺结构。
3. 零件图的尺寸标注及尺寸配置形式。
4. 零件图表达方案的选择。
5. 典型零件的视图选择。

4.1　零件图概述

4.1.1　零件图的作用

零件图是表达单个零件的形状、大小和特征的图样，也是在制造和检验机器零件时所用的图样。在生产过程中，根据零件图样及其技术要求进行生产准备、加工制造及检验。因此，零件图是生产和检验零件的依据，是设计和指导零件生产的重要技术文件。

4.1.2　零件图的内容

为了满足生产需要，一张完整的零件图应包括以下基本内容。

1. 一组视图

要综合运用视图、剖视、断面及其他规定画法和简化画法，选择能把零件的内外结构形状表达清楚的一组视图。

2. 完整的尺寸标注

零件图上应该正确、完整、清晰、合理地标注出零件的全部尺寸，用于确定零件各部分的大小和位置，以便加工并检验零件是否合格。

3. 标题栏

标题栏位于图纸的右下角，用来说明零件的名称、材料、数量、日期、图的编号、比例以及描绘、审核人员签字等。根据国家标准，标题栏有固定的形式及尺寸，制图时应按标准绘制。

4. 技术要求

用符号或文字来说明零件在制造、检验等过程中应达到的一些技术要求，如热处理和表面处理要求、表面粗糙度、尺寸公差、形位公差等。技术要求的文字一般写在标题栏上方的空白处。

如图 4-1 所示为端盖的零件图示例。

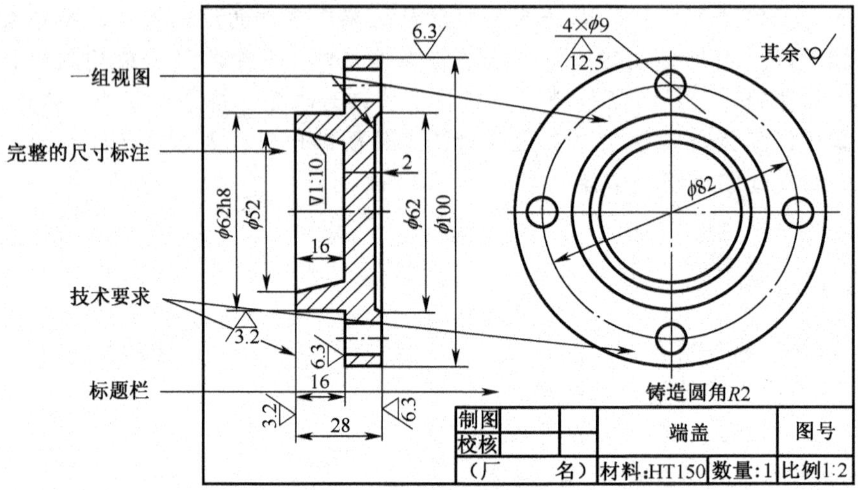

图 4-1 端盖的零件图示例

4.2 零件图上常见的工艺结构

从加工要求出发，为使零件的毛坯制造、加工和测量，部件或机器的装配和调整工作顺利和方便，在零件上应设计出铸造圆角、起模斜度、倒角、圆角、退刀槽等工艺结构。零件的这些工艺结构可以分成两部分：铸造工艺结构和机械加工工艺结构。

4.2.1 铸造工艺结构

1. 铸造圆角

铸造表面的相交处应有圆角过渡，以防止起模时尖角处落砂和在冷却过程中产生缩孔和裂纹。铸造圆角的半径一般取壁厚的 0.2～0.3 倍，且同一铸件的圆角半径应尽量相同，如图 4-2 所示。

2. 拔模斜度

在铸造时为了便于把木模从砂型中取出，在铸件的内外壁沿起模方向应设计出一定的斜度，这个斜度称为拔模斜度，其斜度一般为 3°～6°之间，当斜度较小时，可不在图上画出，在技术要求中说明即可，如图 4-3 所示。

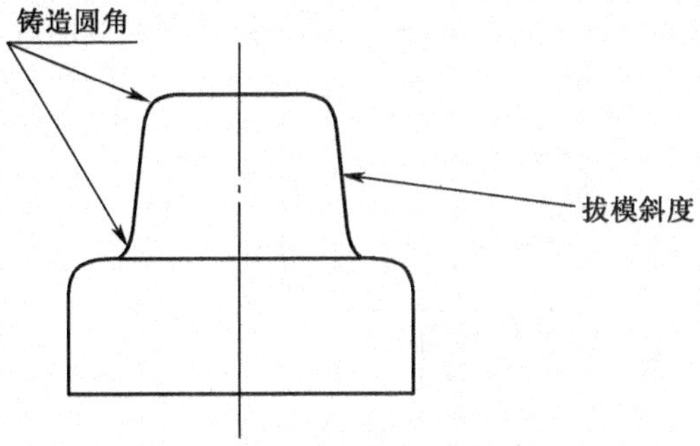

图 4-2 铸造圆角和拔模斜度

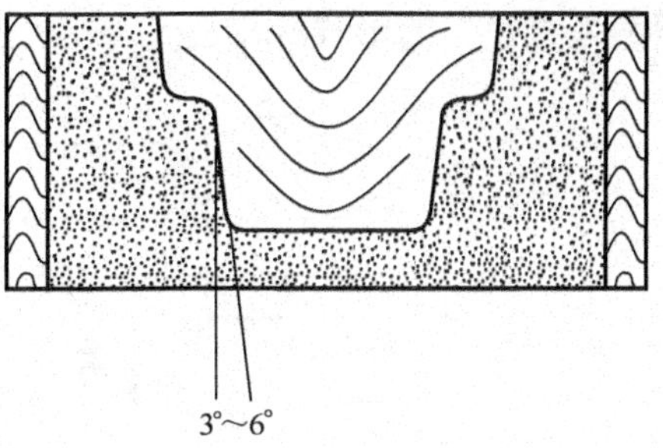

图 4-3 拔模斜度

3. 铸件壁厚

铸件壁厚应力求均匀，若不均匀，由于金属溶液冷却的速度不同，容易导致缩孔或裂纹。因此在设计时，铸件的壁厚要均匀或逐渐变化，避免突然变厚，如图 4-4 所示。

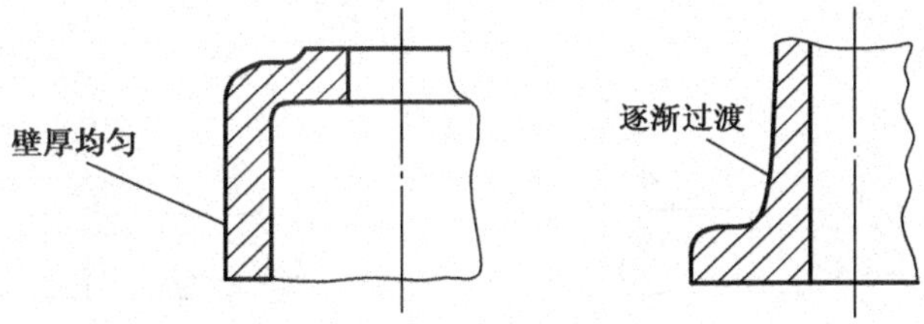

图 4-4 壁厚均匀或逐渐过渡

4.2.2 机械加工工艺结构

1. 倒角或倒圆

为了去除零件的毛刺、锐边，便于安装和操作安全，通常将轴和孔的端部加工成圆台状的倒角；为了避免应力集中而产生裂纹，轴肩根部一般加工成圆角过渡，称为倒圆。在不引起误解的情况下，倒角可以省略不画。倒角一般为 45°，也可以为 30°或 60°。当倒角为 45°时，用 C 表示，如图 4-5 所示。

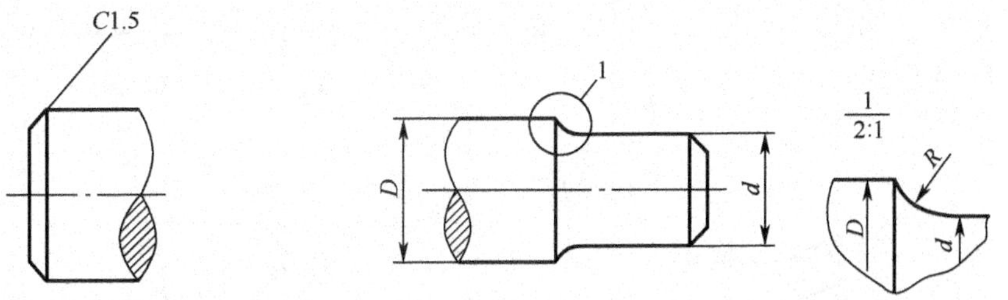

(a) (b)

图 4-5 倒角和倒圆

2. 退刀槽和砂轮越程槽

车削螺纹和磨削加工时，为了便于退出刀具、装配时使零件更易与相邻零件靠紧，通常需预先加工出退刀槽或砂轮越程槽，其结构如图 4-6 所示，一般退刀槽可按“槽宽×槽深”或“槽宽×直径”的形式标出。

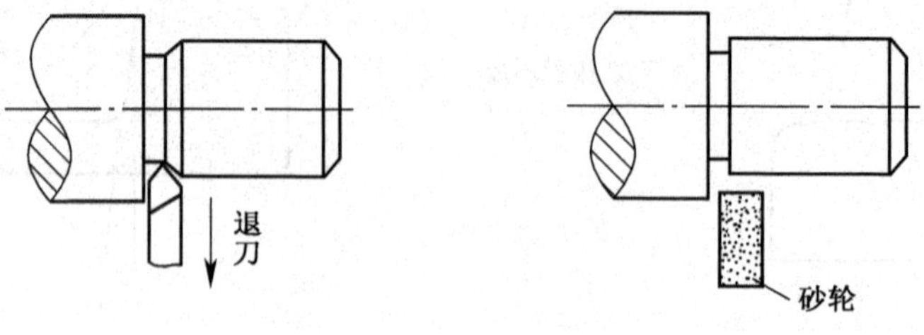

图 4-6　退刀槽和越程槽

3. 凸台、凹坑和凹槽

零件中凡是与其他零件接触的表面一般都要加工。为了减少机械加工量、保证表面接触良好，应尽量减少加工面积和接触面积。常见的方法是把零件的接触表面做成凸台、凹坑或凹槽，如图 4-7 所示。

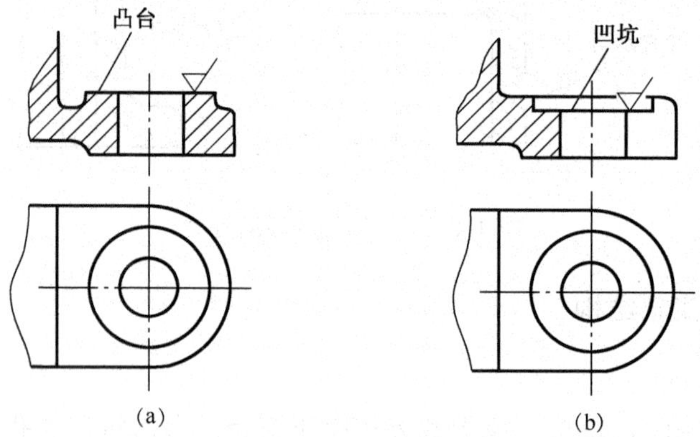

图 4-7　凸台和凹坑

4. 钻孔结构

需钻孔的零件在设计时应保证钻头的轴线垂直于被钻孔零件的表面，并且不应有半悬空孔，否则不易钻入，使孔的位置不易钻准，甚至折断钻头。另外还应留足钻孔的空间位置，便于钻孔，如图 4-8 所示。

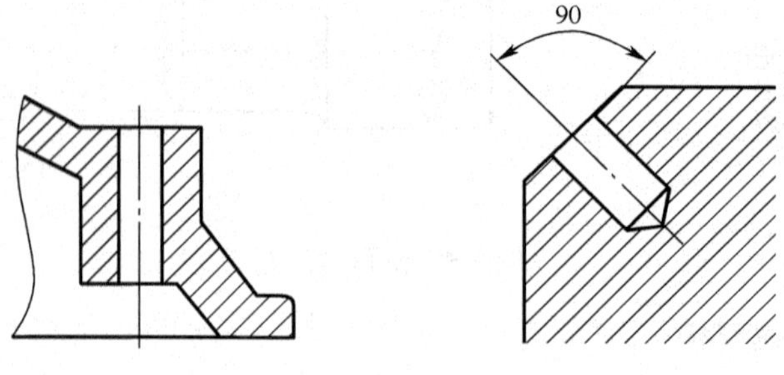

图 4-8　钻孔结构

4.3　零件图的尺寸标注

4.3.1　零件图上尺寸标注的基本要求

零件图上的尺寸标注是零件图的主要内容之一，是零件加工和检验的重要依据。零件图上的尺寸标注应符合下列要求：

（1）正确。尺寸标注必须符合技术制图与机械制图国家标准中的规定，做到标注规范、正确。

（2）完整。标注的各类尺寸要齐全，既不遗漏，也不重复。

（3）清晰。标注的尺寸必须排列整齐、注写清晰，便于查找和阅读。

（4）合理。标注的尺寸要既能满足设计要求，又符合生产实际。

4.3.2　尺寸基准的选择

基准是指零件在机器中或加工、测量时，用以确定其位置的一些面、线或点。基准是标注尺寸的起点，根据用途不同，基准可分为设计基准和工艺基准。

设计基准是根据机器的结构和设计要求，在设计中用以确定零件在机器中的位置及其几何关系的基准。如图 4-9 所示的轴承座，在标注高度方向的尺寸时，以轴承座的底面为基准，以便保证轴孔到底面的距离；在标注长度方向尺寸时，应当以其对称平面为基准，以便保证底板上两孔之间的距离及其对轴孔的对称关系。底面和对称面就是轴承座的设计基准。

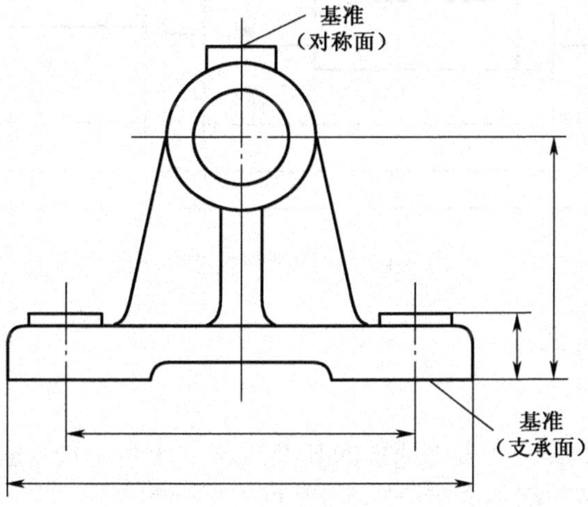

图 4-9　轴承座的基准选择

工艺基准是根据零件的加工制造和测量检验等方面的要求所选定的基准。如图 4-10 所示的轴的端面 A 为测量尺寸 40 的测量基准，轴线既是设计基准，又是测量径向直径尺寸的工艺基准。

因为基准是每个方向尺寸的起点，所以在长、宽、高三个方向上都应有基准。通常把确定重要尺寸的基准称为主要基准，一般都是设计基准；而把附加的基准称为辅助基准，一般都是工艺基准。主要基准和辅助基准之间、两辅助基准之间都需要直接标注尺寸，使其联系起来。

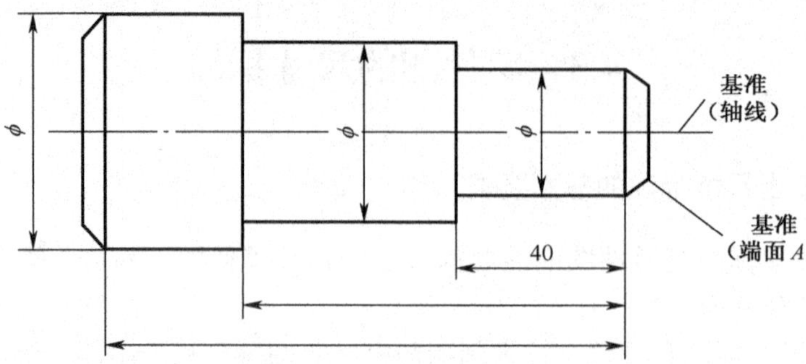

图 4-10　轴的基准选择

如图 4-11 所示的蜗轮轴，其轴线既是径向尺寸φ35、φ40、φ33、φ30 的设计基准，又是加工时两端用顶尖支撑的工艺基准。工艺基准和设计基准重合时，加工后的尺寸容易达到设计要求。为了保证蜗轮与蜗杆啮合准确，选用安装蜗轮的轴段φ40 的左端面为轴向设计基准，标注尺寸 7、54；选用轴段φ30 的右端面为辅助基准，标注尺寸 70、182，两个基准之间的联系尺寸是 163。

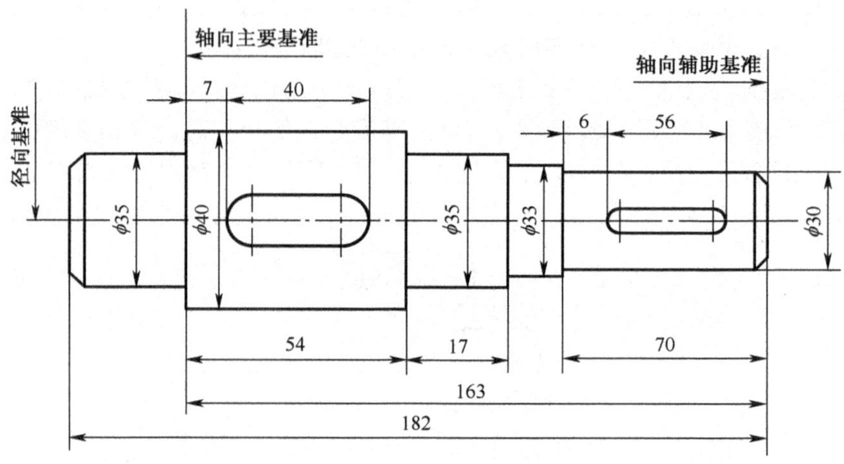

图 4-11　涡轮轴的尺寸标注

4.3.3　尺寸的配置形式

1. 坐标式

坐标式是把各个尺寸从一个事先选定的基准注起，如图 4-12（a）所示，这种尺寸标注的优点是任一尺寸的加工误差都不会影响其他尺寸的加工精度。

2. 链状式

链状式是零件尺寸依次注写成链状，如图 4-12（b）所示，使用这种形式的标注，虽然前一尺寸的加工误差并不影响后一尺寸的加工精度，但总尺寸的误差是各段尺寸误差之和，总精度得不到保证。

3. 综合式

综合式是前两种的综合，即零件同一方向的标注既有链状式又有坐标式，具有两者的优点，应用最广泛，如图 4-12（c）所示。

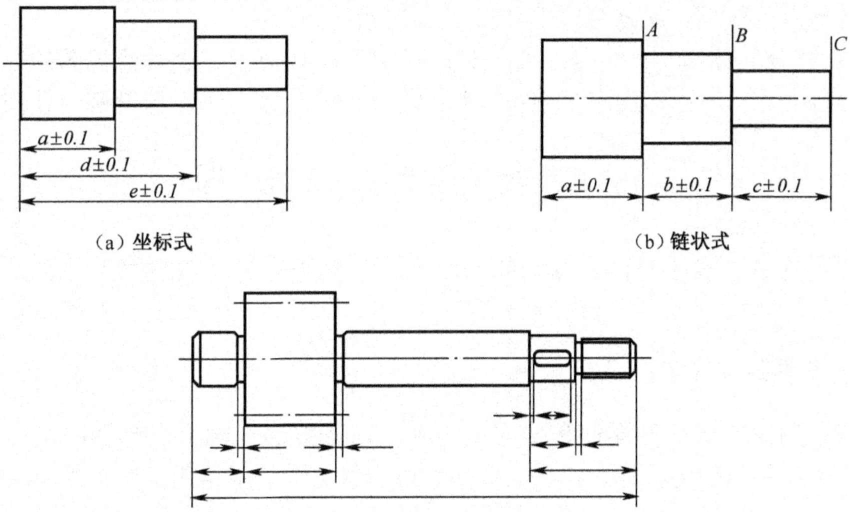

（a）坐标式　　（b）链状式

（c）综合式

图 4-12　尺寸的配置形式

4.4　零件图表达方案的选择

1．对零件进行分析

对零件进行形体分析、结构分析和工艺分析，了解零件的加工、工作情况，以便准确地表达出零件的结构形状，反映零件的设计和工艺要求。

2．选择主视图

为把零件的内外形状和结构完整、正确、清晰地表达出来，合理选择零件的图样表达方案对于读图和绘图都是至关重要的。主视图是表达零件最重要的一个视图，选择的恰当与否不仅关系到看图是否方便，同时也直接影响所需其他视图的数目及配置。选择主视图时，应考虑以下几个原则：

（1）加工位置原则。加工位置是指零件在机床上加工时的位置。主视图应与加工位置一致，便于看图、加工。对于轴套类、轮盘类零件，应按车削加工位置安放，即将轴线水平放置来绘制主视图。

（2）工作位置原则。工作位置是指零件安装在机器或部件中工作时的位置。零件主视图的选择应尽量与零件在机器中的工作位置一致。对于叉架类、箱体类零件，由于结构形状比较复杂，加工面较多，并且需要在不同的机床上加工，因此，这类零件的主视图应按在机器中的加工位置画出，便于按图装配。

（3）形状特征原则。形状特征原则是确定指示图投射方向的依据，要选择能将零件各部分形状及其相对位置反映最好的方向作为主视图的投射方向。

选择零件主视图时，在保证表达清楚结构形状特征的前提下，应优先考虑加工位置原则，其次考虑工作位置原则。

3．其他视图的选择

在主视图选定后，根据零件的外部结构形状与内部结构形状的复杂程度，及零件的结构形状特点来选择其他视图，在选择时要注意以下问题：

（1）在充分表达出零件内外结构形状的前提下，尽可能减少其他视图的数量。

（2）画图时，应充分运用剖视图、断面图等各种表达方法，尽量避免使用虚线。

4.5 典型零件的视图选择

常用的零件有很多，总体上可以分为四类：轴套类零件、轮盘类零件、叉架类零件和箱体类零件。

4.5.1 轴套类零件

轴一般是用来支撑传动零件和传递动力的；套一般装在轴上，起轴向定位、传动或连接等作用。这类零件包括各种轴、丝杆、套筒、衬套等，汽车上常用的轴套类零件有凸轮轴、曲轴等。

轴套类零件大多数是由若干个不等径的圆柱体同轴组合成的，其轴向尺寸远大于径向尺寸，轴上有轴肩、键槽、螺孔、倒角、退刀槽、圆角等结构。

如图 4-13 所示为一传动轴，该类零件一般只选用一个主视图，轴线水平放置，这样既符合零件的工作位置原则和加工位置原则，又表达了阶梯轴、键槽等结构的基本形状、相对位置和轴向尺寸大小。该传动轴用了三个移出断面图表达每个键槽处的断面结构；用 *A* 方向局部视图表达轴的右端面上两个螺孔的分布情况，其螺孔深度由主视图上的局部剖视图来反映；该图还用了局部放大图来表明退刀槽的细小结构，同时便于标注尺寸。

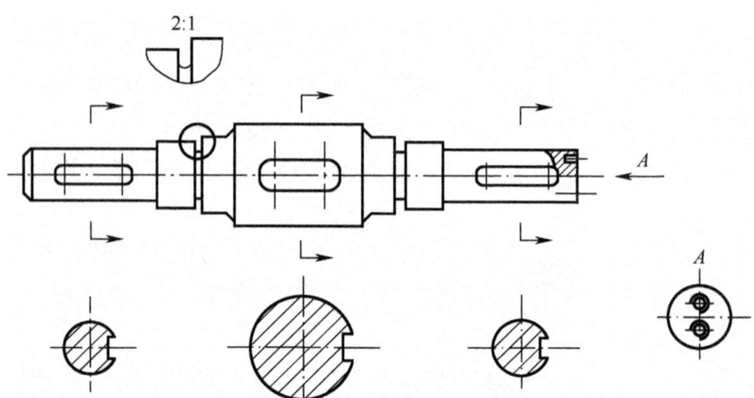

图 4-13　轴套类零件的示例

4.5.2 轮盘类零件

轮与轴连接，用来传递动力和扭矩；盘和盖主要起支撑、轴向定位以及密封等作用。轮盘类零件一般为回转体或其他几何形状的扁平盘状物零件，常见的轮盘类零件有方向盘、齿轮、手轮、皮带轮、飞轮、法兰盘、端盖等。为了与其他零件连接或定位，在这类零件上常设计有螺孔、键槽、光孔、凸台、凹坑等结构。

较简单的轮盘类零件一般用两个基本视图，除了主视图外，还加一个左视图或俯视图来表达轮盘的外形轮廓和连接孔的分布情况。由于该类零件一般为回转体，机加工主要是车加工，因此根据加工位置原则来选择主视图的投射方向。对于非回转体类的零件，如圆柱减速箱箱盖等，一般以工作位置来绘制主视图。另外为了表达内部结构，可采用剖视图。

如图 4-14 所示为一个端盖，该类零件一般用两个基本视图表达，轴线水平放置，这样便于加工和测量。主视图作全部剖视，用于表达轴孔、螺孔的结构和内外凸台的形状；左视图用来表达端盖外形和三个耳座及螺孔的分布情况。

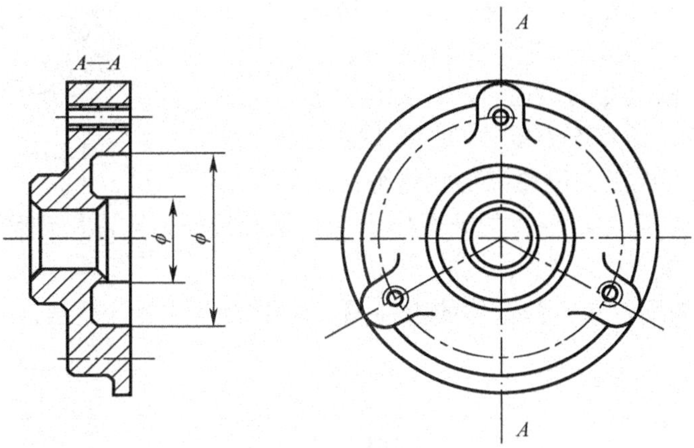

图 4-14　轮盘类零件的示例

4.5.3　叉架类零件

叉架类零件包括拨叉、支架、连杆等各种不规范形状的机件，这类零件的结构不规则，多为铸造件和锻造件经机械加工而成。一般叉架类零件可以分为三部分：支承部分（支架和支座）、连接部分（连杆和摇杆）、工作部分（拨叉）。叉架类零件的主要作用是支承、连接、操纵机器、调节速度等。

如图 4-15 所示为一个支架，该零件用了两个基本视图，主视图按支架的工作位置投射，并采用了全部剖视，主要表达两个套筒孔的内部结构及外形情况；左视图则表达了支架的外形轮廓及连接方式。*C* 视图为向视图，并且进行了旋转，*D-D* 为局部剖视，主要表达倾斜托板的形状，以及与支架体连接方位和凸台的分布情况，另外还反映了锥孔和阶梯孔的内部情况。

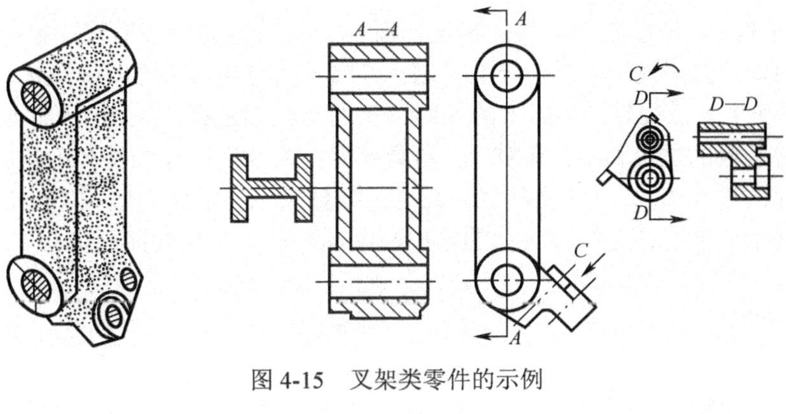

图 4-15　叉架类零件的示例

4.5.4 箱体类零件

箱体类零件一般有一个较大的内腔，容纳轴与齿轮等零件，壁上通常加工有螺纹孔、安装孔、光孔、凸台、底板、肋板等结构，内外形状较为复杂。该类零件多为铸造件，一般可起支撑、容纳、定位和密封等作用，包括各种阀体、泵体、减速器箱体等，如图 4-16 所示。

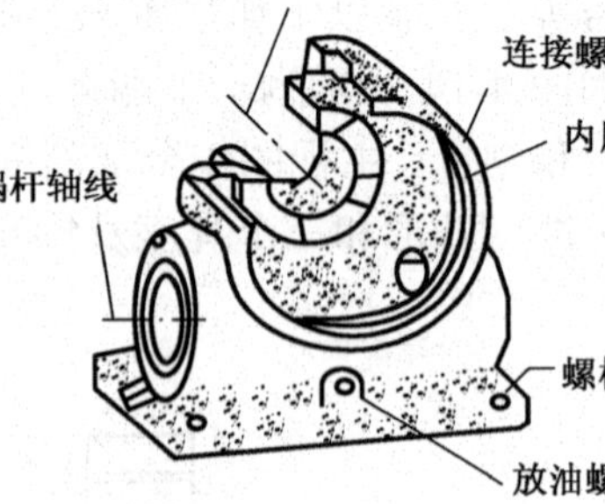

图 4-16 箱体类零件

箱体类零件形状较复杂，通常需要三个或三个以上的基本视图以及一些灵活的表达方法，如局部视图、局部剖视图、向视图；而且该类零件的加工位置较多，选择主视图时，主要考虑工作位置和形状特征，以最能反映其形状特征及结构间相对位置的一面作为主视图的投射方向，以自然安放位置或工作位置作为主视图的摆放位置。

如图 4-17 所示为蜗轮减速箱箱体的零件图。图中的主视图就是结合工作位置和形状特征来绘制的。

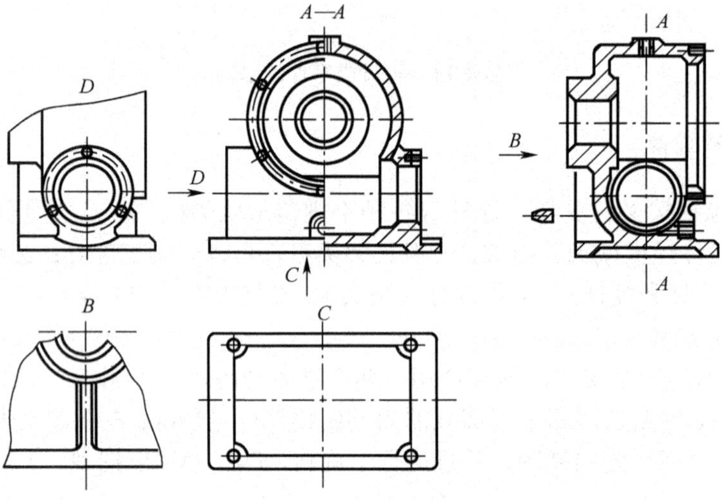

图 4-17 涡轮减速箱箱体

该零件是对称的，所以主视图采用半剖，既能表达箱体的外部形状，也能表达箱体的内部结构。左视图采用全剖视，用来配合主视图，着重表达箱体内腔的结构形状，同时也对蜗轮的轴承孔、润滑油孔、放油螺孔、后方的加强肋板的形状等进行了表达；*B* 向局部视图表达出蜗轮轴承孔下方肋板的位置和结构形状；*C* 向局部视图表达出底板的整体形状、底板上凹坑的形状及安装螺栓的过孔情况；*D* 向局部视图表达了蜗杆轴承孔端面的螺孔的分布情况及底板上方左右端圆弧凹槽的情况；左视图旁边的移出断面图表达了肋板的断面形状。

本章小结

1. 零件图是表达单个零件的形状、大小和特征的图样，零件图包括一组视图、完整的尺寸标注、标题栏、技术要求四部分。

2. 零件图上常见的工艺结构有铸造圆角、起模斜度、倒角、圆角、退刀槽等。

3. 零件图上的尺寸标注应符合下列要求：正确、完整、清晰、合理。

4. 基准是指零件在机器中或加工、测量时，用以确定其位置的一些面、线或点。基准是标注尺寸的起点，根据用途不同，基准可分为设计基准和工艺基准。

5. 绘制零件图时，选择主视图应考虑以下几个原则：加工位置原则、工作位置原则、形状特征原则。

6. 常用的零件有很多，总体上可以分为四类：轴套类零件、轮盘类零件、叉架类零件和箱体类零件。

习题 4

1. 一张完整的零件图包括哪几部分内容？
2. 在绘制零件图或标注尺寸时，应如何选择基准？
3. 零件图如图 4-18 所示，读图并回答下列问题。

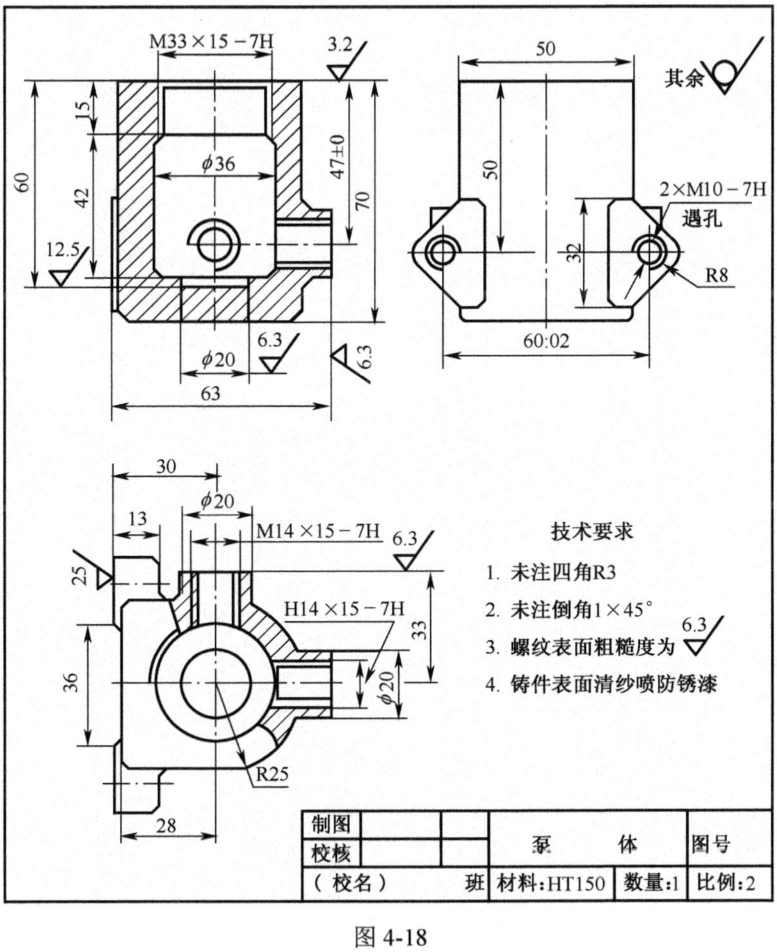

图 4-18

（1）该零件图的名称是________。

（2）该零件图共用了________个视图来表达零件的结构形状。

（3）在图中标出轴向和径向尺寸基准。

（4）该零件所用的材料为________。

（5）在螺纹标记 M33×1.5-7H 中，M 的含义是________，大径为________，螺距为________，7H 的含义为________，螺纹的旋向为________。

第 5 章　装配图

本章导读

一台机器或部件是由若干个零件按一定的装配关系和技术要求装配起来的。装配图是用来表示产品及其组成部分的连接和装配关系的图样，它是设计、装配、检验、安装调试及使用维修等技术工作的重要图样。本章主要介绍装配图的作用、内容、视图表达、尺寸标注、零部件序号的编写、明细栏的填写以及读装配图的方法和步骤等内容。

本章要点

1. 装配图的作用和内容。
2. 装配图中的视图表达。
3. 装配图的尺寸标注和技术要求。
4. 装配图的零部件序号和标题栏。
5. 装配图的工艺结构。
6. 读装配图的步骤及方法。

5.1　装配图概述

5.1.1　装配图的作用

装配图用来表示装配体的基本结构、各零件的相对位置、装配关系及工作原理。在设计时，要先画出装配图，然后按照装配图设计并拆画出零件图。此外，装配图是表达机器或部件的图样，在设计、装配、调整、检验、安装、使用和维修时都需要装配图。因此，装配图是生产中重要的技术文件，是进行技术交流的重要资料。

5.1.2　装配图的内容

装配图不仅要表达机器（或部件）的结构，还要表达机器（或部件）的工作原理和装配关系。一张完整的装配图应包括五项内容：一组视图、必要的尺寸、技术要求、零件的序号和明细栏、标题栏，具体如图 5-1 所示。

（1）一组视图。装配图中的视图用以表达机器或部件的工作原理、装配关系、传动路线、连接方式及零件的基本结构，可以用各种基本的表达方法来表达装配体。

（2）必要的尺寸。必要的尺寸包括用以表示机器或部件的性能、规格、外形大小及装配、检验、安装所需的尺寸。

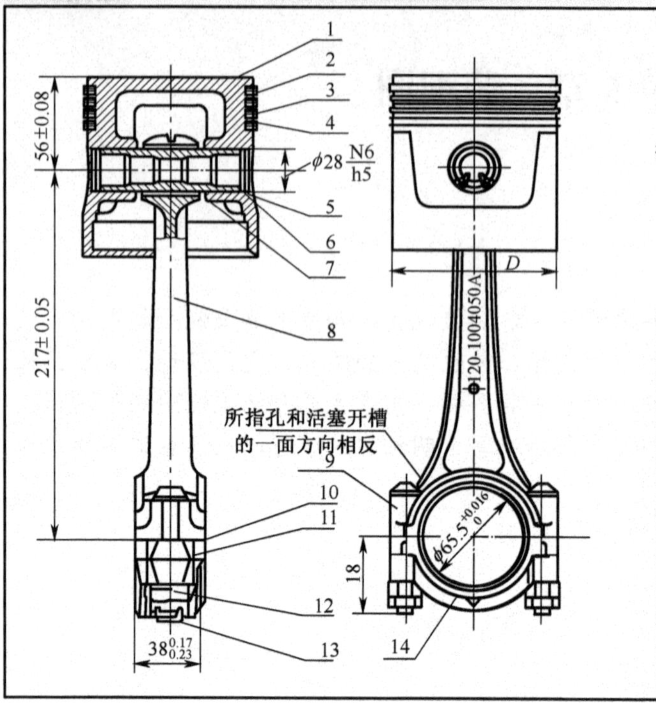

序号	名称	数量	材料	备注
14	连杆轴瓦	2	巴氏合金	
13	开口销	2	45	GB91-86
12	连杆螺母	2	35	GB6178-86
11	连杆盖	1	40	
10	调整垫片		08	数量视需要
9	连杆螺栓	2	40Cr	
8	连杆	1	40	
7	连杆衬套	1	QSn4-4-2.5	
6	活塞销	1	45Cr	渗碳
5	锁环	1	65Mn	
4	油环	1	合金铸铁	
3	中活塞环	2	合金铸铁	
2	上活塞环	1	合金铸铁	
1	活塞	1	铝合金	
活塞连杆总成			比例	1:1
			件数	6

图 5-1　活塞连杆总成的装配图

（3）技术要求。技术要求用符号或文字注写，用于说明机器或部件在装配、检验、调试和使用等方面的要求、规则等。

（4）标题栏。标题栏中应填写机器或部件的名称、图样代号、比例、重量、责任者的签名和日期等内容。

（5）零件的序号和明细栏。装配图是由多个零部件组成的，所以在装配图上，必须按一定的顺序编写序号，并编制出明细栏。明细栏中应注明各个零件的序号、名称、数量、材料、备注等内容，以便读图、图样管理及进行生产准备、生产组织等工作。

5.2　装配图的视图表达

装配体的表达方法与零件图的表达方法基本相同，都是通过各种视图、剖视图和断面图来表达。但是，由于装配体是由许多零件组成的，装配图不仅要表达出装配体的主要零件的结构形状，而且还要表达出装配体的工作原理和装配关系。因此，国家标准对绘制装配图制定了一些规定画法、特殊画法和简化画法，如图 5-2 所示。

1. 规定画法

（1）规定两个相邻零件的接触表面和基本尺寸相同的配合面只画一条轮廓线，非接触面和非配合面即使间隙很小，也要夸大地画出各自的轮廓线，即在该处画出两条线。

（2）在剖视图和断面图中，相邻的两个（或两个以上）零件的剖面线方向应相反，或方向一致但间距大小不同、互相错开，以区分不同的零件。在同一张装配图中，同一零件的剖面线方向和间距在所有剖视图、断面图中都必须一致。

（3）在装配图中，对于实心件（如轴、杆等）和标准件（如螺栓、螺母、垫圈、键、销杆、球等），当剖切平面通过其轴线（沿纵向剖切）时，这些零件均按不剖绘制，即不画剖面线。

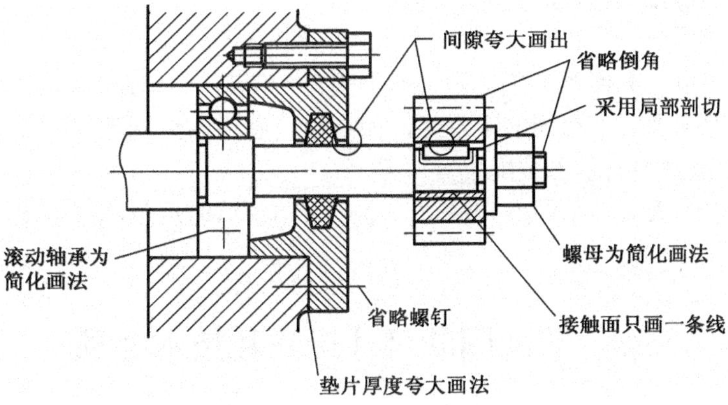

图 5-2　装配图的规定画法、夸大画法和简化画法

2. 特殊画法

（1）拆卸画法。在装配图的某个视图上，当某些零件遮住了其他零件或部分装配关系时，可假想将其拆卸后绘制剩下部分的视图，这种画法称为拆卸画法。

（2）假想画法。在装配图中，当需要表达运动零件的工作位置、运动范围或极限位置时，可在一个极限位置画出该零件，在另一个极限位置用细双点画线来表示。另外，为了表达该部件与其他相邻零部件的装配关系时，可用细双点画线表示相关零部件的外形轮廓，如图 5-3 所示。

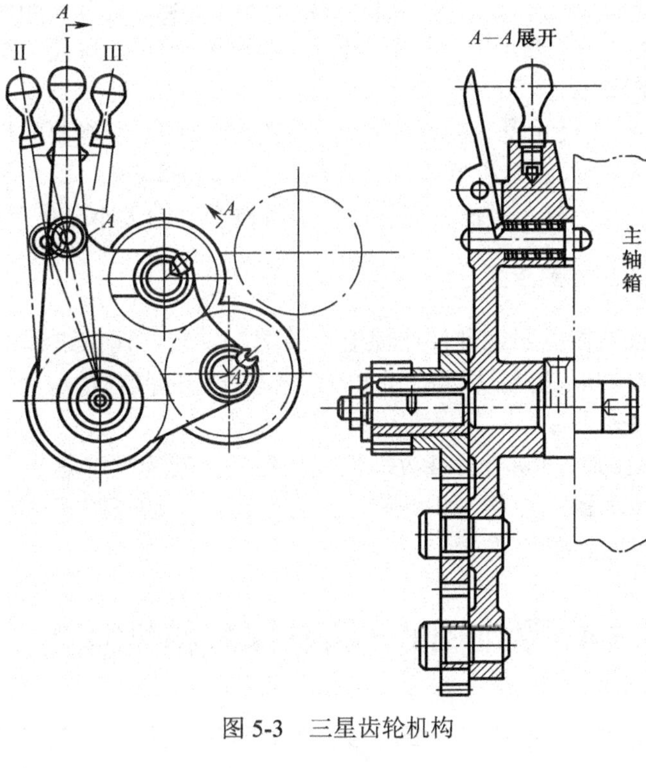

图 5-3　三星齿轮机构

（3）零件结合面的剖切画法。在装配图中，为了表示内部结构，可假想沿着某些零件的结合面剖开，此时，在零件的结合面上不画剖面线。

（4）单独表达某个零件。在装配图中，当某个零件的形状未表达清楚或对理解装配关系有影响时，可另外单独画出该零件的某一视图。

3. 简化画法

（1）在装配图中，零件的工艺结构（如小圆角、倒角、退刀槽等）可不画出。

（2）对于装配图中若干相同的零件组，如螺栓、螺母、垫圈等，可以详细地画出一组或几组，其余只用细点画线表示出装配位置即可。

（3）装配图中的滚动轴承经剖切后，一半按滚动轴承的规定画法画出，另一半可只画出其外形轮廓。

5.3 装配图的尺寸标注和技术要求

5.3.1 装配图的尺寸标注

在装配图上标注尺寸与在零件图上标注尺寸有所不同，由于装配图不直接用于零件的生产制造，因此不需要注出每个零件的全部尺寸，而只需标注出一些必要的尺寸，这些尺寸按其作用不同，大致可分为以下几类：

（1）性能（规格）尺寸。性能（规格）尺寸是反映产品的规格大小及性能特征的尺寸，是产品设计和选用的依据。

（2）装配尺寸。装配尺寸是与产品及其组成部分的装配质量有关的尺寸，包括配合尺寸和相对位置尺寸。配合尺寸是表示零件间配合性质的尺寸。相对位置尺寸是表示装配时需要保证的零件间相对位置的尺寸。

（3）安装尺寸。安装尺寸表示装配体安装到其他零部件上所需要的尺寸。

（4）外形尺寸。外形尺寸是机器或部件的最大外形轮廓尺寸，即总长、总宽、总高。它反映了装配体的大小，为包装、运输和安装过程中所占空间的大小提供了数据。

5.3.2 装配图中的技术要求

装配图的技术要求是指机器或部件在性能、装配、安装、调试过程中的有关数据和性能指标，以及在使用、维护和保养等方面的要求，根据装配图的具体情况而定，用文字注写在明细栏上方或图样的空白处。

性能要求指机器或部件的规格、参数、性能指标等；装配要求是指在装配过程中需要注意的事项及装配后必须达到的要求，如准确度、装配间隙、润滑要求等；使用要求是对机器或部件的操作、维护和保养的有关要求。

5.4 装配图的零部件序号和明细栏

由于装配图比较复杂，零部件比较多，为了便于读图、组织生产、装配产品和图纸管理，装配图中所有的零部件都必须编写序号，并编制相应的明细栏。

1．零部件的序号及编排方法

（1）每种零件都要进行编号。形状、尺寸完全相同的零件只编一个序号，数量填写在明细栏中。

（2）在装配图中，在每个零件的可见轮廓线内画一小黑点，用细实线引出指引线，并在其末端的横线上注写零件序号，如图 5-4（a）所示。若所指的零件很薄或为涂黑者，可用箭头代替小黑点。

（3）指引线应尽可能分布均匀，不能彼此相交。当通过有剖面线的区域时，不应与剖面线平行，必要时指引线可以画成折线，但只可曲折一次。装配关系清楚的紧固件组可以采用公共指引线。

（4）装配图中的序号应按水平或垂直方向排列整齐，如图 5-4（b）所示。序号按顺时针或逆时针方向顺次排列，在整个图上无法连续时，可只在每个水平或垂直方向顺次排列。

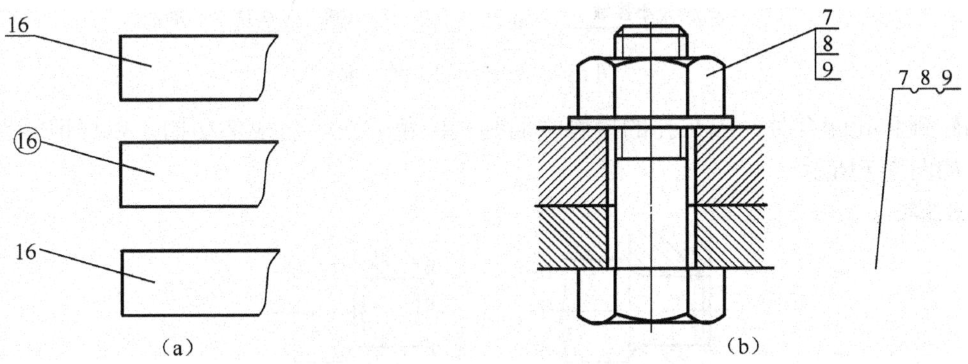

图 5-4　装配图中的序号及编排方法

2．明细栏

明细栏应放在标题栏的上方，并与标题栏相连接，如图 5-5 所示，当地方不够时，可将明细栏的一部分移至标题栏的左边，若还不够可再向左移。在绘制时，除其外边框线为粗实线，其余各线均为细实线。填写明细栏时，应按由下到上的方向填写。

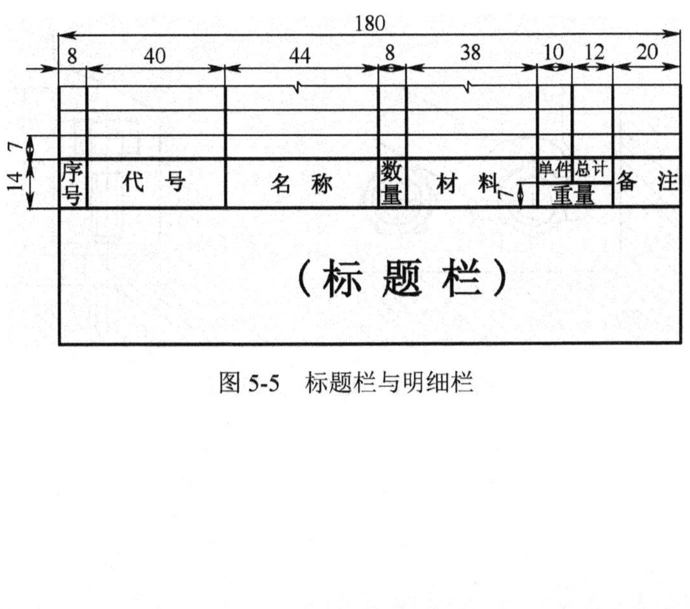

图 5-5　标题栏与明细栏

5.5 装配图的工艺结构

在设计和绘制装配图时，应考虑装配结构的合理性，以保证机器或部件的使用及零件的加工、拆卸方便。

1. 接触面与配合面的结构

两个零件接触时，在同一方向只能有一对接触面，这样既可满足装配要求，也使制造更方便，如图 5-6 所示。

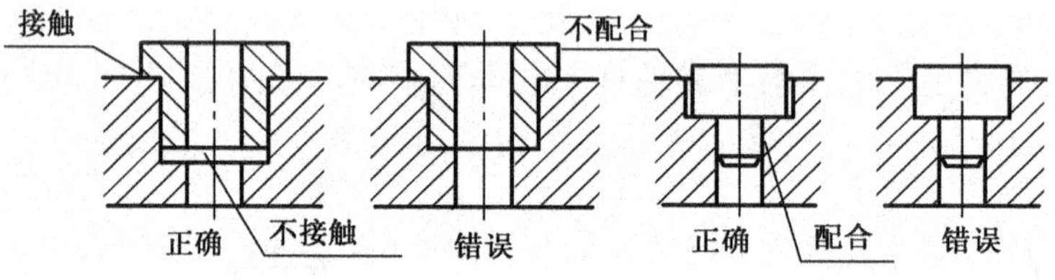

图 5-6 两零件的接触表面

当轴颈和孔配合时，应在孔的接触端面制成倒角或在轴肩根部切槽，以保证零件间接触良好，如图 5-7 所示。

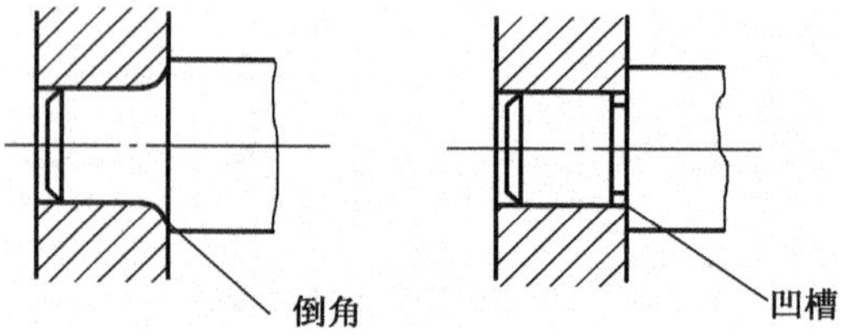

图 5-7 接触端面的结构

2. 便于拆卸

滚动轴承的内外圈在进行轴向定位设计时，要保证拆卸方便。另外用螺纹紧固件连接时，也要便于安装和拆卸紧固件，如图 5-8 所示。

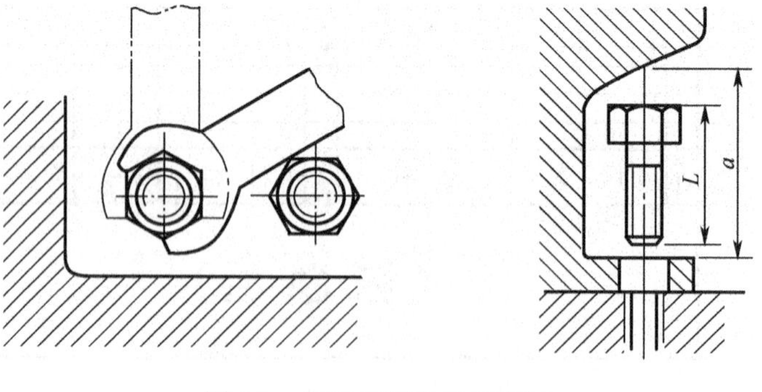

图 5-8 留出足够的拆卸空间

5.6　读装配图

1. 读装配图的要求

通过读装配图，需要达到以下目的：

（1）了解机器的工作原理，即了解机器或部件是怎样实现其功能的，运动和动力是如何传递的。

（2）了解各零件之间的装配关系，即了解各零件的相对位置、连接、固定方式、配合松紧程度和装拆顺序。

（3）了解各零件的名称、数量、材料、重量、作用和主要结构形状。

2. 读装配图的步骤和方法

（1）了解概况，分析各视图的关系。读装配图时，首先应看标题栏、明细栏和技术要求。从标题栏中了解整个机器或部件的名称、比例和用途等。然后查看明细栏，了解各个零件的名称、数量、材料等，根据名称联系生产实践知识，往往可以知道装配体的大致用途。从技术要求中了解机器或部件的技术性能指标。分析视图关系，弄清装配图采用了哪些视图、剖视图、断面图，它们之间的相互关系和各自的表达意图，为下个阶段的深入读图做准备。

（2）分析装配关系和工作原理。在了解概况的基础上，通过对各视图的分析找出装配件的主要装配干线，沿着装配路线弄清相关零件间的装配关系和部件的工作原理。

（3）分析零件的结构形状。读图时，应以反映装配关系最明显的视图（一般为主视图）为主，配合其他视图，在装配图中区分出不同的零件，看懂零件的形状和作用。

在装配图中，可以根据某些方法来区分不同的零件，如利用视图间的三等投影规律来区分，利用剖面线的方向和间隔来区分，以及利用轴、杆等实心件和标准件不剖的规定来区分，从而确定零件的内外形状。

如图 5-1 所示，以活塞连杆总成装配图为例来分析。通过标题栏可知该装配图为“活塞连杆总成”，在汽车发动机里，活塞连杆组属于配气机构，其作用是承受汽缸中气体的压力，并通过活塞销将动力传给连杆，驱动曲轴旋转。连杆将活塞的往复运动转变为曲轴的旋转运动。查看明细栏，该装配图由 14 个零部件组成，该装配图的总长可由图上的尺寸计算得出，连杆大头的直径为 65.5，活塞销属于标准件。图中采用了 2 个视图：主视图和左视图，并且将主视图进行局部剖视。图中有两条基准线，水平方向上的基准线是连杆的轴线，竖直方向上的基准线是连杆和连杆盖的结合面。在工作中，活塞 1 直接与高温气体接触，而且其顶部会承受很大的压力。在主视图中，对活塞进行了局部剖视来表达活塞内部的结构，从图中可知，该活塞为平顶活塞。该活塞有三道环，上活塞环 2、中活塞环 3 和油环 4。活塞销 6 将连杆 8 的小头与活塞 1 相连，将活塞承受的气体作用力传给连杆，活塞销 6 与连杆 8 之间有连杆衬套 7，可以防止磨损。由技术要求可以知道，连杆大头与连杆盖 11 配对加工，加工后，在它们的同一侧打上装配标志，安装时不得相互调换或变更方向。连杆和连杆盖采用了 2 个连杆螺栓和连杆螺母来定位。连杆大头内还装有连杆轴瓦 14，材料采用的是巴氏合金，能够很好地承受载荷，而且导热能力强。

本章小结

1. 装配图表示装配体的基本结构、各零件的相对位置、装配关系及工作原理。在设计工程中，要先画出装配图，然后按照装配图设计并拆画出零件图。

2. 一张完整的装配图应包括五项内容：一组视图、必要的尺寸、技术要求、零件的序号和明细栏、标题栏。

3. 在装配图上标注尺寸与在零件图上标注尺寸有所不同，由于装配图不直接用于零件的生产制造，因此不需要注出每个零件的全部尺寸，而只需标注出一些必要的尺寸，这些尺寸按其作用不同，大致可分为以下几类：性能（规格）尺寸、装配尺寸、安装尺寸、外形尺寸。

4. 由于装配图比较复杂，零部件比较多，为了便于读图、组织生产、装配产品和图纸管理，装配图中所有的零部件都必须编写序号，并编制相应的明细栏。

5. 明细栏应放在标题栏的上方，并与标题栏相连接，当地方不够时，可将明细栏的一部分移至标题栏的左边，若还不够可再向左移。在绘制时，除其外边框线为粗实线，其余各线均为细实线。填写明细栏时，应按由下到上的方向填写。

6. 在设计和绘制装配图时，应考虑装配结构的合理性，以保证机器或部件的使用及零件的加工、拆卸方便。

7. 读装配图的步骤和方法：了解概况，分析各视图的关系；分析装配关系和工作原理；分析零件的结构形状。

习题5

1. 装配图有什么作用？
2. 装配图由哪几个部分组成？
3. 在标注装配图的尺寸时，与零件图有什么不同？
4. 简述在设计和绘制装配图时，要考虑哪些因素？

第二部分　汽车材料

汽车工业作为现代工业社会的重要经济支柱之一，带动和促进着石油、化工、电子、材料等工业，以及交通运输业、旅游业等 30 余个其他行业的发展，在国民经济中占有重要的地位。据统计，每年汽车行业约消耗世界钢铁总产量的 24%，铝产量的 25%，橡胶产量的 50%，塑料产量的 10%。

第 6 章　汽车常用工程材料

本章导读

一般来讲，一辆汽车由 30000 个零件组装而成。汽车上每个零件的生产制造都涉及到材料问题。据统计，汽车上的零部件采用 4000 余种不同的材料加工制造。从汽车的设计、选材、加工制造，到汽车的使用、维修和养护无一不涉及到材料。

用以制造各种汽车零件的材料统称为汽车工程材料。一般将其分为两大类：金属材料和非金属材料。在目前的机械工业生产中，普遍使用钢铁、铜、铝等金属材料；此外，工程塑料、橡胶、陶瓷等非金属材料的应用也日趋广泛。具体分类如下。

- 工程材料
  - 金属材料
    - 黑色金属
    - 有色金属
  - 非金属材料
    - 高分子材料
      - 工程塑料
      - 合成纤维
      - 橡胶
      - 胶黏剂
      - 涂料
    - 陶瓷材料
      - 陶瓷
      - 玻璃
    - 复合材料
      - 非金属基复合材料
      - 金属基复合材料

本章要点

1. 金属材料的主要性能。
2. 汽车常用金属材料和非金属材料的分类、特点及应用。

3. 钢热处理的特点、方法及应用。

4. 汽车新型材料的选用。

6.1 金属材料的主要性能

在实际生产中，不同的材料有不同的性能和用途。同一种金属材料通过不同的热处理方法，可以得到不同的性能。因此，在选择机械零件的材料时，熟悉材料的性能是十分必要的。金属材料的性能主要包括力学性能、物理性能、化学性能和工艺性能，其中力学性能常作为一般机械零件设计和选材的主要依据。

6.1.1 金属材料的力学性能

金属材料的力学性能主要决定于材料本身的化学成分、组织结构、冶金质量、表面和内部的缺陷等内在因素，但一些外在因素（如载荷性质、温度、环境介质等）也会影响到材料的力学性能。因此，力学性能不仅是验收、鉴定材料性能的主要依据，也是零件设计和选择材料的重要依据。

金属材料的力学性能是指金属材料在外加载荷（外力）作用下表现出来的特性。载荷按其作用形式的不同，分为静载荷、冲击载荷和交变载荷等。因此，金属材料表现出来的抵抗外力的能力的特性也各不相同。金属材料在受到静载荷（静态力）作用下表现出来的特性称为静态力学性能，主要是指强度、塑性、硬度等。金属材料受到动载荷（动态力）作用下表现出来的特性称为动态力学性能，主要是指冲击韧性和疲劳强度等。

1. 金属材料的静态力学性能

金属的静态力学性能指标包括塑性、强度、硬度等。下面以低碳钢的静载荷拉伸试验为例说明金属材料的各个静态力学性能指标。

（1）静载荷拉伸试验。

静载荷拉伸试验是材料学中非常重要的试验，通过拉伸试验可以测定金属的强度和塑性指标。

静载荷拉伸试验的原理：用静拉力（载荷）对待测样本进行轴向拉伸，同时连续测量并记录试验力的大小和相应的试样伸长量，一直到试样断裂。根据测量的数据即可得出有关的力学性能指标，如图 6-1 所示。

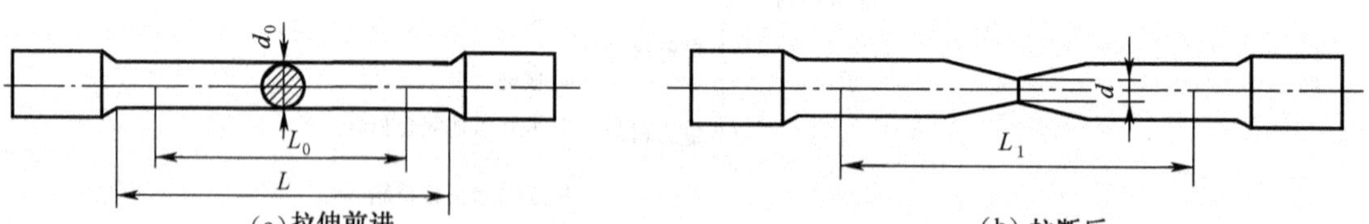

（a）拉伸前进　　（b）拉断后

图 6-1　静载荷拉伸试验

进行拉伸试验时，先要将被测金属材料制成标准试样。拉伸试验标准试样的形状一般有圆形和矩形两类。在国家标准（GB/T 397－1986）中，对试样的形状、尺寸及加工要求均有明确的规定。

试验操作时，将标准试样装夹在拉伸试验机上，缓慢增加载荷。在载荷的作用下，试样的标准长度会逐渐增加，最后试样被拉断。根据记录下来的静拉力（载荷）与对应的伸长量的数据，绘制出试样的应力－应变曲线图。

如图 6-2 所示是低碳钢静载荷拉伸曲线图。纵坐标表示试样受到的静拉力（载荷）F，单位为 N，横坐标表示试样的伸长量$\triangle l$，单位为 mm。

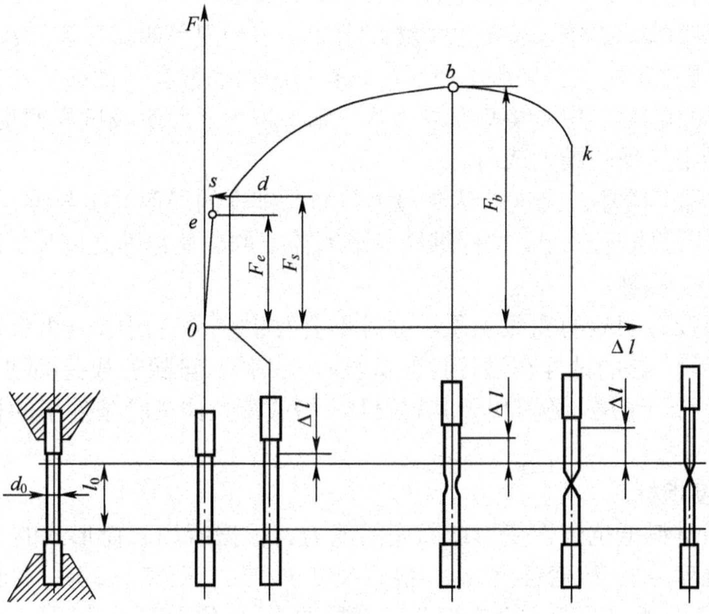

图 6-2　低碳钢静载荷拉伸曲线图

用载荷 F 除以试样的原始横截面积 A_0，得到应力 σ（$\sigma=F/A_0$），单位为 MPa。用伸长量Δl 除以试样的原始长度 l_0，得到应变 ε（$\varepsilon=\Delta l/l_0$）。以 σ 为纵坐标，ε 为横坐标，作出应力－应变曲线，及 σ-ε 曲线。低碳钢的 σ-ε 曲线如图 6-3 所示。

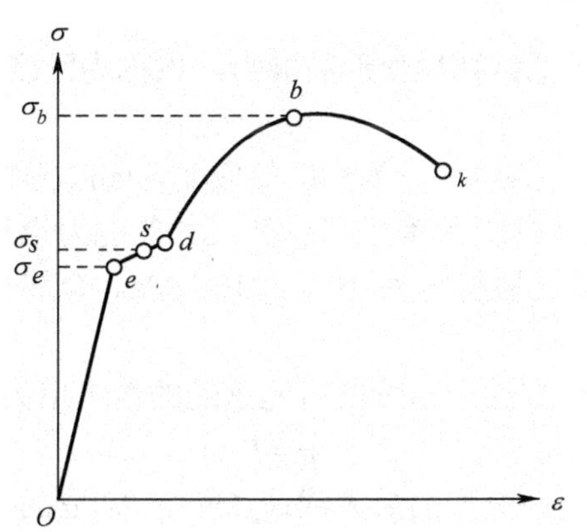

图 6-3　低碳钢的 σ-ε 曲线图

图 6-2 中的曲线分为以下几个阶段：

1）oe 段——弹性变形阶段。此阶段试样的变形完全是弹性的。如果在这个阶段去除载荷，试样仍会恢复原状。这种随载荷的存在而产生、随载荷的去除而消失的变形称为弹性变形。F_e为试样仍能恢复原始形状和尺寸时所能承受的最大拉伸力。

2）*es* 段——微量塑性变形阶段。当载荷超过 F_e 以后，即使去除载荷，试样的变形也不能完全恢复（只能部分恢复），还有一部分变形将会保留下来。这种卸除载荷后不能消失的变形叫做塑性变形。此阶段载荷与伸长量不成正比，为一个曲线段。

3）*sd* 段——屈服阶段。当载荷增加到 F_s 时，曲线上出现了比较平坦或锯齿形的线段，表示这时即使载荷不增加，试样的长度也会继续增加。这种现象叫做屈服。F_s 叫做屈服载荷。

4）*db* 段——强化阶段。在屈服阶段后，只有不断增加载荷，试样才能继续伸长。这意味着，随着塑性变形的增大，其继续变形需要的力越来越大。此阶段试样的变形是均匀发生的。F_b 为试样拉伸试验中承受的最大载荷。

5）*bk* 段——缩颈阶段。当载荷达到最大值后，试样的局部发生收缩，称为“缩颈”。由于试样的横截面积因收缩而减小，试样继续变形所需要的载荷也随之降低。当变形达到一定程度时，试样就会发生断裂。

多数金属材料没有明显的屈服现象，并且不会发生缩颈。例如铸铁的拉伸曲线图就没有屈服阶段和缩颈阶段，它的试样在进行拉伸试验时，其伸长量随着载荷的增大而持续增加。静载荷拉伸试验不只用于金属，还可用于其它材料。静载荷拉伸试验条件下的材料的主要力学性能指标如下：

1）强度及刚度指标。

材料强度是指材料抵抗塑性变形或断裂的能力。根据所加载荷形式的不同，强度分为抗拉强度 σ_b、抗压强度 σ_{bc}、抗弯强度 σ_{bb}、抗剪强度 τ 和抗扭强度 τ_b 等。材料或构件在载荷的作用下，内部任一截面相对的两方会产生相互对抗的力。单位面积上的这种力的大小叫做应力。金属受拉伸载荷或压缩载荷作用时，横截面的应力表示：

$$\sigma=F/S$$

式中，σ 为应力（Pa），F 为外力（N），S 为横截面积（m^2）。

根据材料的变形特点，表征材料强度的指标主要有弹性极限 σ_e、屈服强度 σ_s 和抗拉强度 σ_b；表征材料刚度的指标有弹性模量 E。

①弹性模量 E：表征材料抵抗弹性变形的能力，也称为刚度，单位为 MPa。

$$E=\sigma/\varepsilon=\tan\alpha$$

式中，σ 为弹性变形阶段的应力，ε 为相应的应变，$\tan\alpha$ 为拉伸曲线的斜率。

弹性模量 E 越大，材料保持其原有的形状和尺寸的能力也越大。高分子材料的弹性模量低，约为 2～20MPa，而一般金属材料为 10～2×10^5MPa。金属材料抵抗弹性变形的能力要比高分子材料的高出许多。

②弹性极限 σ_e：指材料在弹性变形阶段所能承受的最大应力，单位为 MPa。

$$\sigma_e=F_e/A_0$$

式中，F_e 为试样不产生塑性变形的最大载荷（N），A_0 是试样的原始横截面积（mm^2），σ_e 表示材料保持弹性变形、不产生永久变形的最大应力。所以，它是弹性零件设计与选材的重要依据。

例如，设计车用弹簧时，应根据弹性极限来选材，以保证工作应力不超过材料的弹性极限。

③屈服强度 σ_s：表示材料产生屈服时对应的应力，单位为 MPa。

$$\sigma_s=F_s/A_0$$

式中，F_s为试样发生屈服变形的载荷（N），A_0为试样的原始横截面积。

机械零件经常因过量的塑性变形而失效，一般来说，不允许发生明显的塑性变形，正因为这样，工程上常根据屈服强度确定材料的允许应力。

④抗拉强度 σ_b：指试样在拉伸过程中所能承受的最大应力值，单位 MPa。

$$\sigma_b=F_b/A_0$$

式中，F_b为试样断裂前所能承受的最大载荷（N），A_0为试样的原始横截面积。

抗拉强度 σ_b 是设计和选材的主要依据之一，是工程技术上的主要强度指标。一般来说，在静载荷作用下，只要工作应力不超过材料的抗拉强度，零件就不会断裂。

2）材料的塑性指标。

工程上广泛应用的表征材料塑性好坏的力学性能指标主要有伸长率 δ 和断面收缩率 ψ。

①伸长率 δ：指试样拉断后，标距伸长量与原始标距的百分比，即

$$\delta=(\iota_1-\iota_0)/\iota_0\times100\%$$

式中，ι_1为试样断裂后的标距，ι_0为试样的原始标距。

δ＞5%为塑性材料，δ＜5%为脆性材料。低碳钢的 δ≈20%～30%，为塑性材料。

②断面收缩率 ψ：指试样拉断后横截面积的缩减量与原始横截面积之比，即

$$\psi=(A_0-A_1)/A_0\times100\%$$

式中，A_1为试样断裂处的最小横截面积（mm^2）；A_0为试样的原始横截面积（mm^2）。

由上述公式可知，δ 和 ψ 值越大，材料的塑性越好，材料具有一定的塑性，可以提高零件使用的可靠性。零件在使用过程中偶然过载时，若发生一定的塑性变形，就不致于突然断裂，造成事故。同时，对于金属材料来说，具有一定的塑性才能顺利地进行各种变形加工。

（2）硬度。

硬度是指固体的坚硬程度。对于金属材料而言，硬度是指金属材料抵抗局部变形或者抵抗其他物质刻划、压入其表面的能力。硬度是设计和制造各种零件、工具时必须考虑的性能指标。例如，机械制造业所用的刀具必须具备足够的硬度，才能保证其使用性能和寿命。有些机械零件（如齿轮等）也要求有一定的硬度，才能有一定的耐磨性。因此，硬度是金属材料的重要的力学性能之一。

根据测定硬度方法的不同，可用布氏硬度（HB）、洛氏硬度（HR）和维氏硬度（HV）等多种硬度指标来表示材料的硬度，工业生产中常用布氏硬度和洛氏硬度。

1）布氏硬度。布氏硬度试验是用一定直径的钢球或硬质合金球以相应的试验压力压入试样表面，经规定保持时间后，卸除试验力，测量试样表面的压痕直径。之后，将测得的参数代入计算公式，即可得到布氏硬度的值，如图 6-4 所示。

布氏硬度试验测量的压痕面积较大，受测量不均匀度影响较小。故测量误差小，结果较准确，但由于测试繁琐，不宜用于大批量的生产检验。

2）洛氏硬度。洛氏硬度是在初始试验力及总试验力的先后作用下，将压头（顶角为 120°的金刚石圆锥体或直径为 1.588mm 的淬硬钢球）压入试样表面，经规定保持时间后，卸除试验力，由测量原残余压痕深度增量计算硬度值，如图 6-5 所示。

洛氏硬度测试操作简便迅速，可直接从洛氏硬度试验计的刻盘上读出硬度值，压痕小，在批量的成品或半成品质量检验中广泛使用，但由于压痕很小，测量误差较大，代表性、重复

性差，分散度也大。

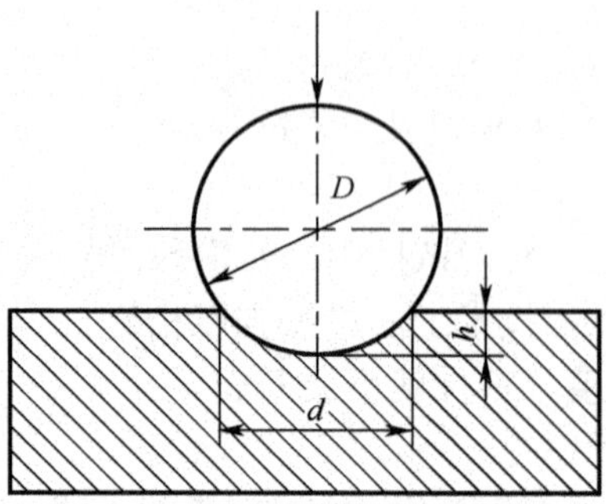

图 6-4　布氏硬度试验原理图

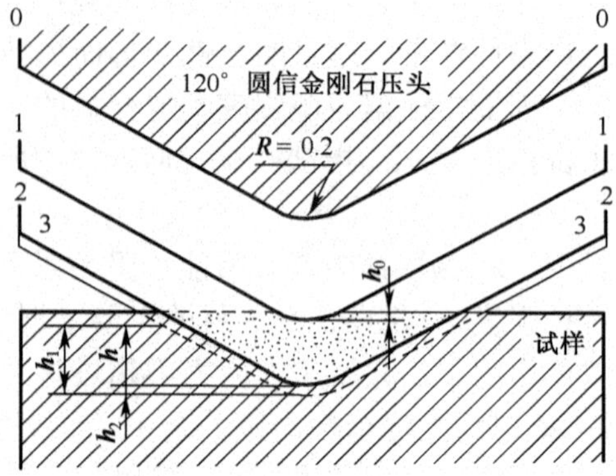

图 6-5　洛氏硬度试验原理图

（3）维氏硬度。维氏硬度的测量原理基本与布氏硬度相同，不同的是所加载荷较小，压头是顶角为 136°的正四棱锥金刚石压头，在被测材料的表面得到的是四方锥形压痕。

维氏硬度测量的精度高，测量范围广（最高可达 1300HV），应用广泛，特别适用于工件的硬化层及薄片，小件成品，但由于操作复杂，不宜用于大批量检测；由于压痕很小，致使所测硬度重复性差，分散度大。

2. 金属材料的动态力学性能

对多数的机械零件和工具来说，在实际工作中受到的力（载荷）的大小、方向、作用时间等经常是变化的，即它们常常受到的是冲击载荷或交变载荷的作用，如锻锤的锤杆，汽缸的连杆、齿轮等。设计和制造这些零件、工具时，仅仅考虑金属材料在静载荷作用下的性能是远远不够的，还必须考虑它们在动载荷作用下的性能。金属材料的韧性和疲劳强度就是表征在动载荷作用下的材料性能的指标。

（1）冲击韧度。

一些汽车零部件（如内燃机的活塞销、连杆、变速器齿轮等）在工作过程中往往受到以一定速度作用于机件上的冲击载荷，冲击载荷的加速度高、作用时间短，使材料在受冲击时，其应力分布和变形很不均匀，易产生损坏。

冲击韧度是指零件承受一次或数次大能量冲击的能力。通常采用一次摆锤冲击试验来测定材料的冲击韧度 α_k。

$$\alpha_k = A_k / F$$

式中，A_k 为冲击功（J），F 为试样缺口处的截面积（cm^2），α_k 的单位为 J/cm^2。

（2）疲劳强度。

汽车发动机的曲轴、齿轮、弹簧及轴承等许多零件都是在交变载荷下工作的。承受交变应力的零件在工作应力低于材料的屈服强度的情况下长时间工作时，会产生裂纹或突然断裂，这种现象称为疲劳失效或疲劳破坏。

疲劳强度是指材料经无数次的应力循环仍不断裂的最大应力，用以表征材料抵抗疲劳断裂的能力。测试材料的疲劳强度最简单的方法是旋转弯曲疲劳试验。试验测得的材料所受循环应力 σ 与断裂前的循环次数 N 的关系曲线称为疲劳曲线，如图 6-6 所示。由图中可以看出，循环应力越小，则材料断裂前所承受的循环次数越多。当应力降低到某一值时，曲线趋于水平，即表示在该应力作用下，材料经无数次的应力作用达到某一基数而不断时，其最大应力就作为该材料的疲劳极限，一般钢铁材料的循环次数取 10^7 次。

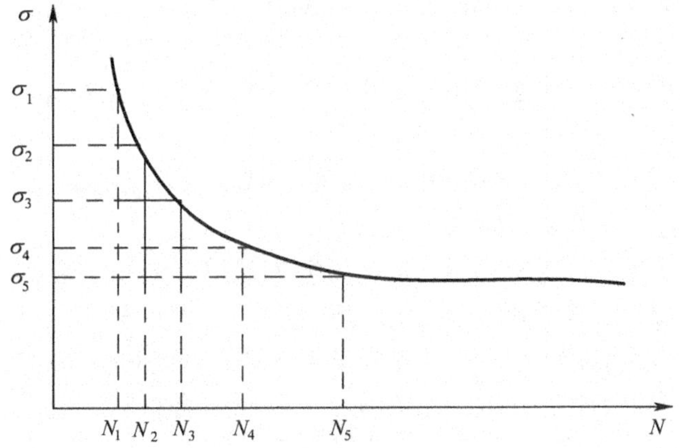

图 6-6 疲劳曲线示意图

6.1.2 金属材料的物理、化学及工艺性能

1. 材料的物理性能

材料的物理性能是指材料的固有属性，如密度、熔点、导热性、导电性、热膨胀性、磁性和色泽等。常用金属材料的物理性能如表 6-1 所示。

表 6-1 常用金属材料的物理性能

金属	元素符号	密度	熔点	热导率	线膨胀系数	电阻率	磁导率
银	Ag	10.49	960.8	418.6	19.7	1.5	抗磁
铝	Al	2.689	660.1	221.9	23.6	2.655	21
铜	Cu	8.96	1083	393.5	17	1.67～1.68	抗磁
铬	Cr	7.19	1903	67	6.2	12.9	顺磁
铁	Fe	7.84	1538	75.4	11.76	9.7	铁磁
镁	Mg	1.74	650	153.4	24.3	4.47	12
锰	Mn	7.43	1244	4.98（-192℃）	37	185	顺磁
镍	Ni	8.90	1453	92.1	13.4	6.48	铁磁
钛	Ti	4.508	1677	15.1	8.2	42.1～42.8	182
锡	Sn	7.298	231.91	62.8	2.3	11.5	2
钨	W	19.3	3380	166.2	4.6（20℃）	5.1	
铅	Pb	11.34	327	—	29	7	抗磁

注：密度的单位为$(kg/m^3)\times10^3$；熔点的单位为℃；热导率的单位为 W/(m·K)；线膨胀系数的单位为 $K^{-1}\times10^{-6}$；电阻率的单位为$(\Omega\cdot m)\times10^{-6}$；磁导率的单位为 H/m。

（1）密度。材料的密度是指单位体积物质的质量，用符号 ρ 表示，单位为 kg/m^3。实际生产中，汽车零部件的选材必须首先考虑材料的密度，如汽车发动机中要求采用质量轻，运动时惯性小的活塞，多由低密度的铝合金制成。在航空领域中，密度更是选用材料的关键性能指标之一。

对于金属材料，按照密度的大小可分为轻金属和重金属。一般地，密度小于 5×10^3kg/m^3 的金属称为轻金属，如铝、镁、钛及其合金；密度大于 5×10^3kg/m^3 的金属称为重金属，如铁、铅、钨等。对于非金属材料，其密度相对更小，陶瓷的密度为 2.2×10^3～2.5×10^3kg/m^3 左右，塑料的密度则多数在 1.0×10^3～1.5×10^3kg/m^3 之间。

（2）熔点。熔点是指材料由固态向液态转变的温度。熔点是制定冶炼、铸造、锻造及焊接等热加工工业规范的一个重要的参数。

纯金属及其合金都具有固定的熔点，金属可分为低熔点金属（熔点低于 700℃）和难熔金属。难熔金属钨、钼、铬、钒等常用来制造耐高温的零件，如汽车和拖拉机的发动机排气阀等，铅、锡、锌等易熔金属常用来制造熔丝、易熔安全阀等零件。对于非金属材料，陶瓷材料的熔点一般都显著高于金属及合金的熔点。而高分子材料、复合材料一般没有固定的熔点。

（3）导热性。材料的导热性是指材料传导热量的能力。常用导热率（亦称导热系数）λ 表示，单位为 W/(m·K)。材料的导热率越大，导热性就越好。导热性是金属材料的重要性能之一。

纯金属中，银的导热性最好，铜、铝次之。一般来说，金属越纯，其导热性就越好；合金的导热性比纯金属的差，但金属与合金的导热性远好于非金属，塑料的导热率只是金属的1%左右。

（4）导电性。材料传导电流的能力称为导电性。常用电阻率 ρ 和电导率 δ 表示。电阻率 ρ 的单位符号是 Ω·cm，电导率 δ 的单位符号是 1/(Ω·cm)。ρ 和 δ 互为倒数。显然，电导率大的金属，其电阻值小。

纯金属中，银的导电性最好，铜、铝次之。合金的导电性比纯金属差。生产中最常用的导电材料是纯铜、纯铝，在高频电路中则采用具有优良导电性的镀银铜线。非金属材料中，高分子材料都是绝缘体，一般情况下陶瓷材料是良好的绝缘体，但某些特殊成分的陶瓷（如压电陶瓷）却是具有一定导电性的半导体材料。

（5）热膨胀性。材料的热膨胀性是指材料随着温度的变化产生膨胀、收缩的特性。常用线膨胀系数 α_L 和体膨胀系数 α_V 来表示。

一般来说，陶瓷的线膨胀系数最低，金属次之，高分子材料最高。在温度变化时，用膨胀系数大的材料制造的零件的尺寸和形状的变化较大。生产中，在热加工和热处理时要考虑材料的热膨胀性的影响，可减少工件的变形和开裂。

（6）磁性。材料能被磁场吸引或被磁化的性能称为磁性或导磁性。常用磁导率 μ 来表示，单位是亨利/米，符号为 H/m，具备显著磁性的材料称为磁性材料，目前生产中应用较多的磁性材料有金属和陶瓷两类。

2. 材料的化学性能

材料的化学性能是指材料抵抗周围介质侵蚀的能力。

对于金属材料来说，化学性能一般指耐蚀性和抗氧化性，对于非金属材料，还存在着化学稳定性、抗老化能力和耐热性等问题。

（1）耐蚀性。材料在常温下抵抗周围介质（如大气、燃气、水、酸、碱、盐等）腐蚀的能力称为耐蚀性。

金属材料在介质中一般会因发生化学反应而产生化学腐蚀，或因原电池反应而产生电化学腐蚀。因此，对金属制品的腐蚀防护十分重要。对于汽车上易腐蚀的零部件，一方面要采用耐蚀性好的不锈钢、铝合金等材料制造；另一方面也要采用适当的涂料进行涂覆，起到防腐蚀、填平锈斑的作用。非金属材料（如陶瓷、塑料等）一般都具有优良的耐蚀性。

（2）抗氧化性。材料在高温下抵抗氧化的能力称为抗氧化性，又称为热稳定性。在钢中加入铬、硅等元素可大大提高钢的抗氧化性。在高温下工作的发动机气门和内燃机排气阀等轿车零部件，就是采用抗氧化性好的 4Cr9Si2 等材料来制造的。

3. 材料的工艺性能

汽车上使用的大多数零件是采用金属材料制造的。金属材料的工艺性能是指金属材料在加工过程中所具有和表现出来的性能。它与金属的物理性能、化学性能和力学性能有关，也与温度、受力状态和成形条件等工艺条件有关。

金属材料的工艺性能包括铸造性能、锻造性能、焊接性能、切削加工性和热处理工艺性等。

（1）铸造性能。铸造俗称翻砂，金属材料可以通过铸造工艺制成各种形状的零件，如轿车上的曲轴、凸轮轴、转向器壳体、汽缸套等均是铸造而成的。

铸造性能是指金属在铸造成形过程中所表现出来的性能。它包括液态金属的流动性、凝固过程的收缩率、排气性和成分偏析倾向等。设计铸件时，必须考虑材料的铸造性能。铸造性能好，可以铸造出形状准确、结构复杂、强度较高的铸件，并可简化工艺过程，提高成品率。

（2）锻造性能。锻造即为压力加工，是对坯料施加外力，使其产生塑性变形，改变其尺寸、形状及改善性能，使金属材料在冷热状态下压力加工成形的工艺。按重量比率来计算，汽车上 70%的零件均是用锻压加工的方法制造的，如轿车的车体外板就是冷轧钢板经过压力加工成形的。

金属的锻造性能是指材料对采用压力加工方法成形的适应能力，是衡量材料通过塑性加工获得优质零件难易程度的工艺性能。金属的锻造性能好，说明该金属适合于塑性加工成形；锻造性能差，说明该金属不宜选用塑性加工的方法成形。

锻造性能的优劣常用金属的塑性和变形抗力来综合衡量。塑性越高，变形抗力越小，则表明该金属的锻造性能越好，反之则差。不同成分的金属，其锻造性能不同。比如，纯金属的锻造性能比合金的好，纯铁的锻造性能比碳钢的好，铸铁的锻造性能则很差，根本不能采用锻造工艺加工，而铜合金、铝合金在室温状态下就有良好的锻造性能。

（3）焊接性能。焊接工艺是指通过加热或加压，或两者并用，且可用或不用填充材料，接触面处于熔融状态，将两个接触面连接起来的工艺。

金属材料的焊接性不是一成不变的。同一种金属材料采用不同的焊接方法、焊接材料和焊接工艺，其焊接性可能有很大差别。

（4）切削加工性能。切削加工是指通过机械切削加工设备加工工件的工艺。切削加工主要有车削、刨削、铣削、磨削等。

切削加工性能是指对材料进行切削加工的难易程度和切削加工后的表面质量的好坏程度。

（5）热处理工艺性能。热处理工艺是指对材料进行加热、保温、冷却、改变其材料内部结构和性能的工艺。热处理工艺性能包括淬透性、变形开裂倾向、过热敏感性、回火脆性倾向、氧化脱碳倾向等。

设计零件时，设计者应根据零件的使用要求，提出热处理的技术条件并标注在图样上。技术要求包括热处理工艺名称、硬度要求、表面热处理要求等。对某些性能较高的零件还需标注要求的金相组织或其他化学性能指标。

6.2 汽车常用金属材料

金属材料是现代机械制造应用的主要材料，种类很多，应用广泛，分为钢铁材料（碳钢、合金钢、铸铁）和各种有色金属及其合金等。钢铁材料是汽车工业生产的主要材料，它们占到汽车用材总量的65%～70%左右。以下主要介绍汽车常用的各种金属材料的分类、牌号、性能特点及应用。

根据含碳量的不同，可将铁碳合金分为三类：工业纯铁、钢、生铁。

（1）工业纯铁。含碳量小于0.0218%的铁碳合金称为工业纯铁，实际应用较少。

（2）钢。含碳量在0.0218%～2.11%的铁碳合金称为钢。根据含碳量及室温组织的不同，又可分为以下三类：①共析钢——含碳量为0.77%；②亚共析钢——含碳量小于0.77%；③过共析钢——含碳量大于0.77%。

（3）生铁。含碳量大于2.11%的铁碳合金称为生铁。

6.2.1 碳钢

碳钢，又称碳素钢，通常指含碳量小于2.11%的铁碳合金。实际使用的碳钢，其含碳量一般不超过1.4%。因其冶炼方便、加工容易、价格便宜，性能可以满足一般的使用要求，所以是制造各种机械零件、工程结构、量具、刀具等最主要的材料。

1. 常见杂质元素对碳钢性能的影响

实际生产中使用的碳钢不单纯是铁和碳组成的合金，还包含锰、硅、硫、磷等杂质元素，它们对碳钢的性能有一定的影响。

（1）锰。锰是钢中的有益元素，由于炼钢时用锰铁脱氧而残留在钢中。锰大部分溶于铁素体中，形成置换固溶体，因此具有固溶强化作用。碳钢中，锰的含量一般在0.25%～0.8%，当锰的含量较小时，对钢的性能影响不明显。

（2）硅。硅也是钢中的有益元素。硅能溶于铁素体，具有固溶强化的作用，但同时降低钢的韧性和塑性。碳钢中，硅的含量一般在0.17%～0.37%，当硅的含量较小时，对钢的性能影响不明显。

（3）硫。硫是钢中的有害元素，是在炼钢时由矿石和燃料带入钢中的，难以除尽。硫在钢中常以FeS的形式存在，并分布在晶界上，当钢加热到1000～1200℃进行热加工时，FeS会发生熔化而使钢材变得极脆，这种现象称为热脆性。对于铸钢件，硫的含量高时，也会出现热裂现象。因此必须严格控制钢中硫的含量，一般含量小于0.065%。

（4）磷。磷是钢中的有害元素，也是在炼钢时由矿石带入钢中的。室温下，钢中的磷全部溶于铁素体中，能使钢的强度和硬度增加，但也使其在室温（特别是低温）下的塑性和韧性大大降低，这种现象称为冷脆，一般钢中磷的含量小于0.045%。

磷的冷脆性有时也可以利用。例如在钢中适当提高磷的含量，可改善其切削加工性能；在炮弹钢中加入较多的磷，可使炮弹钢爆炸时的碎片增多，提高杀伤力。

2. 碳钢的分类

碳钢的种类繁多，应用广泛，常用的碳钢如下：

- 碳素钢
  - 碳素结构钢
    - 普通碳素结构钢　Q195、Q215、……
    - 优质碳素结构钢　08、10、15、……
  - 碳素工具钢　T7、T8、T13、……
  - 铸钢　ZG270-500、ZG310-570

3. 碳钢的牌号、性能和用途

（1）普通碳素结构钢。

根据国家标准《碳素结构钢》（GB/T700－2006）的规定，普通碳素结构钢的牌号由屈服强度（屈服点的汉语拼音首位字母 Q）、屈服点 σ_s 的数值（单位为 MPa）、质量等级（A、B、C、D）和脱氧方法符号四个部分按顺序排列组成。

1）质量等级符号含义：A 级的硫、磷的含量最低，D 级的硫、磷的含量最高。

2）脱氧方法符号含义：F——沸腾钢，Z——镇静钢，TZ——特殊镇静钢。通常多用镇静钢，故其符号 Z 一般省略不表示。

普通碳素结构钢的规定牌号有 Q195、Q215、Q235 和 Q275 四种。这类钢的碳含量较低，而硫、磷等有害元素和其他杂质含量较多，故强度不够高，但塑性、韧性好，焊接性能优良，冶炼简便，成本低，使用时一般不进行热处理。普通碳素结构钢一般作为工程用钢，广泛用于建筑、桥梁、船舶、车辆工程。碳素结构钢也可作为机器用钢，用于制造不重要的机器零件。

普通碳素结构钢常用于制造汽车传动轴间支架，发动机前后支架，后视镜支杆，三、四、五档同步器锥盘，差速器螺栓锁片，车轮轮辐，驻车制动操纵杆棘爪和齿板等零件。

（2）优质碳素结构钢。

根据国家标准《优质碳素结构钢》（GB/T699－1999）的规定，优质碳素结构钢的碳含量一般在 0.05%～0.9%之间。与普通碳素结构钢相比，其硫、磷及其他有害杂质含量较少，因而强度较高，塑性和韧性较好，通常还经过热处理来进一步调整和改善其性能。

优质碳素结构钢的牌号用两位数字表示，该数字表示钢的平均碳含量的万分数，如牌号 45 表示其平均碳的含量为 0.45%。对于较高锰含量的优质碳素结构钢，则在对应牌号后加 Mn 表示，如 45Mn、65Mn 等。

优质碳素结构钢在汽车上的应用实例：08 钢应用于驾驶室、油箱、离合器等；20 钢用于离合器分离杠杆、风扇叶片、驻车制动杆等；45 钢应用于凸轮轴、曲轴、转向节主销、离合器踏板轴等；65Mn 钢应用于气门摇臂复位弹簧、活塞油环簧片、离合器压板盘弹簧等。

（3）碳素工具钢。

工具钢是用来制造各种刃具、量具和模具的材料。它应满足刀具在硬度、耐磨性、强度和韧性等方面的要求。例如，在金属切削过程中，随温度的升高，机床刀具不仅要求在常温时具有高的硬度，而且要求在高温下仍保持切削所需硬度的性能，即热硬度。

碳素工具钢是指含碳量为 0.7%～1.3%的高碳钢。牌号用“T”表示钢的种类，后面的数字表示含碳量的千分数。常用的碳素工具钢有 T8、T10、T10A、T12A（A 表示高级优质钢）等。由于碳素工具钢的热硬性较差、热处理变形较大，仅适用于制造不太精密的模具、木工工具和金属切削的低速手用刀具（锉刀、锯条、手用丝锥）等。

（4）铸钢。

铸钢是将熔化的钢水直接浇注到铸型中去，冷却后即获得零件毛坯（或零件）的一种钢材。铸钢的含碳量一般在 0.15%～0.6%之间，铸钢的浇注温度较高，因此在铸态时晶粒粗大，使用前应进行热处理改善性能。

铸钢的牌号由“ZG”和两组数字组成，其中“ZG”为铸钢代号，代号后面的两组数字分别表示屈服强度 σ_s（MPa）和抗拉强度 σ_b（MPa）。例如，ZG270-500 表示屈服强度为 270MPa，抗拉强度为 500MPa 的铸钢。

铸钢在汽车上的应用实例：ZG270-500 用于化油器、操作杆活接头等；ZG310-570 用于 CA1092 的进排气岐管压板、前减震器下支架等。

6.2.2 合金钢

1. 合金钢的分类

（1）按合金元素总含量分类。

1）低合金钢：合金元素总含量小于 5%。

2）中合金钢：合金元素总含量为 5%～10%。

3）高合金钢：合金元素总含量大于 10%。

（2）按用途分类。

1）合金结构钢：制造机械零件和工程结构。

2）合金工具钢：制造各种工具。

3）特殊性能钢：如不锈钢，耐磨钢，耐热钢等。

2. 合金钢的牌号

牌号首部用数字标明碳含量，规定合金结构钢以万分之一为单位的数字（两位数），工具钢和特殊性能钢以千分之一为单位的数字（一位数）来表示碳含量。而工具钢的碳含量超过1%时，碳含量不标出。在标明碳含量的数字之后，用元素的化学符号表明钢中主要的合金元素，含量由其后面的数字标明：平均含碳量少于 1.5%时不标明含量，平均含量为 1.5%～2.49%、2.5%～3.49%……时，相应地标出碳含量。例如，合金结构钢 40Cr，平均含碳量为 0.4%，主要合金元素 Cr 的含量在 1.5%以下。

3. 合金结构钢

合金结构钢是在碳素结构钢的基础上加入一种或几种合金元素的钢，主要有低合金结构钢、合金渗碳钢、合金调质钢、合金弹簧钢、滚动轴承钢。

（1）低合金结构钢。

1）用途：主要用于制造桥梁、船舶、车辆、锅炉、高压容器、输油输气管道、大型钢结构等。

2）性能要求：具有高强度、高韧性、良好的焊接性能、良好的塑变能力、低的冷脆临界温度、较好的耐蚀性。

3）成分特点：由于韧性、焊接性和冷成形性能的要求高，其含碳量不超过 0.20%。加入以锰为主的合金元素，辅加钛、钒、硅、磷、铜等元素，有利于获得细小的铁素体晶粒，提高钢的强度和韧性。

4）热处理：这类钢不需要专门的热处理。

（2）合金渗碳钢。

1）用途：主要用于制造在工作中遭受强烈的摩擦磨损又承受较大冲击载荷的工件，如汽车的变速齿轮、后桥齿轮等。

2）性能要求：表面渗碳层硬度高，心部具有较高的韧性和足够高的强度，良好的淬透性和渗碳工艺性。

3）成分特点：碳含量一般在 0.1%～0.25%，使零件心部有足够的塑性和韧性，主加元素为铬、锰、镍、硼等，以提高淬透性，辅加元素为钼、钨、钒、钛等。

4）热处理：一般都在渗碳前正火处理，渗碳后直接淬火并低温回火。

（3）合金调质钢。

1）用途：主要用于制造一些受力复杂的重要零件，如机床主轴、汽车连杆等。

2）性能要求：具有良好的综合力学性能。

3）成分特点：碳含量一般为 0.25%～0.5%，主加元素为铬、镍、钨、钒、钛、铝等，增加回火稳定性。

4）热处理：最终热处理是淬火加高温回火（调质处理）。

（4）合金弹簧钢。

1）用途：主要用于制造各种弹簧和弹性元件。

2）性能要求：具有高的弹性极限，高的疲劳强度，足够的塑性和韧性。

3）成分特点：碳含量一般为 0.5%～0.7%，碳含量过高时塑性和韧性降低，疲劳抗力也降低，主加合金元素是硅和锰。

4）热处理：对于热成形弹簧，淬火后中温回火；对于冷成形弹簧，一般用冷拔弹簧钢丝卷成，只需低温去应力退火即可。

（5）滚动轴承钢。

1）用途：主要用于制造滚动轴承的滚动体（滚珠、滚柱、滚针）和内外套圈等，属于专用结构钢。

2）性能要求：具有高的硬度和耐磨性，高的疲劳强度和抗压强度，高的弹性极限，以及一定的冲击韧性和耐蚀性。

3）成分特点：含碳量一般为 0.95%～1.0%，以保证其高硬度、高耐磨性和高强度，主加元素为铬，辅加硅、锰等，以提高淬透性、疲劳强度和耐蚀性。

4）热处理：预先热处理为球化退火，最终热处理为淬火加低温处理。

4. 合金工具钢

合金工具钢是在碳素工具钢的基础上，再加入适量合金元素的钢，按用途分为刃具钢、模具钢和量具钢三大类。

（1）合金刃具钢。

1）用途：主要用于制造各种金属切削刀具，如车刀、铣刀、钻头等。

2）性能要求：具有高硬度、高耐磨性、高热硬性（钢在高温下保持高硬度的能力，亦称红硬度）、足够的塑性和韧性。

3）成分特点。

①低合金刃具钢，含碳量一般在 0.8%～1.5%，以保证高硬度和高耐磨性，主加元素为铬、锰、硅、钒等。

②高速钢（一般适于制造高速切削刀具的高碳高合金工具钢），含碳量一般为 0.7%～1.65%，以形成足够数量的碳化物，保证高硬度和高耐磨性，主加元素为钨，还有铬、钒、钼、钛等。

4）热处理。

①低合金刃具钢：成形前进行球化退火，成型后淬火加低温回火。

②高速钢：预先热处理常用等温回火，最终热处理为淬火加高温回火。

（2）合金模具钢。

1）冷作模具钢。

①用途：用于制造在冷态下使金属变形的模具，如冷冲模、冷墩模等。

②性能要求：冷模具工作时承受很大的压力、弯曲力、冲击载荷和摩擦，主要失效形式是磨损，也常出现崩刃、断裂和变形等失效现象。因此，冷模具钢应具有高硬度、高耐磨性、足够的韧性和疲劳强度，以及较高的淬透性。

③成分特点：含碳量多在 1.0%以上，个别达到 2.0%，以保证高的硬度和高耐磨性，加入铬、锰、钨等合金元素，以提高钢的强度、硬度、回火稳定性和淬透性。

④热处理：最终热处理通常采用淬火加低温回火。

2）热作模具钢。

①用途：用来制造在受热状态下对金属进行变形加工的模具，如热锻模、热挤压模等。

②性能要求：热模具工作时承受很大的冲击载荷、强烈的塑性摩擦、剧烈的冷热循环所引起的不均匀热应变、热压力及高温氧化，常出现崩裂、塌陷、磨损、龟裂等失效形式。因此，热模具钢应具有高的热硬性和高温耐磨性，高的抗氧化性能，高的热强度和足够的韧性，高的热疲劳抗力，高的淬透性和导热性。

③成分特点：含碳量一般在 0.3%～0.6%，以保证高强度、高韧性，较高的硬度和较高的热疲劳抗力，常加入元素铬、镍、锰等，用以提高强度、硬度、回火稳定性和淬透性。

④热处理：最终热处理为淬火加回火，回火温度根据硬度要求而定，通常为中温回火。

（3）合金量具钢。

1）用途：主要用于制造各种测量工具，如游标卡尺、千分尺、量块、塞规等。

2）性能要求：量具在使用过程中要求测量精度高，不能因磨损或尺寸不稳定影响测量精度，对其性能的主要要求是高硬度、高耐磨性和高尺寸稳定性。

3）成分特点：含碳量为 0.9%～1.5%，加入提高淬透性的元素铬、钨、锰等，量具钢没有专门用钢。尺寸小、形状简单、精度较低的量具选用高碳钢制造，复杂的精密量具一般选用低合金刃具钢。

4）热处理：量具的预先热处理与一般刃具钢相同，进行球化退火，最终热处理为淬火加低温回火。

5．特殊性能钢

特殊性能钢是指具有特殊物理性能和化学性能的钢，常用的特殊性能钢包括不锈钢、耐热钢、耐磨钢等。

（1）不锈钢。在腐蚀介质中具有高的抗腐蚀性能的钢称为不锈钢。不锈钢应具有抵抗空气、水、酸、碱、盐类溶液或其他介质腐蚀作用的能力。金属的腐蚀有两种形式，一种是化学腐蚀（金属和周围介质发生化学反应而被腐蚀），另一种是电化学腐蚀（金属与电解质溶液构成微电池而被腐蚀）。提高金属的耐蚀性，要尽量使合金在室温下呈单一均匀的组织，更重要的是提高合金本身的电极电位。

常用的不锈钢主要有铬不锈钢和铬镍不锈钢，铬能提高钢基体的电极电位。随着铬含量的增加，钢的电极电位急剧升高，同时铬在氧化性介质中极易钝化，生成致密的氧化膜，使钢的耐蚀性大大提高，镍可使钢获得单相奥氏体组织，显著提高耐蚀性。

（2）耐热钢。耐热钢是指具有高温强度和高温抗氧化的综合性能的钢，用于制造加热炉、锅炉、燃气轮机等高温装置中的零部件。

提高钢的高温抗氧化性的主要方法是在钢中加入足够的铬、铝等合金元素，使钢在高温下与氧接触时，表面形成一层致密的高熔点的氧化膜，阻止氧向内扩散。提高钢的高温强度的方法是在钢中加入能提高钢的再结晶温度的合金元素，如钨。

（3）耐磨钢。耐磨钢是指在强烈的摩擦、冲击或挤压时产生硬化而具有良好抗磨损能力的钢。目前工业生产中最常用的耐磨钢是高锰钢。高锰钢的含碳量为 1.0%～1.3%，含锰量为 11%～13%，高锰钢的热处理为“水韧处理”，即将钢加热到 1000～1100℃，保温一定时间，使钢中碳化物全部溶解，然后放入水中迅速冷却，组织为单相奥氏体，硬度不高，塑性和韧性良好，当受到强烈冲击、巨大压力和摩擦时，工件表层产生塑性变形而明显强化，并诱发奥氏体向马氏体转变，导致表面硬度大幅提高，而心部仍保持良好塑性、韧性的奥氏体状态。

6.2.3　铸铁

铸铁是含碳量超过 2.11%的铁碳合金，工业上常用的铸铁的含碳量一般为 2.5%～4.0%。铸铁具有良好的铸造性能，力学性能不如钢，但切削加工性、减摩性及减振性好，而且生产设备简单，成本低。近年来，铸铁组织进一步改善，热处理对基体的强化作用也更明显。因此，铸铁日益成为一种物美价廉、应用广泛的结构材料。根据碳在铸铁中的存在形式不同，常用铸铁有灰铸铁、球墨铸铁、可锻铸铁、蠕墨铸铁和合金铸铁等。

（1）灰铸铁。灰铸铁是用量最大的一种铸铁，其中的碳多以片状石墨形式存在。根据国家标准规定，灰铸铁牌号为 HT（灰铁），后面数字表示最低抗拉强度 σ_b。HT300 和 HT350 称为变质铸铁，适用于制造力学性能要求较高、截面尺寸变化较大的大型铸件。

（2）球墨铸铁。球墨铸铁中的石墨呈球状，它对基体组织的割裂程度较灰铸铁进一步减弱，石墨球越细，球的直径越小，分布越均匀，则球墨铸铁的力学性能越高。球墨铸铁牌号由 QT（球铁）和两组数字组成的，前一组数字表示最低抗拉强度 σ_b，后一组数字表示最低伸长率 δ。如 QT400-18、QT500-7 分别表示抗拉强度为 400MPa、500MPa，伸长率分别为 18%和 7%的球墨铸铁。

（3）蠕墨铸铁。蠕墨铸铁是一种新型铸铁，其中碳主要以蠕虫状石墨形态存在。蠕墨铸铁的力学性能介于相同基体组织的灰铸铁和球墨铸铁之间。其铸造性能、减震能力以及导热性能都优于球墨铸铁，并接近灰铸铁。蠕墨铸铁的牌号由 RuT（蠕铁）加一组数字表示，数字表示最小的抗拉强度值。例如，RuT420 表示抗拉强度不低于 420MPa 的蠕墨铸铁。

（4）可锻铸铁。可锻铸铁是由白口铁经可锻化退火而获得的具有团絮状石墨的铸铁。虽然其塑性优于灰铸铁，但实际上并不能锻造。可锻铸铁的牌号用 KT（可铁）及其后的 H（表示黑心可锻铸铁）或 Z（表示珠光体可锻铸铁），再加上分别表示其最小抗拉强度和伸长率的两组数字组成。如 KTH300-06 即为最小抗拉强度为 300MPa、伸长率为 6%的黑心可锻铸铁。

（5）合金铸铁。在铸铁熔炼时加入一些合金元素，如锰、铬、钨等，制成合金铸铁（或称特殊性能铸铁），使其具有较高的力学性能和某些特殊性能。合金铸铁与相似条件下使用的其他铸铁相比，熔炼简单，成本低廉，基本上能满足特殊性能的要求，但其力学性能较差，脆性较大。常用的合金铸铁有耐磨铸铁、耐热铸铁和耐蚀铸铁。

6.2.4 非铁金属及其合金材料

非铁金属及其合金材料是指除钢铁材料以外的金属及其合金。非铁金属具有特殊的物理、化学和力学性能。

1. 铝及铝合金

铝元素是自然界中储量最丰富的金属材料。铝元素的单质金属铝及铝合金属于轻金属，是一类十分重要的金属材料，也是目前汽车工业中的重要材料之一，使用量和使用率每年都在增加。例如汽车发动机活塞，要求所用材料的重量轻、强度高、耐腐蚀、铸造性能好、线膨胀系数小，目前常用铝合金进行制造，若采用铝合金制造汽车的缸体、缸盖、车身等部件，其自重可以大为减轻，速度和载重量可以明显增加，耗油量相应地减少。如图 6-7 所示为采用铝合金加工制造的汽车节气门体。

图 6-7 铝合金制成的节气门体

（1）工业纯铝。纯铝是银白色金属，具有面心立方晶格，无同素异构转变。铝的熔点为 660℃，密度为 2.7g/cm^3，仅为铁的 1/3；具有良好的导热性、导电性和可塑性。其强度比较低，抗拉强度仅为 80～100MPa，具有良好的加工工艺性能，适合进行各种冷热加工，特别是塑性加工。纯铝不能进行热处理，冷变形是提高其强度的唯一方法。

铝在空气中表面会生成一层致密的氧化铝薄膜，可以阻止内部的金属跟空气进一步发生反应，因而具有优良的抗大气腐蚀性能，但是铝不能耐酸、碱和盐的腐蚀。

纯铝一般不做结构材料使用。它主要的用途是生产电器工业上的电线、电缆，配制各种铝合金等。

（2）铝合金。在铝中加入适量的硅、锰、铜、锌、镁等合金元素，可以获得强度较高、用途广泛的铝合金，在汽车工业中用量比较大。

现在我们利用铝合金代替钢材生产汽车轮毂和汽缸缸盖、缸体等零部件，比钢铁材料重量小、耐腐蚀、寿命长，有利于节约能源和环境保护。铝合金保险杠除了具有上述用途，还能够作为缓冲体有效吸收汽车碰撞时的能量，保护乘员的安全；用防锈铝合金制造的汽车车身外板更美观，更耐用。铝的导热性能虽然比铜略差，但是具有成本低、密度小的优点，所以可用铝合金材料制造汽车的散热器和冷气设备（冷凝器、蒸发器、机油冷却器）。

2. 铜及铜合金

铜及铜合金是人类历史上使用最早的金属材料，也是应用最广泛的金属材料之一。在新石器时代晚期，人类已经开始加工和使用金属铜。在三千多年前，我国劳动人民就掌握了制造青铜器的技术，在各地的出土文物中有很多是当时制造的精美的青铜器。现在，铜及其合金是汽车工业中不可缺少的材料。如图 6-8 所示为铜锌合金制成的发电机的定子绕组。

图 6-8　发电机定子绕组

（1）纯铜。纯铜呈紫红色，有金属光泽，又叫紫铜或红铜。固态时具有面心立方晶格，无同素异构转变。纯铜的密度为 8.92/cm^3，熔点为 1083℃。纯铜突出的优点是导电性和导热性好，在所有的金属中，其导电性仅次于银而居第二位，是最常用的导电、导热材料；铜具有良好的塑性，易于冷、热加工成形。铜的强度和硬度比较低，抗拉强度仅为 200～240MPa，不适合作结构材料。通过冷变形强化，抗拉强度可以提高到 400～500MPa。常用冷加工方法制造电线、电缆、铜管等。铜在大气和淡水中有良好的抗蚀性能，是抗磁性金属。

工业纯铜中常含有 0.05%～0.3%的杂质（主要是铅、铋、氧、硫和磷等），杂质的存在对铜的力学性能和工艺性能有很大的不利影响。根据杂质含量的不同，工业纯铜分为 T1、T2、T3 等。“T”为“铜”字汉语拼音的第一个字母，其后的数字越大，铜的纯度越低。除工业纯铜外，还有无氧铜，其含氧量极低。

（2）铜合金。铜合金是在纯铜中加入适量的锌、锡、铝、锰、镍等形成的金属材料。它除了仍然具有纯铜的某些优良性能外，还具有较高的强度和硬度。一般将铜合金分为黄铜、青铜和白铜三大类。

1）黄铜。以锌作为主要合金元素的铜合金叫黄铜。不含其它合金元素的黄铜为普通黄铜，含有其他合金元素的黄铜为特殊黄铜。

①普通黄铜：黄铜牌号用汉语拼音“H”加数字表示，数字表示含铜量，普通黄铜的力学性能、工艺性能和耐腐蚀性能比较好，应用较广泛。

②特殊黄铜：在铜锌合金的基础上加入铝、镍、锶等元素后形成的铜合金叫特殊黄铜。这些合金元素的加入可提高合金的强度，其中锡、铝、硅等还可提高其耐蚀性，铝能改善切削加工性并提高耐磨性。

2）青铜。青铜原指铜锡合金，又叫锡青铜，但目前已将含铝、硅、铅、锰等的铜合金包括在青铜内，统称为无锡青铜。

①锡青铜：以锡为主要加入元素的铜合金称为锡青铜。锡青铜是人类最早使用的铜合金。按生产方法，锡青铜分为压力加工锡青铜和铸造锡青铜两类。

②无锡青铜：无锡青铜是指不含锡的青铜，常用的有铝青铜、铅青铜、硅青铜等。铝青铜是无锡青铜中用途最广泛的一种，其强度高，耐磨性及耐腐蚀性好，主要用来制造各种弹性元件、高强度零件和耐磨零件，如轴承、轴瓦、齿轮、摩擦片、蜗轮等。

3. 轴承合金

轴承合金是指用来制作滑动轴承中的轴瓦和轴衬的合金。常用的轴承合金是锡基轴承合金和铅基轴承合金。

（1）锡基轴承合金。锡基轴承合金是以锡为基主加元素，加入锑、铜等元素组合成的合金。具有较好的耐磨性能，塑性好，有良好的磨合性、镶嵌性和抗咬合性。耐热性和耐蚀性好，适用于制造承受高速度、大压力和冲击载荷的轴承，如汽车、拖拉机等高速轴瓦，但锡基合金疲劳强度差，工作温度小于 150℃。

（2）铅基轴承合金。铅基轴承合金较脆，易形成疲劳裂纹，但强度却接近或高于锡基合金，而且价格低，广泛应用于制造中等载荷或高速低载荷、工作中冲击力不大、温度较低的轴承。如汽车、拖拉机的曲轴轴承，电动车及破碎机轴承等。

（3）其他轴承合金。以铅为主加元素的铜合金称为铜基铅轴承合金，摩擦系数低，耐疲劳，耐热性好，承载能力强，硬度，良好的耐蚀性，价格便宜，适宜用于制造高速、重载荷的汽车，拖拉机的发动机轴承。

4. 钛及其合金

钛及其合金是一类新型的材料。现在，钛及其合金已经代替其他金属材料大量用在航天航空、武器制造、交通运输、化工轻工及医疗卫生等部门，在行业当中发挥着越来越重要的作用，被称为“21 世纪的金属”。

（1）工业纯钛。钛是银白色金属，密度只有 4.5g/cm^3，熔点为 1668℃。具有同素异构转变，在 882.5℃以下为密排六方晶格，称为 α-Ti，在 882.5℃以上为体心立方晶格，称为 β-Ti。

钛的密度小，塑性好，强度大，耐腐蚀性强，在大气、海水和酸碱的溶液中都有优异的耐蚀性，并且在高温和低温中都能够正常工作。钛的力学性能与其纯度有很大关系，存在氧、氮、氢、碳等杂质时，其强度增加，但是塑性显著下降。

工业纯钛按纯度分为 TA1、TA2、TA3 等，其中“T”为“钛”字汉语拼音的第一个字母，其后面的数字越大，则纯度越低。工业纯钛常用于制造在 350℃以下工作的低载荷零件，如飞机骨架、发动机部件，耐海水管道及柴油机的活塞、连杆等。

（2）钛合金。

1）α 钛合金。具有良好的焊接性和铸造性，热稳定性较低，主要用于制造发动机压气机盘和叶片等。

2）β 钛合金。强度较高，塑性和冲击韧性好，适用于制造形状复杂、强度要求高的板材及零件。

3）α+β 钛合金。热强度和加工性能处于 α 钛合金和 β 钛合金之间，塑性较好，综合性能好。主要用于 400℃长期工作的零件，如火箭发动机外壳、航空发动机叶片及紧固件等。

5. 粉末冶金

粉末冶金材料是用金属粉末或金属与非金属粉末作原料，通过配料、压制成形、烧结和后处理等工艺过程而制成的材料。

粉末冶金制造材料具有少切削或无切削的优点，可以大量减少机加工量，节约金属材料，提高劳动生产率。常用来制造减摩材料、结构材料、硬质合金、难熔金属材料（高温合金、钨丝等）、过滤材料、金属陶瓷等。

6.3　钢的热处理

将钢在固体状态下通过加热、保温和以不同的方式冷却来改变钢的内部组织结构，从而获得所需性能的工艺方法称为钢的热处理。钢的热处理工艺曲线如图 6-9 所示。

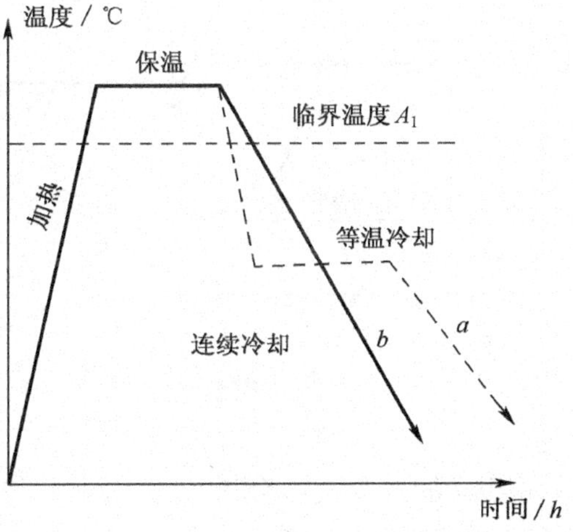

图 6-9　热处理工艺曲线

热处理是机器零件及工具制造过程中的重要工序，对发挥金属材料的潜力、改善零件的使用性能、提高产品质量、延长使用寿命具有极其重要的意义。此外，热处理还能改善毛坯的工艺性能，为后续工序作准备，以利于各种冷、热加工。

6.3.1 合金的晶体结构

材料的化学成分及其内部的组织结构决定了材料的性能。因此，若要合理选材，充分发挥材料的潜力，就必须要了解金属材料的内部组织结构与结晶过程，认识影响金属材料结构及其性能的各种因素。

根据原子（离子或分子）在三维空间的排列方式不同，固体材料可分为晶体和非晶体两大类。原子（离子或分子）在三维空间呈有规则的周期性重复排列的材料称为晶体材料；原子（离子或分子）在三维空间无规则排列的材料称为非晶体结构。

汽车所采用的固体材料中，金属均为晶体，其他固体（如橡胶、玻璃等）属于非晶体结构。

1．金属的结晶

金属由液态转变为晶体状态的过程称为结晶。固态金属内部由于结晶而形成许多大小不一、外形不规则的小晶体，称为晶粒。晶粒的大小对金属的力学性能有很大的影响。一般来说，晶粒越细，其强度、硬度、冲击韧度就越高，塑性就越好。

纯金属的结晶是在一定温度下进行的，它的结晶过程可以用冷却曲线表示。如图 6-10 所示为用实验方法得到的纯金属凝固时的冷却曲线。使液态纯金属缓慢冷却，当温度降到 1 点时便开始结晶。由于放出的结晶潜热恰好补偿了热的散失，所以这时的温度不再下降，在冷却曲线上表现为水平线段，它所对应的温度 T_1 便是纯金属的理论结晶温度。直至液态金属全部结晶成固态金属后，温度才能继续下降。

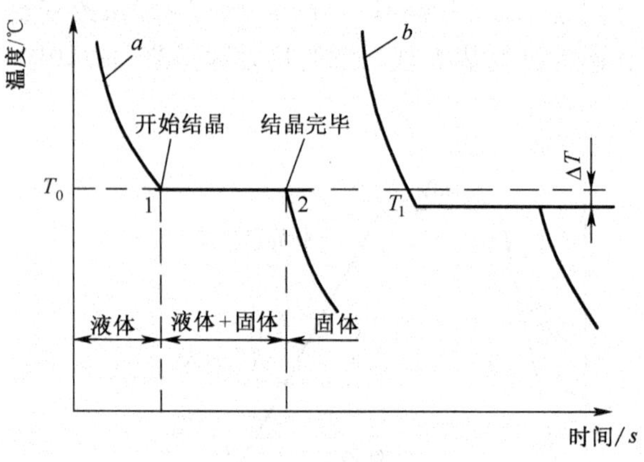

图 6-10 纯金属结晶时的冷却曲线

2．金属的同素异构转变

各种晶体内部原子的排列规则可用 X 射线分析等方法测定。为便于分析比较各种晶体内部原子的排列规则，通常把描述原子在晶体中排列的空间格式称为晶格。金属晶格有各种不同的形式，最常见的晶格有三种，即体心立方晶格、面心立方晶格和密排六方晶格，如图 6-11 所示。

多数金属结晶后的晶格类型都保持不变。有些金属（如铁、锰、钴等）在固态下，其晶体结构会随温度的变化而发生改变。金属在固态时改变其晶格类型的过程，称为金属的同素异构转变。由同素异构转变所得到的不同晶格的晶体，称为同素异晶体。在常温下的同素异晶体一般用希腊字母 α 表示，在较高温度下的同素异晶体用 γ、δ 表示。

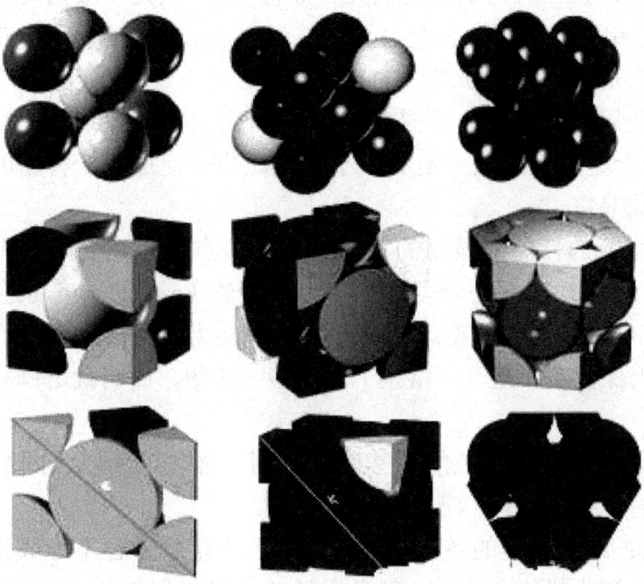

图 6-11　常见金属晶格类型

液态纯铁在 1538℃时结晶成具有体心立方晶格的 δ-Fe，继续冷却到 1394℃时，发生同素异构转变，体心立方晶格的 δ-Fe 转变为面心立方晶格的 γ-Fe，再继续冷却到 912℃时又发生同素异构转变，面心立方晶格的 γ-Fe 转变为密排六方晶格的 α-Fe。若再继续冷却，晶格的类型不再发生变化，如图 6-12 所示。

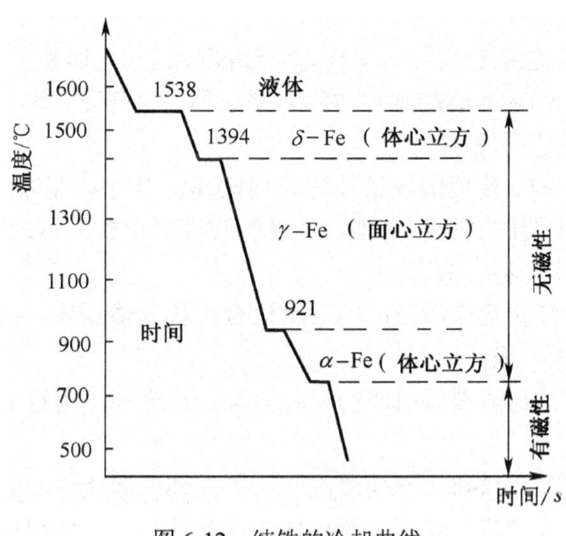

图 6-12　纯铁的冷却曲线

同素异构转变时原子重新排列的过程实际上也是一种结晶过程，又称为重结晶。正是由于纯铁能发生同素异构转变，生产中才有可能对钢和铸铁进行热处理来改变其组织与性能。

3. 合金的结构

组成合金的最基本、独立的物质称为组元（简称元）。组元一般指纯金属，但稳定化合物也可看成一个组元。按组元的数目，合金可分为二元合金、三元合金等。例如，黄铜是铜和锌组成的二元合金，硬铝是铝、铜和镁组成的三元合金。

合金的构造比纯金属复杂，合金在固态时的结构一般可分为以下三类：

（1）化合物：是合金各组元按一定的原子数量比化合而成的一种新的物质，它具有与组元原来晶格不同的特殊晶格。

化合物的性能与组元的性能有显著的不同，它的熔点高，硬度高，脆性大。例如，铁的硬度为 80HB，以石墨的形式存在的硬度为 3HB，化合物 Fe_3C 的硬度可达 800HB。

（2）固溶体：合金各组元在固态时具有相互溶解能力而形成均匀的固体，这种固体合金称为固溶体。固溶体仍保留基本组元（溶剂）的晶格。例如，黄铜就是锌原子溶于铜的晶格中而形成的固溶体。

由于固溶体的性能在溶剂元素性能的基础上得到了强化，所以，固溶体不但有较高的强度和硬度，并且保持有足够的韧性和塑性。

（3）机械混合物：组成合金的各组元在固态下既不溶解，也不形成化合物，而以混合形式组合在一起的组成物称为机械混合物。其各组元的原子仍保持原来的晶格和性能。所以，机械混合物的性能取决于各组元的相对数量、形状、大小和分布情况。

6.3.2 铁碳合金相图

铁碳合金相图是指在极缓慢冷却（或加热）的情况下，不同成分的铁碳合金在不同温度下所具有的组织或状态的图形。目前应用的铁碳合金状态图是含碳量为 0%～6.69%的合金部分，因为大于 6.69%的铁碳合金在工业上无使用价值。

1. 铁碳合金的基本组织

铁碳合金的基本组织包括铁素体、奥氏体、渗碳体、珠光体和莱氏体五种。

（1）铁素体。碳与 α-Fe 形成的固溶体称为铁素体，用符号 F 表示。铁素体的性能与纯铁相近，强度和硬度低，塑性和韧性好。

（2）奥氏体。碳与 γ-Fe 形成的固溶体称为奥氏体，用符号 A 表示。奥氏体在 727℃以上时存在，是铁碳合金中主要的高温相结构，强度和硬度高于铁素体，塑性和韧性好，在锻造、轧制时常要加热到奥氏体，易于加工。

（3）渗碳体。铁与碳相互作用形成的金属化合物称为渗碳体，用符号 Fe_3C 表示。其硬度很高，塑性、韧性极差，脆性大。

（4）珠光体。铁素体与渗碳体组成的混合物称为珠光体，用符号 P 表示，其性能介于铁素体和渗碳体之间。

（5）莱氏体。在 727～1148℃的高温区间，莱氏体由奥氏体与渗碳体组成，称为高温莱氏体，用符号 L_d 表示。在 727℃以下，莱氏体由珠光体与渗碳体组成，称为低温莱氏体，用符号 $L_{d'}$表示。莱氏体组织可以看成是在渗碳体的基体上分布着粒状的奥氏体（或珠光体），其力学性能与渗碳体相近，硬度很高，塑性、韧性差。

2．铁碳合金相图

（1）铁碳合金相图。

简化的铁碳合金相图如图 6-13 所示。

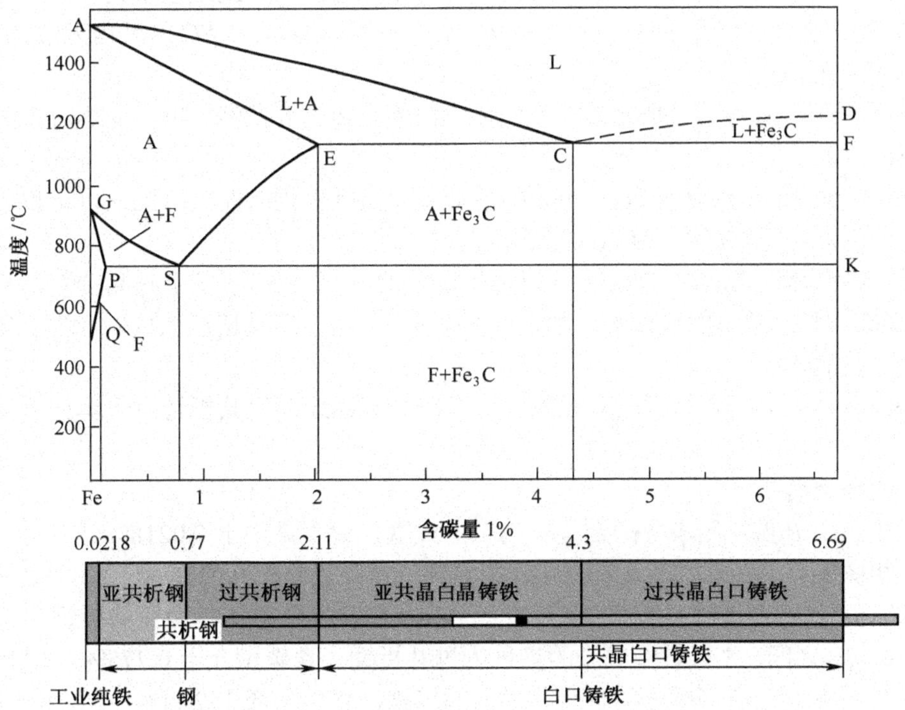

图 6-13　简化的铁碳合金相图

（2）铁碳合金相图中点、线的含义。

1）特性点。状态图中主要特性点的意义、温度及成分如表 6-2 所示。

表 6-2　铁碳合金相图中的主要特性点

符号	温度/℃	含碳量/%	说明
A	1538	0	纯铁的熔点
C	1148	4.3	共晶点
D	1227	6.69	渗碳体的熔点
E	1148	2.11	碳在 γ-Fe 中的最大溶解度
F	1148	6.69	渗碳体的成分
G	912	0	α-Fe 和 γ-Fe 同素异构转变点（A_3）
K	727	6.69	渗碳体的成分
P	727	0.0218	碳在 α-Fe 中的最大溶解度
S	727	0.77	共析点（A_1）
Q	室温	0.0008	碳在 α-Fe 中的溶解度

2）特性线。状态图中的特性线都是铁碳合金组织发生转变的界线。它们的物理含义如下：

①*ACD* 线：即液相线。合金冷却到此线开始结晶，在此线以上是液态区（用 L 表示）。在 *AC* 线以下，从液体中结晶出奥氏体；在 *CD* 线以下，结晶出渗碳体（又称一次渗碳体，用 Fe_3C_{I} 表示）。

②*AECF* 线：即固相线。合金冷却到此线全部结晶为固态，此线以下为固态区。在液相线与固相线之间为合金的结晶区域。这个区域内液体与固体并存；*AEC* 区域内为液体和奥氏体；*DCF* 区域内为液体和渗碳体。

③*GS* 线：又称 A_3 线。它是冷却时奥氏体析出铁素体的开始线，也是加热时铁素体转变为奥氏体的终止线。

④*ES* 线：又称 A_{cm} 线。是碳在 γ-Fe 中溶解度随温度变化的曲线。此线以下奥氏体开始析出渗碳体（又称二次渗碳体，用 Fe_3C_{II}表示）。

⑤*ECF* 线：称为共晶线。合金冷却到此温度线时，在恒温下发生共晶转变，从液体中同时结晶出奥氏体和渗碳体的机械混合物，即莱氏体。凡是含碳量超过 2.11%的铁碳合金在 *ECF* 线上均发生共晶转变。

⑥*PSK* 线：称为共析线，又称 A_1 线。合金冷却到此线发生共析转变。奥氏体均将转变为珠光体。

3. 铁碳合金的分类

（1）相图中 *P* 点左侧成分的合金称为工业纯铁，含碳量小于 0.0218%。

（2）相图中 *P*、*E* 点之间成分的合金称为钢，含碳量介于 0.0218%～2.11%之间。其中，*S* 点成分的钢称为共析钢，含碳量为 0.77%；*S* 点左侧成分的钢称为亚共析钢，含碳量介于 0.0218%～0.77%之间；*S* 点右侧成分的钢称为过共析钢，含碳量介于 0.775%～2.11%之间。

（3）相图中 *E* 点右侧成分的合金称为白口铸铁，含碳量介于 2.11%～6.69%之间。其中，*C* 点成分的白口铸铁称为共晶白口铸铁，含碳量为 4.3%；*C* 点右侧成分的白口铸铁称为过共晶白口铸铁，含碳量介于 4.3%～6.695 之间。

4. 铁碳合金相图的应用

（1）在钢铁材料选用方面的应用。

铁碳合金相图所表明的成分－组织－性能的规律为钢铁材料的选用提供了根据。建筑结构和各种型钢需要塑性和韧性好的材料，选用含碳量低的钢材。机械零件需要强度、塑性及韧性都较好的材料，应选用碳含量适中的中碳钢。工具要用硬度高和耐磨性好的材料，则选碳含量高的钢材。纯铁的强度低，不宜用做结构材料，但由于其导磁率高，可作软磁材料使用，如电磁铁的铁芯等。

白口铁硬度高，脆性大，不能切削加工，也不能锻造，但其耐磨性好，铸造性能优良，适用于做要求耐磨、不受冲击、形状复杂的铸件，如拔丝模、货车轮、犁铧等。

（2）在铸造工艺方面的应用。

根据铁碳合金线图可以确定合金的浇注温度。浇注温度一般在液相线以上 50～100℃。从相图上可以看出，纯铁和共晶白口铸铁的铸造性能最好，它们的凝固温度区间最小，因而流动性好，分散缩孔少，可以获得致密的铸铁，所以铸铁在生产中总是选用共晶成分附近，在铸钢生产中，碳含量规定在 0.15%～0.6%之间，因为这个范围内钢的结晶温度区间较小，铸造性能较好。

（3）在热锻、热轧工艺方面的应用。

钢处于奥氏体状态时强度较低，塑性较好，因此锻造或轧制选用单相奥氏体区进行。一般始锻和始轧温度控制在固相线以下 100～200℃范围内。一般始锻温度为 1150～1250℃，终锻温度为 750～850℃。

（4）在热处理工艺方面的应用。

铁碳合金相图对于制定热处理工艺有着特别重要的意义。一些热处理工艺（如退火、正火、淬火）的加热温度都是依据铁碳合金相图确定的。

6.3.3　金属材料的热处理

热处理是将金属材料放在一定的介质内加热、保温、冷却，通过改变材料表面或内部的金相组织结构来控制其性能的一种金属热加工工艺。金属热处理是机械制造中的重要工艺之一，与其他加工工艺相比，热处理一般不改变工件的形状和整体的化学成分，而是通过改变工件内部的显微组织改变或工件表面的化学成分，赋予或改善工件的使用性能。其特点是改善工件的内在质量，而这一般不是肉眼能看到的。为使金属工件具有所需要的力学性能、物理性能和化学性能，除合理选用材料和各种成形工艺外，热处理工艺往往是必不可少的。钢铁是机械工业中应用最广的材料，钢铁的显微组织复杂，可以通过热处理予以控制，所以钢铁的热处理是金属热处理的主要内容。另外，铝、铜、镁、钛等及其合金也都可以通过热处理改变其力学性能、物理性能和化学性能，以获得不同的使用性能。

1. 工艺过程

热处理工艺一般包括加热、保温、冷却三个过程，有时只有加热和冷却两个过程。加热是热处理的重要工序之一。金属热处理的加热方法有很多，最早是采用木炭和煤作为热源，进而应用液体和气体燃料。电的应用使加热易于控制，且无环境污染。利用这些热源可以直接加热，也可以通过熔融的盐或金属，甚至浮动粒子进行间接加热。

金属加热时，工件暴露在空气中，常常发生氧化、脱碳（即钢铁零件表面碳含量降低），这对于热处理后的零件的表面性能有很不利的影响。因而金属通常应在可控气氛或保护气氛中、熔融盐中和真空中加热，也可用涂料或包装方法进行保护加热。

加热温度是热处理工艺的重要工艺参数之一，选择和控制加热温度是保证热处理质量的主要问题。加热温度随被处理的金属材料和热处理的目的不同而不同，但一般都是加热到相变温度以上，以获得高温组织。另外，转变需要一定的时间，因此当金属工件表面达到要求的加热温度时，还需在此温度保持一定时间，使内外温度一致，使显微组织转变完全，这段时间称为保温时间。采用高能密度加热和表面热处理时，加热速度极快，一般就没有保温时间，而化学热处理的保温时间往往较长。

冷却也是热处理工艺过程中不可缺少的步骤，冷却方法因工艺的不同而不同，主要是控制冷却速度。一般退火的冷却速度最慢，正火的冷却速度较快，淬火的冷却速度更快。但还因钢种不同而有不同的要求，例如空硬钢就可以用和正火一样的冷却速度进行淬硬。

2. 热处理工艺的分类

金属热处理工艺大体可分为整体热处理、表面热处理和化学热处理三大类。根据加热介质、加热温度和冷却方法的不同，每一大类又可分为若干不同的热处理工艺。同一种金属采用不同的热处理工艺，可获得不同的组织，从而具有不同的性能。钢铁是工业上应用最广的金属，而且钢铁显微组织也最为复杂，因此钢铁热处理工艺的种类繁多。

（1）整体热处理。

整体热处理是对工件整体加热，然后以适当的速度冷却，获得需要的金相组织，以改变其整体力学性能的金属热处理工艺。钢铁整体热处理大致有退火、正火、淬火和回火四种基本工艺。

1）退火。将工件加热到适当温度，根据材料和工件尺寸采用不同的保温时间，然后进行缓慢冷却，目的是使金属内部组织达到或接近平衡状态，获得良好的工艺性能和使用性能，或者为进一步淬火作组织准备。

钢的退火工艺种类很多，根据加热温度可分为两大类：一类是在临界温度（Ac1 或 Ac3）以上的退火，又称为相变重结晶退火，包括完全退火、不完全退火、球化退火和扩散退火等；另一类是在临界温度以下的退火，包括再结晶退火及去应力退火等。

①完全退火和等温退火。完全退火又称重结晶退火，一般简称为退火，这种退火主要用于亚共析成分的各种碳钢和合金钢的铸、锻件及热轧型材，有时也用于焊接结构。一般常作为一些不重要工件的最终热处理，或作为某些工件的预先热处理。

②球化退火。球化退火主要用于过共析的碳钢及合金工具钢（如制造刃具、量具、模具所用的钢种）。其主要目的在于降低硬度，改善切削加工性，并为以后淬火做好准备。

③去应力退火。去应力退火又称低温退火（或高温回火），这种退火主要用来消除铸件、锻件、焊接件、热轧件、冷拉件等的残余应力。如果这些应力不予消除，将会引起钢件在一定时间以后，或在随后的切削加工过程中产生变形或裂纹。

2）正火。将工件加热到适宜的温度后在空气中冷却，正火的效果同退火相似，只是得到的组织更细，常用于改善材料的切削性能，也有时用于对一些要求不高的零件作为最终热处理。

3）淬火。将工件加热保温后，在水、油或其它无机盐、有机水溶液等淬冷介质中快速冷却。淬火后钢件变硬，但同时变脆。

4）回火。为了降低钢件的脆性，将淬火后的钢件在高于室温而低于 650℃的某一适当温度进行长时间的保温，再进行冷却，这种工艺称为回火。根据工件性能要求的不同，按其回火温度的不同，可将回火分为以下三种：

①低温回火（150～250℃）。低温回火所得组织为回火马氏体。其目的是在保持淬火钢的高硬度和高耐磨性的前提下，降低其淬火内应力和脆性，以免使用时崩裂或过早损坏。它主要用于各种高碳的切削刃具、量具、冷冲模具、滚动轴承以及渗碳件等，回火后硬度一般为 HRC58～64。

②中温回火（250～500℃）。中温回火所得组织为回火屈氏体。其目的是获得高的屈服强度、弹性极限和较高的韧性。因此，它主要用于各种弹簧和热作模具的处理，回火后硬度一般为 HRC35～50。

③高温回火（500～650℃）。高温回火所得组织为回火索氏体。习惯上将淬火加高温回火相结合的热处理称为调质处理，其目的是获得强度、硬度、塑性、韧性都较好的综合机械性能。因此，广泛用于汽车、拖拉机、机床等的重要结构零件，如连杆、螺栓、齿轮及轴类。回火后硬度一般为 HB200～330。

退火、正火、淬火、回火是整体热处理中的“四把火”，其中，淬火与回火关系密切，常常配合使用，缺一不可。

“四把火”随着加热温度和冷却方式的不同，又演变出不同的热处理工艺。为了获得一定的强度和韧性，把淬火和高温回火结合起来的工艺称为调质。某些合金淬火形成过饱和固溶体后，将其置于室温或稍高的适当温度下保持较长时间，以提高合金的硬度、强度或电性磁性等，这样的热处理工艺称为时效处理。

把压力加工形变与热处理有效而紧密地结合起来进行，使工件获得很好的强度、韧性配合的方法称为形变热处理；在负压气氛或真空中进行的热处理称为真空热处理，它不仅能使工件不氧化，不脱碳，保持处理后工件表面光洁，提高工件的性能，还可以通入渗剂进行化学热处理。

（2）表面热处理。

表面热处理是只加热工件表层，以改变其表层力学性能的金属热处理工艺。为了只加热工件表层而不使过多的热量传入工件内部，使用的热源需具有高的能量密度，即在单位面积的工件上给予较大的热能，使工件表层或局部能短时或瞬时达到高温。表面热处理的主要方法有火焰淬火和感应加热热处理，常用的热源有氧乙炔或氧丙烷等火焰、感应电流、激光和电子束等。

（3）化学热处理。

化学热处理是通过改变工件表层的化学成分、组织和性能的金属热处理工艺。化学热处理与表面热处理的不同之处是后者改变了工件表层的化学成分。化学热处理是将工件放在含碳、氮或其他合金元素的介质（气体、液体、固体）中加热，保温较长时间，从而使工件表层渗入碳、氮、硼和铬等元素。渗入元素后，有时还要进行其他热处理工艺，如淬火及回火。化学热处理的主要方法有渗碳、渗氮、渗金属。

热处理是机械零件和工模具制造过程中的重要工序之一。大体来说，它可以保证和提高工件的各种性能，如耐磨、耐腐蚀等。还可以改善毛坯的组织和应力状态，以利于进行各种冷、热加工。例如：白口铸铁经过长时间退火处理可以获得可锻铸铁，提高塑性；齿轮采用正确的热处理工艺，使用寿命可以比不经热处理的齿轮成倍或成几十倍地提高；另外，价廉的碳钢通过渗入某些合金元素就具有某些合金钢性能，可以代替某些耐热钢、不锈钢；工模具则几乎全部需要经过热处理方可使用。

6.4　非金属材料在汽车上的运用

汽车常用非金属材料，包括高分子材料、陶瓷材料、复合材料等。高分子材料又分为工程塑料、合成纤维、橡胶、胶黏剂、涂料。工程塑料的强度、韧性和耐磨性较好，具有价廉、耐蚀、降噪、美观、质轻等特点，可用于汽车保险杠、汽车内饰件、高档车用安全玻璃、仪表板等零部件。合成纤维是指单体聚合而成、具有很高强度的高分子材料，如尼龙、聚酯等，用于汽车座垫、安全带、内饰件中。橡胶具有高的弹性和回弹性，一定的强度，优异的抗疲劳，良好的耐磨、绝缘、隔声防水、缓冲、吸振等特点，用于制造汽车的轮胎、内胎、防振橡胶、软管、密封带、传动带等零部件，各种胶黏剂起到粘结、密封的作用。涂料对车身的防锈、美化及商品价值有不可忽视的作用。

陶瓷材料分为陶瓷和玻璃。陶瓷用于制造火花塞、传感器等；玻璃用于制造汽车前后门窗、侧窗等。复合材料包括非金属基复合材料和金属基复合材料，用于汽车车顶导流板、风挡窗框等车身外装板件。以下主要介绍几种热塑性材料的性能与应用。

（1）聚丙烯塑料（PP）。

优点：刚硬，有韧性，抗弯强度高，抗疲劳，抗应力开裂；质轻，在高温下仍保持其力学性能。

缺点：在零度以下易变脆，耐候性差。

应用：主要用于通风采暖系，发动机的某些配件以及外装件、汽车转向盘、仪表板、前后保险杠、加速踏板、蓄电池壳、空气过滤器、冷却风扇、风扇护罩、散热器隔栅、转向机套管、分电器盖、灯壳、电线覆皮等。

（2）聚氨酯（PU）。

优点：耐化学性好，拉伸强度和撕裂强度高，压缩变形小，回弹性好。

缺点：由于添加增塑剂之类的非反应性助剂，产品经过一定的使用时间后，随着助剂的挥发，其他性能有所变化。

应用：用于制造汽车座垫、仪表板、扶手、头枕等缓冲材料，保险杠、挡泥板、前端部、发动机罩等大型部件。

（3）聚氯乙烯塑料（PVC）。

优点：耐化学性，难燃自熄，耐磨，消声减震，强度较高，价廉。

缺点：热稳定性差，变形后不能完全复原，低温不变硬。

应用：用于汽车座垫、车门内板及其他装饰覆盖件上。

（4）聚乙烯塑料（PE）。

优点：密度小，耐酸碱及有机溶剂，介电性能很好。

缺点：胶结和印刷困难，自熄性差。

应用：用于制造汽车油箱、挡泥板、转向盘、各种液体储罐、车厢内饰件以及衬板等。

（5）ABS 树脂（ABS）。

优点：力学性能和热性能较好，硬度高，表面易镀金属；耐疲劳，抗应力开裂，冲击强度高；耐酸碱等化学腐蚀；价格低廉，加工成形、修饰容易。

缺点：耐候性差，耐热性不够理想。

应用：散热器护栅、驾驶室仪表盘、控制箱、装饰类、灯壳、嵌条等。

（6）丙烯酸树脂（PMMA）。

优点：光学性极好，耐候性好，能耐紫外线和耐日光老化。

缺点：比无极玻璃易划伤，不耐有机溶剂。

应用：灯、玻璃类。

（7）聚酰胺（PA）。

优点：具有高强度和良好的冲击强度；耐蠕变性好，疲劳强度高；耐石油、润滑油和许多化学溶剂，耐磨性好。

缺点：吸水性大，在干燥环境下冲击强度降低。

应用：用于制造燃烧油过滤器、空气过滤器、机油过滤器、水泵壳、水泵叶轮、风扇、制动液罐、动力转向液罐、百叶窗等。

（8）聚甲醛（POM）。

优点：抗拉强度较一般尼龙高，耐疲劳，耐蠕变；尺寸稳定性好；吸水性比尼龙小；介电性好；可在 120℃正常使用；摩擦系数小；弹性极好。

缺点：没有自熄性；成形收缩率大。

应用：各种阀门（排水阀门、空调器阀门等）、各种叶轮（水泵叶轮、暖风器叶轮、油泵轮等）、各种电器开关及电器仪表上的小齿轮、各种手柄及门锁等。

（9）聚碳酸酯（PC）。

优点：抗冲击强度高，抗蠕变性能好；耐热性好，脆化温度低，能抵制日光、雨淋和气温变化的影响；化学性能好，透明度高；介电性能好；尺寸稳定性好。

缺点：耐溶剂性差；有应力开裂现象；疲劳强度差。

应用：保险杠、刻度板、加热器底板等。

（10）橡胶应用。

常用橡胶包括天然橡胶、合成橡胶（SBR、BR、CR、IR、IIR、NBR、ERM、EPRM、ACM、AUEU 等）。

载重汽车的轮胎以天然橡胶为主，轿车轮胎则以合成橡胶为主。车用胶管（包括水、气、燃油、润滑油、液压油等的输送管）通常采用丁腈橡胶、氯丁橡胶材料制造。车用胶带多用氯丁橡胶制造。车用橡胶密封件多用丙烯酸酯橡胶、硅橡胶等材料制造。门窗玻璃密封件多采用乙丙橡胶制造。

6.5 汽车新型材料简介

现代汽车车身除满足强度和使用寿命的要求外，还应满足性能、外观、安全、价格、环保、节能等方面的需求。在 20 世纪 80 年代，轿车的整车质量中，钢铁占 80%，铝占 3%，树脂为 4%。自 1978 年世界爆发石油危机以来，作为轻量化材料的高强度钢板、表面处理钢板的用量逐年上升，有色金属材料总体有所增加，其中，铝的增加明显；非金属材料的用量也逐步增长，近年来开发的高性能工程塑料、复合材料不仅替代了普通塑料，而且品种繁多，在汽车上的应用范围广泛。

1. 高强度钢板

从前的高强度钢板的拉延强度虽高于低碳钢板，但延伸率只有后者的 50%，故只适用于形状简单、延伸深度不大的零件。现在的高强度钢板是在低碳钢内加入适当的微量元素，经各种处理轧制而成，其抗拉强度高达 420N/mm^2，是普通低碳钢板的 2～3 倍，深拉延性能极好，可轧制成很薄的钢板，是车身轻量化的重要材料。到 2000 年，其用量已上升到 50%左右。中国奇瑞汽车公司与宝钢合作，2001 年在试制样车上使用的高强度钢用量为 262kg，占车身钢板用量的 46%，对减重和改进车身性能起到了良好的作用。低合金高强度钢板的品种主要有含磷冷轧钢板、烘烤硬化冷轧钢板、冷轧双相钢板和高强度 1F 冷轧钢板等，车身设计师可根据板制零件的受力情况和形状复杂程度来选择钢板品种。

2. 含磷高强度冷轧钢板

含磷高强度冷轧钢板主要用于轿车外板、车门、顶盖和行李箱盖升板，也可用于载货汽车驾驶室的冲压件。主要特点为：具有较高强度，比普通冷轧钢板高 15%～25%；良好的强度和塑性平衡，即随着强度的增加，伸长率和应变硬化指数下降甚微；具有良好的耐腐蚀性，比普通冷轧钢板提高 20%；具有良好的点焊性能。

3. 烘烤硬化冷轧钢板

经过冲压、拉延变形及烤漆高温时效处理，屈服强度得以提高。这种简称为 BH 钢板的烘烤硬化钢板既薄又有足够的强度，是车身外板轻量化设计的首选材料之一。

4. 冷轧双向钢板

具有连续屈服、屈强比低和加工硬化高、兼备高强度及高塑性的特点，经烤漆后，其强度可进一步提高，适用于形状复杂且要求强度高的车身零件。它主要用于要求拉伸性能好的承力零部件，如车门加强板、保险杠等。

5. 超低碳高强度冷轧钢板

在超低碳钢（C≤0.005%）中加入适量的钛或铌，以保证钢板的深冲性能，再添加适量的磷以提高钢板的强度。实现了深冲性与高强度的结合，特别适用于一些形状复杂而强度要求高的冲压零件。轻量化迭层钢板 迭层钢板是在两层超薄钢板之间压入塑料的复合材料，表层钢板厚度为 0.2～0.3mm，塑料层的厚度占总厚度的 25%～65%。与具有同样刚度的单层钢板相比，质量只有其 57%。隔热防振性能良好，主要用于发动机罩、行李箱盖、车身底板等部件。

6. 铝合金

与汽车钢板相比，铝合金具有密度小（2.7g/cm^3）、比强度高、耐锈蚀、热稳定性好、易成形、可回收再生等优点，技术成熟。德国大众公司的新型奥迪 A2 型轿车，由于采用了全铝车身骨架和外板结构，使其总质量减少了 135kg，比传统钢材料车身减轻了 43%，使平均油耗降至每百公里 3 升的水平。全新奥迪 A8 通过使用性能更好的大型铝铸件和液压成形部件，车身零件数量从 50 个减至 29 个，车身框架完全闭合。这种结构不仅使车身的扭转刚度提高了 60%，还比同类车型的钢制车身的车重减少了 50%。由于所有的铝合金都可以回收再利用，深受环保人士的欢迎。根据车身结构设计的需要，采用激光束压合成形工艺，用不同厚度的铝板或者用铝板与钢板复合成形，再在表面涂覆防腐蚀材料，使其结构轻量化且具有良好的耐腐蚀性。

7. 镁合金

镁的密度为 1.8g/cm^3，仅为钢材密度的 35%，铝材密度的 66%。此外它的比强度、比刚度高，阻尼性和导热性好，电磁屏蔽能力强，尺寸稳定性好，因此在航空工业和汽车工业中得到了广泛的应用。镁的储藏量十分丰富，镁可从石棉、白云石、滑石中提取，特别是海水的盐分中含 3.7%的镁。近年来，镁合金在世界范围内的增长率高达 20%。铸造镁合金的车门由成形铝材制成的门框和耐碰撞的镁合金骨架、内板组成。另一种镁合金制成的车门由内外车门板和中间蜂窝状加强筋构成，每扇门的净质量比传统的钢制车门轻 10kg，且刚度极高。随着压铸技术的进步，已可以制造出形状复杂的薄壁镁合金车身零件，如前后挡板、仪表盘、方向盘等。

8. 泡沫合金板

泡沫合金板由粉末合金制成，其特点是密度小，仅为 0.4～0.7g/cm^3，弹性好，当受力压缩变形后，可凭自身的弹性恢复原料形状。泡沫合金板种类繁多，除了泡沫铝合金板外，还有泡沫锌合金、泡沫锡合金、泡沫钢等，可根据不同的需要进行选择。由于泡沫合金板具有特殊性能，特别是出众的低密度、良好的隔热吸振性能，深受汽车制造商的青睐。目前，用泡沫铝合金制成的零部件有发动机罩、行李箱盖等。

9. 蜂窝夹芯复合板

蜂窝夹芯复合板是两层薄面板中间夹一层厚而极轻的蜂窝组成。根据夹芯材料的不同，可分为纸蜂窝、玻璃布蜂窝、玻璃纤维增强树脂蜂窝、铝蜂窝等；面板可以采用玻璃钢、塑料、铝板和钢板等材料。由于蜂窝夹芯复合板具有轻质、比强度和比刚度高、抗振、隔热、隔音和阻燃等特点，故在汽车车身上获得较多应用，如车身外板、车门、车架、保险杠、座椅框架等。英国发明了一种以聚丙烯作芯、钢板为面板的薄夹层板，用以替代钢制车身外板，使零件质量减轻了 50%~60%，且易于冲压成形。

10. 工程塑料

与通用塑料相比，工程塑料具有优良的机械性能、电性能、耐化学性、耐热性、耐磨性、尺寸稳定性等特点，且比要取代的金属材料轻，成形时能耗少。20 世纪 70 年代起，以软质聚氯乙烯、聚氨酯为主的泡沫类、衬垫类、缓冲材料等塑料在汽车工业中被广泛采用。福特公司开发的 LTD 试验车，塑料化后的车身取得了轻量化方面的明显成果。中国工程塑料工业普遍存在工艺落后、设备陈旧、规模小、品种少、质量不稳定的状况，而且价格高，缺乏市场竞争力。工程塑料在汽车上的应用仅相当于国外 20 世纪 80 年代的水平。如上海桑塔纳轿车塑料用量仅为 2.86kg/辆，红旗 CA7228 型轿车为 2.4kg/辆，而日本轿车平均为 14kg/辆，宝马则更高，为 35.64kg/辆。但这种局面将很快被打破，由上海普利特复合材料有限公司投资新建的国内最大的汽车用高性能 ABS 工程塑料生产基地在上海建成投产。此项目引进了世界先进的工程塑料生成线和试验检测仪器等设备，形成了年产 15000 吨高性能 ABS 工程塑料的能力。

本章小结

1. 金属材料的静态力学性能指标包括强度、塑性、硬度；动态力学性能指标包括冲击韧性和疲劳强度，在生产实际中有着重要的指导意义。

2. 材料的性能取决于材料的化学成分及其内部的组织结构。了解晶格、晶胞、常见晶格类型、金属的结晶和金属的同素异构转变。

3. 铁碳合金按照含碳量的不同，可分为钢和铸铁。了解铁碳合金的基本相和组织，合金相图中点、线的含义，合金组织、成分和温度的变化规律。

4. 了解硫、磷、硅、锰等杂质元素的铁碳合金。碳素钢的分类，常用碳素钢的性能、牌号、用途。

5. 热处理是将固态金属或合金通过加热、保温和冷却以获得所需组织结构与性能的工艺。了解退火、正火、淬火和回火的工艺过程和用途。

6. 了解铜合金、铝合金的种类及在汽车上的应用。

7. 汽车新型材料的特点及应用。

习题 6

一、填空题

1. 用以制造各种汽车零件的材料统称为汽车工程材料。一般将其分为两大类：________和________。

2. 金属材料的力学性能指标包括________、________、强度、________和________。

3．材料的物理性能是指材料的固有属性，如________、熔点、________、________、热膨胀性、磁性和色泽等。

4．对于金属材料来说，化学性能一般指________和________，对于非金属材料，还存在着化学稳定性、________和耐热性等问题。

5．铁碳合金的基本组织包括：________、________、________、珠光体和莱氏体五种。

6．铜合金是在纯铜中加入适量的锌、锡、铝、锰、镍等形成的金属材料。它除了仍然具有纯铜的某些优良性能外，还具有较高的强度和硬度。一般将铜合金分为________、________和________三大类。

7．钢铁整体热处理大致有________、________、________和________四种基本工艺。

8．热处理工艺一般包括________、________、________三个过程。

二、简答题

1．什么是金属材料的强度、塑性和硬度？它们各有哪些主要指标？

2．什么叫钢的热处理？常用的热处理方法有哪些？

3．简述退火、正火、淬火和回火的定义及各自的目的。

4．什么叫表面热处理？常用的表面热处理有哪几种？

5．汽车新型材料有哪几种？

第 7 章　汽车零件加工工艺

本章导读

铸造、锻压与焊接是机械制造生产中金属材料热加工成形的三种基本方法，主要用于毛坯生产和供切削加工使用，有时也提供少量的零件成品。

本章要点

1. 常用铸造合金的性能特点，砂型铸造的工艺过程及特点，特种铸造的工艺过程及适用范围。
2. 锻造材料的特性，自由锻的种类，模锻的种类及应用。
3. 焊接的工作原理、种类、工具及其适用范围，气割材料的特点。

7.1　铸造

铸造是指将液体金属浇注到具有与零件形状相应的铸型型腔内，待其冷却凝固后获得铸件的方法，其实质是利用熔融金属的流动性实现材料成形。一般情况下，铸件通常是毛坯，需经过切削加工才能成为零件，但对要求不高或精密铸造方法生产出来的铸件，也可以不经切削加工而直接使用。

7.1.1　铸造合金的性能特点

常用的铸造合金有铸铁、碳钢、铜合金和铝合金等。其铸造性能主要指流动性、收缩性、偏析等，它们对获得合格铸件是非常重要的。

1. 金属或合金的流动性

金属或合金的流动性是指液态金属或合金自身的流动能力。流动性良好的金属或合金能铸造出薄而复杂的铸件，利于铸件的收缩以及气体和非金属夹杂物的上浮和逸出。反之，铸件上易出现浇不足、冷隔、气孔、夹渣和缩孔等缺陷。

2. 影响流动性的因素

影响流动性的因素有很多，主要有合金的成分、浇注温度和铸造工艺。

（1）合金的成分。不同成分的铸造合金凝固时具有不同的结晶特点，流动性不同。共晶成分的合金是在恒温下结晶的，且结晶温度低，流动性好。其他成分的合金的结晶是在一个温度范围内完成的，也就是说有一个液相与固相共存区。先结晶的固体，必然会影响液态金属的流动性。结晶温度间隔越宽，其流动性越差。

（2）浇注温度。浇注温度增高，可使液态金属粘度下降，流动能力增强；另一方面也增加了液态金属的过热度，使得金属以液态存在的时间变长，从而大大提高金属液体的充型能力。但浇注温度过高，容易出现粘砂、缩孔、气孔、晶粒粗大等缺陷。因此，在保证金属液体具有足够充型能力的前提下，应尽量降低浇注温度。提高金属液体浇注时的压力，使液体注入型腔的速度加快，温度降低少，使液体易于充满铸型。

（3）铸型工艺及铸件结构。液态合金在砂型中的流动性大于金属型，砂型中干型流动性大于湿型，此外提高直浇口的高度、增设出气冒口等都可增加合金流动性。

铸件壁厚要大于规定的最小壁厚。若形状复杂，壁薄而散热大的铸件需选择流动性好的合金。

3. 铸件的凝固与收缩

随着温度的降低，浇入铸型的金属液将发生凝固，并伴随着收缩过程。

铸造金属或合金的收缩是指从浇入铸型、凝固直至冷却到室温的过程中，其体积或尺寸的缩减现象。金属或合金的收缩是一种物理属性，是形成缩孔、缩松、变形和裂纹等缺陷的根本原因。铸造金属或合金从浇注到冷却至室温要经历三个收缩阶段，即液态收缩、凝固收缩和固态收缩。

（1）液态收缩：合金从浇注温度至液相线的收缩。

（2）凝固收缩：合金从液相线到固相线温度间的收缩。

（3）固态收缩：合金从固相线温度至室温的收缩。

其中，液态收缩和凝固收缩主要表现为铸件体积上的缩减，它们是铸件产生缩孔和缩松的基本原因。固态收缩主要表现为铸件各方向尺寸上的缩小，它是铸件产生应力和裂纹的基本原因。

影响收缩的主要因素有化学成分、浇注温度、铸型工艺及铸件结构等。

（1）化学成分。各类合金的成分不同，其收缩率不同。如碳素钢随含碳量的增加，凝固收缩率增加，而固态收缩率有所减少。在灰铸铁中碳、硅含量越高，硫含量越低，收缩率越小。

（2）浇注温度。合金浇注温度越高，液态收缩越大，形成缩孔的倾向越大。

（3）铸型工艺和铸件结构。当铸型和型芯对金属收缩产生阻力时，将影响铸件的收缩。铸件形状复杂或厚薄相差大，凝固后的铸件收缩不一样，导致其内应力增大，甚至变形、开裂。

4. 常用铸造合金

（1）灰铸铁。灰铸铁的含碳量接近共晶成分，结晶温度间隔小、熔点低，结晶时有石墨析出，体积膨胀，可抵消部分铸件的收缩，故总的收缩小，流动性好。如灰铸铁的浇注温度在1200～1280℃时，表示流动性好坏的螺旋线长度为600～1200mm，总体积收缩率在6.9%～7.8%之间。

（2）碳素铸钢。常用于制造机器零件的铸钢含碳量为0.25%～0.45%。铸钢的浇注温度高（约在1500℃），流动性差，螺旋线长度为100mm，收缩大，总体积收缩率达12.4%，在熔炼过程中易吸气和氧化，因此铸钢的铸造性能差，易产生粘砂、浇不足、冷隔、缩孔、裂纹、气孔等缺陷。

（3）有色金属。铜合金熔点低，流动性好。锡青铜浇注温度为1040℃，螺旋线长度为420mm，硅黄铜浇注温度为1100℃，螺旋线长度为1000mm。铜合金熔炼时易氧化，某些铜合金（如铅青铜）还易产生密度偏析，熔炼时要注意防止合金氧化、烧损、偏析。

铝合金的浇注温度更低，一般在680℃，螺旋线长度为700～800mm。铝合金在高温下易吸气和氧化，影响其力学性能，故熔炼时要注意隔绝合金液体与炉气的接触，并采用一些净化措施。

7.1.2　砂型铸造

砂型铸造就是将熔化的金属浇入到砂型型腔中，经冷却、凝固后，获得铸件的方法。砂型可用手工或机器制造。由于砂型铸造的造型材料来源广泛，价格低廉，设备简单，操作方便灵活，不受铸造合金种类、铸件形状和尺寸的限制，并且适用于各种生产规模，故砂型铸造应用广泛，砂型铸件约占全部铸件的 80%左右。当从砂型中取出铸件时，砂型便被破坏，故又称一次性铸造，俗称翻砂。

1. 砂型的种类

（1）湿型。向石英砂中加入适量的粘土和水分混制而成的型砂称为湿型砂。用湿型砂舂实，浇注前不烘干的砂型称为湿型。铝合金、镁合金及小型铸铁件的生产常使用湿型。湿型的优点是：①它可使铸件生产周期缩短，生产率提高；②由于不必烘干及不需要相应的烘干装置，故湿型可节省投资及能源消耗；③易于实现机械化和自动化，比干型生产劳动条件好。

湿型水分高，强度低，因此对质量要求高。中、大型铸件不宜采用，特别适合于机械化、自动化生产。

（2）干型。经过烘干的砂型称为干型。烘干后增加了强度和透气性，显著降低了发气性，大大减少了由于铸型方面的原因而产生的气孔、砂眼、胀砂、夹砂等缺陷。干型的缺点是生产周期长，需要烘干设备，增加燃料消耗，恶化劳动条件，难于实现机械化和自动化。干型主要用于质量要求高，结构复杂，单件、小批量生产的中大型铸件。

（3）表面干型。铸型表面仅有一层很薄的型砂被干燥（干燥层一般为 15～20mm），铸型其余部分仍然是湿的，故称表面干型。表面干型介于湿型和干型之间，既有湿型的优点，又有湿型达不到的性能。表面干型常用于生产中、大型铝铸件和铁铸件。

（4）化学硬化砂型（自硬砂型）。铸型靠型砂自身的化学反应而硬化，一般不需烘干，或只经低温烘烤。优点是强度高、节约能源、效率高。但成本较高，有的易产生粘砂等缺陷。化学硬化砂型目前用得较多的有用水玻璃作粘结剂的水玻璃砂型，以及用合成树脂作粘结剂的树脂砂型等。化学硬化砂型对各种铸件均可采用。

2. 砂型铸造的工艺流程

砂型铸造的生产工序主要包括：制模、配砂、造型、造芯、合型、熔炼、浇注、落砂、清理和检验，如图 7-1 和图 7-2 所示分别为砂型铸造的工艺过程和套管铸件的生产过程。

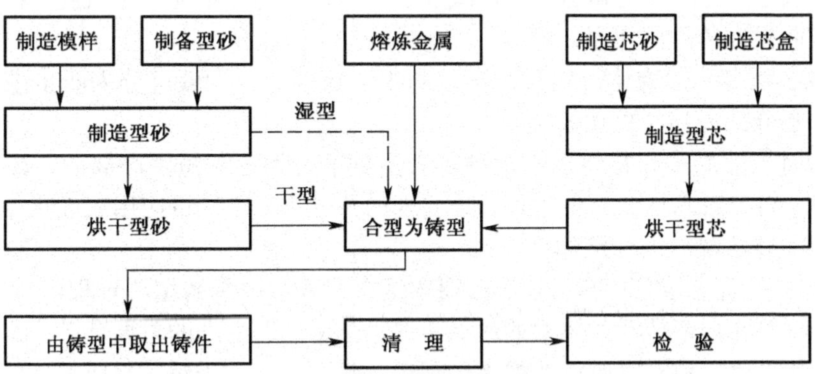

图 7-1　砂型铸造的工艺过程

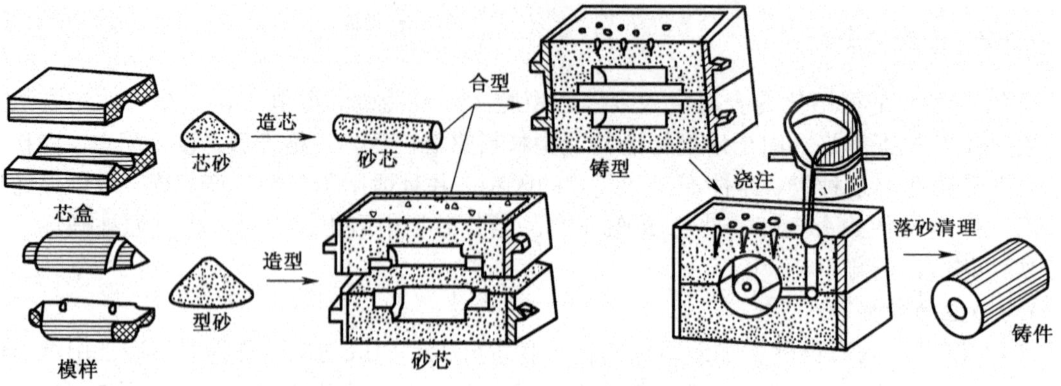

图 7-2　套筒铸件的生产过程

（1）造型（芯）。制造砂型的工艺过程叫做造型；制造砂芯的工艺过程叫做制芯，也叫造芯。造型和造芯是铸造生产中最重要的工艺过程之一。选择合适的造型（芯）方法和正确地进行造型（芯）工艺操作，对提高铸件质量、降低成本、提高生产率有极重要的意义。造型（芯）方法按机械化程度，可分为手工造型（芯）和机器造型（芯）两大类。

1）手工造型（芯）是指用手工完成紧砂、起模、修整及合箱等主要操作的造型（芯）过程。手工造型（芯）是一种最基本的造型方法，造型工艺适应范围广泛，质量一般能够满足工艺要求，适合单件、小批量生产。但手工造型（芯）的劳动强度大，生产率低，铸件质量不易稳定。手工造型方法有很多，如整模造型、刮板造型、地坑造型等，如图 7-3 所示，各种造型方法有不同的特点和应用范围。

2）机器造型（芯）是指用机器全部完成或至少完成紧砂操作的造型工序。和手工造型相比，机器造型的生产率高、质量稳定、工人劳动强度低。但设备和工艺装备的费用高，生产准备时间长，一般只适用于一个分型面的两箱造型。机器造型（芯）适用于大量和批量生产。

（2）型（芯）砂的紧实。型砂需要紧实才能成为整体的砂型。型砂的紧实程度影响着铸型的强度和透气性，紧实度越大，铸型强度越大，透气性越差。故铸造生产中对铸型的紧实度提出了较高的要求，一是要求铸型的紧实度均匀，二是要努力提高紧实度。

（3）砂型（芯）的烘干。大型、重型以及质量要求高的铸件的普通砂型和砂芯均需经过烘干，以除去水分，提高强度和透气性，减少发气量，使铸件不易产生气孔、砂眼、夹砂和粘砂等缺陷，从而保证铸件的质量。

砂型和砂芯是多孔性物体，对其烘干（即水分的去除）大致可分为两步进行：表面水分的蒸发和内部水分的迁移（扩散）。

烘干方法有表面烘干和整体烘干两种。表面烘干是为了缩短生产周期，减少燃料能源消耗，以及有利于组织流水作业。在达到质量要求的条件下，应尽量应用表面烘干。一般大型和较重要的砂型和砂芯都要进行整体烘干。

（4）合箱。合箱就是把砂型和砂芯按要求组合在一起成为铸型的过程，习惯上也称拼箱、配箱或扣箱。铸型的合箱是制备铸型的最后工序，也是铸造生产的重要环节。如果合箱质量不高，铸件的形状、尺寸和表面质量就得不到保证；甚至还会由于编芯、错箱、抬箱、跑火等原因而使铸件报废。

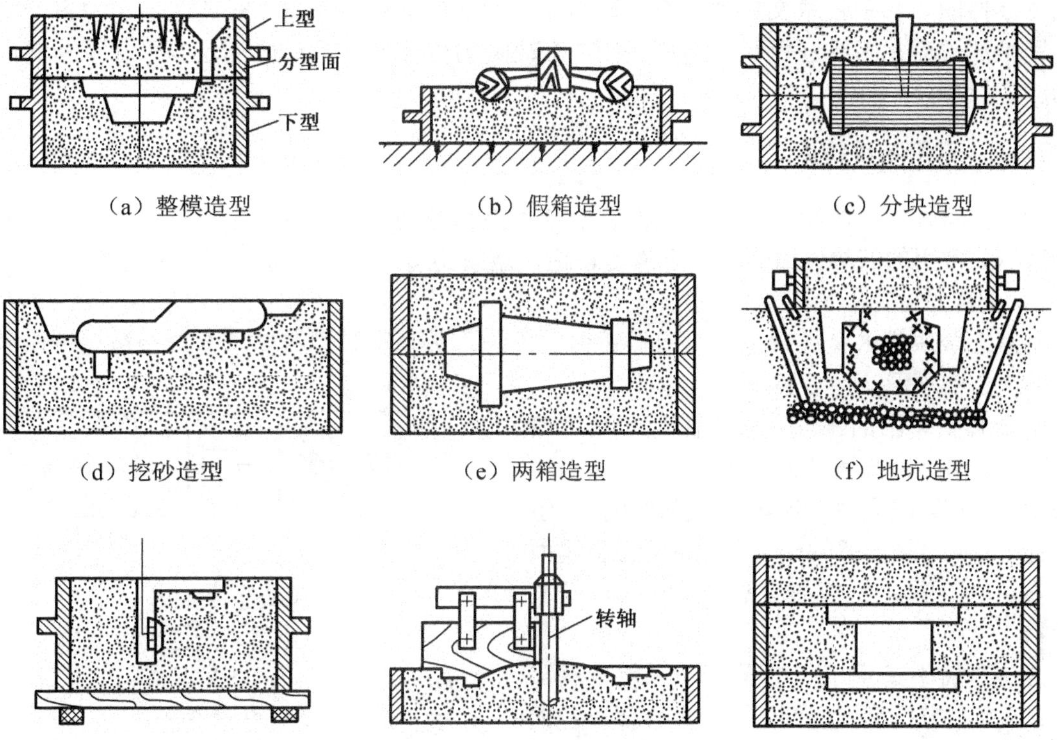

（a）整模造型　（b）假箱造型　（c）分块造型

（d）挖砂造型　（e）两箱造型　（f）地坑造型

（g）活块造型　（h）刮板造型　（i）三箱造型

图 7-3　手工造型方法

（5）浇注。浇注前应做好浇注准备工作。由于浇注温度对铸件质量影响很大，因此应根据合金种类、铸件结构和铸型特点确定合理的浇注温度范围。

为了获得合格的铸件，必须控制浇注温度和浇注速度，严格遵守浇注操作规程。

（6）铸件的落砂与清理。浇注完毕，铸件凝固以后，还必须进行落砂、清理、表面处理等工作，才能得到合格的铸件。

铸件凝固冷却到一定温度后，把铸件从砂箱中取出，去掉铸件表面及内腔中的型砂和芯砂的工艺过程称为落砂。落砂通常分为人工落砂和机械落砂两种。人工落砂是在浇注场地人工就地落砂。人工用大锤、钢钎或者风锤敲击砂箱并捅落型砂，不得用锤子直接敲击砂箱中部和铸件本体，免得损坏砂箱和铸件。人工落砂的劳动条件差，生产率低，用于单件、小批量生产的非机械化铸工车间；机械落砂是把铸件放在震动落砂机上进行震动，使砂子下落。机械落砂效率高，但机械易损坏，维修调整困难，而且噪音大。

（7）铸件表面处理。有些铸件经过上述处理以后，还需进行表面处理。如镁合金铸件在吹砂后需进行表面氧化处理，在表面生成一层致密而又有保护作用的薄膜，防止或减轻镁合金在使用过程中产生腐蚀。

铸铁件、铸钢件在检验合格入库前，还需涂上底漆，以防生锈，并作为进一步油漆的基底。

3. 铸件质量检验与缺陷修补

铸件质量包括铸件的内在质量、外在质量、使用质量等几个方面。铸件质量的具体要求一般在零件图和有关技术文件中都有明确规定。为了保证铸件质量，在铸造生产的各个环节（特别是清理后）都要进行质量检验。凡是有缺陷的铸件经修补后能满足要求，不影响使用的均应进行修补。

7.1.3 常用特种铸造

为提高铸件质量与劳动生产率，改善合金性能和劳动条件，降低生产总成本，往往采用特种铸造。常用的特种铸造方法有金属型铸造、熔模铸造、压力铸造和离心铸造等。

1. 金属型铸造

将液态金属浇入金属铸型中以获得铸件的方法，称为金属型铸造。金属型铸型可以重复使用多次，实现了一型多铸。

用金属型铸出的铸件有较高的尺寸精度和表面质量。由于冷却速度大，晶粒细小，所以铸件力学性能好。但金属型导热快，易使铸件产生浇不足、冷隔、裂纹等缺陷。因此，要使金属型保持一定的工作温度，常需在型腔表面喷刷敷料和涂料。

金属型铸造适用于大批量生产有色金属铸件，如汽车、拖拉机上的铝活塞、汽缸体以及铜合金的轴瓦、轴套等。用于金属铸造的铸件不宜过大、过薄或过于复杂。

2. 熔模铸造

用易熔材料制成模型，然后在模型外面涂上涂料和石英砂以形成外壳，在外壳硬结后熔去模型，经焙烧后获得无分型面的铸型硬壳，浇入液态金属，待其冷凝后，毁去外壳即获得铸件，如图 7-4 所示。

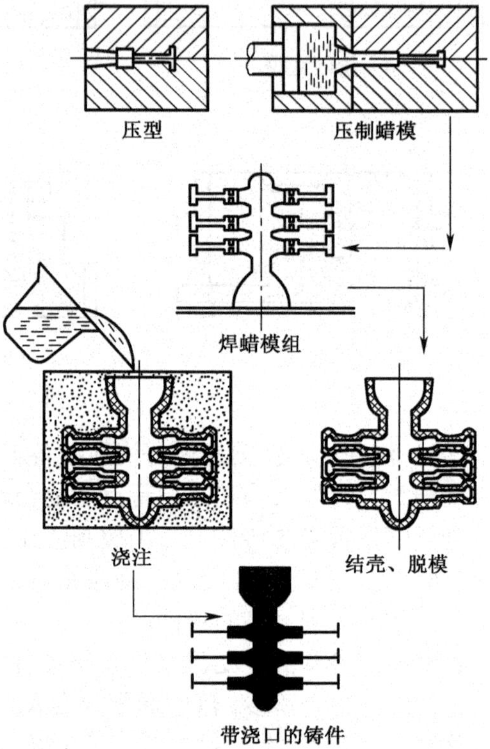

图 7-4 熔模铸造的工艺流程

熔模铸造所得的铸件精度高，其尺寸精度可达 IT8～IT10，表面粗糙度可达 Ra0.8～6.3μm，减少了机械加工的工作量，实现了少切削、无切削加工。熔模铸造适用于生产形状复杂、薄壁铸件，也适用于铸造各种合金，尤其是铸造耐热合金和磁钢。但是熔模铸造工序繁多，生产周期长，铸件不能太大，一般重量不超过 25kg。主要用于刀具、动力机械叶片及汽车、仪表、机床等机械中的小型复杂零件。

3. 压力铸造

将液态金属高压、高速充填到金属型腔内以获得铸件的方法，称为压力铸造，如图 7-5 所示。

由于金属是在强大的压力下压入型腔的，因此可浇出组织致密并很薄的铸件。其强度比砂型铸造提高了 20%～40%，其尺寸精度可达 IT9～I T10，表面粗糙度可达 Ra0.8～3.2μm，可铸出 1mm 的小孔。因此，压铸件一般不再进行机加工。但压铸件在高压下迅速冷凝，内部气体不易排出，易产生皮下小气孔和缩松。压铸是先进的、高效率的加工方法之一，目前主要用在铝、镁、锌、铜等有色金属的大批量生产中，如计算机、照相器材等零件。

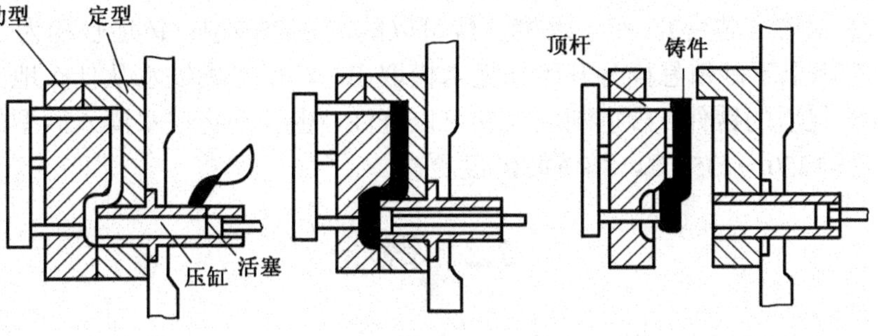

（a）合型浇注　　（b）压射　　（c）开型顶出铸件

图 7-5　压力铸造

4. 离心铸造

将液态合金浇入高速旋转着的铸型中，使其在离心力作用下充型和结晶而获得铸件的方法，称为离心铸造。离心铸造的铸型有绕垂直轴旋转和绕水平轴旋转两种，如图 7-6 所示。绕垂直轴旋转时，铸件内表面呈抛物面，因而其高度不能太高；绕水平轴旋转时，可使得中空铸件壁厚均匀，所以应用较广。

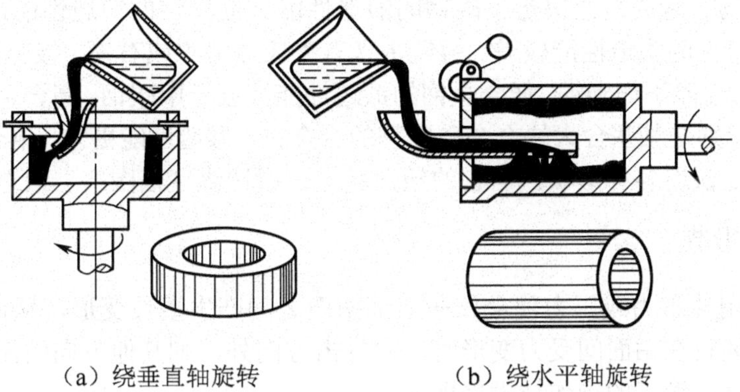

（a）绕垂直轴旋转　　（b）绕水平轴旋转

图 7-6　离心铸造工艺流程

由于是在离心力作用下结晶，故气体和熔渣易集中在内表面，并使金属呈定向性结晶，因而内表面进行切削加工后，铸件组织致密，没有缩孔、气孔，力学性能好。离心铸造不用浇注系统和型芯，节省了金属材料和造芯工时。

离心铸造主要用于生产空心旋转体的铸件，如管子、缸套、轴套等。但应注意，不能用密度偏析严重的合金进行离心铸造，以免扩大偏析倾向。

7.1.4　铸造在汽车制造中的应用

在汽车制造过程中，采用铸铁制成毛坯的零件有很多，约占全车重量 10%，如汽缸体、变速器箱体、转向器壳体、后桥壳体、制动鼓、各种支架等。制造铸铁件通常采用砂型。砂型是以砂子为主，并与粘结剂、水等混合而成。砂型材料必须具有一定的粘合强度，以便被塑成所需的形状，并能抵御高温铁水的冲刷而不会崩塌。为了在砂型内塑成与铸件形状相符的空腔，必须先用木材制成模型，称为木模。炽热的铁水冷却后体积会缩小，因此，木模的尺寸需要在铸件原尺寸的基础上按收缩率加大，需要切削加工的表面相应加厚。空心的铸件需要制成砂芯子和相应的芯子木模（芯盒）。有了木模，就可以翻制空腔砂型（铸造也称为“翻砂”）。在制造砂型时，要考虑上下砂箱怎样分开才能把木模取出，还要考虑铁水从什么地方流入，怎样灌满空腔以便得到优质的铸件。砂型制成后就可以浇注，也就是将铁水灌入砂型的空腔中。浇注时，铁水温度在 1250～1350℃，熔炼时温度更高。

7.2 锻压

锻压是对毛坯施加压力，使其产生塑性变形，改变其尺寸、形状并改善其性能，用以制造机械零件或毛坯的成形加工方法，是锻造和冲压的总称。

金属经过塑性变形后，不仅可以获得预定的坯件形状，而且可以使粗大的晶粒破碎，晶粒细化，提高金属的力学性能。塑性成形的主要方法有轧制、挤压、拉拔、锻造和板料冲压等。

7.2.1 锻造材料的性能特点

塑性好，变形抗力小，金属的锻造性能就好，反之则差。因此，常用塑性和变形抗力来综合衡量金属的锻造性能。影响金属锻造性能的主要因素是金属的性质和加工条件。

碳钢中碳化物含量的高低决定了碳钢的锻造性能。低碳钢的锻造性能最好，中碳钢的锻造性能次之，高碳钢的锻造性能较差。铸铁中含有莱氏体组织或石墨，极脆，不能进行锻造生产。合金钢的锻造性能不如碳钢，低合金钢的锻造性能接近于中碳钢，高合金钢的变形抗力大，锻造性能较差，特别是某些含大块合金碳化物的合金钢，锻造性能更差。铜合金的锻造性能很好，铝合金虽然能锻造各种形状，但它的塑性较差，锻造温度范围窄，锻造性能不好。

7.2.2 自由锻造

自由锻是利用冲击力或压力使金属在上下砧面之间产生塑性变形，从而得到所需锻件的锻造方法。金属坯料在砧面间受力变形时，除打击方向外，朝其他方向的流动基本不受限制，锻件的形状和尺寸由锻工的操作技术来保证。

自由锻分手工锻造和机器锻造两种。手工锻造只能生产小型锻件，生产率也较低。机器锻造则是自由锻的主要生产方法。自由锻所用的工具简单，具有较大的通用性，应用较为广泛。

自由锻生产中进行的工序有很多，可分为基本工序、辅助工序及精整工序三大类。

自由锻的基本工序是使金属坯料产生一定程度的塑性变形，以达到所需形状和尺寸的工艺过程，如冲孔（如图 7-7 和图 7-8 所示）、墩粗（如图 7-9 所示）、弯曲（如图 7-10 所示）、错移（如图 7-11 所示）、切割、扭转和拔长（如图 7-12 所示）等；辅助工序是为基本工序操作方便而进行的预先变形工序，如压钳口、压钢锭棱边、切肩等；精整工序是用以减少锻件表面缺陷而进行的工序，如清除锻件表面凸凹不平及整形等，一般在终锻温度以下进行。

自由锻造的工序是根据工序特点和锻件形状来确定的。一般情况下，盘类锻件常选用镦粗（或拔长及镦粗）、冲孔等工序；轴类锻件常选用拔长（或镦粗及拔长）、切肩和锻台阶工序；筒类锻件选用镦粗（或拔长及镦粗）、冲孔、在心轴上拔长等工序；环类锻件选用镦粗（或拔长及镦粗)、冲孔、在心轴上扩孔等工序；曲轴类锻件选用拔长（或镦粗及拔长)、错移、锻台阶、扭转等工序；弯曲类锻件选用拔长、弯曲工序。

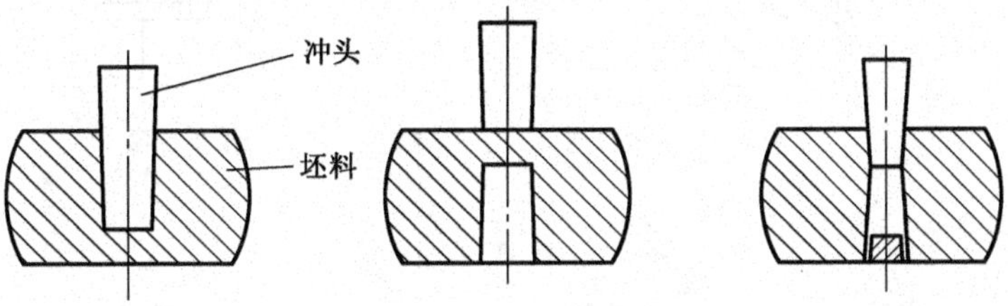

（a）冲一面　　（b）冲另一面　　（c）冲孔完成

图 7-7　双面冲孔示意图

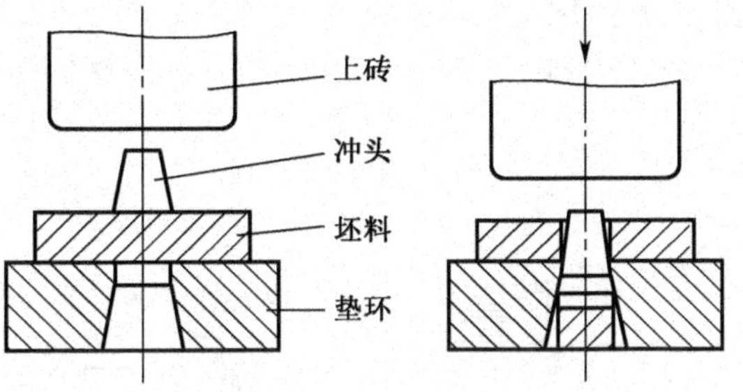

（a）准备冲孔　　（b）冲孔完成

图 7-8　单面冲孔示意图

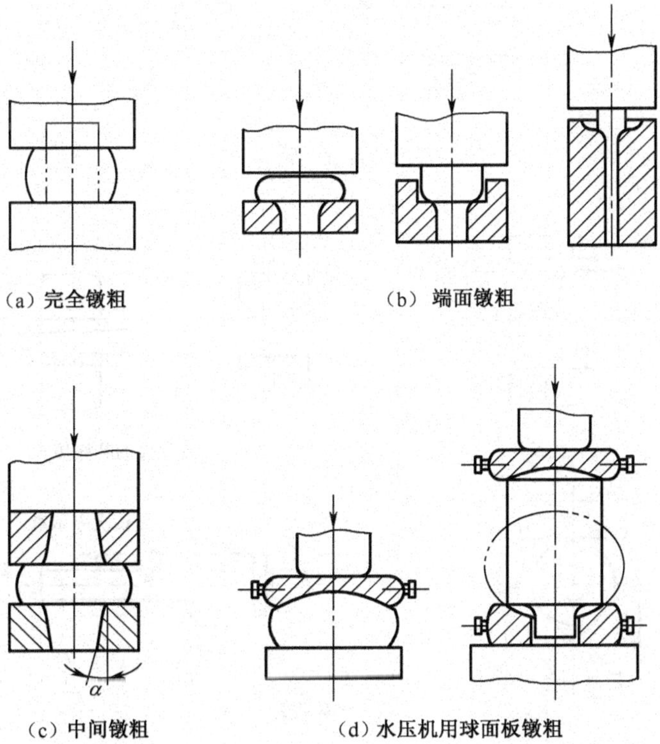

（a）完全镦粗　　（b）端面镦粗

（c）中间镦粗　　（d）水压机用球面板镦粗

图 7-9　镦粗

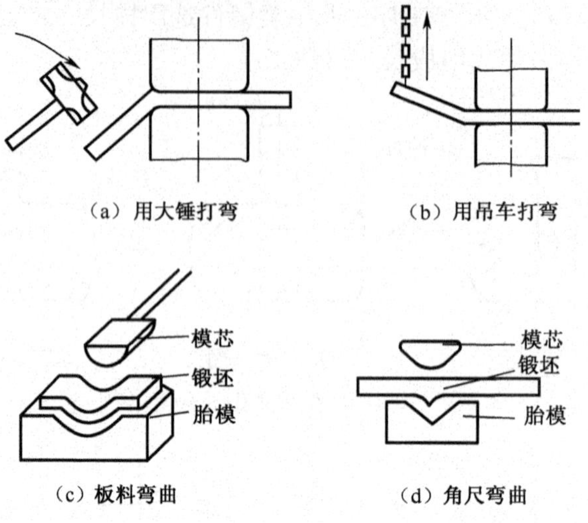

图 7-10　弯曲

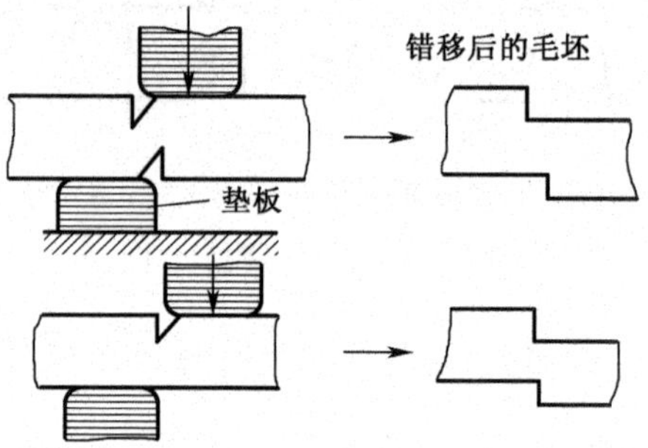

图 7-11　错移

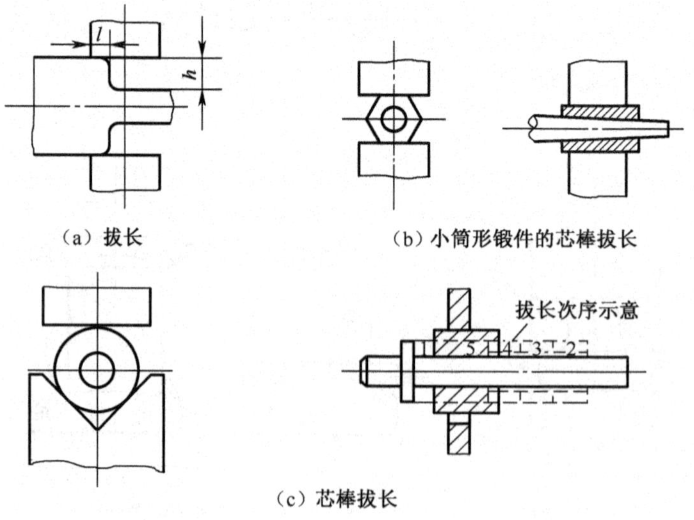

图 7-12　拔长

自由锻的优点：工具简单，通用性好，生产准备工作容易。自由锻设备有空气锤（如图 7-13 所示）、蒸汽锤、水压机等，锻件质量可从几克到几百吨，许多大型零件（如水轮机主轴、曲轴等）都是采用自由锻来制坯。对于大型锻件，自由锻是目前唯一的锻造方法。

图 7-13　空气锤

自由锻的缺点：金属的消耗较大，同时需要留较大的加工余量，增加了机械加工的工时，不利于降低零件成本；生产效率低，工人劳动强度大。因此，自由锻主要应用于单件、小批量生产。

7.2.3　模型锻造

模锻是在高强度金属锻模上预先制出与锻件形状一致的模膛，使坯料在模膛内受压变形的锻造方法。在变形过程中由于模膛对金属坯料流动的限制，因而锻造终止时能得到和模膛形状相符的锻件。

与自由锻比较，模锻有以下优点：

（1）生产率较高。自由锻时，金属的变形是在上下两个砧面间进行的，难以控制。模锻时，金属的变形是在模膛内进行的，故能较快获得所需形状。

（2）模锻件尺寸精确，加工余量小。

（3）模锻可以锻造出形状比较复杂的锻件。若用自由锻来生产，则必须加大敷料来简化形状。

（4）模锻生产比自由锻生产节省金属材料，减少切削加工的工作量。在批量足够的条件下能降低零件成本。

模锻按使用的设备不同，分为锤上模锻、胎模锻、压力机上模锻等。

（1）锤上模锻。锤上模锻是将上模固定在模锻锤头上，下模紧固在模座上，通过上模对置于下模的坯料施以直接打击来获得锻件的模锻方法。

形状复杂的锻件不能靠一个模槽来成形，需在一副锻模上开设几个模槽，使坯料在几个模槽中逐步变形，最后在终锻模槽中得到锻件的最终形状，如图 7-14 所示为连杆的模锻过程。坯料先后经过拔长、滚压、弯曲、预锻及模锻，最后经过去除毛边即成锻件。

（2）胎模锻造。在自由锻设备上使用可移动胎模具成形制得模锻件的方法，称为胎模锻造。生产时一般用自由锻得到基本形状，然后在胎模上最终成形。它比自由锻生产效率高，精度与表面质量好，也可制成形状较复杂的锻件。与锤上模锻相比，胎模锻造产品的精度、表面质量、生产率等都稍差，但其制造更简便、经济，设备适应性强。

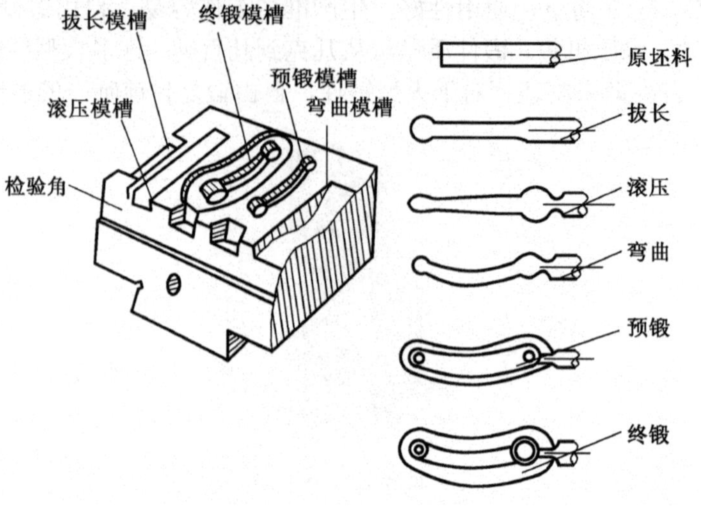

图 7-14　连杆的模锻

胎模锻主要适用于小批量、形状较复杂的锻件。在缺乏模型锻造设备的中小型工厂中得到广泛应用。

模锻生产由于受模锻设备吨位的限制，模锻件不能太大，模锻件质量一般在 150kg 以下。又由于制造锻模的成本很高，所以模锻不适合于小批和单件生产。模锻生产适合于小型锻件的大批量生产。

7.2.4　板料冲压

板料冲压是利用冲模使板料产生分离或成形的加工方法。这种加工方法通常是在冷态下进行的，所以又叫冷冲压。只有当板料厚度超过 8～10mm 时，才采用热冲压。冷冲压广泛地应用在一切有关制造金属制品的工业部门中，特别是汽车、航空、电器等工业中，板料冲压占有极其重要的地位，如图 7-15 所示为各种冲压件。

图 7-15　冲压件

板料冲压具有以下特点：

（1）可以冲压出形状复杂的零件，废料较少。

（2）产品具有足够高的精度和较低的表面粗糙度，互换性能好。

（3）能获得质量轻、材料消耗少、强度和刚度较高的零件。

（4）冲压操作简单，工艺过程便于机械化和自动化，生产率很高，零件成本低。

板料冲压所用的原材料（特别是制造中空杯状和钩环状等成品时）必须具有足够的塑性。常用的金属材料有低碳钢、铜合金、铝合金、镁合金及塑性高的合金钢等。

1. 冲压的基本工序

冲压生产有很多种工序，其基本工序有分离工序和变形工序两大类。分离工序是使坯料的一部分与另一部分相互分离的工序，如落料、冲孔、切断、整修等；变形工序是使坯料的一部分相对于另一部分产生位移而不破裂的工序，如拉深、弯曲、翻边、胀形等。

（1）分离工序。

1）剪切。剪切是指以两个相互平行或交叉的刀片对金属材料进行切断的工序。主要用于下料，将板料切成冲压所需的具有一定宽度的条料，如图 7-16 所示。

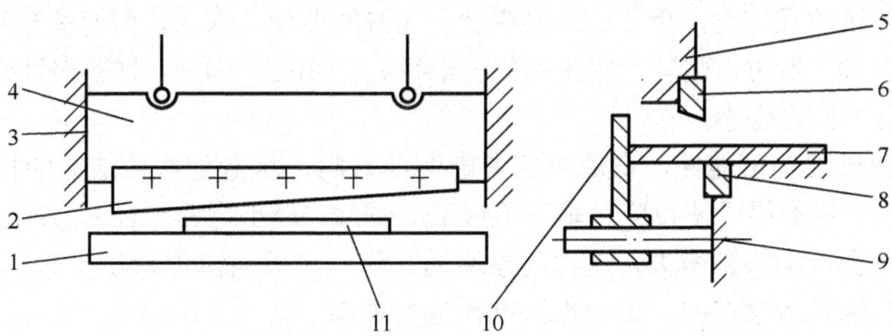

1、8—下刀刃；2、6—上刀刃；3—导轨；4、5—滑块；7、11—钢板；9—工作台；10—挡铁

图 7-16　剪切

2）落料及冲孔。落料和冲孔的工艺过程完全相同，当坯料被冲下的部分为成品时，该工艺过程称为落料；当坯料的周边为成品时，该工艺过程称为冲孔。落料与冲孔总称为冲裁，如图 7-17 所示。

3）整修。整修是指利用整修模沿冲裁件的外缘或内孔刮去一层薄薄的切屑，以提高冲裁件的加工精度和剪断面的光洁度的冲压方法，如图 7-18 所示。它能将冲裁件的尺寸精度提高至 IT7～IT6，将边缘断面的表面粗糙度 Ra 降低至 1.6～0.8mm。

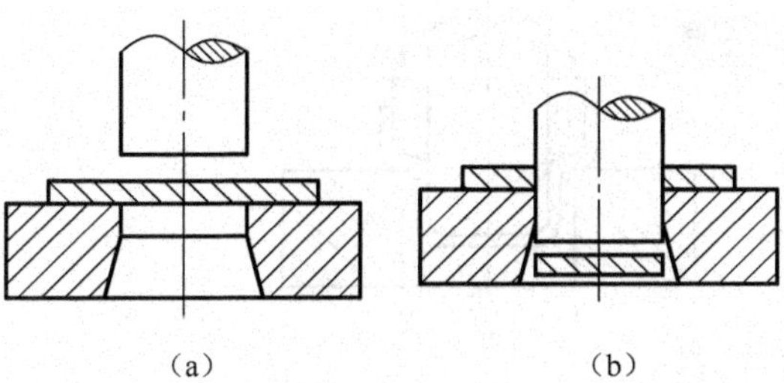

图 7-17　冲裁

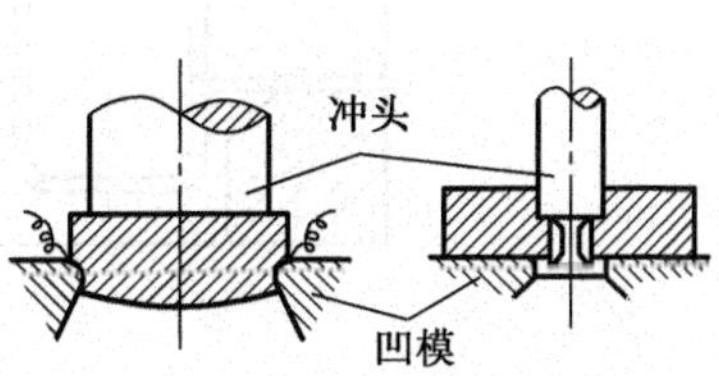

图 7-18　整修

（2）变形工序。

1）弯曲。弯曲是将板料、型材或管材在弯矩作用下，弯成具有一定曲率和角度的制件的成形方法。如图 7-19 所示为常用弯曲示意图。

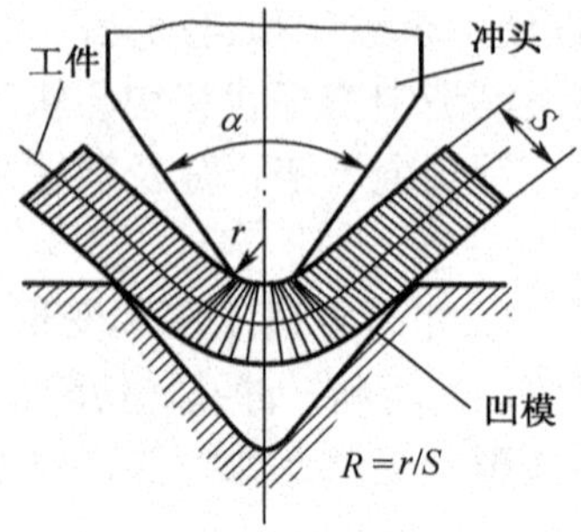

图 7-19　弯曲过程

弯曲时坯料内弯处的弯曲半径小并受压缩，外弯处的弯曲半径大，且受拉伸。当外侧拉应力超过坯料的抗拉强度时，会造成坯料弯裂。坯料的厚度 δ 愈大，内弯曲半径 r 愈小，压缩及拉伸应力就愈大。为防止破裂，弯曲的最小半径 $r_{min}=(0.25\sim1)\delta$。材料塑性好，系数可取较小值，弯曲半径 r 就可变小。

为减少弯曲破裂的可能性，弯曲时应考虑弯曲方向，尽量使弯曲造成的拉应力平行于锻造纤维流线方向。若不得已使拉应力垂直于锻造纤维线，最小弯曲半径 r_{max} 应增大一倍。弯曲结束后，弯曲角会自动略微增大，这种现象称为回弹，一般回弹角为 0°～10°，因此，设计弯曲模时，应将此因素考虑在内，以使得到准确的弯曲角。

2）拉深。拉深是指变形区在一拉一压的应力状态作用下，使板料（浅的空心坯）成形为空心件（深的空心件）而厚度基本不变的加工方法。

拉深是一个重要的冲压工序，应用很广，如汽车、农机及工程机械的覆盖件，仪器仪表的壳体，日用品中的金属容器等都需用拉深工序制作。当直径为 D 的坯料置于凹模上时，它在凸模的作用下被拉入凸凹模的间隙中，形成空心零件。圆形板料毛坯拉深图如图 7-20 所示。

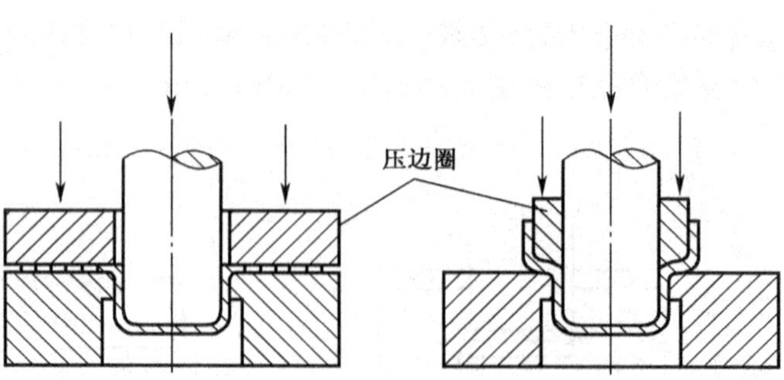

图 7-20　拉深

为保证落料与冲孔的边缘整齐、切口光洁，冲头与凹模间的间隙必须合适。若间隙过大，则冲裁件断面有拉长的毛刺，且边缘出现较大的圆角。若间隙过小，则模具刃口的磨损加剧，寿命降低。一般间隙要等于板厚的 5%～10%。落料时，应考虑合理排样，使废料最少。冲孔时，应注意零件的定位，以保证冲孔的位置精度。

3）翻边。翻边是指在毛坯的平面部分或曲面部分的边缘，沿一定曲线翻起竖立直边的成形方法。如图 7-21 所示为用凸凹模获得内凸缘的加工方法。翻边时易出现的质量问题是翻边边缘破裂，这是由翻边时的塑性变形过大所致。

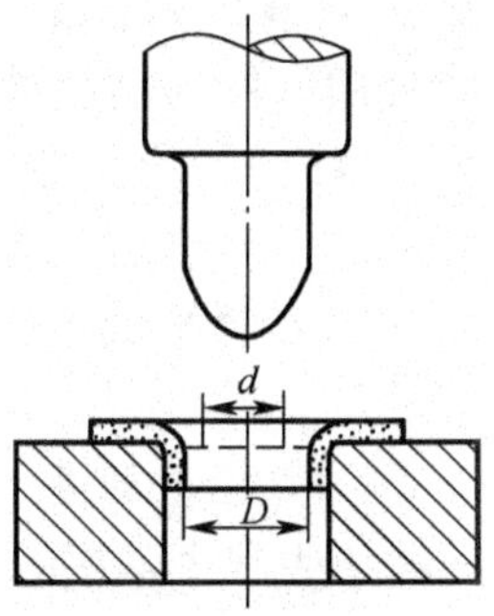

图 7-21　翻边

4）胀形。板料或空心坯料在双向拉应力的作用下，使其产生塑性变形取得所需制件的成形方法，如图 7-22 所示。

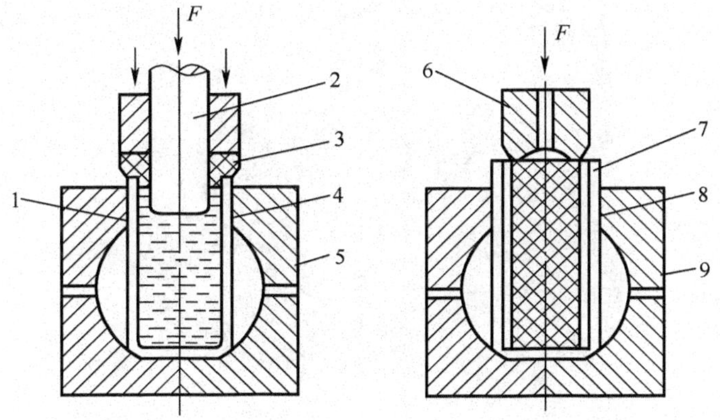

（a）液压成形　　（b）橡皮成形

1—液体；2、6—凸模；3、7—橡皮；4、8—制件；5、9—凹模

图 7-22　胀形

在生产实际中，绝大多数冲压件要经过好几道工序才能生产出来。如图 7-23 所示是挡油盘环的冲压生产过程。图中第一道工序是落料和拉深；第二道工序是冲出一个ϕ27mm 的孔和三个ϕ4mm 的孔；第三道工序是孔翻边；第四道工序是孔扩张胀形工序。

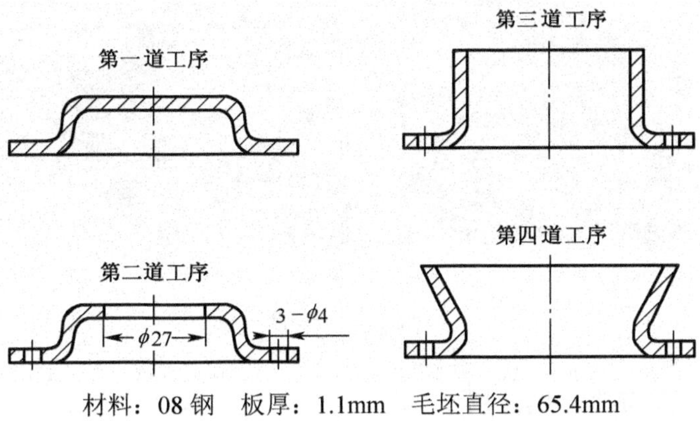

材料：08 钢　板厚：1.1mm　毛坯直径：65.4mm

图 7-23　挡油盘环的冲压工艺过程

2. 冲压件的精度和表面质量

对冲压件的精度要求不应过高，否则会提高制件的生产成本。一般落料件的精度等级应小于 IT10；冲孔件的精度等级应小于 IT9；弯曲件的精度等级应小于 IT8～IT10（整形后可达 IT7），其中直径精度等级应小于 IT8～IT9，厚度精度等级应小于 IT9～IT10。一般冲压件的表面质量不应高于板料的表面质量，否则要增加精整工序、进行机械加工序或进行机械加工。

3. 冲压生产设备

冲压生产中常用的设备是剪床和冲床（如图 7-24 和图 7-25 所示）。剪床用来把板料剪切成一定宽度的条料，以供下一步的冲压工序用。冲床用来实现冲压工序，制成所需形状和尺寸的成品零件。冲床最大吨位可达 40000 千吨以上。

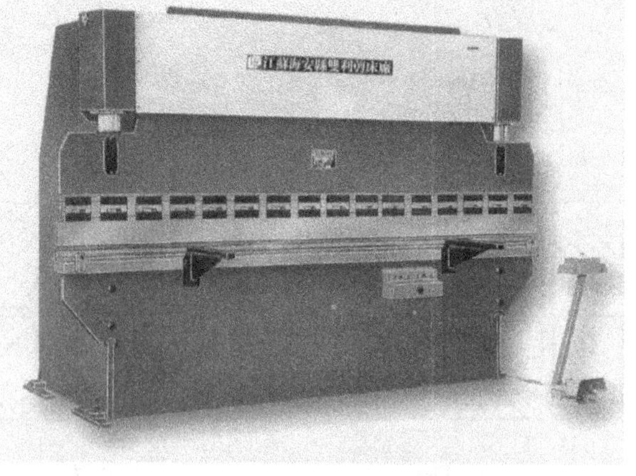

图 7-24　剪床

图 7-25　冲床

7.2.5　锻造在汽车制造中的应用

在汽车制造过程中，广泛地采用锻造的加工方法，如汽车的齿轮和轴等的毛坯就是用自由锻造的方法加工；汽车的模锻件的典型例子如发动机连杆和曲轴、汽车前轴、转向节等。

冷冲压或板料冲压是使金属板料在冲模中承受压力而被切离或成形的加工方法。采用冷冲压加工的汽车零件有：发动机油底壳、制动器底板、汽车车架以及大多数车身零件。这些零件一般都经过落料、冲孔、拉深、弯曲、翻边、修整等工序而成形。为了制造冷冲压零件，必须制备冲模。冲模通常分为两块，其中一块安装在压床上方并可上下滑动，另一块安装在压床下方并固定不动。生产时，坯料放在两块冲模之间，当上下模合拢时，冲压工序就完成了。冲压加工的生产率很高，并可制造形状复杂而且精度较高的零件。

7.3　焊接

焊接是通过加热或加压，或者两者并用，使两个分离的金属达到原子结合，连接成一个整体的加工方法，焊接是不可拆连接，它不仅可以连接各种同类的金属，也可以连接各种不同类金属。

焊接的方法有很多，按焊接的结合特点可分为熔焊、压焊和钎焊三大类。

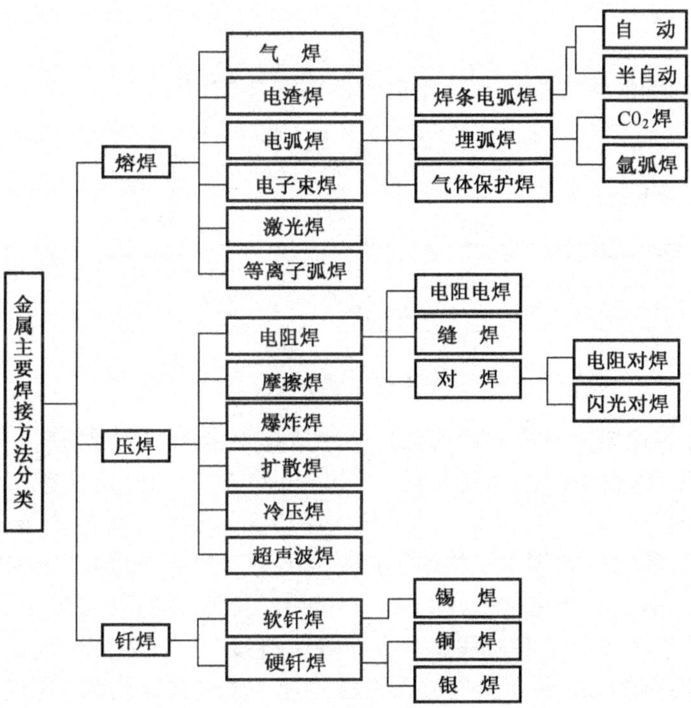

熔焊是将焊件接头处加热至熔化状态，形成共同的熔池并加入填充金属，经冷却结晶后连接成为一个整体的焊接方法。

压焊是在焊接时，不论焊件加热与否，都需要施加一定的压力，使两结合面紧密接触并产生一定的塑性变形，从而将两焊件焊合在一起。常用的压焊有电阻焊、摩擦焊等。

钎焊是将焊件和做填充金属用的钎料适当加热，加热过程中焊件并不熔化，只是熔点低于焊件的钎料被熔化，填充到焊件的连接处，从而使焊件连接起来。常用的钎焊有烙铁焊、火焰焊等。

7.3.1　电弧焊

焊条电弧焊是工业生产中应用最广泛的焊接方法，它的原理是利用电弧放电（俗称电弧燃烧）所产生的热量将焊条与工件互相熔化，并在冷凝后形成焊缝，从而获得牢固接头的焊接过程，如图 7-26 所示。

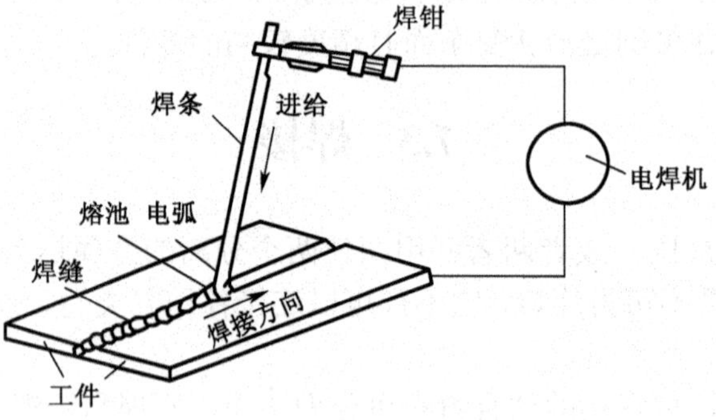

图 7-26　电弧焊

1. 焊条

手工电弧焊使用的焊条由焊芯和药皮组成，如图 7-27 所示。

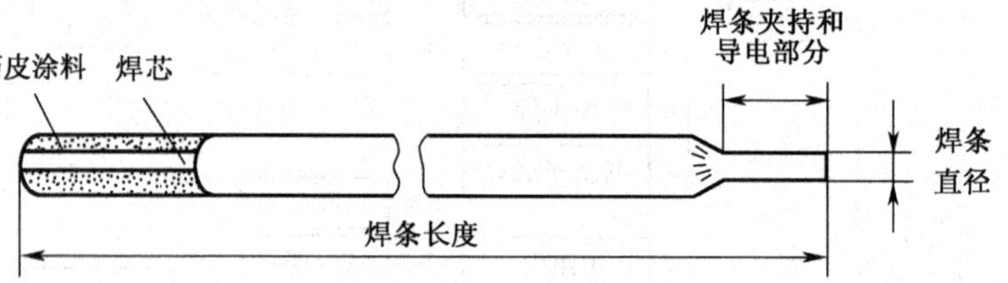

图 7-27　焊条结构

（1）焊芯。焊芯是焊接专用的金属丝，是组成焊缝金属的主要材料。焊接时焊芯的作用是：导电，产生电弧；熔化后作为填充金属，与熔化的母材一起形成焊缝。为了保证焊缝质量，对焊芯金属的化学成分有较严格的要求。因此，焊芯都是专门冶炼的，碳、硅含量较低，硫、磷含量极少。我国目前常用的碳素结构钢的焊芯牌号有 H08、H08A、H08MnA。焊条的直径是用焊芯的直径来表示的，常用的直径为 3.2～6mm，长度为 350～450mm。

（2）药皮。焊条药皮由矿石粉和铁合金粉等原料按一定比例配制而成。药皮的主要作用是保证焊接电弧的稳定燃烧，防止空气进入焊接熔池，添加合金元素，保证焊缝具有良好的力学性能。

（3）分类及牌号。按用途的不同，电焊条有结构钢焊条、不锈钢焊条、铸铁焊条等，其中结构钢焊条应用最广。我国生产的结构钢焊条主要用于焊接低碳钢和低合金结构钢，其牌号是由汉字拼音字首加上三位数字表示的。如 J422（结 422），“J”表示结构钢焊条，前两位数字“42”表示焊缝金属的抗拉强度不低于 420MPa，第三位数字“2”表示药皮类型为钛钙型，适用交直流电源。国家标准 GB5117－85 中规定了碳素钢焊条的型号，用“E”加四位数字表示，即 E××××。“E”表示焊条，前两位数字表示焊缝金属的最低抗拉强度值，第三位数字表示焊接位置，第三、四位数字组合表示焊接电流种类和药皮类型。如 E4315，“43”表示焊缝金属的 $\sigma_b \geqslant 420$MPa；“1”表示适用于立、平、横、仰位置焊接；“15”表示焊条药皮为低氢钠型，电流类型为直流反接。

根据焊条药皮性质的不同，结构钢焊条可以分为酸性焊条和碱性焊条两大类。药皮中含有多量酸性氧化物（如 TiO_2、SiO_2 等）的焊条称为酸性焊条，如 J××1、i××2、J××3、J××4、J××5。药皮中含有多量碱性氧化物的焊条称为碱性焊条，如 J××6、J××7。酸性焊条能交直流两用，焊接工艺性能较好，但焊缝的力学性能（特别是冲击韧度）较差，适用于一般低碳钢和强度较低的低合金结构钢的焊接，是应用最广的焊条。碱性焊条脱硫、脱磷能力强，药皮有去氢作用。焊接接头中的含氢量很低，故又称低氢型焊条。碱性焊条的焊缝具有良好的抗裂性和力学性能，但工艺性能较差，一般用直流电源，主要用于重要结构（如锅炉、压力容器和合金结构钢等）的焊接。

2. 电弧焊与用具

（1）电弧焊机。

1）交流电弧焊机（如图 7-28 所示），所输出的焊接电流是交流电，实际上是一种特殊的降压变压器。交流电弧焊机具有结构简单、价格低廉、使用可靠和维修方便等特点，但电弧稳定性不如直流电弧焊机。

2）直流电弧焊机（如图 7-29 所示），有旋转式和整流式两种，特别适用于焊接薄钢板、合金钢、铜合金、铝合金及其他重要焊件。

图 7-28　交流电弧焊机

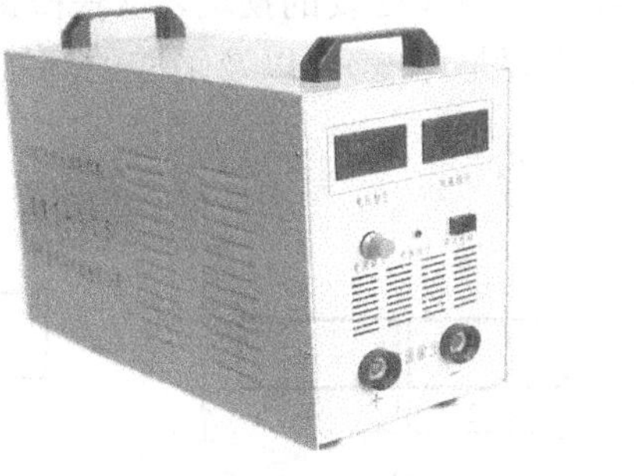

图 7-29　直流电弧焊机

（2）电焊用具。手工电弧焊必备的焊接用具有焊接电缆、焊钳、面罩，以及钢丝刷、尖头手锤和扁錾子等。焊接电缆分别与焊条、焊件连接，用以传导焊接电流；焊钳用于夹持焊条和传导电流；面罩用于遮挡飞溅的金属和弧光；钢丝刷、尖头手锤和扁錾子等用于清除焊件上的铁锈和熔渣。焊钳和面罩如图 7-30 所示。

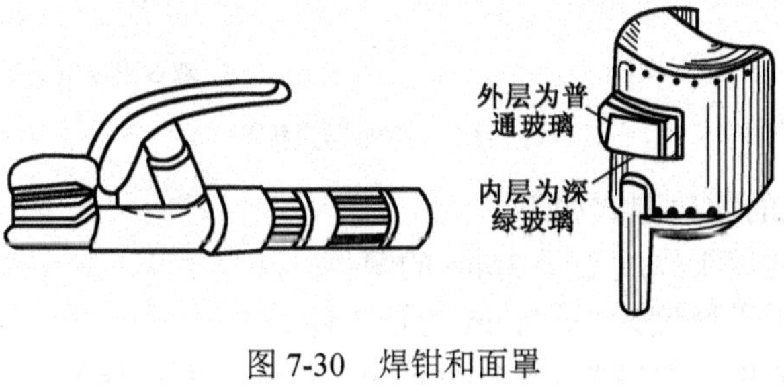

图 7-30　焊钳和面罩

3．焊缝空间位置

按焊缝在空间位置的不同，可分为平焊、立焊、横焊和仰焊四种，如图 7-31 所示。平焊操作方便，易于保证焊缝质量，应尽可能采用。立焊、横焊和仰焊由于熔池中液体金属有滴落的趋势而造成施焊困难，应尽量避免。若的确需采用这些焊接位置时，则应选用小直径的焊条，较小的电流、短弧操作等工艺措施。

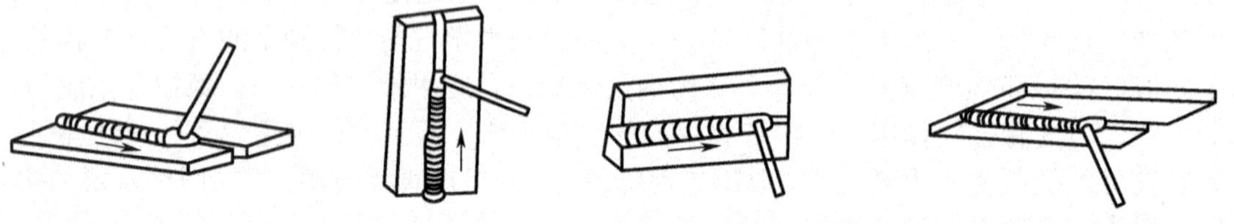

（a）平焊　（b）立焊　（c）横焊　（d）仰焊

图 7-31　焊缝的空间位置

4．基本工艺

手工电弧焊的基本工艺如下：

（1）在焊接前清理焊接表面，以免影响电弧引燃和焊缝的质量。

（2）准备好接头形式（如图 7-32 所示的坡口形式）。坡口的作用是使焊条、焊丝或焊炬（气焊时喷射乙炔一氧气火焰的喷嘴）能直接伸入坡口底部以保证焊透，并有利于脱渣和便于焊条在坡口内作必要的摆动，以获得良好的熔合。坡口的形状和尺寸主要取决于被焊材料及其规格（主要是厚度），以及采取的焊接方法、焊缝形式等。

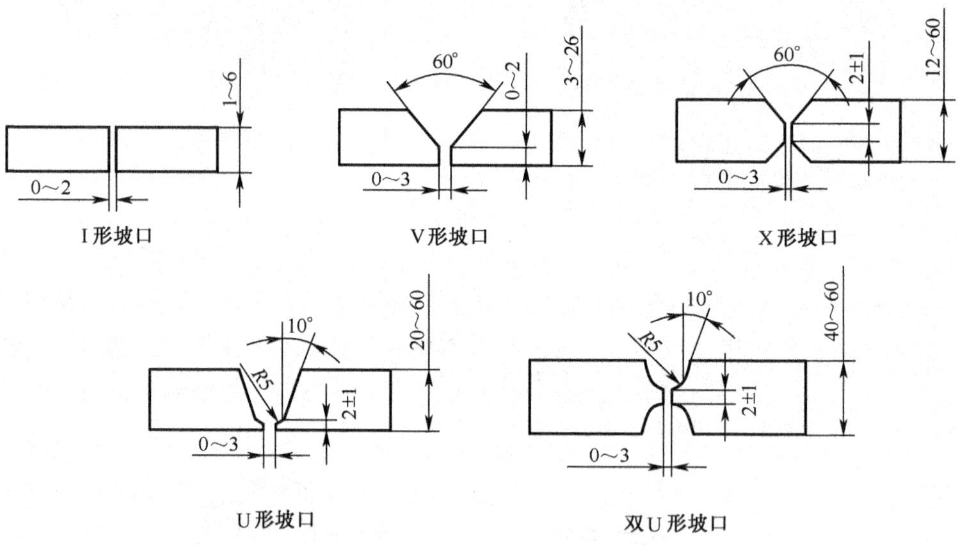

图 7-32　各种焊接坡口

在实际应用中常见的坡口型式如下：

（1）弯边接头：适用于厚度小于 3mm 的薄件。

（2）平坡口：适用于厚度为 3～8mm 的较薄件。

（3）V 形坡口：适用于厚度为 6～20mm 的工件（单面焊接）。

（4）X 形坡口：适用于厚度为 12～40mm 的工件，并有对称型与不对称型 X 坡口之分（双面焊接）。

（5）U 形坡口：适用于厚度为 20～50mm 的工件（单面焊接）。

（6）双 U 形坡口：适用于厚度为 30～80mm 的工件（双面焊接）。

坡口角度通常取 60°～70°，采用钝边（也叫做根高）的目的是防止焊件烧穿，而间隙则是为了便于焊透。

5．焊接参数

为了保证焊接质量和提高生产率，必须正确选择焊接参数。焊条电弧焊的焊接参数包括焊条直径、焊接电流及焊接速度等。

焊条直径主要根据焊件厚度来选择。焊接厚板时应选较粗的焊条；平焊低碳钢时，焊条直径可按表 7-1 选取。

表 7-1　焊条直径的选择

焊件厚度/mm	2	3	4～5	6～12	>12
焊条直径/mm	2	3.2	3.2～4	4～5	5～6

焊接电流主要根据焊条直径选取。焊接电流是影响焊接接头质量和生产率的主要因素。电流过大，金属熔化快，熔深大，金属飞溅大，同时易产生烧穿、咬边等缺陷；电流过小，易产生未焊透、夹渣等缺陷，而且生产率低。

焊接速度是指焊条沿焊缝长度方向移动的速度，它对焊接质量影响很大。焊速过快，易产生焊缝的熔深浅、焊缝宽度小及未焊透等缺陷；焊速过慢，焊缝熔深和焊缝宽度增加，特别是薄件易烧穿。手弧焊的焊接速度由焊工凭经验掌握，一般在保证焊透且焊缝成形良好的前提下，应尽可能快速施焊。

7.3.2　电阻焊

电阻焊是将被焊工件压紧于两电极之间并施以电流，利用电流流经工件接触面及邻近区域产生的电阻热效应，将其加热到熔化或塑性状态，使之形成金属结合的一种方法。电阻焊方法主要有三种，即点焊、缝焊、对焊。

1．点焊

（1）点焊简介。

点焊是将焊件装配成搭接接头，并压紧在两柱状电极之间，利用电阻热熔化母材金属形成焊点的电阻焊方法。点焊主要用于薄板焊接。

点焊通常分为双面点焊（如图 7-33 所示）和单面点焊两大类。双面点焊时，电极由工件的两侧向焊接处馈电。典型的双面点焊方式是最常用的方式，这时工件的两侧均有电极压痕。大焊接面积的导电板做下电极，这样可以消除或减轻下面工件的压痕。常用于装饰性面板的点焊。同时焊接两个或多个点焊的双面点焊，使用一个变压器而将各电极并联，这时，所有电流通路的阻抗必须基本相等，而且每一个焊接部位的表面状态、材料厚度、电极压力都需相同才能保证通过各个焊点的电流基本一致，采用多个变压器的双面多点点焊可以避免使用单个变压器时的不足。

单面点焊时，电极由工件的同一侧向焊接处馈电，典型的单面点焊方式：①单面单点点焊，不形成焊点的电极采用大直径和大接触面以减小电流密度；②无分流的单面双点点焊，此时焊接电流全部流经焊接区；③有分流的单面双点点焊，流经上面工件的电流不经过焊接区，形成风流。为了给焊接电流提供低电阻的通路，在工件下面垫有铜垫板。当两焊点的间距很大时，例如在进行骨架构件和复板的焊接时，为了避免不适当的加热引起复板翘曲和减小两电极间的电阻，采用了特殊的铜桥 A，与电极同时压紧在工件上。

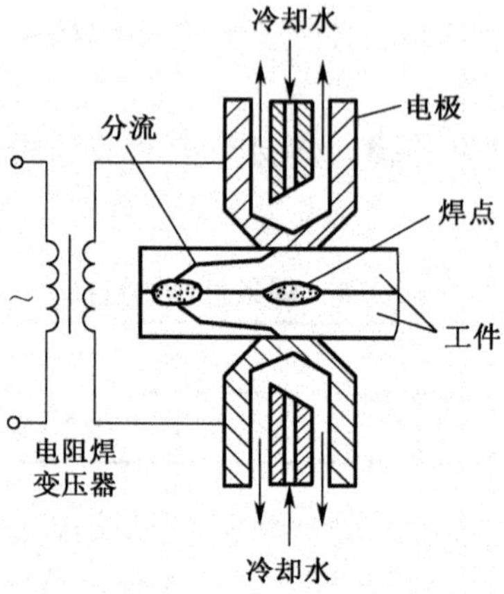

图 7-33　双面点焊示意图

在大量生产中，单面多点点焊获得了广泛应用。这时可采用由一个变压器供电、各对电极轮流压住工件的形式，也可采用各对电极均由单独的变压器供电、全部电极同时压住工件的形式。后一形式具有较多优点，应用也较广泛。其优点有：各变压器可以安置得离所连电极最近，因而其功率及尺寸能显著减小；各个焊点的工艺参数可以单独调节；全部焊点可以同时焊接，生产率高；全部电极同时压住工件，可减少变形；多台变压器同时通电，能保证三相负荷平衡。

点焊的工艺过程：

1）预压，保证工件接触良好。

2）通电，使焊接处形成熔核及塑性环。

3）断电锻压，使熔核在压力继续作用下冷却结晶，形成组织致密、无缩孔、裂纹的焊点。

（2）常用金属的点焊。

1）焊前的工件清理。无论是点焊、缝焊或凸焊，在焊前必须进行工件表面清理，以保证接头质量稳定。

清理方法分机械清理和化学清理两种。常用的机械清理方法有喷砂、喷丸、抛光以及用纱布或钢丝刷等。

不同的金属和合金，需采用不同的清理方法。具体方法如下：

①铝及其合金对表面清理的要求十分严格，由于铝对氧的化学亲合力极强，刚清理过的表面上会很快被氧化，形成氧化铝薄膜。因此清理后的表面在焊前允许保持的时间是被严格限制的。

铝合金的氧化膜主要用化学方法去除，在碱溶液中去油和冲洗后，将工件放进正磷酸溶液中腐蚀。为了减慢新膜的成长速度和填充新膜孔隙，在腐蚀的同时进行纯化处理。最常用的纯化剂是重铬酸钾和重铬酸钠。纯化处理后便不会在除氧化膜的同时，造成工件表面的过分腐蚀。腐蚀后进行冲洗，然后在硝酸溶液中进行亮化处理，然后再次进行冲洗。冲洗后在温度为 75℃的干燥室中干燥，或用热空气吹干。这样清理后的工件可以在焊前保持 72h。

铝合金也可用机械方法清理。如用 0-00 号纱布、用电动或风动的钢丝刷等。但为防止损伤工件表面，钢丝直径不得超过 0.2mm，钢丝长度不得短于 40mm，刷子压紧于工件的力不得超过 15～20N，而且清理后需在不晚于 2～3h 内进行焊接。

为了确保焊接质量的稳定性，目前国内各工厂多在化学清理后，在焊前再用钢丝刷清理工件搭接的内表面。

铝合金清理后必须测量放有两铝合金工件的两电极间的总阻值 R。方法是使用类似于点焊机的专用装置，上面的一个电极对电极夹绝缘，在电极间压紧两个试件，这样测出的 R 值可以最客观地反映出表面清理的质量。对于 LY12、LC4、LF6 铝合金，R 不得超过 120μΩ，刚清理后的 R 一般为 40～50μΩ，对于导电性更好的 LF21、LF2 铝合金以及烧结铝类的材料，R 不得超过 28～40μΩ。

②镁合金一般使用化学清理，经腐蚀后再在铬酐溶液中纯化。这样处理后会在表面形成薄而致密的氧化膜，它具有稳定的电气性能，可以保持 10 个昼夜或更长时间，性能仍几乎不变。镁合金也可以用钢丝刷清理。

③铜合金可以通过在硝酸及盐酸中处理，然后进行中和来清除焊接处的残留物。

④不锈钢、高温合金电阻焊时，保持工件表面的高度清洁十分重要，因为油、尘土、油漆的存在能增加硫脆化的可能性，从而使接头产生缺陷。清理方法可用激光、喷丸、钢丝刷或化学腐蚀。对于特别重要的工件，有时用电解抛光，但这种方法复杂而且生产率低。

⑤钛合金的氧化皮可在盐酸、硝酸及磷酸钠的混合溶液中进行深度腐蚀加以去除，也可以用钢丝刷或喷丸处理。

⑥低碳钢和低合金钢在大气中的抗腐蚀能力较低。因此，这些金属在运输、存放和加工过程中常常用抗蚀油保护。如果涂油表面未被车间的赃物或其他不良导电材料污染，在电极的压力下，油膜很容易被挤开，不会影响接头质量。

钢的供货状态有：热轧，不酸洗；热轧，酸洗并涂油；冷轧。未酸洗的热轧钢在焊接时，必须用喷砂、喷丸，或者用化学腐蚀的方法清除氧化皮，可在硫酸及盐酸溶液中，或者在以磷酸为主但含有硫脲的溶液中进行腐蚀，后一种成分可有效地同时进行涂油和腐蚀。

有镀层的钢板（少数例外）一般不用特殊清理就可以进行焊接，镀铝钢板则需要用钢丝刷或化学腐蚀清理。带有磷酸盐涂层的钢板，其表面电阻会高到在地电极压力下、焊接电流无法通过的程度。只有采用较高的压力才能进行焊接。

2）镀锌钢板的点焊。镀锌钢板大致分为电镀锌钢板和热浸镀锌钢板，前者的镀层比后者的薄。

推荐点焊镀锌钢板用的电极用 2 类电极合金。相对点焊外观要求很高时，可以采用 1 类合金。推荐使用锥形电极形状，锥角为 120°～140°。使用焊钳时，推荐采用端面半径为 25～50mm 的球面电极。

为提高电极使用寿命，也可采用嵌有钨极电极头的复合电极，以 2 类电极合金制成的电极体可以加强钨电极头的散热。

3）低碳钢的点焊。低碳钢的含碳量低于 0.25%。其电阻率适中，需要的焊机功率不大；塑性温度区宽，易于获得所需的塑性变形而不必使用很大的电极压力；碳与微量元素含量低，无高熔点氧化物，一般不产生淬火组织或夹杂物；结晶温度区间窄、高温强度低、热膨胀系数小，因而开裂倾向小。这类钢具有良好的焊接性，其焊接电流、电极压力和通电时间等工艺参数具有较大的调节范围。

4）淬火钢的点焊。由于冷却速度极快，在点焊淬火钢时必然产生硬脆的马氏体组织，在应力较大时会产生裂纹。为了消除淬火组织、改善接头性能，通常采用电极间焊后回火的双脉冲点焊方法，这种方法的第一个电流脉冲为焊接脉冲，第二个为回火处理脉冲，使用这种方法时应注意两点：①两脉冲之间的间隔时间一定要保证使焊点冷却到马氏体转变点 Ms 温度以下；②回火电流脉冲幅值要适当，以避免焊接区的金属重新超过奥氏体相变点而引起二次淬火。

5）镀铝钢板的点焊。镀铝钢板分为两类：第一类以耐热为主，表面镀有一层厚度为 20～25μm 的 Al-Si 合金（含有 Si 6～8.5%），可耐 640°高温；第二类以耐腐蚀为主，为纯铝镀层，镀层厚度为第一类的 2～3 倍。点焊这两类镀锌钢板时都可以获得强度良好的焊点。

由于镀层的导电和导热性好，因此需要较大的焊接电流。并应采用硬铜合金的球面电极。

6）不锈钢的点焊。不锈钢一般分为奥氏体不锈钢、铁素体不锈钢和马氏体不锈钢三种。由于不锈钢的电阻率高、导热性差，因此与低碳钢相比，可采用较小的焊接电流和较短的焊接时间。这类材料有较高的高温强度，必须采用较高的电极压力，以防止产生缩孔、裂纹等缺陷。不锈钢的热敏感性强，通常采用较短的焊接时间、强有力的内部和外部水冷却，并且要准确地控制加热时间、焊接时间及焊接电流，以防热影响区晶粒长大和出现晶间腐蚀现象。点焊不锈钢的电极推荐用 2 类或 3 类电极合金，以满足高电极压力的需要。

7）铝合金的点焊。铝合金的应用十分广泛，分为冷作强化铝合金和热处理强化铝合金两大类。铝合金点焊的焊接性较差，尤其是热处理强化的铝合金。其原因及应采取的工艺措施如下：

①电导率和热导率较高，必须采用较大电流和较短时间才能做到既有足够的热量形成熔核，又能减少表面过热、避免电极粘附和电极铜离子向纯铝包复层扩散、降低接头的抗腐蚀性。

②塑性温度范围窄、线膨胀系数大，必须采用较大的电极压力，电极随动性好才能避免熔核凝固时，因过大的拉应力而引起裂纹。对裂纹倾向大的铝合金，如 LF6、LY12、LC4 等，还必须采用加大锻压力的方法，使熔核凝固时有足够的塑性变形，减少拉应力，以避免裂纹产生。在弯电极难以承受大的定锻压力时，也可以采用在焊接脉冲之后加缓冷脉冲的方法避免裂纹。对于大厚度的铝合金可以两种方法并用。

③表面易生成氧化膜，焊前必须严格清理，否则极易引起飞溅和熔核成形不良（撕开检查时，熔核形状不规则，凸台和孔不呈圆形），使焊点强度降低。清理不均匀则将引起焊点强度不稳定。

基于上述原因，点焊铝合金应选用具有下列特性的焊机：

- 能在短时间内提供大电流。
- 电流波形最好有缓升缓降的特点。
- 能精确控制工艺参数，且不受电网和电压的波动影响。

- 能提供价形和马鞍形电极压力。
- 机头的惯性和摩擦力小，电极随动性好。

当前国内使用的多为 300～600KVA 的直流脉冲、三相低频和次级整流焊机，个别的达到 1000KVA。也有采用单相交流焊机的，但仅限于不重要工件。

点焊铝合金的电极应采用 1 类电极合金，球形端面，以利于压固熔核和散热。

由于电流密度大和氧化膜的存在，铝合金点焊时，很容易产生电极粘着。电极粘着不仅影响外观质量，还会因电流减小而降低接头强度。为此需经常修整电极。电极每修整一次后，可焊工件的点数与焊接条件、被焊金属型号、清理情况、有无电流波形调制、电极材料及其冷却情况等因素有关。通常点焊纯铝为 5～10 点，点焊 LF6 和 LY12 时为 25～30 点。

防透铝 LF21 的强度低，延性好，有较好的焊接性，不产生裂纹，通常采用固定不变的电极压力。硬铝（如 LY11、LY12）和超硬铝（如 LC4、LC5）的强度高、延性差，极易产生裂纹，必须采用价形电极压力。但对于薄件，采用大的焊接压力或具有缓冷脉冲的双脉冲加热，裂纹也是可避免的。

采用价形压力时，锻压力滞后于断电的时刻十分重要，通常是 0～2 周。锻压力加得过早（断电前）等于增大了焊接压力，将影响加热，导致焊点强度降低和波动；锻压力加得过迟，则熔核冷却结晶时已经形成裂纹，加锻压力已无济于事。有时也需要提前于断电时刻施加锻压力，这是因为电磁气阀动作延迟或气路不畅通造成锻压力提高缓慢，不提前施加不足以防止裂纹的缘故。

8）铜和铜合金的点焊。铜合金与铝合金相比，电阻率稍高而导热性稍差，所以点焊并无太大困难。厚度小于 1.5mm 的铜合金（尤其是低电导率的铜合金）在生产中使用最广泛。纯铜电导率极高，点焊比较困难。

通常需要在电极与工件间加垫片，或使用在电极端头嵌入钨的复合电极，以减少向电极的散热。钨极直径通常为 3～4mm。

焊接铜和高导电率的黄铜和青铜时，一般采用 1 类电极合金做电极，焊接低导电率的黄铜、青铜和铜镍合金时，采用 2 类电极合金。也可以用嵌入钨极的复合电极焊接铜合金。由于钨的导热性差，故可使用小得多的焊接电流，在常用的中等功率的焊机上进行点焊，但钨电极容易和工件粘着，影响工件的外观。铜和高电导率的铜合金因电极粘着严重，很少采用点焊，即使用复合电极也只限于点焊薄铜板。

2. 缝焊

缝焊的过程与点焊相似，只是以旋转的圆盘状滚轮电极代替柱状电极，将焊件装配成搭接或对接接头，并置于两滚轮电极之间，滚轮加压焊件并转动，连续或间断送电，形成一条连续焊缝的电阻焊方法。缝焊主要用于焊接焊缝较为规则、要求密封的结构，板厚一般在 3mm 以下。

3. 对焊

对焊（对接电阻焊的简称）是利用电阻热将两工件沿整个端面同时焊接起来的一类电阻焊方法。对焊的生产率高、易于实现自动化，因而获得广泛应用。

（1）应用范围。

1）工件的接长。如带钢、型材、线材、钢筋、钢轨、锅炉钢管、石油和天然气输送等管道的对焊。

2）环形工件的对焊。例如汽车轮辋和自行车、摩托车轮圈的对焊，各种链环的对焊等。

3）部件的组焊。将简单轧制、锻造、冲压或机加工件对焊成复杂的零件，以降低成本。例如汽车方向轴外壳和后桥壳体的对焊，各种连杆、拉杆的对焊，以及特殊零件的对焊等。

4）异种金属的对焊。可以节约贵重金属，提高产品性能。如刀具的工作部分（高速钢）与尾部（中碳钢）的对焊，内燃机排气阀的头部（耐热钢）与尾部（结构钢）的对焊，铝铜导电接头的对焊等。

（2）分类。

1）电阻对焊。电阻对焊是将焊件装配成对接接头，使其端面紧密接触，利用电阻热加热至塑性状态，然后断电并迅速施加顶锻力完成焊接的方法，电阻对焊主要用于截面简单、直径或边长小于 20mm 和强度要求不太高的焊件。

2）闪光对焊。闪光对焊是将焊件装配成对接接头，接通电源，使其端面逐渐移近达到局部接触，利用电阻热加热这些接触点，在大电流作用下产生闪光，使端面金属熔化，直至端部在一定深度范围内达到预定温度时，断电并迅速施加顶锻力完成焊接的方法。

闪光对焊的接头质量比电阻对焊好，焊缝力学性能与母材相当，而且焊前不需要清理接头的预焊表面。闪光对焊常用于重要焊件的焊接。可焊同种金属，也可焊异种金属；可焊 0.01mm 的金属丝，也可焊 20000mm 的金属棒和型材。

4. 电阻焊的特点

电阻焊的优点：

（1）熔核形成时，始终被塑性环包围，熔化金属与空气隔绝，冶金过程简单。

（2）加热时间短，热量集中，故热影响区小，变形与应力也小，通常在焊后不必安排校正和热处理工序。

（3）不需要焊丝、焊条等填充金属以及氧、乙炔、氢等焊接材料，焊接成本低。

（4）操作简单，易于实现机械化和自动化，改善了劳动条件。

（5）生产率高，且无噪声及有害气体，在大批量生产中，可以和其他制造工序一起编到组装线上。但闪光对焊因有火花喷溅，需要隔离。

电阻焊的缺点：

（1）目前还缺乏可靠的无损检测方法，焊接质量只能靠工艺试样和工件的破坏性试验来检查，以及靠各种监控技术来保证。

（2）点焊和缝焊的搭接接头不仅增加了构件的重量，且因在两板焊接熔核周围形成夹角，致使接头的抗拉强度和疲劳强度均较低。

（3）设备功率大，机械化和自动化程度较高，使设备成本较高，维修较困难，并且常用的大功率单相交流焊机不利于电网的平衡运行。

7.3.3 气体保护焊（二氧化碳保护焊、氩弧焊）

气体保护焊是利用具有一定性质的气流排除电弧周围的空气，从而达到保护金属熔池的电弧焊方法。常用的保护气体有二氧化碳和氩气，分别成为二氧化碳保护焊和氩弧焊。氩弧焊又分为非熔化极（钨极）氩弧焊和熔化极氩弧焊两种。

氩气是一种惰性气体，它既不与金属发生化学反应，又不溶解于金属，因此能有效地保证焊接质量，氩弧焊适合于不锈钢和有色金属材料的焊接。

1. 二氧化碳气体保护焊

二氧化碳气体保护焊是由送丝机构自动将光焊丝向熔池送进，二氧化碳气体由喷嘴不断喷出，形成一个保护区，代替焊条药皮和焊剂来保证焊缝质量，如图 7-34 所示。

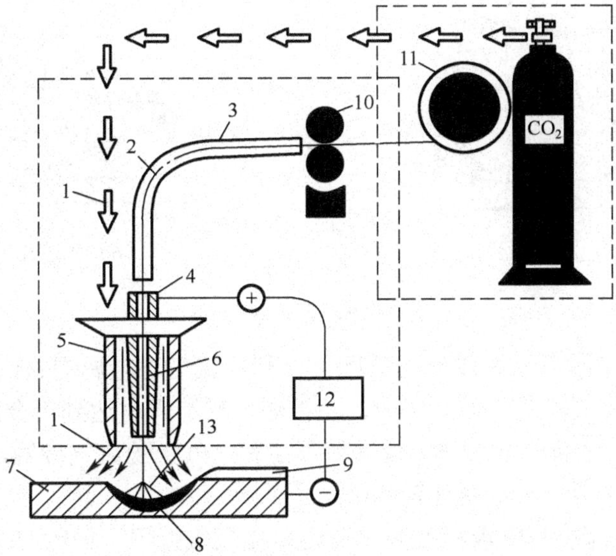

图 7-34　二氧化碳气体保护焊

二氧化碳气体保护焊是以二氧化碳为保护气体进行焊接的方法。在应用方面操作简单，适合自动焊和全方位焊接。在焊接时不能有风，适合室内作业。由于它成本低，二氧化碳气体易生产，广泛应用于各大小企业二氧化碳气体保护电弧焊（简称 CO_2 焊）的保护气体是二氧化碳，有时采用 CO_2+O_2 的混合气体。由于二氧化碳气体的热物理性能的特殊影响，使用常规焊接电源时，焊丝端头的熔化金属不可能形成平衡的轴向自由过渡，通常需要采用短路和熔滴缩颈爆断，因此，与MIG 焊自由过渡相比，飞溅较多。但如采用优质焊机，参数选择合适，可以得到很稳定的焊接过程，使飞溅降低到最小的程度。由于所用保护气体价格低廉，采用短路过渡时，焊缝成形良好，加上使用含脱氧剂的焊丝即可获得无内部缺陷的高质量焊接接头。因此这种焊接方法目前已成为黑色金属材料中最重要焊接方法之一。

二氧化碳气体保护焊的优点：

（1）焊接成本低。其成本只有埋弧焊、焊条电弧焊的 40%～50%。

（2）生产效率高。其生产率是焊条电弧焊的 1～4 倍。

（3）操作简便。明弧对工件厚度不限，可进行全位置焊接，而且可以向下焊接。

（4）焊缝抗裂性能高。焊缝低氢且含氮量也较少。

（5）焊后变形较小。角变形为 5‰，不平度只有 3‰。

（6）焊接飞溅小。采用超低碳合金焊丝或药芯焊丝，或在二氧化碳中加入氩气，都可以降低焊接飞溅。

2. 氩弧焊

氩弧焊又称氩气体保护焊。就是在电弧焊的周围通上氩弧保护性气体，将空气隔离在焊区之外，防止焊区的氧化，如图 7-35 所示。

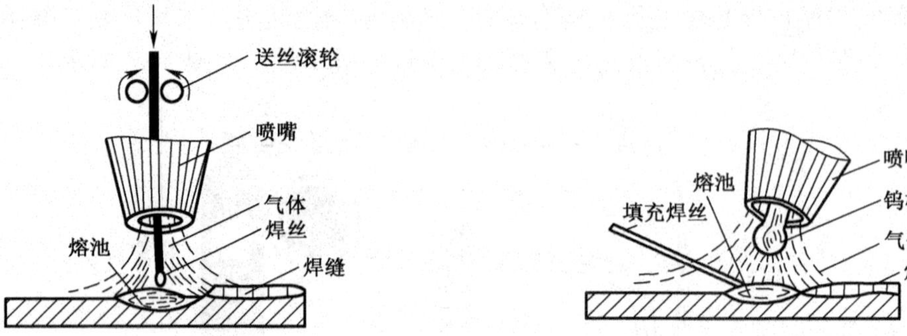

（a）熔化极氩弧焊　　（b）非熔化极氩弧焊

图 7-35　氩弧焊

氩弧焊技术是在普通电弧焊原理的基础上，利用氩气对金属焊材的保护，通过高电流使焊材在被焊基材上熔化成液态，形成熔池，使被焊金属和焊材达到冶金结合的一种焊接技术，由于在高温熔融焊接中不断送上氩气，使焊材不能和空气中的氧气接触，从而防止了焊材的氧化，因此可以焊接铜、铝、合金钢等有色金属。

（1）分类。氩弧焊按照电极的不同，分为熔化极氩弧焊（如图 7-35（a）所示）和非熔化极氩弧焊（如图 7-35（b）所示）两种。

1）熔化极氩弧焊。焊丝通过丝轮送进，导电嘴导电，在母材与焊丝之间产生电弧，使焊丝和母材熔化，并用惰性气体氩气保护电弧和熔融金属来进行焊接。它和钨极氩弧焊的区别：一个是焊丝作电极，并被不断熔化填入熔池，冷凝后形成焊缝；另一个是采用保护气体。随着熔化极氩弧焊的技术应用，保护气体已由单一的氩气发展出多种混合气体的广泛应用，如以氩气或氦气为保护气时，称为熔化极惰性气体保护电弧焊（在国际上简称为 MIG 焊）；以惰性气体与氧化性气体（O_2，CO_2）混合气为保护气体时，或以 CO_2 气体、CO_2+O_2 混合气为保护气时，统称为熔化极活性气体保护电弧焊（在国际上简称为 MAG 焊）。从其操作方式看，目前应用最广的是半自动熔化极氩弧焊和富氩混合气保护焊，其次是自动熔化极氩弧焊。

2）非熔化极氩弧焊。非熔化极氩弧焊是电弧在非熔化极（通常是钨极）和工件之间燃烧，在焊接电弧周围流过一种不和金属起化学反应的惰性气体（常用氩气），形成一个保护气罩，使钨极端头、电弧、熔池及已处于高温的金属不与空气接触，能防止氧化和吸收有害气体。从而形成致密的焊接接头，其力学性能非常好。

（2）钨极氩弧焊安全规程。

1）焊接工作场地必须备有防火设备，如砂箱、灭火器、消防栓、水桶等。易燃物品距离焊接场所不得小于 5m。若无法满足规定距离时，可用石棉板、石棉布等妥善覆盖，防止火星落入易燃物品。易爆物品距离焊接所不得小于 10m。氩弧焊工作场地要有良好的自然通风和固定的机械通风装置，减少氩弧焊有害气体和金属粉尘的危害。

2）手工钨极氩弧焊机应放置在干燥通风处，严格按照使用说明书操作。使用前应对焊机进行全面检查。确定没有隐患再接通电源。空载运行正常后方可施焊。保证焊机接线正确，必须良好、牢固接地以保障安全。焊机电源的通断由电源板上的开关控制，严禁负载扳动开关，以免形状触头烧损。

3）应经常检查氩弧焊枪冷却水系统的工作情况，发现堵塞或泄漏时应立即解决，防止烧坏焊枪和影响焊接质量。

4）焊接人员离开工作场所或焊机不使用时，必须切断电源。若焊机发生故障，应由专业人员进行维修，检修时应做好防电击等安全措施。焊机应至少每年除尘清洁一次。

5）钨极氩弧焊机高频振荡器产生的高频电磁场会使人产生一定的头晕、疲乏。因此焊接时应尽量减少高频电磁场作用的时间，引燃电弧后立即切断高频电源。焊枪和焊接电缆外应用软金属编织线屏蔽（软管一端接在焊枪上，另一端接地，外面不包绝缘）。如有条件，应尽量采用晶体脉冲引弧取代高频引弧。

6）氩弧焊时，紫外线强度很大，易引起电光性眼炎、电弧灼伤，同时产生臭氧和氮氧化合物刺激呼吸道。因此，焊工操作时应穿白帆布工作服，戴好口罩、面罩及防护手套、脚盖等。为了防止触电，应在工作台附近的地面覆盖绝缘橡皮，工作人员应穿绝缘胶鞋。

7.3.4　气割

气割（如图7-36所示）是利用可燃气体与氧气混合燃烧的火焰热能将工件切割处预热到一定温度后，喷出高速切割氧流，使金属剧烈氧化并放出热量，利用切割氧流把熔化状态的金属氧化物吹掉而实现切割的方法。金属的气割过程实质是铁在纯氧中的燃烧过程，而不是熔化过程。气割割炬如图7-37所示。

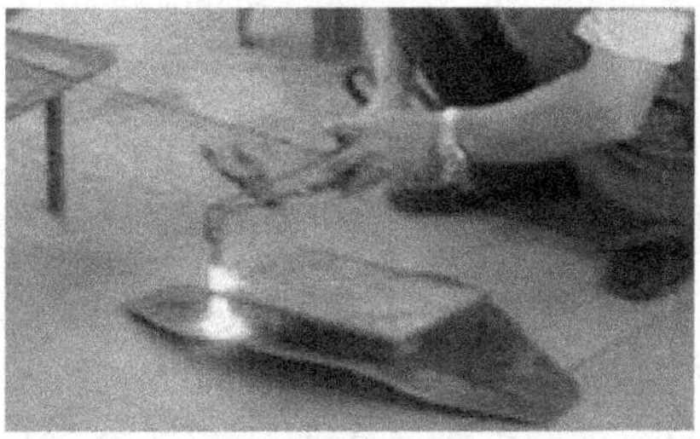

图7-36　气割

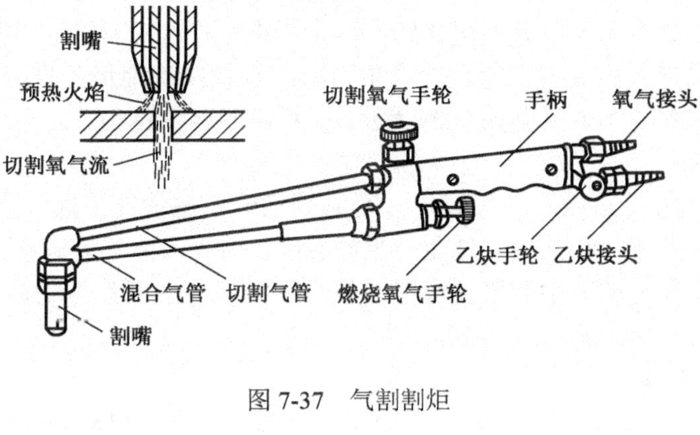

图7-37　气割割炬

气割金属应具备的条件：气割时应用的设备器具除割炬外均与气焊相同。气割过程是预热—燃烧—吹渣过程，但并不是所有金属都能满足这个过程的要求，只有符合下列条件的金属才能进行气割。

（1）金属在氧气中的燃烧点应低于其熔点。

（2）气割时金属氧化物的熔点应低于金属的熔点。

（3）金属在切割氧流中的燃烧应是放热反应。

（4）金属的导热性不应太高。

（5）金属中阻碍气割过程和提高钢的可淬性的杂质要少。

符合上述条件的金属有纯铁、低碳钢、中碳钢、低合金钢和铁等。其他常用的金属材料如铸铁、不锈钢、铝和铜等，则必须采用特殊的气割方法（如等离子切割等）。目前气割工艺在工业生产中得到了广泛的应用。

7.3.5 常用金属材料焊接

1. 碳钢的焊接

（1）低碳钢的焊接。低碳钢的含碳量为 0.1%～0.25%，可焊性好，焊前不需预热，但在寒冷地区焊接刚性较大的部件时，需要把工件加热至 100～200℃左右，低碳钢塑性较好，焊缝不易出现裂纹。

一般情况下，低碳钢的焊接均可选用酸性焊条；只有在特殊情况下，如遇到大厚度工件、大刚度结构或在低温条件下施焊等情况时，才考虑采用碱性焊条。

低碳钢焊接时，只要在焊前严格按焊条或焊剂说明书进行烘干，并仔细清除坡口及其附近的铁锈和油污等就可避免出现裂纹。但当焊接材料或母材的化学成分不合格（如含碳量、含硫量较高）、结构刚性较大或施焊时环境温度较低（如在-10℃以下）时，可能出现焊接裂纹。只要针对这些产生裂纹的原因给予解决，低碳钢焊接时的裂纹是可以避免的。此外，焊接接头的严重过热也应注意。由于沸腾钢中硫和磷的偏析，裂纹倾向和热影响区的低温性能变化会稍大一些。

（2）中碳钢和高碳钢的焊接。中碳钢的含碳量为 0.25%～0.60%，由于含碳量高，可焊性较低碳钢差。焊接中碳钢的主要困难是在基本金属接缝区容易产生低塑性的淬硬组织。钢中含碳量越高，工件厚度越大，则淬硬倾向也越大。如焊件刚性大，焊条或规范选用不当，在焊件冷却至 300℃以下时，容易沿热影响区的淬硬区产生冷裂纹。此外，由于基本金属中含碳量高，在焊接过程中，基本金属的一部分要熔化到焊缝金属中去，致使焊接金属的含碳量增高，加之含硫杂质和气孔的影响，也容易在焊缝金属中引起热裂纹，特别是在收尾处，裂纹更为敏感。热裂纹的特征是裂纹往往垂直于焊缝鱼鳞状波纹，呈不明显的锯齿形，但也有沿焊缝金属与基本金属交界处发展的。

为保证焊后不产生冷裂纹和热裂纹，并得到满意的机械性能，通常采取一些措施，如尽可能采用碱性低氢型焊条；预热可以避免产生冷裂纹，因此该措施是非常必要的。预热温度取决于焊件的含碳量、焊件的大小和厚度选用焊条类型和焊接规范等。采用局部预热时，加热范围应在焊缝两侧 150～200mm 左右为宜。

2. 低合金钢的焊接

（1）焊接方法。低合金钢的焊接可采用手工电弧焊、埋弧自动焊和电渣焊等焊接方法。

近年来，二氧化碳气体保护焊和窄间隙气体保护焊也有较广泛的应用。

（2）坡口加工和焊前装配。坡口加工可采用机加工、气割或碳弧气刨。对强度级别较高、厚度较大的钢材采用气割时，为防止裂纹，可采用与焊接相同的预热规范。碳弧气刨时，必须仔细消除残余的碳，以防止产生裂纹。

为避免装配点焊的裂纹，点焊焊缝应长些和厚些，且宜用低氢碱性焊条。点焊长度一般应大于 40mm，最好达到 100mm 左右。点焊的顺序应以能防止过大的拘束、允许工件有适当的变形为原则。点焊时应与正式焊接一样采取预热措施。点焊焊缝有裂纹时应清除并易位重焊。

（3）焊接材料的选择。所选择的焊条强度应与母材的强度相当或略低些为宜。为避免产生冷裂，一般在焊低合金钢时采用低氢型或低氢铁粉型焊条。但由于低氢铁粉型焊条不适于立焊和仰焊，实际应用也较少。在焊接强度等级低且比较薄的不太重要的构件时，也有应用酸性焊条的。

（4）低合金钢焊接时的预热和热处理。预热有防止冷裂纹、降低焊缝和热影响区的冷却速度、减小内应力等重要作用，但是预热使劳动条件恶化，并使生产工艺复杂。因此低合金钢结构施焊前是否需要预热应慎重考虑，一般应根据生产实践和可焊性试验来确定。

预热方法可采用氧－乙炔火焰、煤气加热或其他加热方法，但要求加热方法不影响母材的性能。预热又可分为局部预热和整体预热。局部预热时，加热范围应保证焊缝两侧不少于 80mm。预热温度一般在 100～200℃。当钢材强度等级高、结构刚性大时，可适当提高预热温度。

焊后热处理的目的是为了消除焊接内应力、提高构件尺寸的稳定性、增强抗应力腐蚀性能、改善接头组织及力学性能、提高结构长期使用的质量稳定性和工作的安全性等。

低合金结构钢（特别是大量使用的普通低合金钢）多数情况下焊后是不进行热处理的，只有在有特殊要求的情况下才进行焊后热处理。

3. 铝及铝合金的焊接

铝及铝合金具有很多优点，特别是铝的资源丰富，比较便宜，因此目前已广泛应用于各工业部门。在汽车工业中，铝及其合金应用是非常多的。

铝及铝合金与黑色金属不同，有易氧化、导热性高、热容量和线膨胀系数大、熔点低以及高温强度小等特性。

氩弧焊是当前工业生产中应用最多的焊铝方法之一。在焊接过程中，由于有氩气保护，金属熔池和填充金属不被氧化，焊缝金属质量稳定可靠。焊接接头耐腐蚀性高，机械性能好。氩弧焊的焊接速度快，生产率高，焊缝成型美观，对焊工技术水平要求低。

7.3.6　焊接在汽车生产中的应用

焊接作为现代机械制造业中一种必要的工艺方法，在汽车制造中有广泛的应用。汽车的发动机、变速箱、车桥、车架、车身、车厢六大总成都离不开焊接技术的应用。在汽车零部件的制造中，在点焊、凸焊、缝焊、焊条电弧焊、二氧化碳气体保护焊、氩弧焊、气焊、钎焊、摩擦焊、电子束焊和激光焊等各种焊接方法中，由于点焊、气体保护焊和钎焊具有生产量大、自动化程度高、高速、低耗、焊接变形小、易操作等的特点，所以对汽车车身薄板覆盖零部件特别适合。因此，在汽车生产中应用最多。在投资费用中点焊约占 75%，其他焊接方法只占 25%。

本章小结

1．砂型铸造是使用最广泛的铸造方法。砂型铸造的工艺流程、使用条件和适用范围。其他铸造方法的特点及应用。

2．锻造金属材料的性能特点，自由锻的工序及特点，模锻的基本工序及特点。

3．焊条的结构，电弧焊的操作流程，点焊的工艺流程及应用，气焊的工艺流程及应用，气割材料具备的特点。

习题7

一、填空题

1．________、________与________是机械制造生产中金属材料热加工成形的三种基本方法，主要用于毛坯生产，供切削加工使用，有时也提供少量的零件成品。

2．常用的铸造合金有________、________、铜合金和铝合金等。

3．影响流动性的因素很多，主要有________、________和________。

4．铸造金属或合金时，从浇注到冷却至室温要经历三个收缩阶段，即________、________和________。

5．常用的特种铸造方法有金属型铸造、________、压力铸造和________等。

6．焊接的方法有很多，按焊接的结合特点，可分为________、压焊和钎焊三大类。

7．按焊缝在空间位置的不同，可分为平焊、________、横焊和________四种。

8．气体保护焊是利用具有一定性质的气流排除电弧周围的空气，从而达到保护金属熔池的电弧焊方法。常用的保护气体有________和________，分别称为________保护焊和________焊。

二、判断题

1．流动性良好的金属或合金能铸造出薄而复杂的铸件，利于铸件的收缩以及气体和非金属夹杂物的上浮和逸出。（ ）

2．碳素铸钢的含碳量接近共晶成分，结晶温度间隔小，熔点低，结晶时有石墨析出，体积膨胀，可抵消部分铸件的收缩，故总的收缩小，流动性好。（ ）

3．模锻是利用冲击力或压力使金属在上下两个砧面之间产生塑性变形，从而得到所需锻件的锻造方法。（ ）

4．压焊是在焊接时，不论焊件加热与否，都需要施加一定的压力，使两结合面紧密接触并产生一定的塑性变形，从而将两焊件焊合在一起。常用的压焊有电阻焊、摩擦焊等。（ ）

5．焊条药皮的主要作用是保证焊接电弧的稳定燃烧，防止空气进入焊接熔池，添加合金元素，保证焊缝具有良好的力学性能。（ ）

三、简答题

1．什么是砂型铸造？其主要工序有哪些？铸造生产有哪些特点？
2．型砂应具备哪些性能？
3．合金的铸造性能指的是什么？
4．特种铸造主要有哪几种？分别有什么特点？
5．自由锻造的基本工序有哪些？各完成哪些变形？
6．板料冲压的基本工序有哪些？
7．什么叫做焊接？根据焊接过程的特点，焊接方法可分为哪几大类？
8．焊接的接头形式和坡口形式各有哪几种？
9．试述气焊、气割的原理。

第 8 章　常用传动机构

本章导读

机器是人类经过长期生产实践创造出来的重要工具。利用机器进行生产可以减轻或代替体力劳动，大大提高劳动生产率和产品质量，便于对生产进行严格分工与科学管理，便于实现机械化和自动化生产。随着科学技术的发展，使用机器进行生产的水平已经成为衡量一个国家工业技术水平和现代化程度的重要标志之一。

机器在工作时是靠其内部的各种机构和零部件来传递运动和动力的。机械传动时采用机械方式来传递运动和动力。在生产实际中，机械传动是一种最基本的传动方式。

本章要点

1. 平面连杆机构的功用、类型、工作原理及特点。
2. 凸轮机构的功用、类型、工作原理、特点及应用。
3. 间歇运动机构的功用、类型及工作原理。

8.1　基本概念

8.1.1　零件、构件、部件

任何机器都是由许多零件组成的。所谓零件，是指机器中不可拆卸的每一个最基本的制造单元体。机械中的零件通常分为两类：一类是通用零件，它们在各种类型的机械中都可能用到，如螺栓、轴、齿轮、弹簧等；另一类是专用零件，只用于某些类型的机械中，如电动机中的转子、叠片，内燃机、蒸汽机中的曲轴、活塞等。

但是，并不是所有的零件之间都具有相对运动，由于机构和工艺上的需要，常常把几个零件刚性地连接在一起，作为一个整体进行运动。在机器中，由一个或几个零件所构成的刚性单元体称为构件。

显然，构件和零件的区别就在于：构件是运动的单元，而零件是制造的单元。构件可能是由多个零件刚性连接而成，也可能是一个单独的零件。另外，构件和通常所说的部件（或组件）是有区别的：部件是指机器中由若干零件组成的装配单元体，部件中的各零件之间不一定具有刚性连接。把一台机器划分为若干个部件，其目的是有利于设计、制造、运输、安装和维修。

8.1.2　机器、机构、机械

如图 8-1 所示的单缸内燃机是由活塞 1、连杆 2、曲轴 3、汽缸体 4、凸轮 5、推杆 6、排气阀 7、大齿轮 8、小齿轮 9 等构件组成的。活塞的上下往复移动通过连杆转变为曲轴的连续转动。凸轮和推杆是用来打开或关闭进气阀和排气阀的。为了保证曲轴每转两周，进、排气阀各开闭一次，在曲轴和凸轮之间安装了齿数比为 1:2 的一对齿轮。这样，当燃气推动活塞运动时，进、排气阀有规律地开闭，把燃气的热能转换为曲轴转动的机械能。

从这个例子可以看出，机器具有以下三个特征：①由多个构件组成；②各构件间具有确定的相对运动，能够实现预期的机械运动；③能够完成有效的机械功（如金属切削机床的切削加工）或进行能量转换（如内燃机把热能转换成机械能）。

具有机械前个特征的多构件组合体称为机构。机构能实现一定规律的运动。如图 8-1 所示，由曲轴、连杆、活塞和汽缸所组成的曲柄滑块机构可以把往复直线运动转变为连续转动；由大小齿轮和汽缸体所组成的齿轮机构可以改变转速的大小和方向；由凸轮推杆和汽缸体所组成的凸轮机构可以将连续转动变成有规律的往复运动。

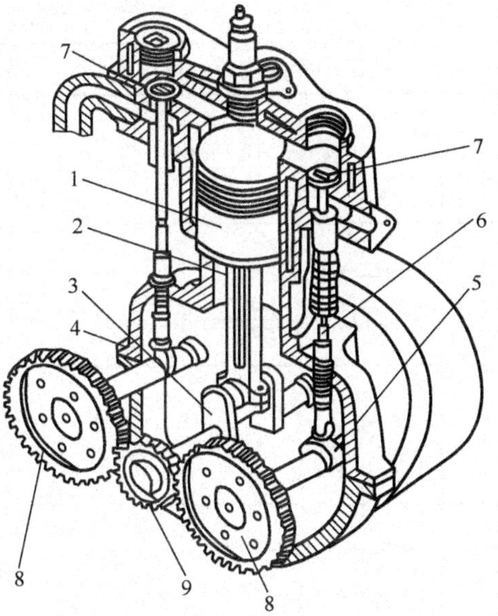

1—活塞；2—连杆；3—曲轴；4—汽缸体；5—凸轮；6—推杆；7—排气阀；8—大齿轮；9—小齿轮

图 8-1　内燃机

机构和机器一般统称为机械。

机器的种类繁多，其结构和用途也各不相同。一部完整的机器就其基本组成来讲，一般有以下几个部分：

（1）动力机部分。它是驱动整个机器完成预定功能的动力源。各种机器广泛使用的动力源有电动机（交流和直流）、内燃机等。通常一部机器只用一个原动机，对于复杂的机器也可能有两个或几个原动机。每个原动机的运动和动力参数都是有限的，而且是确定的。

（2）执行部分。它是机器中直接完成工作任务的组成部分。如起重机的吊钩、车床的刀架、磨床的砂轮等。其运动形式依据机器的用途不同，可能是直线运动，也可能是回转运动或间歇运动等，而且运动和动力参数也不尽相同。

（3）传动部分。它是机器中介于原动机和执行部分之间，用来完成运动形式、运动和动力参数转换的组成部分。利用它可以减速、增速、调速、改变转矩以及改变运动形式等，从而满足执行部分的各种要求。

在汽车的各基本部分中，发动机为动力部分，车轮为执行部分，离合器、变速器、传动轴和驱动桥等为传动部分，转向盘和转向系统、变速杆、制动及其踏板、离合器踏板、加速踏板等组成汽车的控制系统。

8.1.3 运动副

两个构件之间直接接触并且又能产生一定相对运动的连接形式称为运动副。只允许被连接的两构件在同一平面或相互平行的平面内作相对运动的运动副称为平面运动副，平面机构中的运动副都属于平面运动副。

运动副有多种分类方法，如表 8-1 所示。

表 8-1 运动副的分类

运动副名称		运动副符号	
		两运动构件构成的运动副	两构件之一为固定时的运动副
平面运动副	转动副	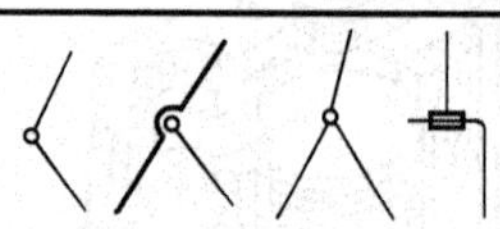	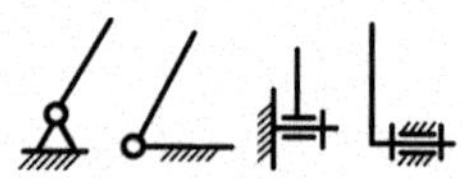
	移动副	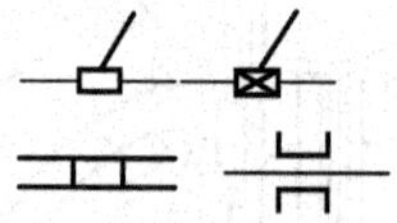	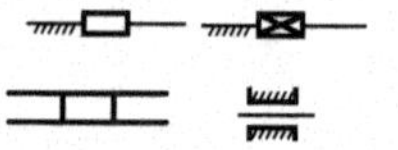
	平面高副		
空间运动副	螺旋副	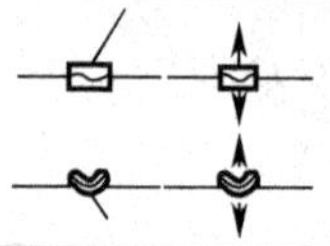	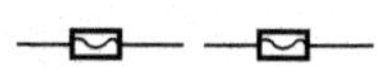
	球面副及球销副	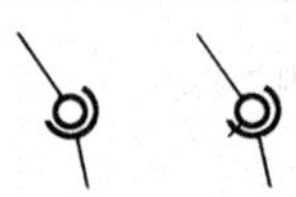	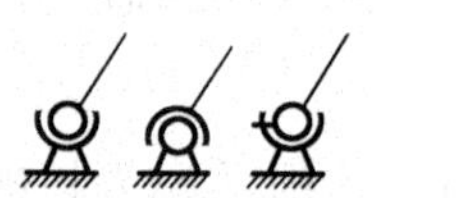

按照运动副的接触形式分类：面和面接触的运动副在接触部分的压强较低，为低副，而点线接触的运动副称为高副，高副比低副容易磨损。

按照相对运动的形式分类：构成运动副的两个构件之间的相对运动，若是平面运动，则为平面运动副；若为空间运动则称为空间运动副；两个构件之间只做相对转动的运动副称为转动副；两个构件之间只做相对移动的运动副称为移动副。

按照接触部分的几何形状分类：可以分为圆柱副、平面与平面副、球面副、螺旋副等。

8.2 平面连杆机构

平面连杆机构是由若干构件以低副（转动副和移动副）连接而成的机构，在生产过程中用来实现运动的变换和传递动力。因构件形状多呈杆状，并作平面运动，所以称为平面连杆机构。

平面连杆机构的主要优点是：能够进行多种运动形式的转换；构件一般由铰链低副连接，为面接触，压强低、磨损量少、便于润滑、使用寿命较长，而且构成运动副的表面为圆柱面或平面，制造方便；又由于这类机构容易实现常见的转动、移动及其转换，所以得到广泛应用。

它的缺点是：由于低副中存在着间隙，机构将不可避免地产生运动误差，另外，平面连杆机构不易精确地实现复杂的运动规律。

在平面连杆机构中，铰链四杆机构为最基本形式，其他形式的四杆机构可以看作是在铰链四杆机构的基础上演化而成的。

1. 铰链四杆机构的基本类型

铰链四杆机构是将 4 个构件以 4 个转动副（铰链）连接而成的平面机构。机构中与机架相连的构件称为连架杆，连架杆能绕机架作整周转动的称为曲柄，若只能绕机架在小于 360°的范围内做往复摆动的则称为摇杆，与连架杆相连的构件称为连杆。铰链四杆机构有三种类型：曲柄摇杆机构、双曲柄机构和双摇杆机构。

（1）曲柄摇杆机构。铰链四杆机构的两个连架杆中，若一杆为曲柄，另一杆为摇杆，则此机构称为曲柄摇杆机构，如图 8-2 所示。

曲柄摇杆机构的运动特点：在曲柄摇杆机构中，当曲柄 1 为主动件时，可将曲柄的整周连续转动变为摇杆 3 的往复摆动。当摇杆 3 为主动件时，可将摇杆的往复运动变成曲柄 1 的整周连续转动。如图 8-3 所示的雷达天线机构即为曲柄摇杆机构。

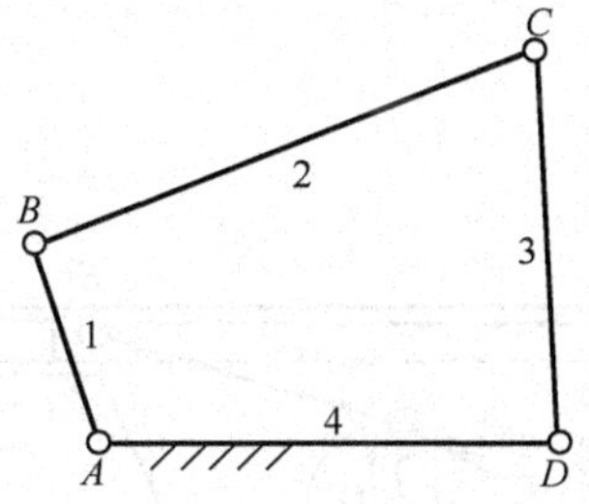

图 8-2　曲柄摇杆机构

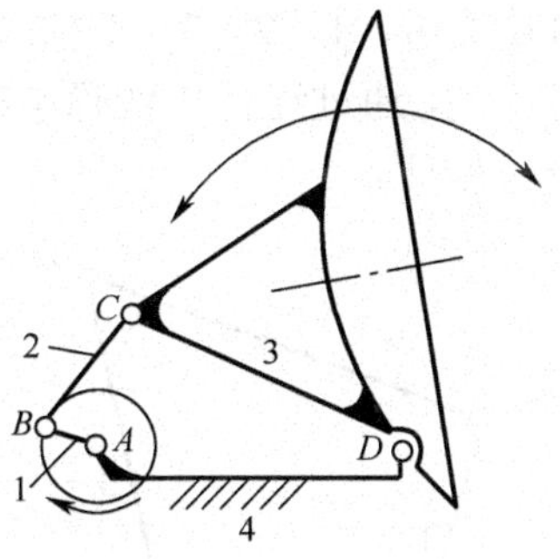

图 8-3　雷达天线机构

另外，曲柄摇杆机构还具有以下两个特点：

1）具有急回特性。如图 8-4 所示，当曲柄 AB 为主动件做等速回转时，摇杆 CD 为从动件做变速往复摆动，由图可见，曲柄 AB 在回转一周的过程中，有两次与连杆 BC 共线，此时摇杆 CD 分别位于两极限位置 C_1D 和 C_2D。摇杆两极限位置的夹角 φ 称为最大摆角。摇杆沿两个方向摆过这一角度时，对应着曲柄的转角分别为 φ_1 和 φ_2。因为曲柄是以等速回转的，所以 φ_1 与 φ_2 之比就代表了摇杆做往复运动所需时间之比。图中 $\varphi_1>\varphi_2$，显然摇杆往复摆动同样的角度 φ 所需的时间不等。这种从动件做往复运动所需时间不等的性质称为急回特性。在生产中，利用机构的急回特性将慢行程设为工作过程，快行程设为空回过程，既能保证工作质量，又能提高生产效率。

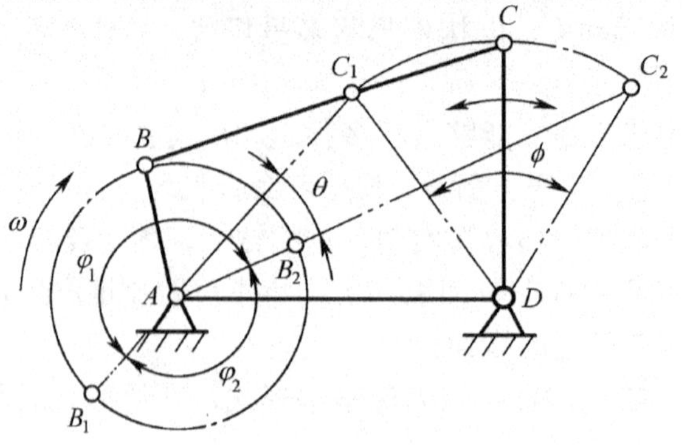

图 8-4　急回特性

2）存在死点位置。如图 8-4 所示的摇杆为主动件，曲柄为从动件，则当摇杆 CD 到达两极限位置 C_1D 和 C_2D 时，连杆和曲柄在一条直线上，连杆加于曲柄的力将通过铰链 A 的中心，作用力矩等于零。因此，不论力多大都不能推动曲柄，机构这时处于静止状态。所以这两个极限位置称为死点位置。对传动来说，机构存在死点是一个缺陷，这个缺陷常利用构件的惯性力加以克服。

（2）双曲柄机构。铰链四杆机构的两个连架杆都是曲柄，称为双曲柄机构，如图 8-5 所示。

在双曲柄机构中，两曲柄可分别为主动件。其运动特点是：主动曲柄等速回转一周时，从动曲柄变速回转一周；从动曲柄的角速度在一周中有时小于主动曲柄的角速度，有时大于主动曲柄的角速度。如图 8-6 所示的惯性筛就是利用了双曲柄机构的运动特点，使筛子作急回运动，如图 8-6 所示，1、2、3、4 构成双曲柄机构，主动曲柄 1 匀速转动，从动曲柄 3 做周期性变速回转运动，通过连杆 5 使筛子在往复运动中具有必要的加速度，从而使筛中的物料因惯性而进行分筛处理。

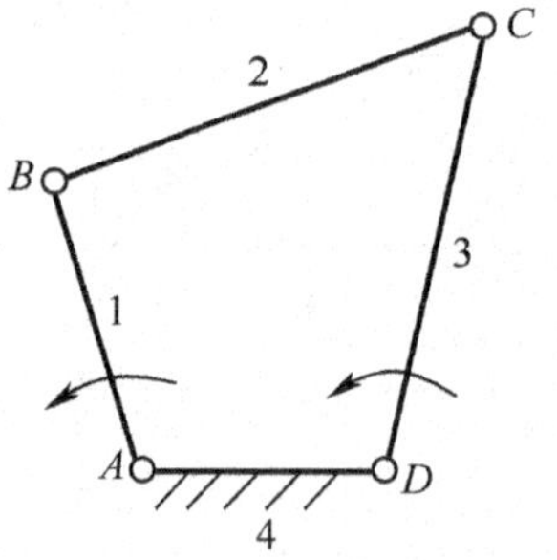

图 8-5　双曲柄机构

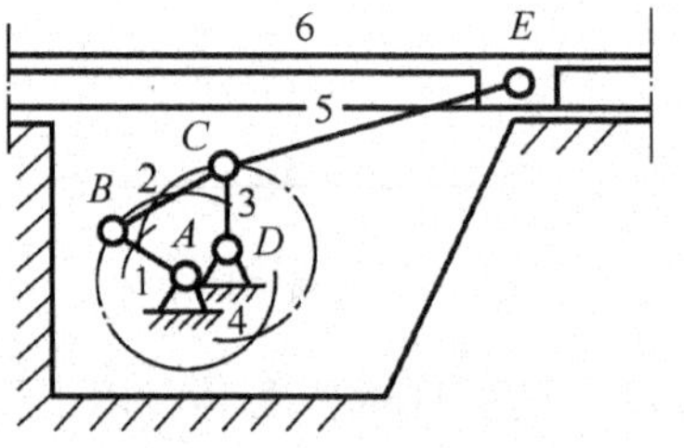

图 8-6　惯性筛机构

若两曲柄等长，连杆与机架也等长，则该机构又称为平行四边形机构或平行双曲柄机构。根据曲柄相对位置的不同，可得到平行双曲柄机构（如图 8-7 所示）和反向双曲柄机构（如图 8-8 所示）。前者两曲柄的回转方向相同，且角速度时时相等；而后者两曲柄的回转方向相反，且角速度不等。由于平行双曲柄机构具有等传动比的特点，故在传动机械中常用。

（3）双摇杆机构。两个连架杆均为摇杆的机构，则称为双摇杆机构，如图 8-9 所示的汽车前轮转向系统即为双摇杆机构。

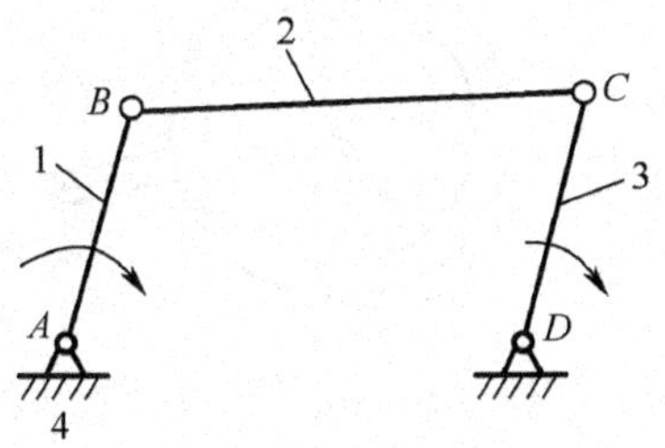

图 8-7　平行双曲柄机构

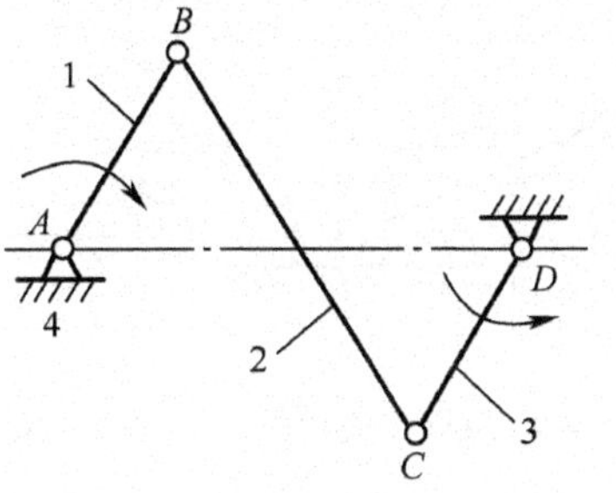

图 8-8　反向双曲柄机构

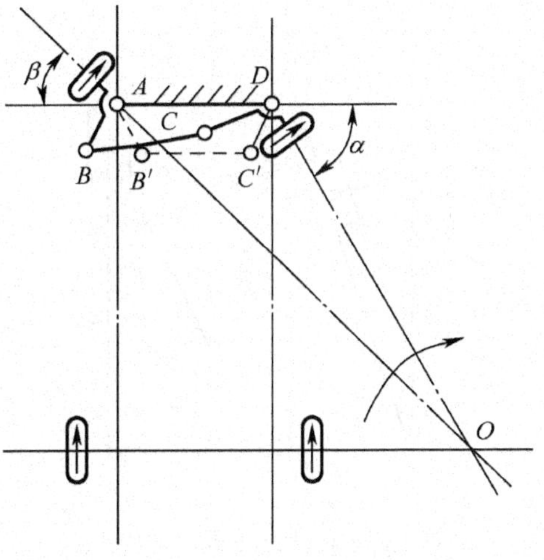

图 8-9　汽车前轮转向系统

2. 铰链四杆机构的类型判别

铰链四杆机构有曲柄存在的条件是：

（1）最短杆与最长杆的长度之和小于或等于其余两杆的长度之和。

（2）在机架和连架杆当中必有一杆是最短杆。

铰链四杆机构的类型一般判定方法：

（1）若最短杆与最长杆的长度之和小于或等于其余两杆的长度之和，则①当取最短杆的邻边为机架时，该机构称为曲柄摇杆机构；②当取最短杆为机架时，该机构称为双曲柄机构；③当取最短杆的对边为机架时，该机构称为双摇杆机构。

（2）若最短杆与最长杆的长度之和大于其余两杆的长度之和，则不论取哪一构件为机架，均无曲柄存在，该机构是双摇杆机构。

3. 铰链四杆机构的演化机构

（1）曲柄滑块机构。曲柄滑块机构如图 8-10 所示，一个连架杆相对于机架做往复直线移动而成为滑块。其中一个转动副成为移动副。

在曲柄滑块机构中，若曲柄为主动件，当滑块做往复直线运动时，可通过连杆带动滑块做往复直线运动；反之，若滑块为主动件，当滑块做往复直线运动时，又可通过连杆带动曲柄做整周连续转动。

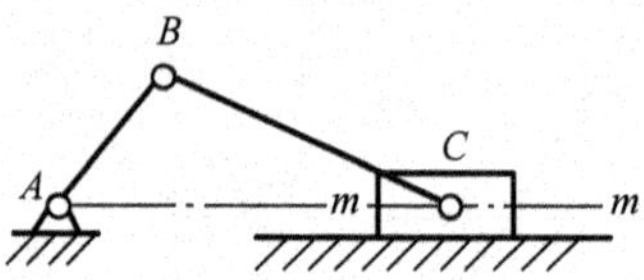

（a）对心曲柄滑块机构

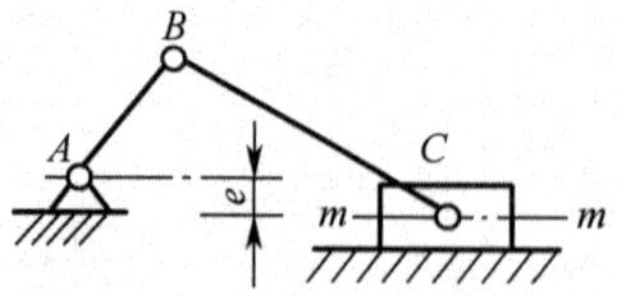

（b）偏置曲柄滑块机构

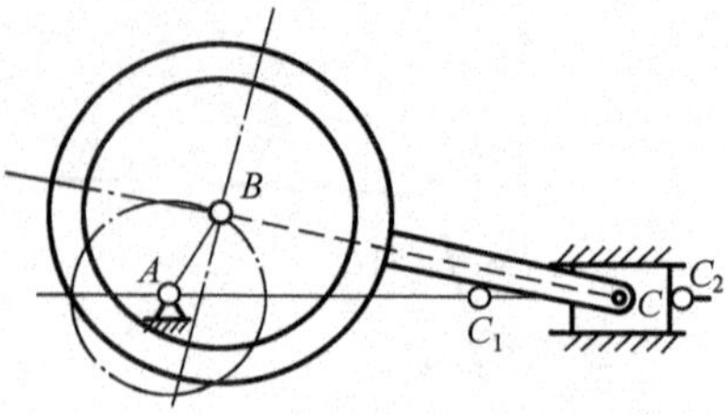

（c）偏心轮的曲柄滑块机构

图 8-10　曲柄滑块机构

（2）导杆机构。导杆机构是由改变曲柄滑块机构的固定件而演变来的，如图 8-11 所示为曲柄导杆机构。

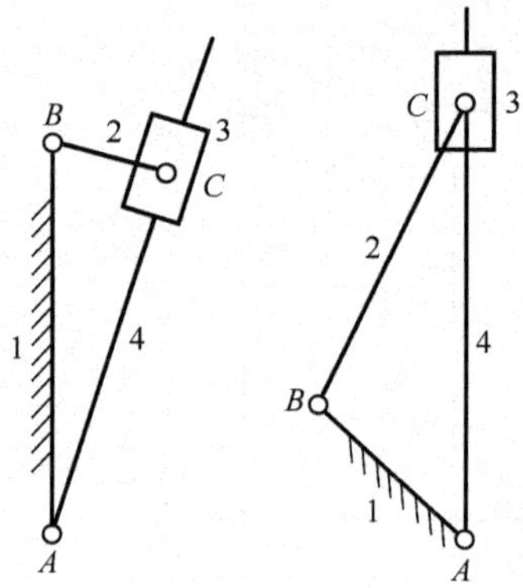

图 8-11　曲柄导杆机构

（3）曲柄摇块机构。如图 8-12 所示，杆件 1 的长度小于机架 2，能绕机架 2 作整圆周转动，杆件 4 与滑块 3 组成移动副，滑块 3 与机架 2 组成转动副，滑块 3 只能做定轴转动，所以称为曲柄摇块机构。

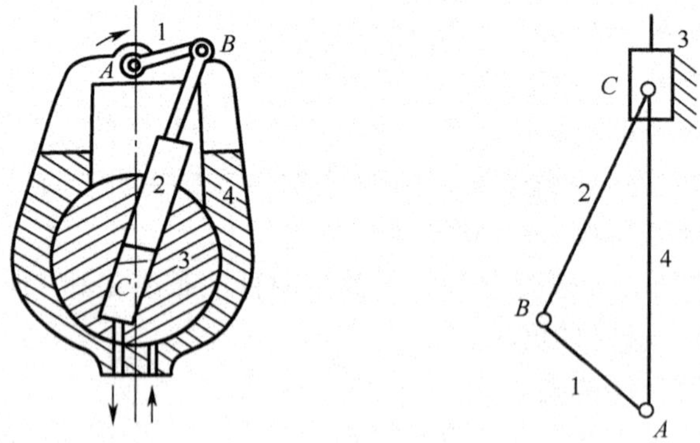

图 8-12　曲柄摇块机构

（4）移动导杆机构。如图 8-13 所示的四连杆机构中，杆件 1 的长度小于杆件 2。这种机构一般以杆件 1 为主动件，杆件 2 绕 C 点摆动，导杆 3 相对滑块 4 做往复移动，滑块 4 为机架，称为定块，故称为固定滑块机构或移动导杆机构。

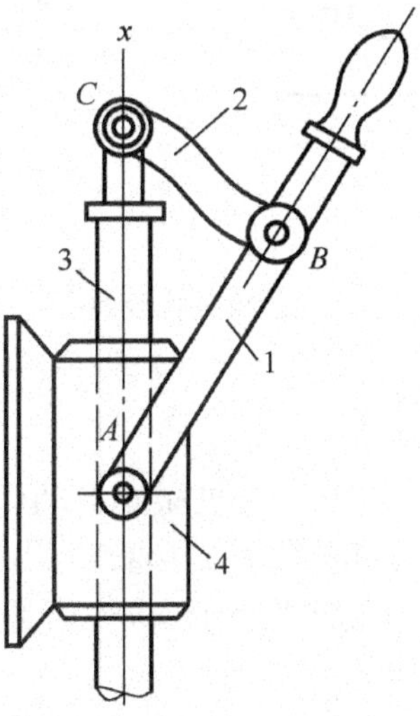

图 8-13　移动导杆机构

8.3　凸轮机构

凸轮机构的分类如图 8-14 所示。图中，(a)(b)、(c)、(d)、(e) 为盘形凸轮机械；(f)(g)、(h)、(i)、(j) 为圆柱凸轮机械；(k)、(l)、(m) 为移动凸轮机构。

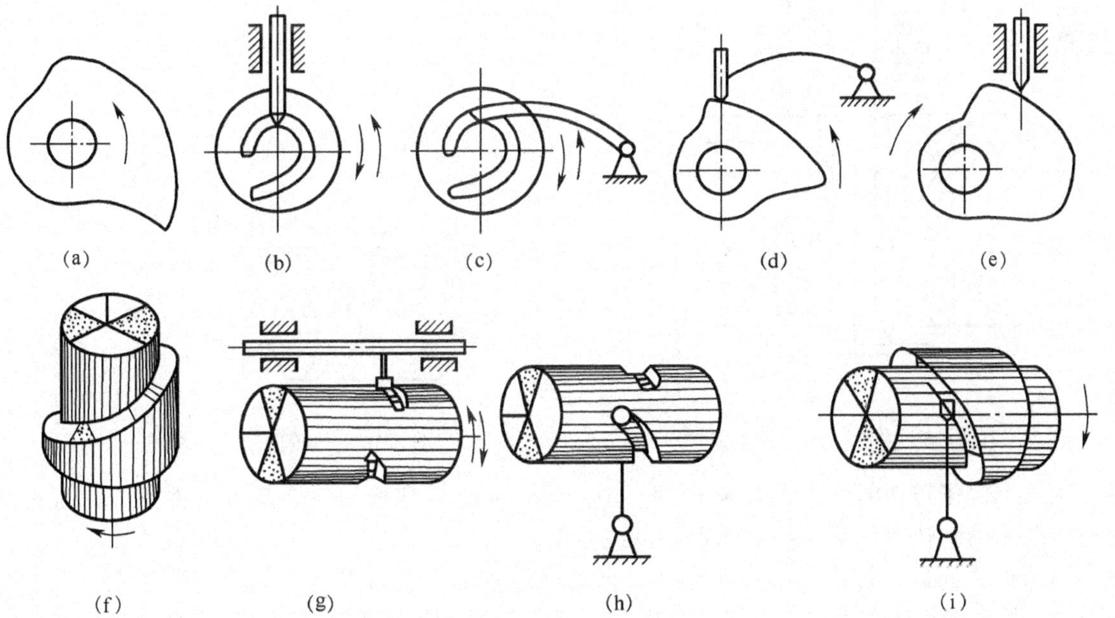

图 8-14　凸轮机构分类

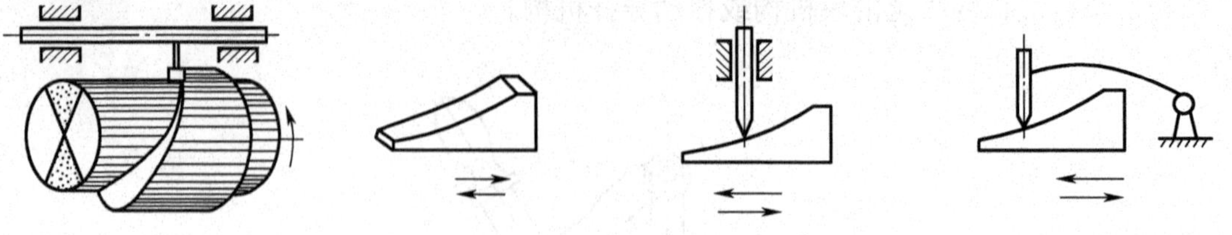

(j)　　(k)　　(l)　　(m)

图 8-14　凸轮机构分类（续图）

8.3.1　凸轮机构的应用和特点

凸轮机构是机械中常用的机构之一，在机械式自动化和自动控制装置中用得最多。凸轮机构广泛应用于各种自动机械、仪器和操纵控制装置中。凸轮机构之所以得到如此广泛的应用，主要是由于凸轮机构可以实现各种复杂的运动要求，而且结构简单、紧凑。

如图 8-15 所示为内燃机配气机构。凸轮是一个具有径向变化的盘形构件。凸轮匀速转动时，通过凸轮的轮廓使气门做有规律的往复直线运动，从而使气门按预期运动规律打开或关闭。如图 8-16 所示是用在自动机上的送料机构，当圆柱形齿轮 1 转动时，通过凹槽中的滚子，驱使从动件 2 做往复移动。

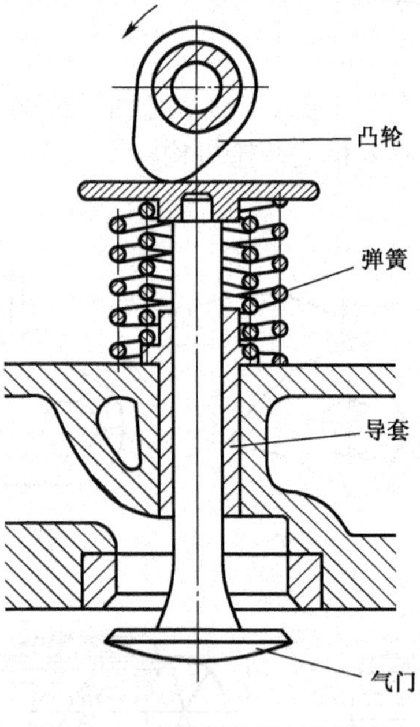

图 8-15　内燃机气门控制机构

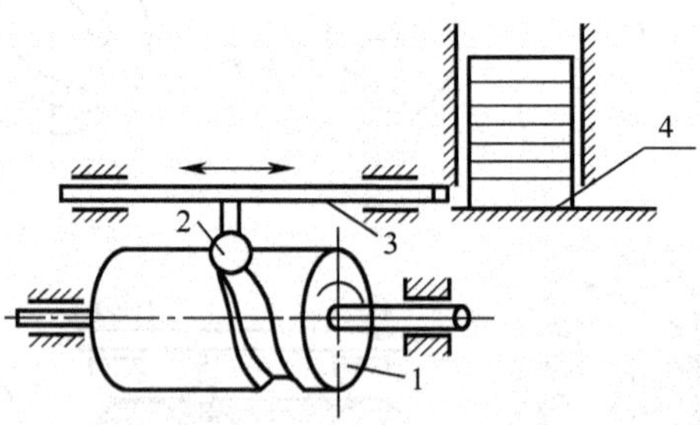

图 8-16　凸轮自动送料机构

从以上例子可以看出：凸轮机构主要由凸轮、从动件和机架三个基本构件组成，可将凸轮的转动或移动转变成从动件的预期移动或摆动。

凸轮机构的最大优点是：只要作出适当的凸轮轮廓，就可以使从动杆得到任意预定的运动规律，并且结构比较简单、紧凑。因此，凸轮机构广泛地应用在各种自动或半自动的机械设备中。

凸轮机构的主要缺点是：凸轮轮廓加工比较困难；凸轮轮廓与从动杆之间是点或线接触，容易磨损。所以，凸轮机构多用于传递动力不大的控制机构和调节机构中。

8.3.2　凸轮机构的类型

凸轮机构的种类很多，一般分类如下：

1. 按凸轮的形状分

按照凸轮形状不同，可分为盘形凸轮、移动凸轮和圆柱凸轮。

（1）盘形凸轮机构。如图 8-17 所示，在这种凸轮机构中，凸轮是一个绕固定轴转动且具有变化半径的盘形零件。它是凸轮中最基本的形式。

（2）移动凸轮机构。如图 8-18 所示，当盘形凸轮的回转中心趋于无穷远时，就成为移动凸轮。在移动凸轮机构中，凸轮作往复直线运动。

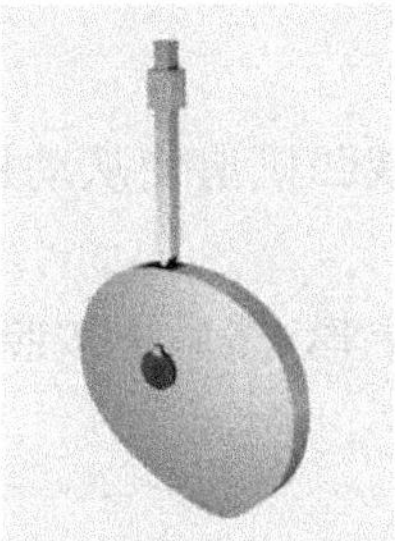

图 8-17　盘形凸轮机构

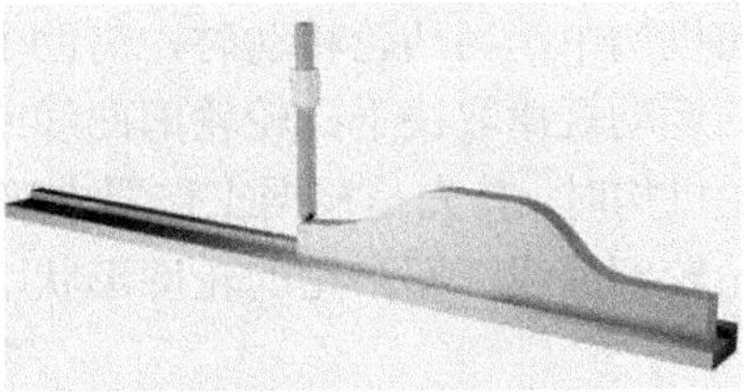

图 8-18　移动凸轮机构

（3）圆柱凸轮机构。如图 8-19 所示，在这种凸轮机构中，圆柱凸轮可看成是将移动凸轮卷在圆柱体上而得到的凸轮。圆柱凸轮机构是一个空间凸轮机构。

2. 按从动杆的端部形式分

（1）尖顶从动杆凸轮机构。如图 8-20 所示，这种凸轮机构的从动杆结构简单，由于以尖顶和凸轮接触，因此对于较复杂的凸轮轮廓也能准确地获得所需要的运动规律，不容易磨损。它适用于受力不大、低速及要求传动灵敏的场合，如仪表记录仪等。

图 8-19　圆柱凸轮机构

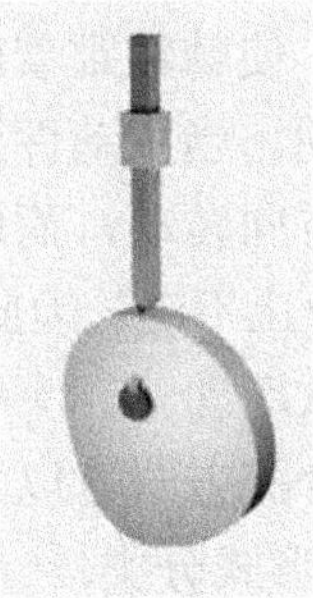

图 8-20　尖顶从动杆凸轮机构

（2）滚子从动杆凸轮机构。如图 8-21 所示，这种凸轮机构的从动杆与凸轮表面之间的摩擦阻力小，但结构复杂。一般适用于速度不高、载荷较大的场合，如用于各种自动化生产机械等。

（3）平底从动杆凸轮机构。如图 8-22 所示，在这种凸轮机构中，从动杆的底面与凸轮轮廓表面之间容易形成油膜，能减少磨损，故适用于高速传动。但平底从动杆不能用于具有内凹轮廓曲线的凸轮。

图 8-21　滚子从动杆凸轮机构

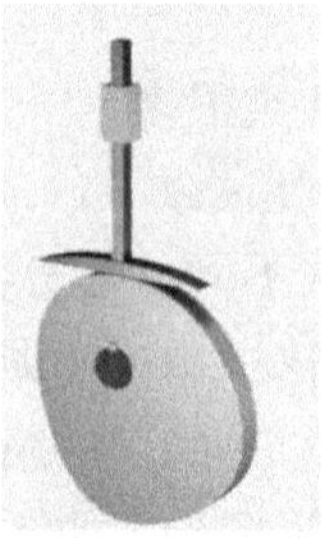

图 8-22　平底从动杆凸轮机构

8.3.3　凸轮从动件的运动特点

在凸轮机构中，当凸轮转动时，借助于本身的曲线轮廓或凹槽迫使从动杆做一定的运动，即从动杆的运动规律取决于凸轮轮廓曲线或凹槽曲线的形状。

设计凸轮机构时，首先是根据工作要求确定从动杆的运动规律，然后再按照这一规律设计出相应的凸轮轮廓曲线，即凸轮的轮廓形状。

8.4　间歇运动机构

间歇运动机构主要应用于从动件产生周期性的运动和停顿的情况。种类很多，下面主要介绍常用的棘轮机构和槽轮机构。

1. 棘轮机构

如图 8-23 所示为机械中常用的外啮合式棘轮机构，它由主动摆杆、棘爪、棘轮、止回棘爪和机架组成。主动件空套在与棘轮固连的从动轴上，并与驱动棘爪用转动副相连。当主动件顺时针方向摆动时，驱动棘爪便插入棘轮的齿槽中，使棘轮跟着转过一定角度，此时，止回棘爪在棘轮的齿背上滑动。当主动件逆时针方向转动时，止回棘爪阻止棘轮发生逆时针方向转动，而驱动棘爪能够在棘轮齿背上滑过，所以，这时棘轮静止不动。因此，当主动件做连续的往复摆动时，棘轮做单向的间歇运动。

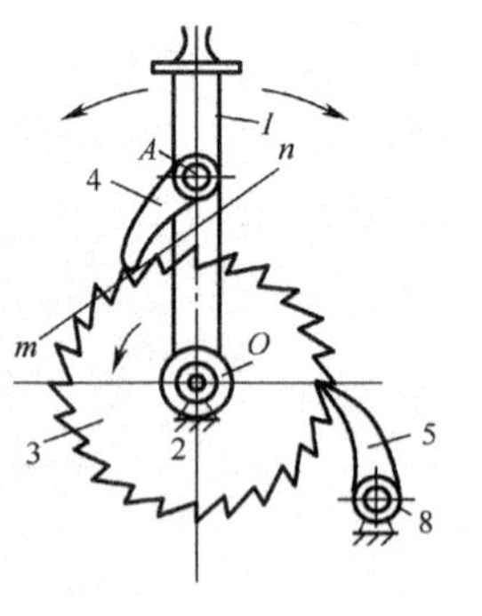

图 8-23　棘轮机构示意图

棘轮机构的分类方式有以下几种：

（1）按结构形式分类。

棘轮机构按结构形式分类，可分为齿式棘轮机构（如图 8-24（c）、（d）所示）和摩擦式棘轮机构（如图 8-24（h）、（i）所示）。

齿式棘轮机构结构简单，制造方便；动与停的时间比可通过选择合适的驱动机构实现。该机构的缺点是动程只能做有级调节；噪音、冲击和磨损较大，故不宜用于高速。

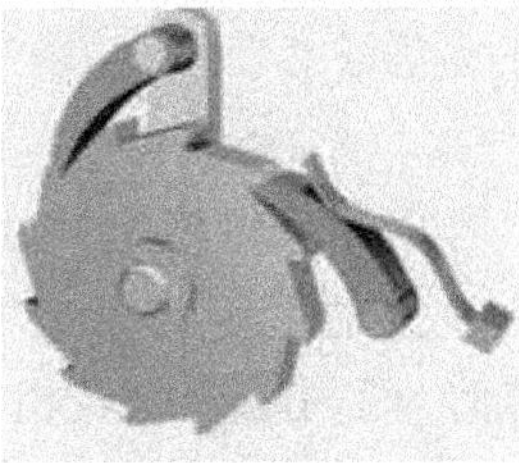

（a）外啮合棘轮机构

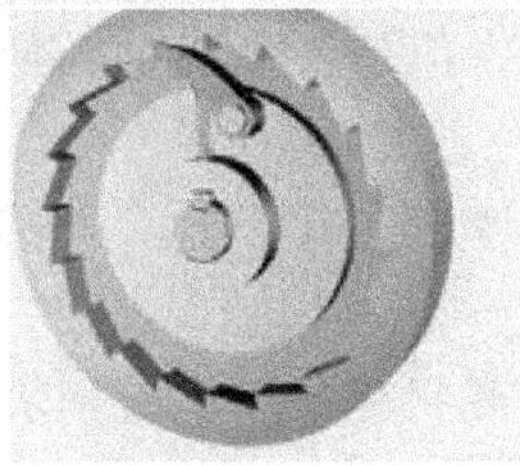

（b）内啮合棘轮机构

（c）钩头双动式棘轮机构

（d）直推双动式棘轮机构

（e）可变向棘轮机构

（f）可变向棘轮机构

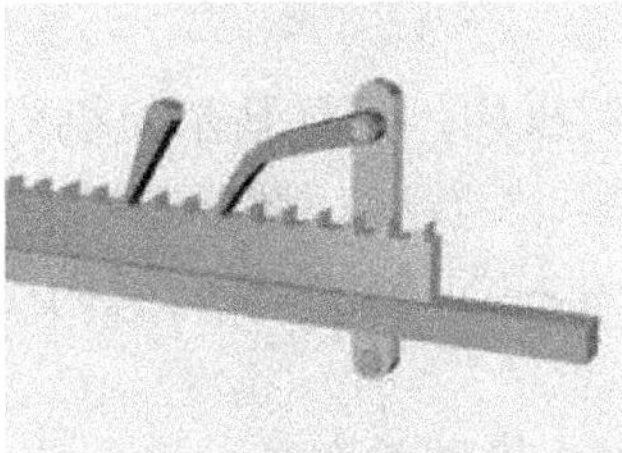

（g）棘条机构

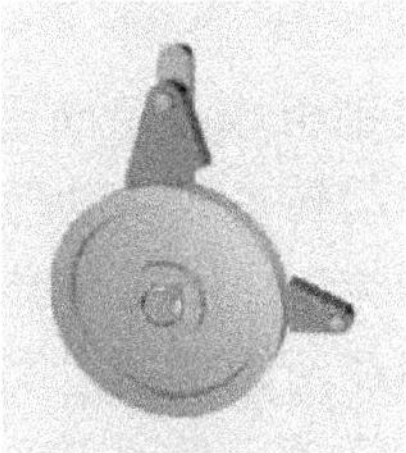

（h）外摩擦式棘轮机构

（i）内摩擦式棘轮机构

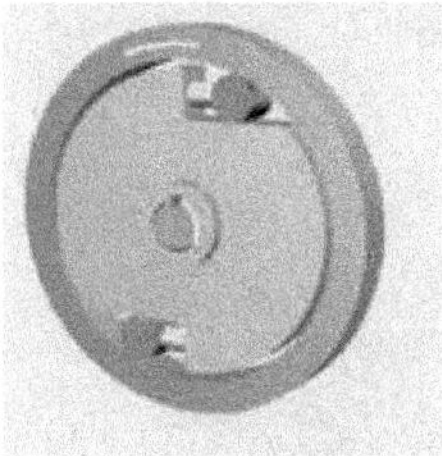

（j）滚子内接摩擦式棘条机构

图 8-24　常用棘轮机构的分类

摩擦式棘轮机构是用偏心扇形楔块代替齿式棘轮机构中的棘爪，以无齿摩擦代替棘轮。特点是传动平稳、无噪音；动程可以无级调节。但因靠摩擦力传动会出现打滑现象，虽然可起到安全保护作用，但是传动精度不高。适用于低速轻载的场合。

（2）按啮合方式分类。

棘轮机构按啮合方式分类，可分为外啮合棘轮机构和内啮合棘轮机构（如图 8-24（a）、（b）所示）。

外啮合式棘轮机构的棘爪或楔块均安装在棘轮的外部，而内啮合棘轮机构的棘爪或楔块均在棘轮内部。

外啮合式棘轮机构由于加工、安装和维修方便，应用较广。内啮合棘轮机构的特点是结构紧凑，外形尺寸小。

（3）按从动件运动形式分类。

棘轮机构按从动件运动形式分类，可分为单动式棘轮机构、双动式棘轮机构（如图 8-24（c）、（d）所示）和双向式棘轮机构（如图 8-24（e）、（f）所示）。

单动式式棘轮机构，当主动件按某一个方向摆动时，才能推动棘轮转动。

双动式棘轮机构，在主动摇杆向两个方向往复摆动的过程中，分别带动两个棘爪两次推动棘轮转动。

双动式棘轮机构常用于载荷较大、棘轮尺寸受限、齿数较少，而主动摆杆的摆角小于棘轮齿距的场合。

以上介绍的棘轮机构都只能按一个方向做单向间歇运动。双向式棘轮机构可通过改变棘爪的摆动方向实现棘轮两个方向的转动。双向式棘轮机构必须采用对称齿形。

棘轮机构的棘爪与棘轮的齿在开始接触的瞬间会发生冲击，在工作过程中有噪声，一般用于主动件速度不大、从动件行程需要改变的场合，如各种机床和自动机械的进给机构、进料机构以及自动计数器等。

2. 槽轮机构

由槽轮和圆柱销组成的单向间歇运动机构称为槽轮机构，又称马尔他机构。它常被用来将主动件的连续转动转换成从动件的带有停歇的单向周期性转动。槽轮机构有外啮合、内啮合和球面槽轮等多种类型（如图 8-25 所示）。外啮合槽轮机构的槽轮和转臂转向相反，而内啮合相同，球面槽轮可在两相交轴之间进行间歇传动。

槽轮机构结构简单，易加工，工作可靠，转角准确，机械效率高。但是其动程不可调节，转角不能太小，槽轮在起停时的加速度大，有冲击，并随着转速的增加或槽轮槽数的减少而加剧，故不宜用于高速。

（a）外槽轮机构　（b）内槽轮机构　（c）槽条机构

图 8-25　常见槽轮机构的分类

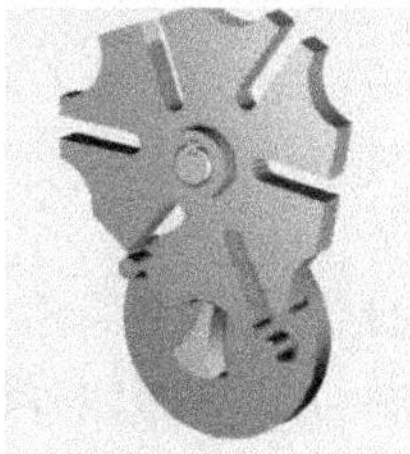
（d）不等臂长多销槽轮机构

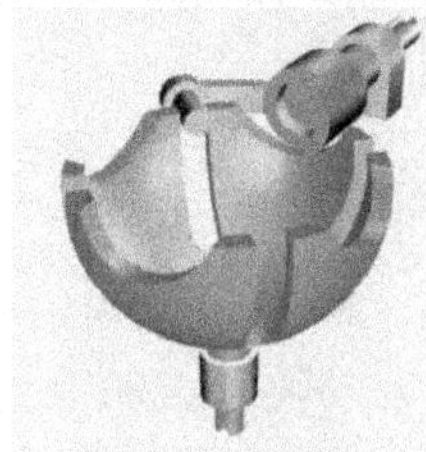
（e）球面槽轮机构

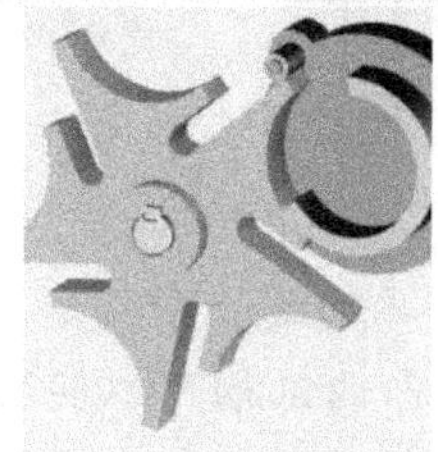
（f）偏置外槽轮机构

（g）偏置内槽轮机构

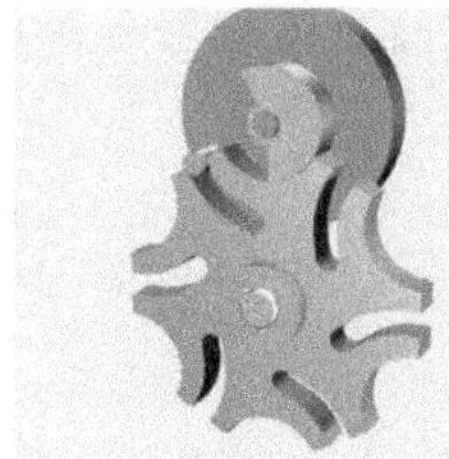
（h）曲线槽外槽轮机构

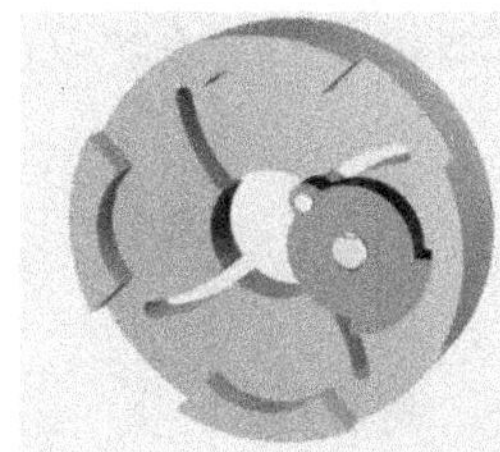
（i）曲线槽内槽轮机构

图 8-25　常见槽轮机构的分类（续图）

槽轮机构有外啮合和内啮合两种形式。外啮合槽轮机构的槽轮和转臂转向相反，而内啮合则相同。单臂外啮合槽轮机构（如图 8-26 所示）由带圆柱销的转臂、具有 4 条径向槽的槽轮和机架组成。当连续转动的转臂上的圆柱销进入径向槽时，拨动槽轮转过一定角度；当圆柱销转出径向槽后，槽轮停止转动。转臂转一周，槽轮完成一次转停运动。为了保证槽轮停歇，可在转臂上固接一个缺口圆盘，其圆周边与槽轮上的凹周边相配。这样，既不影响转臂转动，又能锁住槽轮不动。为了使槽轮能完成周期性的转停运动，槽轮上的径向槽数不能少于 3。为了避免冲击，圆柱销应切向进出槽轮，即径向槽与转臂在此瞬间的位置要互相垂直。在满足不同间停的要求时，可采用多臂的和非对称槽的槽轮机构。槽轮机构一般应用在转速不高、要求间歇地转过一定角度的分度装置中，如转塔车床上的刀具转位机构。它还常在电影放映机中用以间歇移动胶片等。

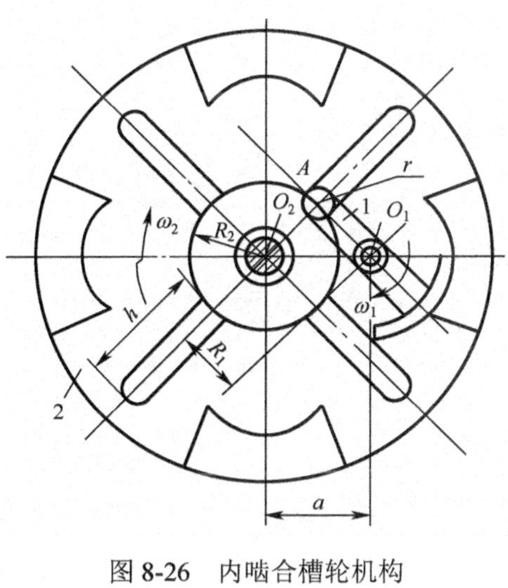

图 8-26　内啮合槽轮机构

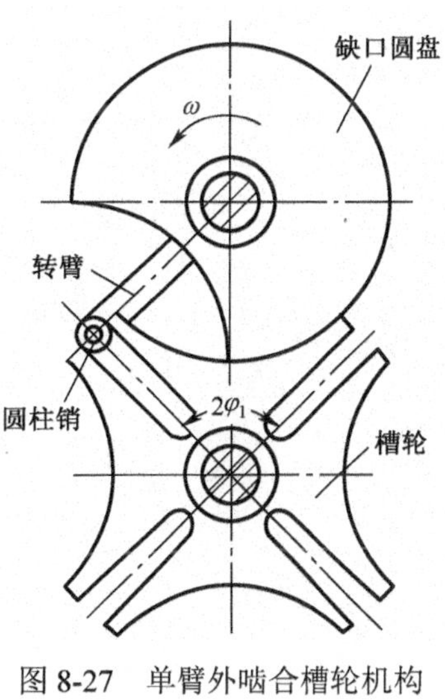

图 8-27　单臂外啮合槽轮机构

本章小结

1. 运动副的种类。曲柄摇杆机构、双曲柄机构、双摇杆机构的特性及应用实例。

2. 凸轮机构可以实现各种复杂的运动要求，而且结构简单、紧凑，因此得到广泛的应用。

3. 间歇运动机构主要应用于从动件产生周期性的运动和停顿的情况。种类很多，常用的有棘轮机构和槽轮机构。棘轮机构一般用于主动件速度不大、从动件行程需要改变的场合。槽轮机构结构简单，易加工，工作可靠，转角准确，机械效率高。但不宜用于高速。

习题8

一、简答题

1. 什么是连杆机构？什么是铰链四杆机构？什么是曲柄？什么是摇杆？什么是连杆？
2. 什么是机构的急回特性？在生产中怎样利用这种急回特性？
3. 凸轮机构有哪些特点？常用的凸轮机构有哪几种类型？举例说明凸轮机构的应用。
4. 试述棘轮机构和槽轮机构的运动特点。

二、计算题

1. 在双曲柄机构中，如图 8-7 所示，已知连杆长度 BC=130mm，两曲柄长度 AB=100mm，CD=110mm，试确定机架长度 AD 的取值范围。

2. 在曲柄摇杆机构中，如图 8-2 所示，已知连杆长度 BC=90mm，机架长度 AD=100mm，摇杆长度 CD=70mm，试确定曲柄长度 AB 的取值范围。

3. 在双摇杆机构中，如图 8-9 所示，已知连杆长度 BC=200mm，两摇杆长度 AB=70mm，CD=120mm，试确定机架长度 AD 的取值范围。

第 9 章　机械传动

本章导读

机械传动装置的主要功用是将一根轴的旋转运动和动力传递给另一根轴，并且可以改变转速的大小和运动的方向。常用的机械传动装置有带传动、链传动、齿轮传动和蜗杆传动等。

本章要点

1. 带传动的工作原理、传动比计算、类型、工作特点及应用场合。
2. 链传动的工作原理、传动比计算、类型、工作特点及应用场合。
3. 齿轮传动的工作原理、传动比计算、类型、工作特点及应用场合。
4. 直齿圆柱齿轮各部分的名称及几何尺寸的计算。
5. 斜齿轮、锥齿轮、蜗杆传动的特点、传动比计算及应用场合。

9.1　带传动

带传动是一种应用很广的机械传动（如图 9-1 所示），它是由主动轮、从动轮和紧套在两带轮上的传动带组成的。依靠传动带与带轮之间的摩擦力将主动轴的运动和转矩传给从动轴。

带传动是利用传动带作为中间挠性件，并通过摩擦力来传递运动和动力的。带传动的主要优点为：

（1）传动带弹性好，能减缓冲击，吸收振动，特别是无接头的 V 形带，使运转平稳、无噪声。

（2）当机器发生过载时，带与带轮之间会自动打滑，可防止其他零件因过载而损坏，起到保护作用。

（3）结构简单，制造成本低，维护方便。

（4）能用于两轴中心距较大的传动。

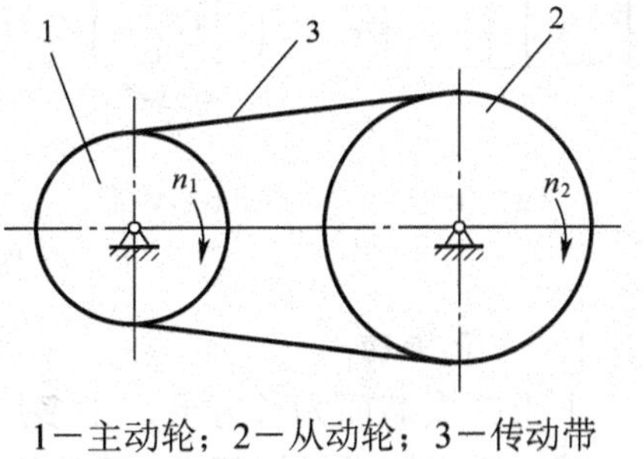

1—主动轮；2—从动轮；3—传动带

图 9-1　带传动示意图

带传动的主要缺点是：外廓尺寸大、传动效率较低、带的寿命短、对轴的作用力较大。另外，由于带传动在工作中受摩擦力和皮带弹性变形的影响，所以不能保证传动比恒定。

由以上特点可知，带传动通常应用于传动比要求不高、两轴中心距较大的机械中，如汽车中曲轴与水泵、发电机之间的传动。

9.1.1 带传动的工作原理和传动比

1. 带传动的组成及工作原理

带传动由主动轮 1、从动轮 2 和张紧在两轮上的封闭环形带 3 组成（如图 9-1 所示）。由于带的张紧作用，带与带轮互相压紧，带与两轮的接触面就产生了正压力。当主动轮（一般是小轮）回转时，借助于摩擦力的作用将带拖动，而带又拖动从动轮回转。这样，就把主动轮的运动与动力传给了从动轮。带传动属于摩擦传动。

2. 带传动的传动比

对带传动而言，如果不考虑带的弹性变形，并假定在带轮上不发生滑动，那么，主、从动轮的圆周速度是相等的，即

$$v_1 = v_2$$

若以 D_1、D_2 分别表示主、从动轮的直径，则

$$v_1=\pi D_1 n_1 \qquad v_2=\pi D_2 n_2$$

所以，$\pi D_1 n_1=\pi D_2 n_2$，由此可得

$$n_1/n_2= D_2/D_1$$

根据传动比的定义，可得到带传动比的公式为

$$i_{12}= n_1/n_2= D_2/D_1=\omega_1/\omega_2$$

上式表明，带传动中的两轮转速与带轮直径成反比。

9.1.2 带传动的类型

根据带的横截面形状，传动带可分为平带、V 带、多楔带、圆带及同步带等类型，如图 9-2 所示。

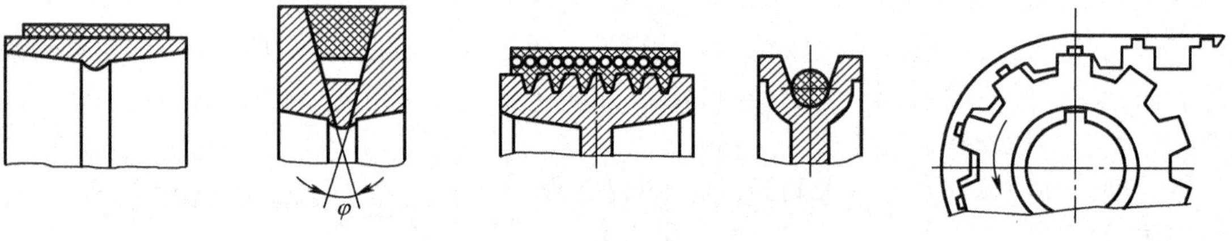

（a）平带　（b）V 带　（c）多楔带　（d）同步带　（e）圆带

图 9-2 传动带的主要类型

1. 平带传动

平带的横截面为长方形，由多层胶帆布构成，工作面是与带轮接触的内表面，带长可按需要剪截后连接成封闭环形。平带传动主要用于两轴轴线平行的传动，其中常用的是两轮转向相同的开口传动。当需要两轮转向相反时，可用交叉传动。平带传动中的磨损剧烈。

2. V 带传动

V 带的横截面为等腰梯形，工作面是带与轮槽接触的两侧面，这种皮带是无接头的环形带，常常几根一起使用。根据带与带轮楔形槽两侧面摩擦的受力分析可知，在相同压紧力和摩擦系数的条件下，V 带产生的摩擦力约为平带的 3 倍，同时，V 带可以多根并用，所以，V 带可比平带传递更大的功率。V 带又分为普通 V 带、窄 V 带、宽 V 带、半宽 V 带及大楔角 V 带等

多种类型，其中普通 V 带应用最广。

普通 V 带已标准化。按其结构分为帘布芯结构和绳芯结构两类。它的横截面结构如图 9-3 所示，由伸张层（顶胶）、强力层（抗拉体）、压缩层（底胶）和包布层（包布）组成。包布是 V 带的保护层；顶胶和底胶由橡胶制成，分别承受带弯曲时的拉伸和压缩；抗拉体是承受拉力的主体。绳芯 V 带结构柔软，抗弯强度较高；帘布芯 V 带抗拉强度较高。目前，已采用尼龙、涤纶、玻璃纤维等化学纤维代替棉帘布和棉线作为抗拉体，以提高带的承载能力。

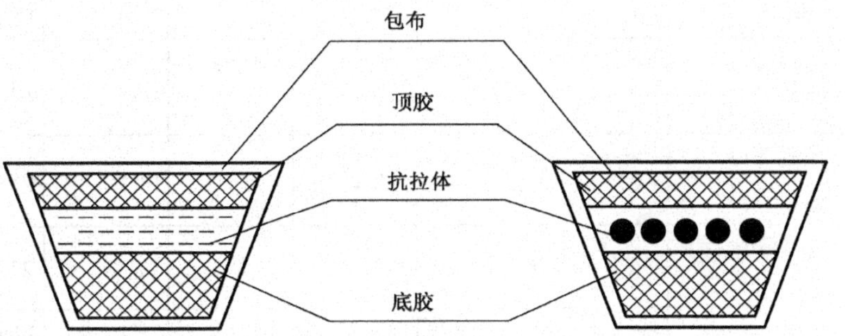

图 9-3　普通 V 带的结构

根据国家标准规定，普通 V 带按截面尺寸不同，分为 Y、Z、A、B、C、D、E 七种型号。Y 型 V 带的截面尺寸最小，E 型 V 带的截面尺寸最大。V 带是无接头的环形带，每种型号都有几种不同的周长。当 V 带弯曲时，伸张层将会伸长，压缩层被压缩，而两者之间的中性层的长度不发生变化。沿 V 带中性层量得的宽度叫节宽，用 b_p 表示。在皮带轮槽中也有与 V 带节宽相应的轮槽宽度，称为基准宽度，用 b_d 表示；而该处的直径称为带轮的基准直径，用 d_d 表示。V 带在规定的张紧力下，位于带轮基准直径上的皮带中性层的周长称为 V 带的基准长度，用 L_d 表示，用于 V 带传动的几何尺寸的计算。如表 9-1 所示为普通 V 带传动标准。

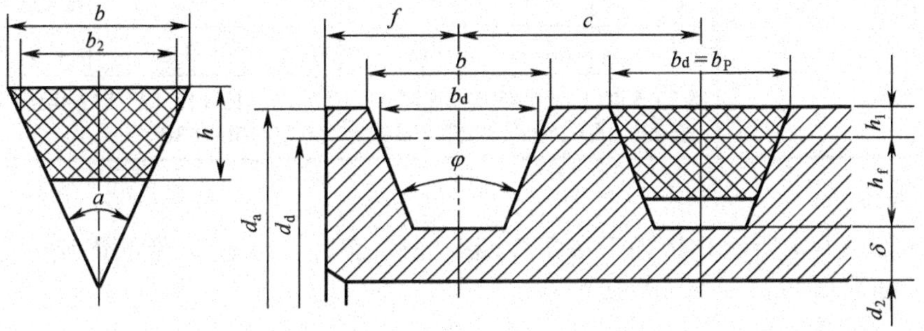

表 9-1　普通 V 带传动标准

尺寸参数		普通 V 带型号						
		Y	Z	A	B	C	D	E
普通 V 带	节宽 b_p/mm	5.3	8.5	11.0	14.0	19.0	27.0	32.0
	顶宽 b/mm	6.0	10.0	13.0	17.0	22.0	32.0	38.0
	高度 h/mm	4.0	6.0	8.0	11.0	14.0	19.0	25.0
	楔角 α	40°						

续表

尺寸参数		普通 V 带型号						
		Y	Z	A	B	C	D	E
普通 V 带	截面面积 A/mm^2		47	81	138	230	476	692
	每米带长质量 $q/(\mathrm{kg/m})$	0.02	0.06	0.10	0.17	0.30	0.62	0.90
普通 V 带轮	基准宽度 b_d/mm	5.3	8.5	11.0	14.0	19.0	27.0	32.0
	槽顶宽 b/mm	6.3	10.1	13.2	17.2	23.0	32.7	38.7
	基准线至槽顶高度 $h_{a\min}$ /mm	1.6	2.0	2.75	3.5	4.8	8.1	9.6
	基准线至槽底深度 $h_{f\min}$ /mm	4.7	7.0	8.7	10.8	14.3	19.9	23.4
	第一槽对称线至端面距离 f/mm	7 ± 1	8 ± 1	10^{+2}_{-1}	12.5^{+2}_{-1}	17^{+2}_{-1}	23^{+3}_{-1}	29^{+4}_{-1}
	槽间距 e/mm	8 ± 0.3	12 ± 0.3	15 ± 0.3	19 ± 0.4	25.5 ± 0.5	37 ± 0.6	45.5 ± 0.7
	最小轮缘厚度 δ /mm	5	5.5	6	7.5	10	12	15
	轮缘宽 B/mm	按 $B=(z-1)e+2f$ 计算，或查GB10412－89						
	轮缘外径 d_0 /mm	$d_a=d_d+2h_0$						
	轮缘内径 d_2 /mm	$d_2=d_d-2(h_f+\delta)$						
	轮槽数 z 范围	1～3	1～4	1～5	1～6	3～10	3～10	3～10
	槽角 φ 32° 对应的 d_d	≤60	—	—	—	—	—	—
	槽角 φ 34° 对应的 d_d		≤80	≤118	≤190	≤315	—	—
	槽角 φ 36° 对应的 d_d	>60	—	—	—	—	≤475	≤600
	槽角 φ 38° 对应的 d_d	—	>80	>118	>190	>315	>475	>600
基准直径系列		28 31.5 40 50 56 63 71 75 80 90 100 106 112 118 125 132 140 150 160 180 200 212 224 250 280 315 355 375 400 450 500 560 630……						

3．*多楔带传动*

多楔带（如图 9-4 所示）相当于多条 V 带组合，兼有平带与 V 带的优点，主要用于要求结构紧凑的大功率传动。

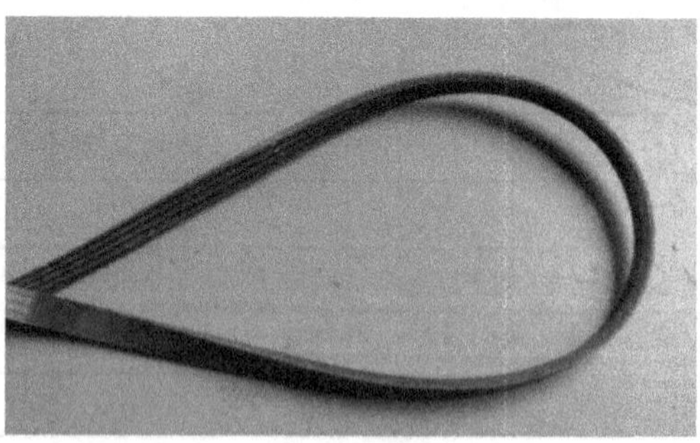

图 9-4　多楔带

4. 圆带传动

圆带的横截面为圆形，一般用于功率较小的低速传动，如仪器、缝纫机等。

5. 同步带传动

同步带是带齿的环形带，属啮合型传动，靠皮带上的齿与带轮上相应的轮齿啮合进行传动。因而，其传动比准确，但对制造及安装精度要求较高，成本也较高。如图 9-5 所示为汽车发动机的同步带。

图 9-5　汽车发动机的同步带

9.1.3　带传动的张紧与维护

在带传动中，带由于长期受拉力作用，工作一段时间后会产生塑性伸长，造成松弛，使初拉力降低。为了保证带传动的正常工作，应定期检查初拉力，当发现初拉力小于允许范围时，需重新张紧。常见的张紧装置有如图 9-6 所示的三类。

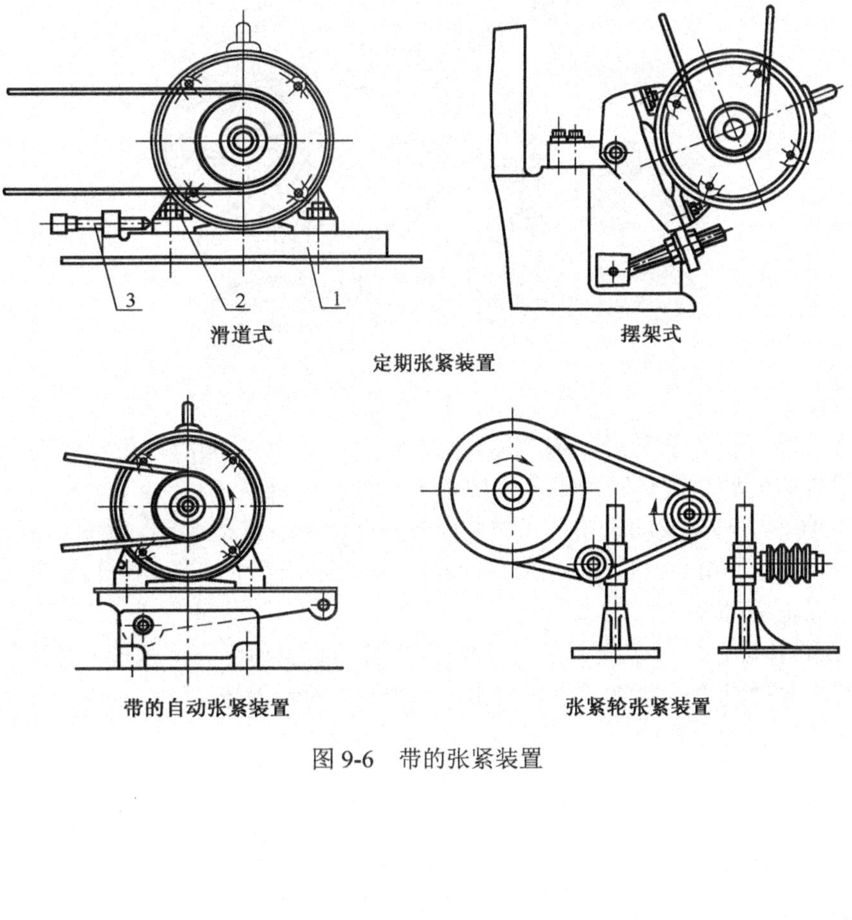

图 9-6　带的张紧装置

（1）定期张紧装置。常见的有滑道式和摆架式两种，均靠调节螺钉来调节带的张紧程度。

（2）自动张紧装置。利用电动机自重使带始终在一定的张紧力下工作。

（3）张紧轮张紧装置。当中心距不可调节时，采用张紧轮张紧。张紧轮一般应放在松边内侧，并尽量靠近大带轮。张紧轮的轮槽尺寸与带轮相同，且直径小于小带轮的直径。

V 带传动的安装和维护需注意以下几点：

（1）安装时，两带轮轴必须平行，两轮轮槽要对齐，否则将加剧带的磨损，甚至使带从带轮上脱落。

（2）胶带不宜与酸、碱或油接触，工作温度不应超过 60℃。

（3）带传动装置应加保护罩。

（4）定期检查胶带，发现其中一根过度松弛或疲劳损坏时，应全部更换新带，不能新旧并用。如果旧胶带尚可使用，应测量长度，选长度相同的组合使用。

9.1.4 汽车发动机上的带传动

齿形带传动式：用于上置式凸轮轴的传动。如图 9-7 所示为汽车发动机的带传动。

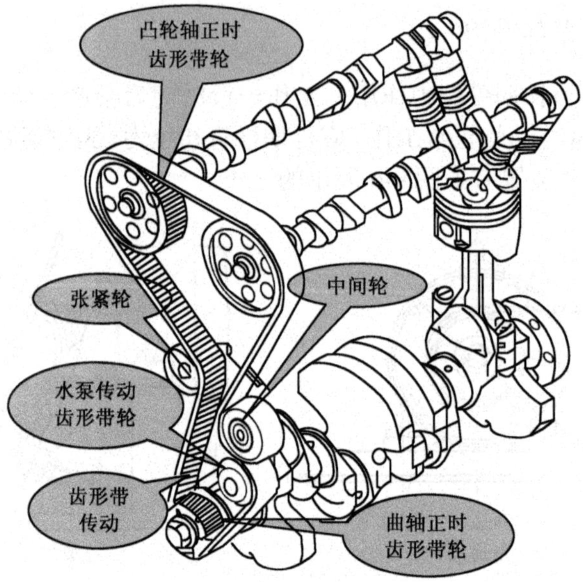

图 9-7　汽车发动机的带传动

主要优点：噪声小、质量轻、成本低、工作可靠、不需要润滑；齿形带伸长量小，适合有精确定时要求的传动。轿车发动机多采用以下三种传动类型：

（1）V 带传动。汽车发动机附件（如发电机，空调压缩机和水泵）常采用两根 V 带传动。如图 9-8 所示为捷达 1.6L2 气门 EA827 发动机附件，曲轴通过 V 带驱动水泵和空调压缩机，再通过空调压缩机驱动发电机。

（2）多楔带传动。由于多楔带的性能优于 V 带，其传动可靠，运转平稳，并具有较长的寿命，所以汽车发动机附件也常采用多楔带。如图 9-9 所示为捷达 1.6L5 气门发动机附件（发电机、空调压缩机和动力转向泵），采用双面多楔带传动。

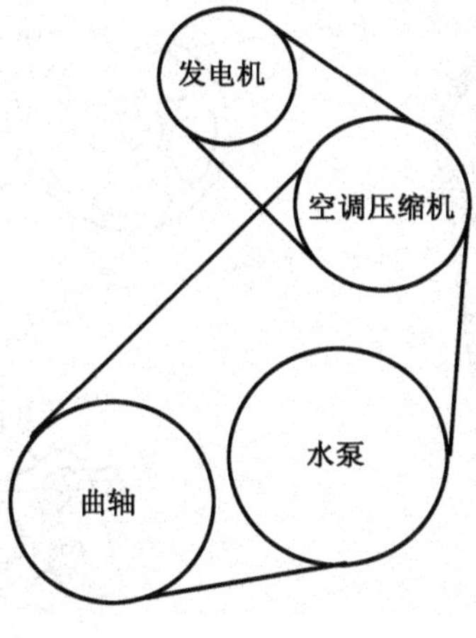

图 9-8　捷达 2 气门发动机 V 带传动

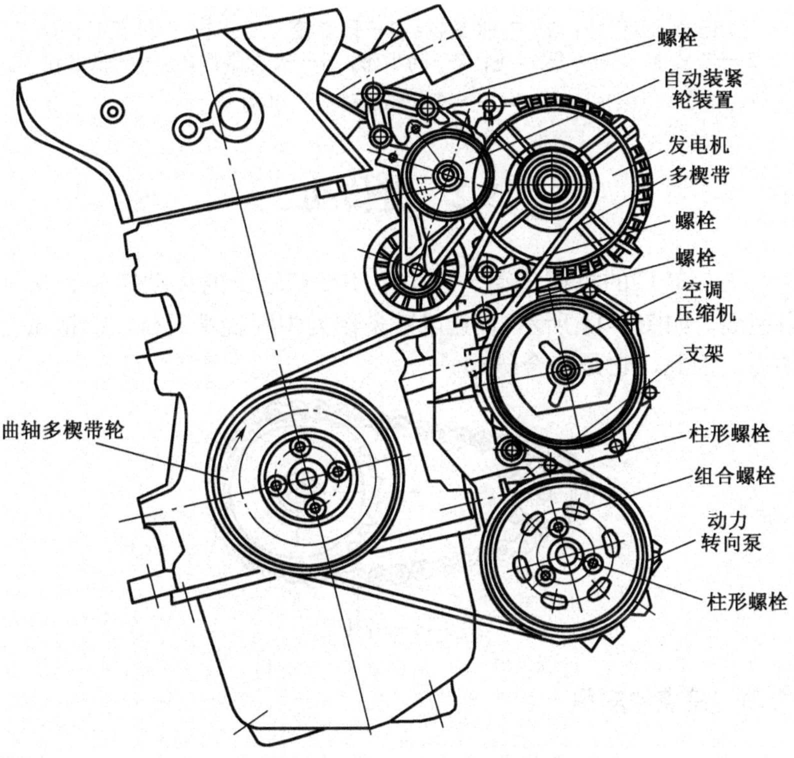

图 9-9　捷达 5 气门发动机多楔带传动

（3）同步带传动。同步带的工作面与带轮的轮缘都制成齿形，依靠齿的啮合来传动动力，因而消除了传动带在带轮上的滑动，保证主动轮与从动轮同步传动，所以同步带主要应用于要求传动比准确的中小功率传动中。

捷达、上海桑塔纳、一汽奥迪、北京切诺基等发动机的曲轴与凸轮轴间的传动（正时传动）均采用同步带传动。它不但保证了传动的精确性，而且噪声小，不需润滑。如图 9-10 所示为同步带传动配气机构图。

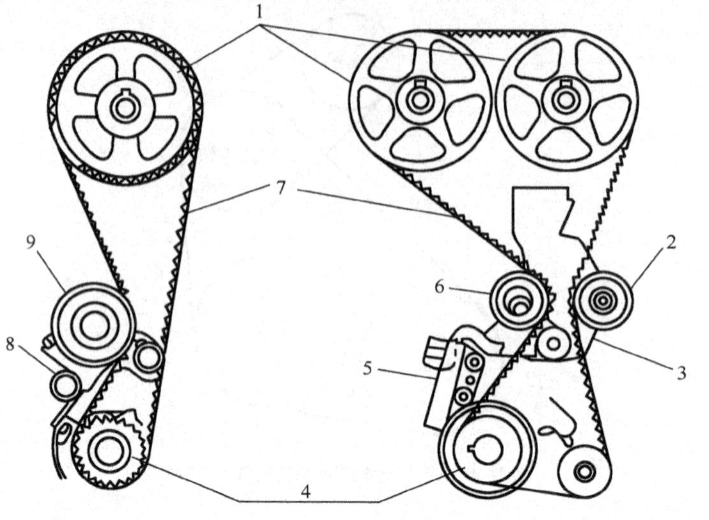

1—凸轮轴正时同步带轮；2—右张紧轮；3—张紧轮支架；4—曲轴正时同步带轮；
5—张紧器；6—左张紧轮；7—同步带；8—张紧器弹簧；9—张紧轮

图 9-10　同步带传动配气机构

9.2　链传动

链传动是一种应用较广的机械传动，它由装在平行轴上的主动链轮、从动链轮和绕在链轮上的环形链条组成（如图 9-11 所示），它以链条作为中间挠性元件，靠链条与链轮轮齿的啮合传递运动和动力。因此，它是啮合传动。

图 9-11　链传动

9.2.1　链传动的特点和应用

链传动是通过链条将具有特殊齿形的主动链轮的运动和动力传递到具有特殊齿形的从动链轮的一种传动方式。

与带传动相比，链传动没有弹性滑动和打滑，能保持准确的平均传动比；需要的张紧力小，作用于轴的压力也小，可减少轴承的摩擦损失；结构紧凑；能在温度较高、有油污等恶劣环境条件下工作。

与齿轮传动相比，链传动的制造和安装精度要求较低；中心距较大时，其传动结构简单。瞬时链速和瞬时传动比不是常数，因此传动平稳性较差，工作中有一定的冲击和噪声。

链传动平均传动比准确，传动效率高，轴间距离适应范围较大，能在温度较高、湿度较大的环境中使用；但链传动一般只能用作平行轴间的传动，成本高，易磨损，易伸长，传动平稳性差，运转时会产生附加动载荷、振动、冲击和噪声，不宜用在急速反向的传动中。且其瞬时传动比波动，传动噪声较大。由于链节是刚性的，因而存在多边形效应（即运动不均匀性），这种运动特性使链传动的瞬时传动比变化，并引起附加动载荷和振动，在选用链传动参数时需加以考虑。链传动广泛用于交通运输、农业、轻工、矿山、石油化工和机床工业等。

9.2.2　链传动比计算

链传动通过链与链轮轮齿的啮合来传递运动和动力，属于啮合传动。设某链传动，主动链轮的齿数为 z_1，从动链轮的齿数为 z_2，主动链轮每转过一个齿，链条就移动一个链节，而从动链轮也就被链带动转过一个齿。当主动链轮转过 n_1 周，即转过 n_1z_1 个齿时，从动链轮就转过 n_2 周，即转过 n_2z_2 个齿。显然，主动轮与从动轮所转过的齿数相等，即

$$n_1z_1 = n_2z_2$$

由此可得一对链传动的传动比为

$$i_{12} = n_1/n_2 = z_2/z_1$$

上式表明，链传动中的两轮转速和链轮齿数成反比。

9.2.3　链条和链轮

1. 滚子链的结构和规格

滚子链由内链板 1、外链板 2、销轴 3、套筒 4 和滚子 5 组成（如图 9-12 所示）。内链板与套筒，外链板与销轴均为过盈配合，而套筒与销轴为间隙配合，这样就形成了一个铰链。当内外链板相对挠曲时，套筒可绕销轴自由转动。滚子与套筒间也为间隙配合，工作时滚子沿链轮的轮齿滚动，可以减轻链轮齿廓的磨损。内外链板均制成“8”字形，以保证链板各横截面的抗拉强度大致相等，并减轻链条重量。

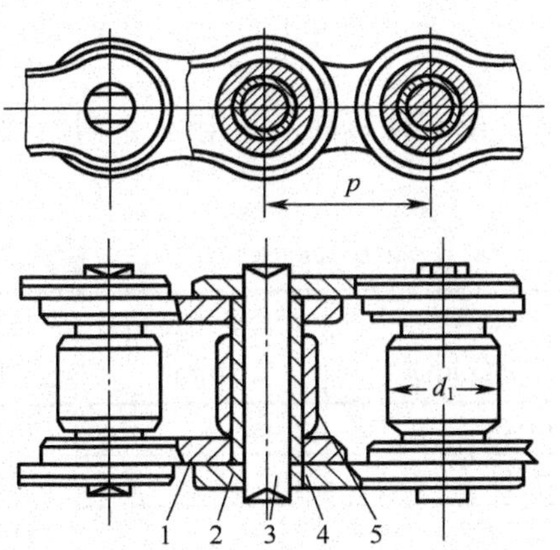

1—内链板；2—外链板；3—销轴；4—套筒；5—滚子

图 9-12　滚子链

链条的各零件由碳素钢或合金钢制成，并经热处理，以提高其强度和耐磨性。

相邻两滚子中心间的距离称为链条的节距，用 p 表示，它是链条的主要参数，节距越大，链条各零件的尺寸也越大，链条所能传递的功率也越大。

当传递较大功率时，可采用双排链（如图 9-13 所示）或多排链，p_1 为排距。为防止各排链受载不均，排数不宜过多，常用双排链或三排链。

滚子链的接头形式如图 9-14 所示，当链条节数为偶数时，链条连接成环时正好外链与内链板相接，再用开口销或弹簧夹锁住销轴；当链条节数为奇数时，则采用过渡链条，过渡链节受拉时，还要承受附加弯曲载荷，应尽量避免采用。

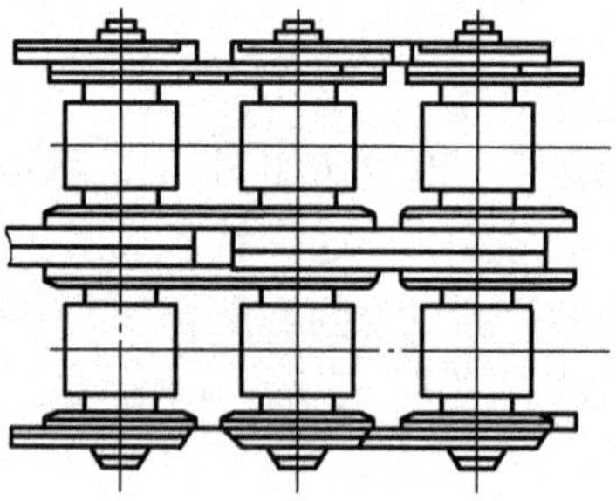

图 9-13 双排滚子链

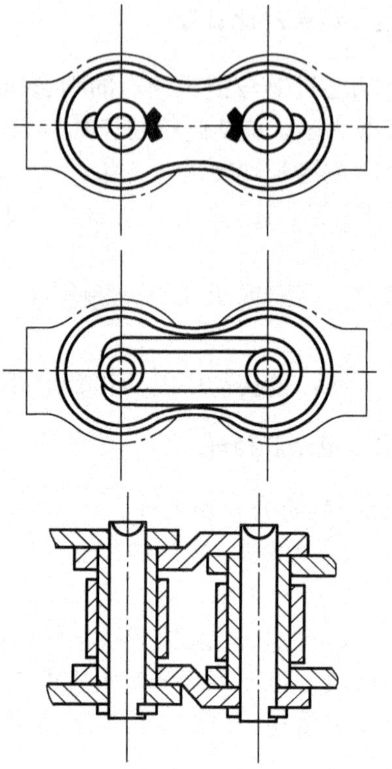

图 9-14 滚子链的接头形式

滚子链已标准化，分为 A、B 两种系列，常用 A 系列。如表 9-2 所示列出了 A 系列滚子链的主要参数和极限拉伸载荷。

表 9-2 A 系列滚子链的主要参数

链号	节距 p（mm）	排距 p_t（mm）	滚子外径 d_1（mm）	极限载荷 Q（单排）（N）	每米长质量 q（单排）（kg/m）
08A	12.70	14.38	7.95	13800	0.60
10A	15.875	18.11	10.16	21800	1.00
12A	19.05	22.78	11.91	31100	1.50
16A	25.40	29.29	15.88	55600	2.60
20A	31.75	35.76	19.05	86700	3.80
24A	38.10	45.44	22.23	124600	5.60
28A	44.45	48.87	25.40	169000	7.50
32A	50.80	58.55	28.58	222400	10.10

滚子链的标记为：

链号－排数×整链链节数　标准编号

例如，08A－1×88　GB1243·1－83 表示：A 系列、节距为 12.70mm、单排、88 节的滚子链。

2. 链轮

GB1244－85 规定了滚子链链轮的端面标准齿槽形状（如图 9-15 所示）。这种齿形的链轮在工作时，其啮合处接触应力较小，因而有较高的承载能力，链轮齿廓可用标准刀具加工。因此，按标准齿形设计的链轮在工作图上不需要画出端面齿形，只需注明链轮的主要参数和主要尺寸，并注明“按 GB1244－85 制造”即可。

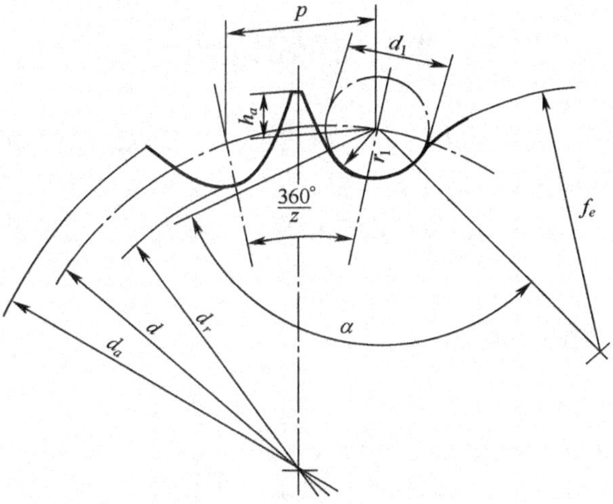

图 9-15　滚子链链轮端面齿形

9.2.4　链传动的张紧和润滑

1. 链传动的张紧

链传动张紧的目的主要是避免链条的垂度过大而造成啮合不良及链条振动，同时为了增大链条与链轮的啮合包角。当两轮轴心连线与水平面的倾角大于 60°时，通常需要张紧装置，如图 9-16 所示。

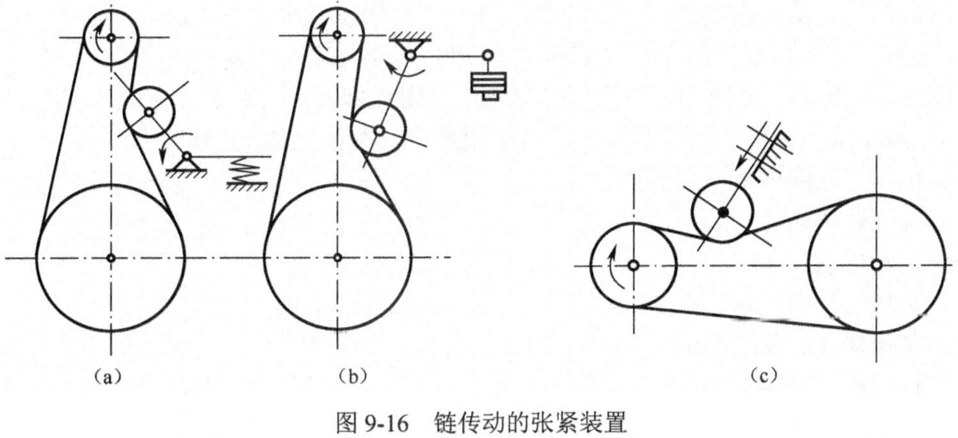

图 9-16　链传动的张紧装置

张紧的方法有很多。当传动中心距可以调整时，可通过调整中心距控制张紧程度；中心距不能调整时，可加张紧轮或在链条磨损伸长后从中去掉1～2个链节。张紧轮可自动张紧或定期调整。

2. 链传动的润滑

链传动的润滑十分重要，对高速重载的链传动更为重要。良好的润滑可以缓和冲击、减轻磨损、延长链条的使用寿命。

推荐采用的润滑油为N32、N46和N68（GB443－84）号机械油。环境温度高或载荷大时，宜取黏度高的润滑油；反之，宜取黏度低的润滑油。

9.3 齿轮传动

齿轮传动是近代机械中应用最多的传动形式之一。多数齿轮传动不仅用来传递运动，而且还要传递动力。因此，对齿轮传动的基本要求为：一是要运转平稳；二是要有足够的承载能力和寿命。在所有的机械传动中，齿轮传动应用最广，可用来传递相对位置不远的两轴之间的运动和动力。

9.3.1 齿轮传动的类型和特点

1. 齿轮传动的类型

齿轮传动是利用两齿轮的轮齿相互啮合来传递运动和动力的机械传动。按齿轮轴线的相对位置，分为平行轴圆柱齿轮传动、相交轴圆锥齿轮传动和交错轴螺旋齿轮传动。齿轮传动具有结构紧凑、效率高、寿命长等特点。

（1）根据两轴的相对位置和轮齿的方向，可分为（如图9-17所示）：

1）直齿圆柱齿轮传动（如图a和图b所示）。

2）斜齿圆柱齿轮传动（如图d所示）。

3）人字齿轮传动（如图e所示）。

4）锥齿轮传动（如图f、h所示）。

5）交错轴斜齿轮传动（如图i所示）。

（2）根据齿轮的工作条件，可分为：

1）开式齿轮传动式齿轮传动：齿轮暴露在外，不能保证良好的润滑。

2）半开式齿轮传动：齿轮浸入油池，有护罩，但不封闭。

3）闭式齿轮传动：齿轮、轴和轴承等都装在封闭箱体内，润滑条件良好，灰沙不易进入，安装精确，齿轮传动有良好的工作条件，是应用最广泛的齿轮传动。

（3）根据齿轮的外形，可分为：

1）圆柱齿轮传动。

2）锥齿轮传动。

3）非圆齿轮传动。

4）齿条传动（如图c所示）。

5）蜗杆传动（如图j所示）。

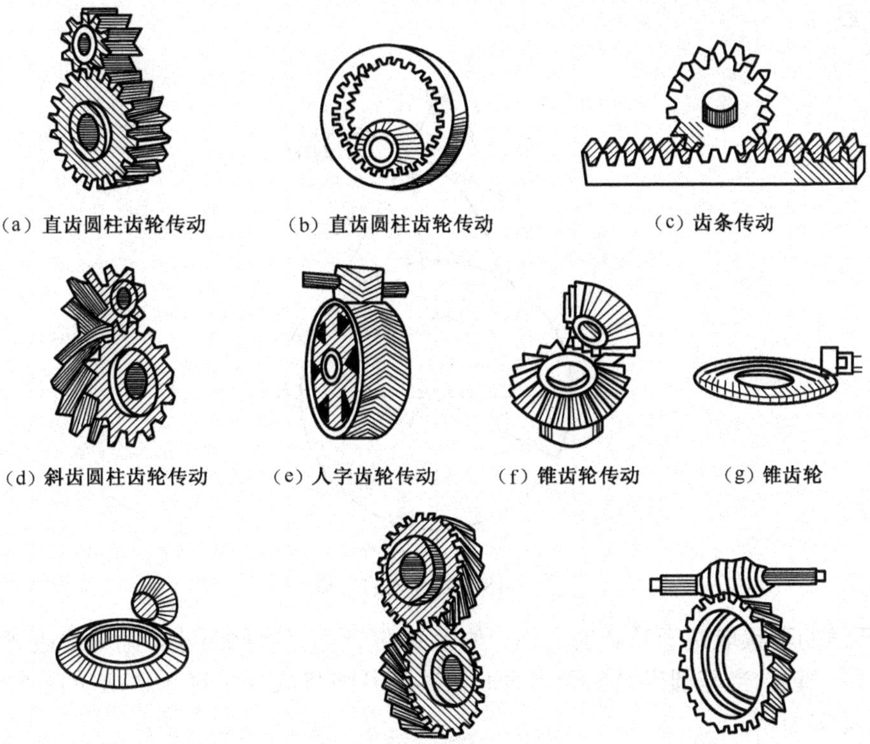

（a）直齿圆柱齿轮传动　（b）直齿圆柱齿轮传动　（c）齿条传动

（d）斜齿圆柱齿轮传动　（e）人字齿轮传动　（f）锥齿轮传动　（g）锥齿轮

（h）锥齿轮传动　（i）交错轴斜齿轮传动　（j）蜗杆传动

图 9-17　各种齿轮传动

2. 齿轮传动的特点

与其他传动相比，齿轮传动的特点是：齿轮传动平稳，传动比精确，工作可靠、效率高、寿命长，使用的功率、速度和尺寸范围大。如传递功率可以从很小至几十万千瓦；速度最高可达 300m/s；齿轮直径可以从几毫米至二十多米。但是制造齿轮需要有专门的设备，啮合传动会产生噪声。

9.3.2　渐开线齿轮

渐开线齿轮即齿廓加工成渐开线形状的齿轮。这类齿轮能够保证传动平稳，且具有易于制造和安装等优点，因此使用的齿轮中绝大多数为渐开线齿轮，下面来讨论渐开线的形成原理和特点。

1. 渐开线的形成、特性和啮合特点

（1）渐开线的形成及其特性。

当一条直线在圆周上作纯滚动时，该直线上任意一点的轨迹称为该圆的渐开线，这个圆称为基圆，该直线称为渐开线的发生线，如图 9-18 所示。渐开线齿轮轮齿的齿廓就是由同一基圆上产生的两条相反对称的渐开线组成的。

由渐开线的形成过程可知，渐开线具有以下特性：

1）弧长 AN 的长度等于线段 KN 的长度。

2）渐开线上任意一点 K 的法线必为基圆的切线。如图中线段 KN 相切于基圆，是渐开线

上 K 点的法线。

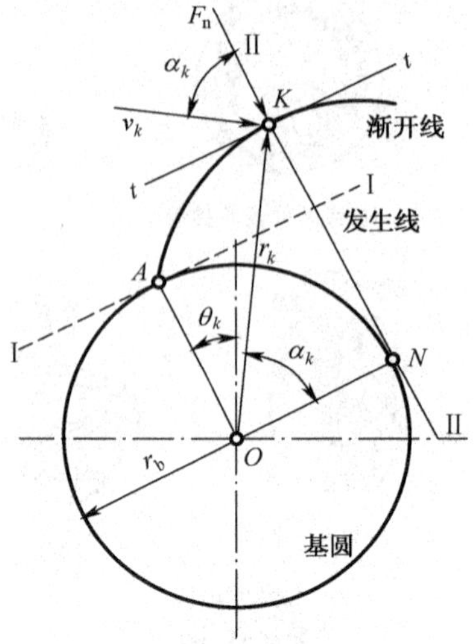

图 9-18　渐开线的形成

3）渐开线的形状取决于基圆的大小。如图 9-19 所示，基圆越小，渐开线越弯曲；基圆越大，渐开线越平直。当基圆半径为无穷大时，其渐开线将成为垂直于 N_3K 的直线。齿条的渐开线齿廓就是这种。

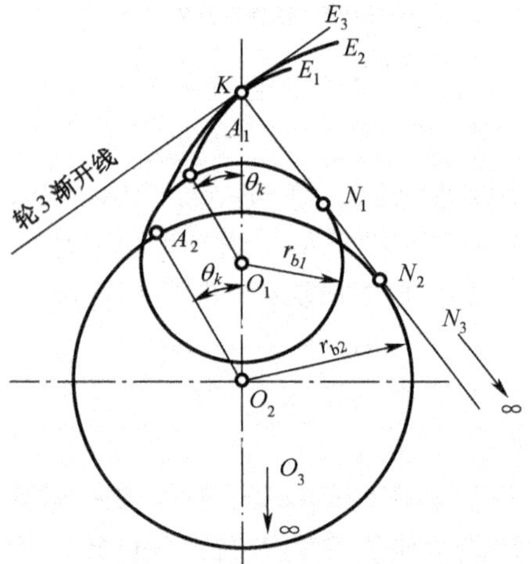

图 9-19　渐开线形状与基圆大小的关系

4）因渐开线是从基圆开始向外展开，所以基圆以内无渐开线。

5）渐开线齿廓上 K 点的法线（即为其受另一齿轮作用的正压力方向线）与齿廓上该点速度方向线所夹的锐角 α_k，称为渐开线齿廓在该点的压力角。由图 9-18 可知，$\angle NOK$ 在数值上等于压力角，故

$$\cos\alpha_k = \frac{ON}{OK} = \frac{r_b}{r_k}$$

式中，r_b 为渐开线的基圆半径，r_k 为渐开线上 K 点的向径。

（2）渐开线齿轮的啮合特点。

1）渐开线齿轮能够保证瞬时传动比恒定。由于啮合点不应产生相对移动，故两齿轮在啮合点齿廓公法线方向上的速度分量相等。由此可导出渐开线齿轮的瞬时传动的速比等于两齿轮基圆半径的反比。当一对渐开线齿轮制成后，两轮的基圆半径 r_{b1}、r_{b2} 已经确定，所以一对渐开线齿轮的瞬时传动的速比为一个常数，即能保证瞬时传动比恒定。

2）中心距具有可分离性。生产实际中，由于制造、安装误差以及轴承的磨损等，都会导致两齿轮中心距产生偏差，但却不会影响齿轮的传动比，这就大大方便了安装工作，并降低了制造成本。因此，中心距可分离性是渐开线齿轮的一大优点。

3）传递压力方向不变。当一对渐开线齿轮啮合时，啮合点一定沿着两轮基圆的内公切线移动。由于两基圆同侧内公切线只有一条，故齿廓之间传递的压力一定沿着公法线的方向，即传递压力方向不变，从而使传动平稳。

2. 直齿圆柱齿轮的主要参数及几何尺寸

（1）直齿圆柱齿轮的主要参数。

1）齿数 z。在齿轮整个圆周上齿的总数称为该齿轮的齿数，用符号 z 表示，齿数由设计计算确定。

2）模数 m。

分度圆的周长为：$\pi d=zp$

为便于设计、制造和检验，把比值制定成标准值，称为模数，即：

$$m=p/\pi$$

因此，分度圆直径为

$$d=mz$$

如表 9-3 所示为标准模数系列表。

表 9-3　标准模数系列表（摘自 GB/T1357-1987）

第一系列	1	1.25	1.5	2	2.5	3	4	5	6	8
	10	12	16	20	25	32	40	50	……	
第二系列	（1.75）	（2.25）	（2.75）	（3.25）	（3.75）	（4.5）	（5.5）	7	9	（11）
	（14）	（18）	（22）	（28）	36	45	……			

3）压力角 α。渐开线 K 点的压力角 α_k 可用 $\cos\alpha_k=\dfrac{r_b}{r_k}$ 表示，因此，渐开线齿轮分度圆上的压力角可表示为：

$$\cos\alpha=\frac{r_b}{r}$$

国家标准规定，标准齿轮的压力角 α=20°或 15°。

4）齿顶高系数 h_a*和顶隙系数 c*。

国家标准中规定 h_a*、c*的标准值为：

正常齿：$h_a^*=1$，$c^*=0.25$

短齿：$h_a^*=0.8$，$c^*=0.3$

（2）渐开线直齿圆柱齿轮几何尺寸（如图 9-20）计算。如表 9-4 所示为渐开线直齿圆柱齿轮几何尺寸公式表。

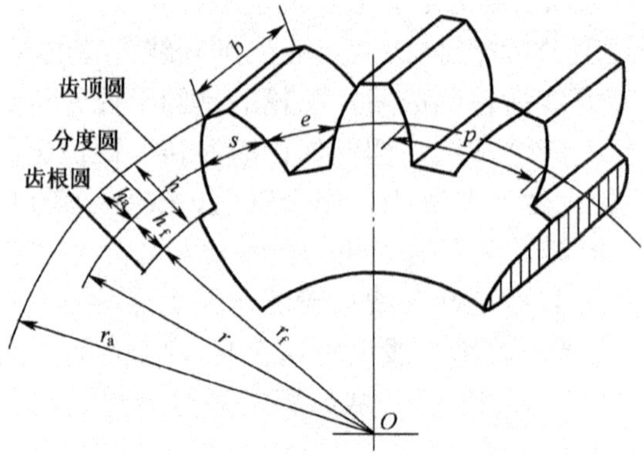

图 9-20　直齿轮各部分的名称和符号

表 9-4　渐开线直齿圆柱齿轮的几何尺寸公式表

名称	符号	外齿轮	内齿轮	齿条
模数	m	经设计计算后取标准值		
压力角	α	$\alpha = 20^{\circ}$		
顶隙	c	$c = c^{*}m$		
齿顶高	h_a	$h_a = h_a^{*}m$		
齿根高	h_f	$h_f = (h_a^{*} + h_c^{*})m$		
全齿高	h	$h = h_a + h_f$		
齿距	p	$p = \pi m$		
基圆齿距	p_b	$p_b = p\cos\alpha = \pi m\cos\alpha$		
齿厚	s	$s = \dfrac{\pi m}{2}$		
齿槽宽	e	$e = \dfrac{\pi m}{2}$		
分度圆直径	d	$d = mz$		$d = \infty$
基圆直径	d_b	$d_b = d\cos\alpha$		$d = \infty$
齿顶圆直径	d_a	$d_a = h + 2h_a$	$d_a = h - 2h_a$	$d_a = \infty$
齿根圆直径	d_f	$d_f = h - 2h_a$	$d_f = h + 2h_a$	$d_f = \infty$

由表 9-4 中不难看出：模数 m 是齿轮几何尺寸计算的主要参数，当齿数不变时，模数增大若干倍，则齿轮的各部分尺寸也增加相应的倍数，如图 9-21 所示。

3. 渐开线直齿圆柱齿轮的啮合传动

（1）渐开线直齿圆柱齿轮的啮合过程。

如图 9-22 所示为一对渐开线齿轮相啮合，由渐开线性质可知，N_1N_2 是两齿廓在啮合点的公法线，也是两基圆的内公切线，所以渐开线齿轮啮合时，各啮合点始终沿着两基圆的内公切线 N_1N_2 移动，N_1N_2 称为啮合线。设齿轮 l 为主动轮，齿轮 2 为从动轮。当一对齿轮开始啮合时，先以主动轮的齿根部分推动从动轮的齿顶，因此起始啮合是从动轮的齿顶圆与啮合线的交点 B_2。当两轮继续转动时，主动轮轮齿上的啮合点向齿顶移动，而从动轮轮齿上的啮合点向齿根部移动。终止啮合点是主动轮的齿顶圆与啮合线的交点 B_1，此时两轮齿将脱离接触。线段 B_2B_l 为齿轮啮合点的实际轨迹，称为实际啮合线段。若将两齿顶圆加大，则 B_1B_2 就越接近点 N_1 和 N_2。但因基圆内无渐开线，故线段 N_1N_2 为理论最大的啮合线段，称为理论啮合线段。

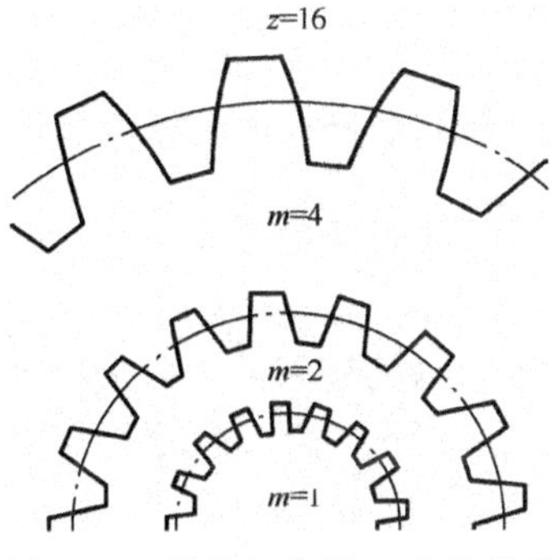

图 9-21　模数与齿轮尺寸的关系

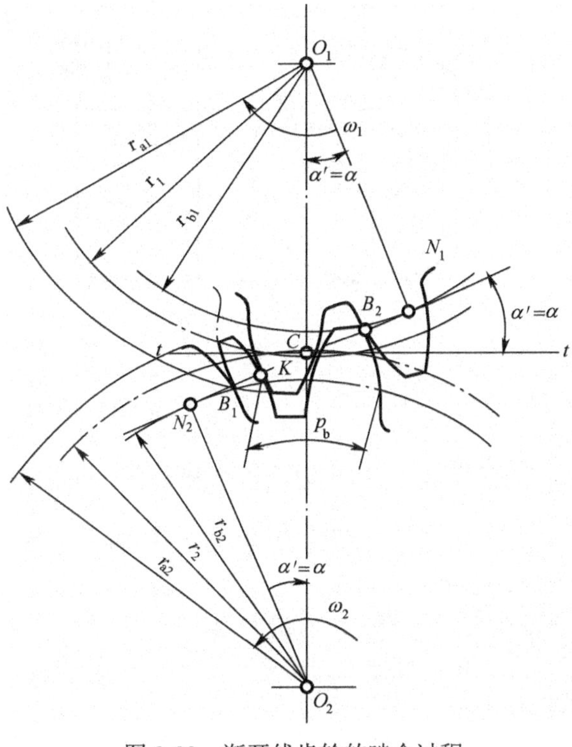

图 9-22　渐开线齿轮的啮合过程

（2）渐开线齿轮啮合传动的条件。

1）正确啮合的条件。两齿轮的模数和压力角必须分别相等，并为标准值。

$$\begin{cases} m_1 = m_2 = m \\ \alpha_1 = \alpha_2 = \alpha \end{cases}$$

2）连续传动条件。由齿轮啮合过程可知，为使齿轮连续地进行传动，就必须使前一对轮齿尚未脱离啮合时，后一对轮齿已经进入啮合。连续传动条件为：

$$\varepsilon \geqslant 1$$

ε 称为重合度。重合度 ε 越大，表明齿轮传动的连续性和平稳性越好。直齿圆柱齿轮的重合度 $\varepsilon \geqslant 1.1 \sim 1.4$。

4. 渐开线直齿圆柱齿轮的加工原理和变位齿轮简介

（1）切制齿廓的基本原理。

1）仿形法。仿形法是在普通铣床上使用成形刀具将齿轮轮坯逐一铣削出齿槽而形成齿廓的方法。这类刀具的刀刃形状和被切齿轮的齿槽形状相同，常用的成形刀具有盘形铣刀和指状铣刀，如图 9-23 所示。铣齿时，铣刀绕自身轴线转动，轮坯沿自身轴线进给，切出一个齿槽后把轮坯旋转 $2\pi/z$ 度，再铣下一个齿槽，直至将所有齿槽全部切制出来。

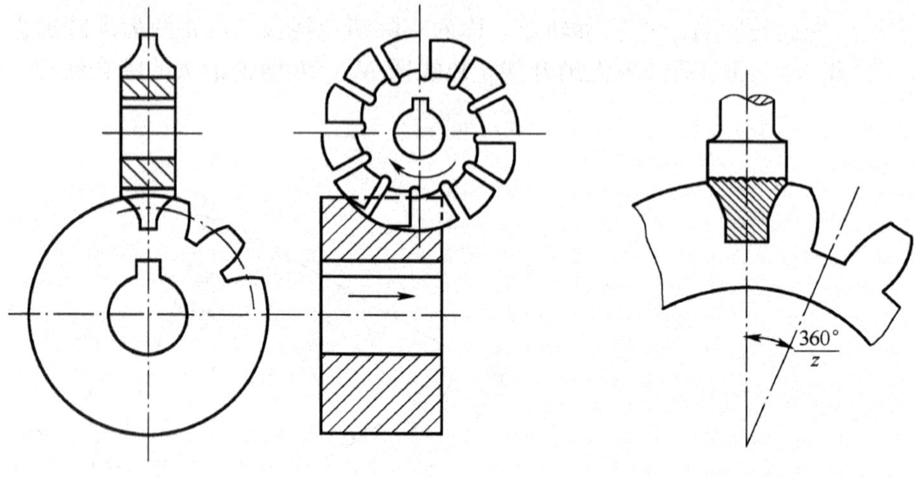

（a）盘形铣刀　　（b）指状铣刀

图 9-23　仿形法切齿

由于渐开线齿廓形状取决于基圆大小，而 $r = mz\cos\dfrac{\alpha}{2}$，故其齿廓形状与齿轮的模数、压力角、齿数都有关。当用仿形法加工齿轮时，对每一种模数和齿数的齿轮都需配一把铣刀，这是不经济、不现实的。

所以在实际生产中，为减少刀具，对于同一模数和标准压力角的铣刀，一般采用 8 把（或 15 把）为一套。每把铣刀铣制一定范围齿数的齿轮，以适应加工不同齿数齿轮的需要，如表 9-5 所示。

表 9-5　每号铣刀切制齿轮的齿数范围

刀号	1	2	3	4	5	6	7	8
齿数范围	12～13	14～16	17～20	21～25	26～34	35～54	55～134	≥135

2）范成法。当大批量生产、要求齿轮精度较高时，常采用范成法（又称包络法或展成法）加工齿轮。这种方法是利用一对齿轮（或齿轮与齿条）相互啮合时，两轮的共轭齿廓曲线互为包络线的原理来切齿的。所以，将其中的一个齿轮（或齿条）制成刀具，加工时，除了切削和让刀运动外，刀具与齿轮轮坯之间的运动与一对互相啮合的齿轮运动完全相同。这样，刀具便切削出与其共轭的渐开线齿廓。

由齿轮传动的正确啮合条件可知，被切齿轮的模数和压力角需与切齿刀具的模数和压力角相同。

由 $i_{12} = \dfrac{\omega_1}{\omega_2} = \dfrac{z_2}{z_1}$ 可知，刀具的齿数 z 是一定的，因此只要改变 i_{12} 就可得到不同齿数的齿轮。即用范成法加工齿轮时，可用同一把刀具加工出模数、压力角相同的各种齿数的齿轮。

用范成法加工齿轮时，常用的刀具有三种：

①齿轮插刀。这种刀具是一个具有切削刃的渐开线外齿轮，如图 9-24（a）所示。插齿时，插刀与轮坯按定传动比 $n_{刀}/n_{坯}=z_{坯}/z_{刀}$作回转运动，即范成运动。同时，插刀沿轴线方向做往复运动（即切削运动），使刀刃切削齿轮坯。因此，用这种方法加工出来的齿轮轮廓为插刀刀刃在轮坯上的一系列依次位置的包络线，如图 9-24（b）所示。在实际加工时，还需有径向运动和让刀运动，当径向进给全部达到一个齿高时，切齿即完成。

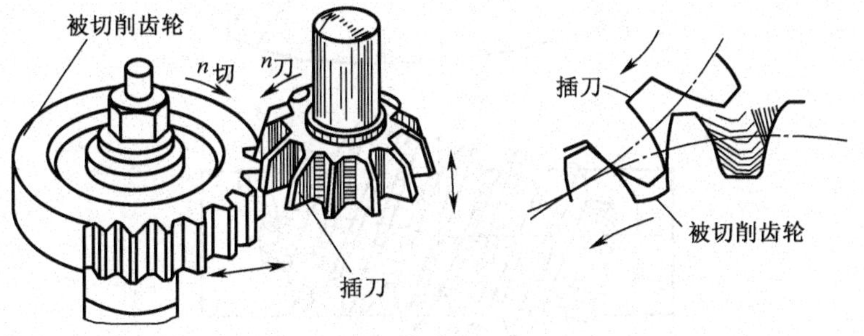

（a）　　　　（b）

图 9-24　齿轮插刀插齿

②齿条插刀。当齿轮插刀的齿数增加到无穷多时，其基圆半径也增至无穷大，渐开线齿廓变成直线齿廓，齿轮插刀就变成齿条插刀。如图 9-25 所示为用齿条插刀切制齿轮的情形，其加工原理与齿轮插刀切削齿轮坯的原理相同，只是齿条插刀的运动为直线运动，

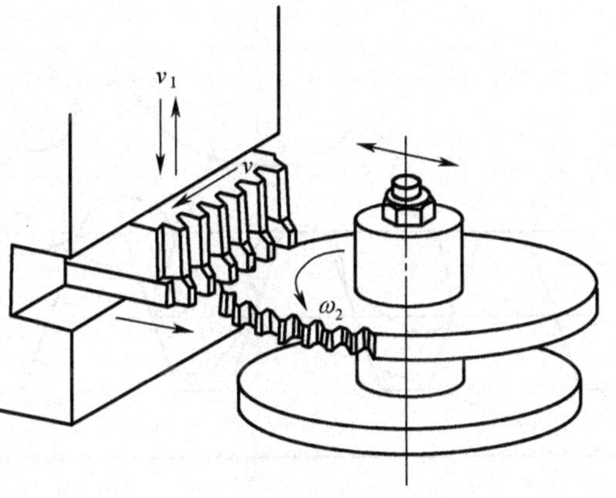

图 9-25　用齿条插刀切制齿轮

其移动速度 v_1 与轮坯角速度 ω_2 间的关系为 $v_1=r_2\omega_2=mz_2\omega_2/2$（由机床提供）。齿条插刀不能加工内齿轮。

③齿轮滚刀。用上述两种刀具进行插齿加工时都是间断切削，生产率较低，因而在生产中更广泛地采用齿轮滚刀来加工齿轮。

如图 9-26 所示是用齿轮滚刀切制齿轮的情形。齿轮滚刀相当于按螺旋线方向排列的多个齿条，也就是说在其轴向剖面内具有齿条的直线齿廓（刀刃）。当齿轮滚刀转动时，相当于一个齿条连续地向一个方向移动，所以切削过程是连续的，提高了生产率。这种方式适用于大批

量生产，但也不能加工内齿轮。

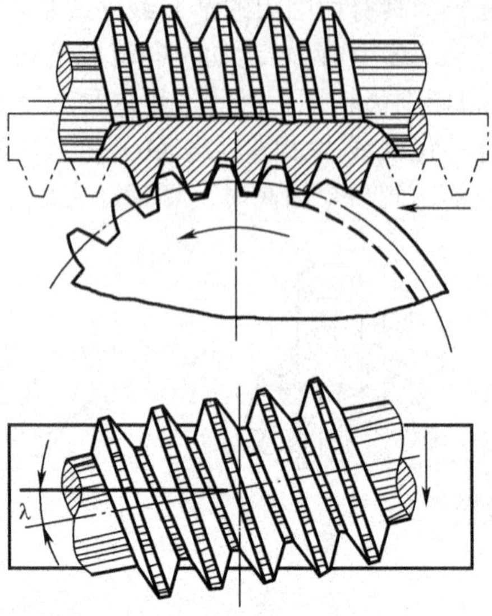

图 9-26　用齿轮滚刀切制齿轮

3）渐开线齿轮的根切现象和最少齿数。用范成法加工齿数较少的齿轮，当刀具的齿顶线与啮合线的交点超过了啮合极点 N_1 时（如图 9-27 所示），会出现轮齿根部的渐开线齿廓被切掉一部分的现象，这种现象称为根切。严重的根切不仅削弱轮齿的弯曲强度，也将减小齿轮传动的重合度，应设法避免。

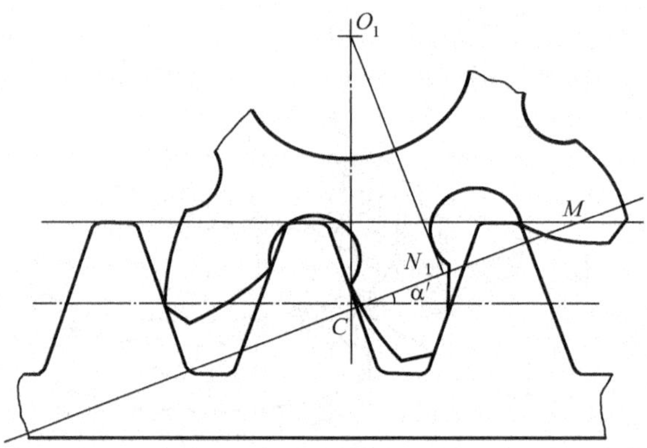

图 9-27　根切现象

（2）变位齿轮。

如图 9-28（a）所示，若刀具的分度线与轮坯分度圆相切并作纯滚动，便可切制出在分度圆上的齿厚等于齿槽宽的标准齿轮。若将齿条刀具相对轮坯移动一段距离 xm 切制轮坯，xm 称为变位值，x 称为变位系数，这种刀具移位的加工方法称为变位修正法，用变位修正法切制出来的齿轮称为变位齿轮。

如果刀具向远离轮坯的方向移动，称为正变位（$x>0$），如图 9-28（b）所示。如果刀具向靠近轮坯的方向移动，则称为负变位（$x<0$），如图 9-28（c）所示。

由变位切齿原理可知，切制变位齿轮与切齿标准齿轮比较，只是刀具位置的变化，并没有改变切齿机床的相对运动关系，所以，无需重新设计齿轮加工机床与刀具。这使变位齿轮传动得以广泛应用。

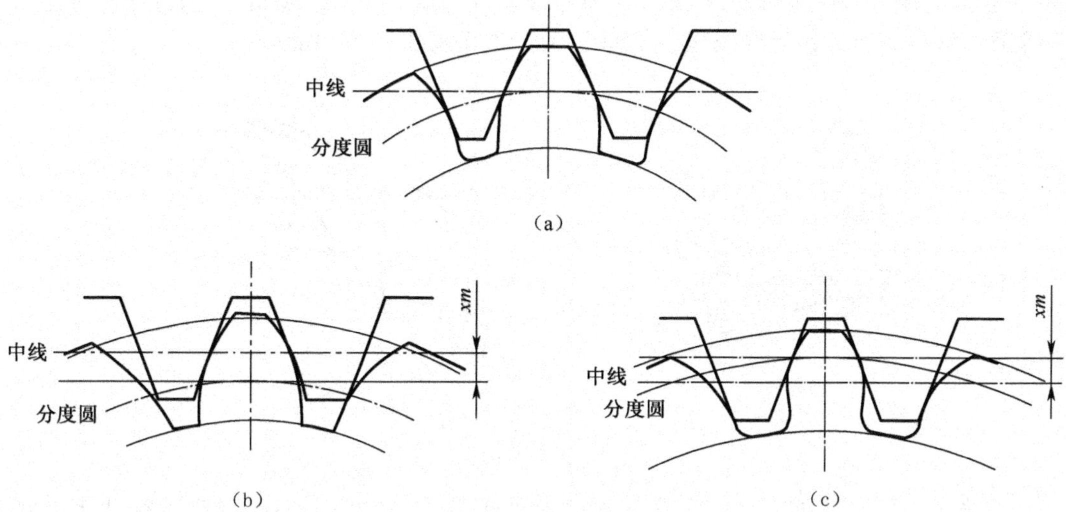

图 9-28 标准齿轮与变位齿轮比较

正变位轮齿根部的厚度增加，齿廓曲率半径增大，有利于提高齿轮强度，因此使用较多。但轮齿顶部齿厚变薄，要防止正变位时齿顶变尖；负变位时增加了轮齿发生根切的机会，故要防止负变位产生根切。

变位齿轮传动有以下两种类型：

1）高度变位齿轮传动。两齿轮变位系数之和为零（$x_1+x_2=0$）的传动，称为高度变位齿轮传动。

一般小齿轮采用正变位 $x_1>0$；大齿轮采用负变位 $x_2<0$。变位后 h_{a1} 增大而 h_{f1} 减小，h_{a2} 减小而 h_{f2} 增大，即齿顶高和齿根高均发生变化（但全齿高不变）。

高度变位后的齿轮分度圆仍相切，节圆与分度圆相重合。变位后的中心距 a' 仍等于标准中心距 a，啮合角 α' 等于分度圆压力角 α。

2）角度变位齿轮传动。当变位后两齿轮的实际中心距 $a'\neq a$ 且 $x_1+x_2\neq 0$ 时，这种传动与标准齿轮传动相比，啮合角发生了变化，所以称为角度变位。角度变位分为两种情况：

①当 $x_1+x_2>0$ 时，称为正传动。其中，$a'>a$，$\alpha'>\alpha$，因此，只要恰当地选择变位系数就可以得到所需的中心距，这就是配凑中心距的方法。

②当 $x_1+x_2<0$ 时，称为负传动。其中，$a'<a$，$\alpha'<\alpha$，负传动缺点较多，一般只在特殊情况下配凑中心距才采用负传动。

9.3.3 齿轮失效形式与齿轮材料

1. 齿轮失效形式

齿轮失效将导致齿轮失去正常工作的能力，主要发生在轮齿部分，其主要失效形式有轮齿折断、齿面磨损、齿面点蚀和齿面胶合等。下面对几种常见的失效形式做简要的分析。

（1）轮齿折断。当齿轮传递动力时，其受力情况相当于一个悬臂梁，其齿根处弯曲应力最大，而且在齿根过渡处有应力集中，故轮齿折断一般发生在齿根部分。轮齿折断有两种情况：①疲劳折断，它是由于轮齿齿根部分受到较大交变弯曲应力的多次重复作用，如图 9-29（a）所示；②过载折断，即轮齿受到短时严重过载或冲击载荷的作用引起的突然折断，用淬火钢或铸铁等脆性材料制造的齿轮容易发生过载折断，如图 9-29（b）所示。

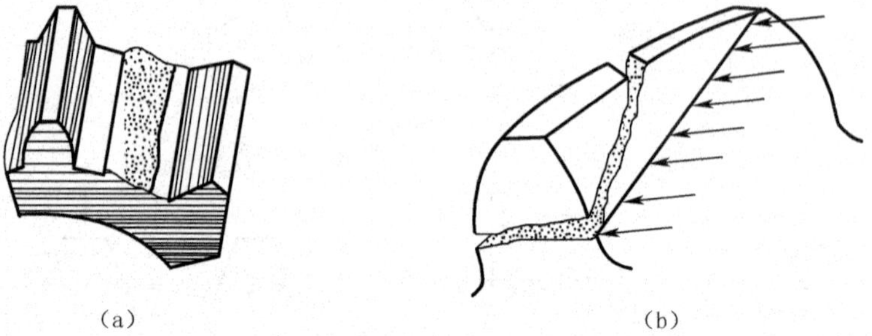

图 9-29　轮齿折断

为了防止齿轮在预期寿命内发生折断，应对齿轮齿根的弯曲疲劳强度进行计算。此外，设计齿轮传动时，降低齿轮表面的粗糙度、适当增大齿根圆角、对齿根表面进行强化处理（如喷丸、碾压等）以及采用良好的热处理工艺等，都能提高齿根的抗折断能力。

（2）齿面疲劳点蚀。轮齿工作时，当齿面的接触应力超过材料的接触疲劳强度极限时，在载荷多次重复作用下，首先在靠近节线的齿根表面处产生微小的疲劳裂纹，随着裂纹扩展，最后导致齿面金属小块剥落下来，形成一些小麻坑，这种现象称为疲劳点蚀，又称点蚀，如图 9-30 所示。

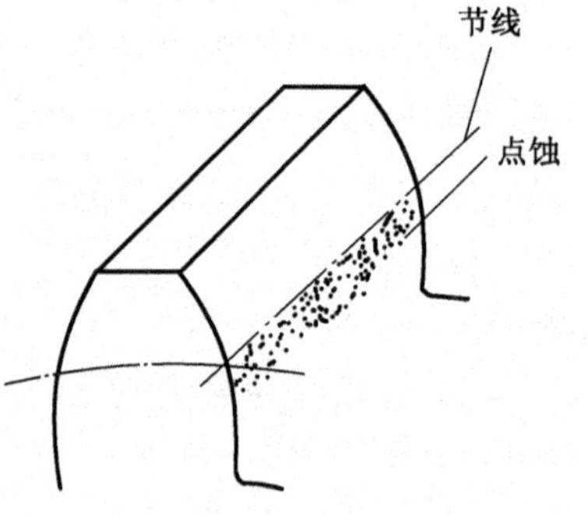

图 9-30　齿面疲劳点蚀

齿面发生点蚀后，破坏了渐开线齿廓的形状，造成传动不稳，引起冲击及噪声，导致齿轮失效。

点蚀常发生在润滑良好的闭式齿轮传动中。而开式齿轮传动通常不会产生点蚀，其原因是齿面磨损较快，点蚀未出现前齿面已被磨损。

为了防止齿轮在预期寿命内发生点蚀，应对齿面接触疲劳强度进行计算。齿面硬度越高，抗点蚀的能力就越强，所以采用热处理的方法提高齿面硬度是防止点蚀的有效措施之一。此外，还可以降低齿面粗糙度，使用高黏度润滑油及适宜的添加剂等方法提高齿面抗点蚀能力。

（3）齿面胶合。在高速重载的齿轮传动中，常因啮合处的高压接触使温升过高，破坏了齿面的润滑油膜，造成润滑失效，使两齿轮齿面金属直接接触，导致局部金属粘结在一起。较硬的金属齿面将较软的金属表面沿滑动方向撕划出沟，这种现象称为齿面胶合，如图 9-31 所示。在低速重载情况下，由于油膜不易形成，也可能发生胶合。

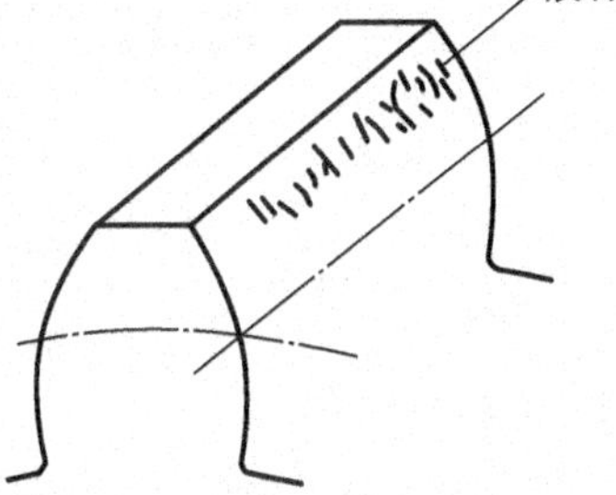

图 9-31　齿面胶合

齿面发生胶合后会导致强烈的磨损。为了防止齿面胶合，制造时可适当提高齿面硬度及降低表面粗糙度，使用时采用黏度较大或抗胶合性较好的润滑油等。

（4）齿面磨损。齿轮在啮合过程中，由于齿面间有相对滑动，故在载荷作用下必然会产生磨损，严重的磨损将使齿面失去渐开线形状，齿侧间隙增大，齿根厚度减小，从而产生冲击和噪声，甚至发生轮齿折断。

采用闭式齿轮传动能使其得到良好的润滑和维护。此外，提高齿面硬度、减少其表面粗糙度、选择合适的材料和热处理方法等都可以减轻齿面磨损。

（5）齿面塑性变形。在重载作用下，轮齿材料屈服产生塑性流动而使齿面或齿体发生塑性变形，导致齿面失去正确的齿形而失效。这种失效形式发生在低速、启动及过载频繁的传动中，如图 9-32 所示。

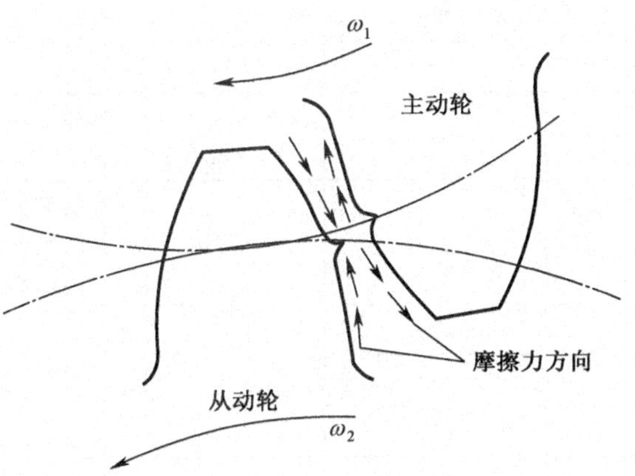

图 9-32　齿面塑性变形

2. 汽车齿轮的选材

汽车齿轮的选材要从齿轮的工作条件、失效形式及其对材料性能的要求等几方面综合考虑。

（1）工作条件。汽车齿轮受力较大，受冲击频繁，其耐磨性、疲劳强度、心部强度以及冲击韧性等均要求比较高。这是因为，汽车齿轮主要装配在变速器和差速器中。在变速器中，通过它改变发动机、曲轴和主轴齿轮的速比；在差速器中，通过齿轮增加转矩，调节左右轮的转速。汽车上全部发动机的动力均通过齿轮传给车轴，推动汽车运行。

（2）主要失效形式。按照工作条件的不同，汽车齿轮的失效形式主要有上节所述的几种形式。

（3）性能要求。根据对工作条件及失效形式的分析，可以对汽车齿轮材料提出如下性能要求：

1）疲劳强度较高。

2）耐磨性要求强。

3）强度和冲击韧性较高。

4）较高的热处理性能，热处理变形小。

（4）典型的汽车齿轮选材。在我国，应用最多的汽车齿轮用材是合金渗碳钢 20Cr 和 20CrMnTi，并经渗碳、淬火和低温回火。渗碳后表面含碳量大大提高，保证淬火后得到高硬度，提高耐磨性和接触疲劳抗力。由于合金元素提高淬透性，淬火、回火后可使心部获得较高的强度和足够的冲击韧性。为了进一步提高齿轮的耐用性，渗碳、淬火、回火后还可采用喷丸处理，增大表面压应力，有利于提高疲劳强度，并清除氧化皮。如表 9-6 所示为齿轮常用材料的热处理方法及应用条件介绍。

表 9-6　齿轮常用材料

材料	热处理方法	硬度		应用
		HBS	HRC	
45	正火	160～217		低速轻载、中低速中载（如通用机械中的齿轮）、高速中载、无剧烈冲击（如机床变速箱中的齿轮）
	调质	197～286		
	表面淬火		40～50	
35SiMn	调质	196～286		可代替 40Cr
42SiMn	表面淬火		45～55	
20Cr 20CrMnTi	渗碳、淬火、回火		56～62 （齿心 28～33）	高速中载、承受冲击载荷的齿轮（如汽车、拖拉机中的重要齿轮）
38CrMoA1A	氮化	齿心 229	HV＞850	载荷平稳、润滑良好、无严重磨损的齿轮；难于磨削加工的齿轮（如内齿轮）
ZG310-570	正火	163～179		重型机械中的低速齿轮
ZG340-640		179～207		
ZG35SiMn		163～217		
	调质	197～248		标准系列减速器的大齿轮

注：喷丸是用来清除厚度不小于 2mm 或不要求保持准确尺寸及轮廓的大中型金属制品，以及铸锻件上的氧化皮、铁锈、型砂、旧漆膜，是表面涂（镀）覆前的一种清理方法。这种方法广泛用于大型造船厂、重型机械厂、汽车厂等。

3. 齿轮的润滑

（1）润滑方式。

对于闭式齿轮传动的润滑，一般根据齿轮的圆周速度确定。

1）浸油润滑。当齿轮的圆周速度 v<12m/s 时，通常将大齿轮浸入油池中进行润滑（如图 9-33 所示），浸入油中的深度约为一个齿高，但不应小于 10mm，浸入过深则增大了齿轮的运动阻力，并使油温升高。在多级齿轮传动中，可采用带油轮将油带到未浸入油池内的轮齿齿面上（如图 9-34 所示），同时可将油甩到齿轮箱壁面上散热，使油温下降。

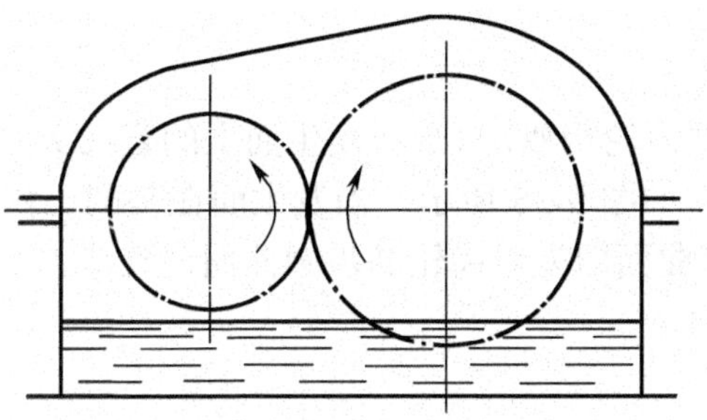

图 9-33　浸油润滑

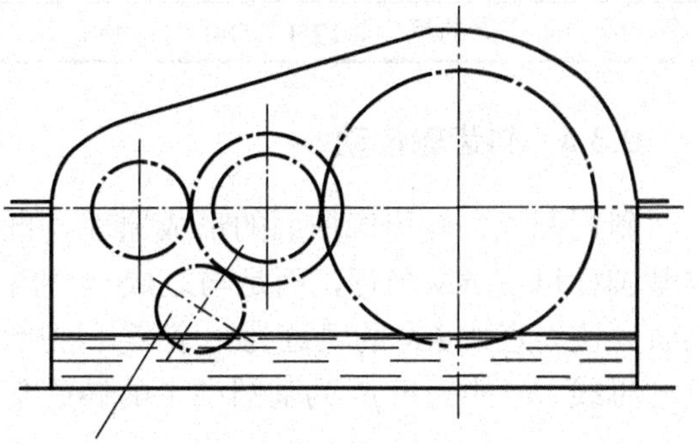

图 9-34　用带油轮带油润滑

2）喷油润滑。当齿轮的圆周速度 v>12m/s 时，由于圆周速度大，齿轮搅油剧烈，且因离心力较大，会使粘附在齿廓面上的油被甩掉，因此不宜采用浸油润滑，可采用喷油润滑。即用油泵将具有一定压力的油经喷油嘴喷到啮合的齿面上，如图 9-35 所示。

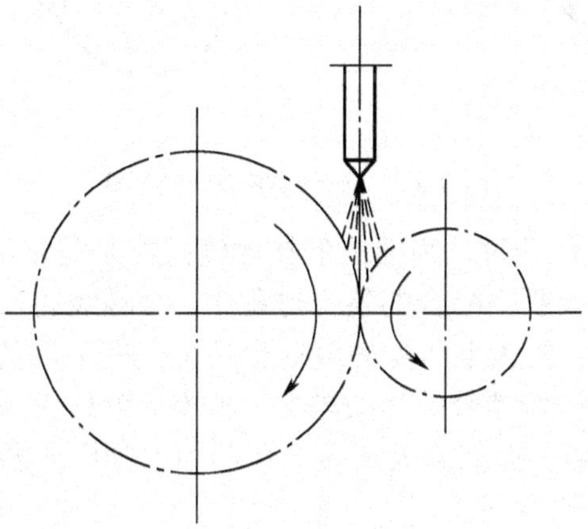

图 9-35　喷油润滑

（2）润滑油的选择。

齿轮传动润滑油的选择可根据齿轮材料和圆周速度由相应表查得运动粘度值（如表 9-7 所示），并由选定的粘度再确定润滑油的牌号。

必须经常检查齿轮传动润滑系统的状况，如润滑油的质量、容量（油面应保持正常的高度）等。油面过低将造成润滑不良，过高会增加搅油功率损失。对于压力喷油润滑系统还需检查油压状况，油压过低将造成供油不足，过高则可能使油路不畅通，需进行调整。

表 9-7 齿轮传动润滑油荐用值表

齿轮材料	强度极限 σ_B /MPa	圆周速度 v/(m/s)						
		<0.5	0.5～1	1～2.5	2.5～5	5～12.5	12.5～25	>25
		运动粘度 υ/(mm/s)(40℃)						
塑料、铸铁、青铜	---	350	220	150	100	80	55	---
钢	450-1000	500	350	220	150	100	80	55
	1000-1250	500	500	350	220	150	100	80
渗碳或表面淬火的钢	1250-1580	900	500	500	350	220	150	100

9.3.4 斜齿轮传动

斜齿圆柱齿轮齿廓曲面的形成原理与直齿圆柱齿轮相似，只是在发生面上的直线 KK 不再与基圆柱母线 NN 平行，而是与之成一个角度 β_b，如图 9-36 所示。当发生面在基圆上作纯滚动时，该斜直线 KK 的轨迹为一个渐开螺旋面，该曲面即为斜齿轮的齿廓曲面。直线 KK 与基圆柱母线 NN 的夹角 β_b 为基圆柱上的螺旋角。

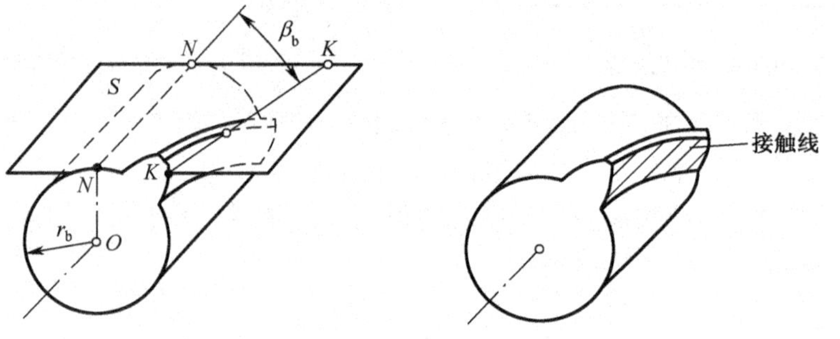

（a）　　（b）

图 9-36 渐开线螺旋面的形成

一对斜齿圆柱齿轮啮合传动时，齿面上的接触线始终是与轴线方向成 β_b 角的斜线，且长度也是变化的。在开始啮合到脱离啮合的整个过程中，接触线的长度先由短变长，然后又由长变短，直至脱离啮合。因此，轮齿上所受的载荷也是由大变小，又由小变大的。此外，斜齿圆柱齿轮的轮齿是螺旋形的，齿轮啮合的齿数较多，其重合度较大。因此，斜齿轮传动较直齿轮传动平稳，承载能力大，所以，在高速大功率的传动中得到广泛的应用。下面介绍斜齿圆柱齿轮的几何参数及几何尺寸计算方法。

1. 斜齿圆柱齿轮的几何参数

（1）螺旋角。斜齿圆柱齿轮齿廓曲面与任意圆柱面的交线都是一条螺旋线，该螺旋线的切线与过切点的圆柱母线间所夹的锐角称为该圆柱面上的螺旋角。

在斜齿圆柱齿轮各个不同的圆柱面上，其螺旋角是不同的，螺旋角越大，轮齿越倾斜，传动平稳性越好，但轴向力也越大。一般设计时，取螺旋角 β_b=8°～20°。人字齿轮因其轴向力可以抵消，常取 β_b=25°～45°，但其加工困难，精度较低，一般用于重型机械的齿轮传动。斜齿轮按其齿廓渐开螺旋面的旋向，可以分为左旋和右旋两种，如图 9-37 所示。

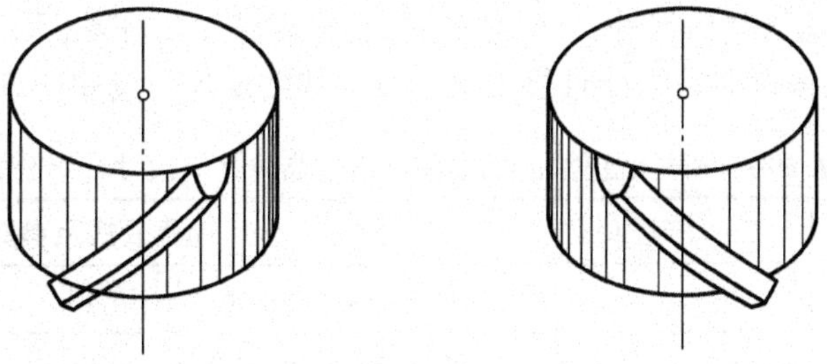

（a）左旋　　（b）右旋

图 9-37　斜齿轮轮齿旋向

（2）齿距与模数。由图 9-38 可知，法向齿距 p_n 和端面齿距 p_t 的关系为：

$$p_n = p_t \cos\beta$$

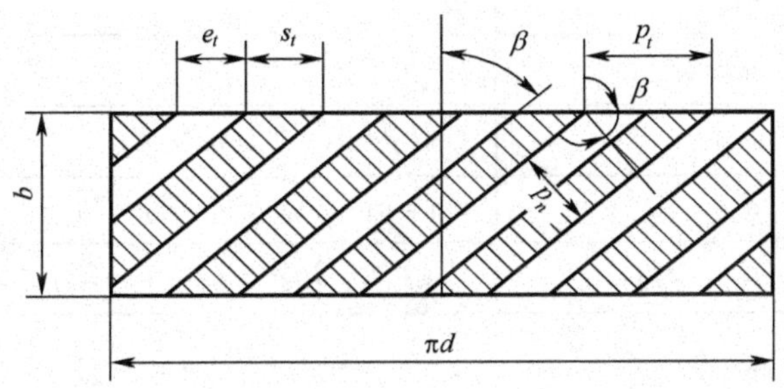

图 9-38　斜齿轮分度圆柱面上法面和端面参数的关系

又因为

$$p_n = \pi m_n ,\quad p_t = \pi m_t$$

故

$$m_n = m_t \cos\beta$$

式中，m_n 为法面模数，m_t 为端面模数。

（3）压力角。法面压力角 α_n 与端面压力角 α_t 的关系为

$$\tan\alpha_n = \tan\alpha_t \cos\beta$$

用成形铣刀或滚刀加工斜齿轮时，刀具的进刀方向垂直于斜齿轮的法面，故一般规定法面内的参数为标准参数。

（4）齿顶高系数及顶隙系数。齿顶高系数和顶隙系数的有关公式如表 9-8 所示。斜齿轮的法面参数 m_n、α_n、h_{an}^*、c_n^* 为标准值，且与直齿圆柱齿轮的参数标准值相同。

表 9-8　齿顶高系数和顶隙系数公式

$h_a = h_{at}^* m_t = h_{an}^* m_n$
$h_f = (h_{at}^* + c_t^*) m_t = (h_{an}^* + c_n^*) m_n$
$c = c_t^* m_t = c_n^* m_n$
$m_n = m_t \cos\beta$
$h_{at}^* = h_{an}^* \cos\beta$
$c_t^* = c_n^* \cos\beta$

（5）斜齿圆柱齿轮的几何尺寸。一对斜齿圆柱齿轮传动，在端面上相当于直齿轮传动，故在端面上的几何尺寸可按直齿轮的计算公式来计算，其主要几何尺寸计算公式如表 9-9 所示。

表 9-9　渐开线正常齿标准斜齿圆柱齿轮几何尺寸计算公式

名称	符号	计算公式及参数选择
端面模数	m_t	$m_t = m_n / \cos\beta$， m_n 为标准值
螺旋角	β	一般取 8°～20°，常用 8°～15°
端面压力角	α_t	$\alpha_t = \arctan(\tan a_n / \cos\beta)$，$a_n$ 为标准值
分度圆直径	d_1、d_2	$d_1 = m_n z_1 / \cos\beta$；$d_2 = m_n z_2 / \cos\beta$
齿顶高	h_a	$h_a = m_n$
齿根高	h_f	$h_f = 1.25m_n$
全齿高	h	$h = h_a + h_f = 2.25m_n$
顶隙	c	$c = h_f - h_a = 0.25m_n$
齿顶圆直径	d_{a1}，d_{a2}	$d_{a1} = d_1 + 2h_a$；$d_{a2} = d_2 + 2h_a$
齿根圆直径	d_{f1}，d_{f2}	$d_{f1} = d_1 - 2h_f$；$d_{f2} = d_2 - 2h_f$
中心距	a	$a = \dfrac{d_1 + d_2}{2} = \dfrac{m_n}{2\cos\beta}(z_1 + z_2)$

3．斜齿圆柱齿轮传动的正确啮合条件

由斜齿轮齿廓曲面的形成可知，为保证斜齿轮正确啮合传动，除像直齿轮那样保证两轮的模数、压力角相等外，两轮的螺旋角还应相匹配。

因此，斜齿轮传动的正确啮合条件是：

$$m_{n1} = m_{n2} = m_n$$

$$\alpha_{n1} = \alpha_{n2} = \alpha_n$$

$$\beta_1 = -\beta_2 \quad （外啮合）$$

$$\beta_1 = \beta_2 \quad （内啮合）$$

9.3.5　直齿圆锥齿轮传动

1．直齿圆锥齿轮传动的特点和应用

圆锥齿轮传动是用来传递相交两轴的运动和动力的，其传动可以看成是两个锥顶共点的圆锥体相互作纯滚动，如图 9-39 所示。圆锥齿轮的轮齿是均匀分布在一个截锥体上，从大端到小端逐渐收缩，其轮齿有直齿和曲齿两种类型。直齿圆锥齿轮易于制造，适用于低速、轻载传动；曲齿圆锥齿轮传动平稳、承载能力强，常用于高速重载传动，但其设计和制造较复杂。本节只讨论两轴相互垂直的标准直齿圆锥齿轮传动。

2．标准直齿圆锥齿轮的主要参数和几何尺寸计算

（1）标准直齿圆锥齿轮的主要参数。圆锥齿轮的几何尺寸计算以大端为标准，在大端的分度圆上，模数按国家规定标准的模数系列取值，压力角 α=20°，齿顶高系数 $h_a^* = 1$，顶隙系

数 $c^* = 0.2$。

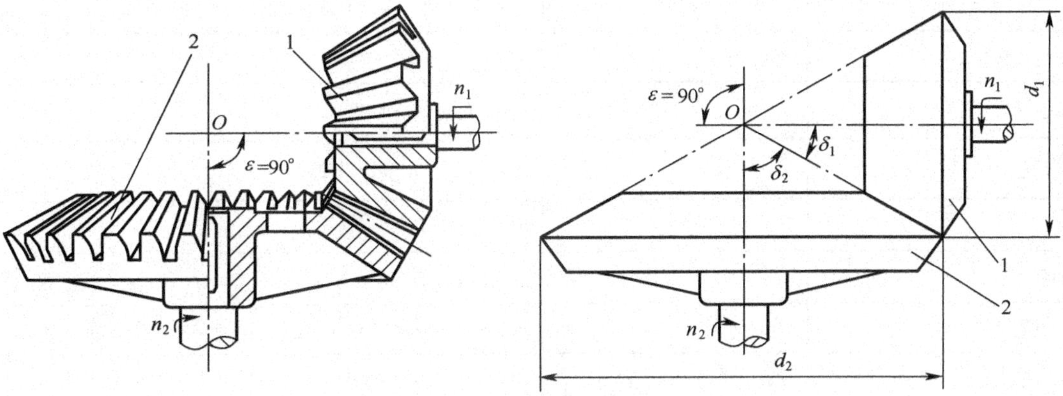

图 9-39 直齿圆锥齿轮传动

（2）几何尺寸计算。如图 9-40 所示为一对标准直齿圆锥齿轮传动，其节圆锥与分度圆重合，轴间夹角∑=90°，它的各部分名称及尺寸的计算公式如表 9-10 所示。

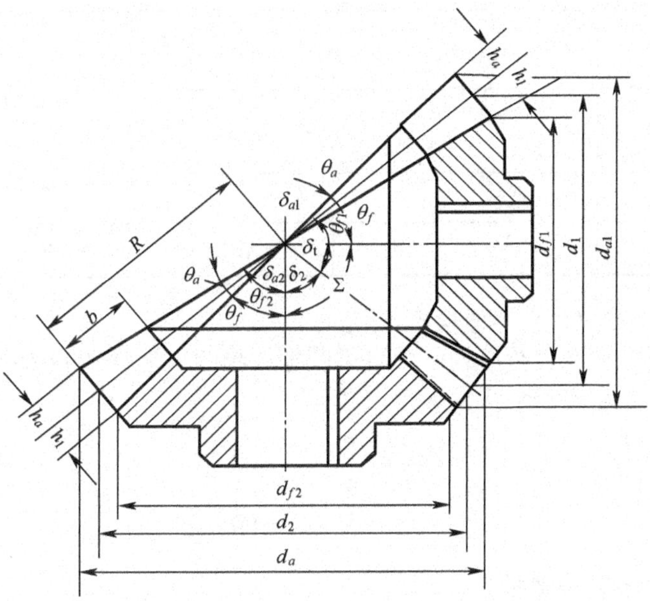

图 9-40 ∑ =90°的标准直齿圆锥齿轮

表 9-10 ∑ =90°的标准直齿圆锥齿轮的几何尺寸计算公式

名称	符号	计算公式及参数选择
模数	m	以大端模数为标准，由强度计算确定
传动比	i	$i=\dfrac{z_2}{z_1}=\tan\delta_2=\cot\delta_1$，单级 i<6～7
分度圆锥角	δ_1，δ_2	$\delta_2=\text{arctg}\dfrac{z_2}{z_1}$，$\delta_1=90^\circ-\delta_2$

续表

名称	符号	计算公式及参数选择
分度圆直径	d_1，d_2	$d_1 = mz_1$，$d_2 = mz_2$
齿顶高	h_a	$h_a = h_a^* m = m$ （$h_a^* = 1$）
齿根高	h_f	$h_f = (h_a^* + c^*)m = 1.2m$
全齿高	h	$h = h_a + h_f = 2.2m$
顶隙	c	$c = c^* m = 0.2m$
齿顶圆直径	d_{a1}，d_{a2}	$d_{a1} = d_1 + 2m\cos\delta_1$，$d_{a2} = d_2 + 2m\cos\delta_2$
齿根圆直径	d_{f1}，d_{f2}	$d_{f1} = d_1 - 2.4m\cos\delta_1$，$d_{f2} = d_2 - 2.4m\cos\delta_2$
锥距	R	$R = \sqrt{r_1^2 + r_2^2} = \frac{m}{2}\sqrt{z_1^2 + z_2^2} = \frac{d_1}{2\sin\delta_1} = \frac{d_2}{2\sin\delta_2}$
齿宽	b	$b \leqslant \frac{R}{3}$，$b \leqslant 10m$ (m为模数)
齿顶角	θ_n	$\theta_n = \arctan\frac{h_a}{R}$
齿根角	θ_f	$\theta_f = \arctan\frac{h_f}{R}$
顶锥角	δ_{a1}，δ_{a2}	$\delta_{a1} = \delta_1 + \theta_a$，$\delta_{a2} = \delta_2 + \theta_a$
根锥角	δ_{f1}，δ_{f2}	$\delta_{f1} = \delta_1 - \theta_f$，$\delta_{f2} = \delta_2 - \theta_f$

3．直齿圆锥齿轮传动的正确啮合条件

直齿圆锥齿轮的正确啮合条件为：两直齿圆锥齿轮的大端模数 m 和压力角 α 分别相等，此外，两轮的节锥角之和应等于两轴夹角，即

$$m_1 = m_2 = m$$

$$\alpha_1 = \alpha_2 = \alpha$$

$$\Sigma = \delta_1 + \delta_2 = 90°$$

9.3.6 齿轮传动的精度要求

齿轮在制造和安装过程中，不可避免地会产生一定的误差。在设计齿轮时，必须根据齿轮要求选定合适的精度以控制加工误差。

1．齿轮传动的使用要求

选择齿轮传动的精度应考虑以下 4 个方面的要求：

（1）传递运动准确性要求。齿轮在传动过程中，当主动轮转过一定角度时，从动轮应按照传动比精确地转过相应的角度。但由于制造误差，致使从动轮实际转过的角度一定存在误差。所以，要求齿轮每转一转时，转角误差的最大值不得超过规定的范围。

（2）工作平稳性要求。齿轮在传动过程中，由于齿形及齿距的制造误差，致使瞬时传动比不能保持常数，即齿轮在每转一周的过程中多次重复出现速度波动，特别在高速传动中将会

引起振动、冲击和噪声。为此，要求这种速度波动不得超过规定的范围。

（3）载荷分布均匀性要求。在齿轮传动中，为了避免沿齿长线方向载荷分布，不均匀而出现载荷集中，希望齿面接触区大而均匀，并符合规定要求。

（4）齿侧间隙要求。在齿轮传动中，为了防止由于齿轮的制造误差和热变形而使轮齿卡住，且齿廓间能存留润滑油，要求有一定的齿侧间隙。对于在高速、高温、重载条件下工作的闭式或开式齿轮传动，应选取较大的齿侧间隙；对于在一般条件下工作的闭式齿轮传动，可选取中等齿侧间隙；对于经常反转而转速又不高的齿轮传动，应选取较小的齿侧间隙。

2. 齿轮传动的精度等级、公差组及其选择

（1）精度等级。渐开线圆柱齿轮精度（GB10095－88）规定，齿轮和齿轮副的精度分为 12 级，其中，1 级最高，12 级最低。1、2 级是待发展的远景精度级，3～5 级属于高精度级，6～8 级属于中等精度级，9～12 级属于低精度级，6～9 级是一般机械中常用的精度等级。

（2）公差组。根据齿轮各项误差对齿轮传动性能的影响，GB10095－88 将控制误差的公差或极限偏差分成Ⅰ、Ⅱ、Ⅲ三个公差组。

（3）精度等级的选择。选择齿轮精度等级时，一般可以根据传动的用途、传递的功率、圆周速度、工作条件等为依据，参考现有同类机器，用类比的方法具体选择。

选择三个公差组等级时，一般可采用同一精度等级。但根据使用要求的不同，也可以对三个公差选择不同的精度等级。

9.3.7　轮系

用一对齿轮的啮合传递运动和动力是最简单的齿轮传动，但在实际生产中的各种机器（如金属切削机床的传动系统中）很少是仅用一对齿轮来传动的。通常在主动轴和从动轴之间采用一系列相互啮合的齿轮（包括蜗杆蜗轮）系统来传递运动和动力。这种由一系列齿轮所组成的齿轮传动系统称为轮系。轮系是机械传动系统中典型的传动形式，应用十分广泛。

1. 轮系的类型

根据轮系传动时各齿轮几何轴线的位置相对于机架是否固定，可分为定轴轮系和周转轮系两种基本类型。

（1）定轴轮系。轮系在传动时，各齿轮的几何轴线相对于机架均固定不动，这种齿轮系称为定轴轮系，如图 9-41 所示。

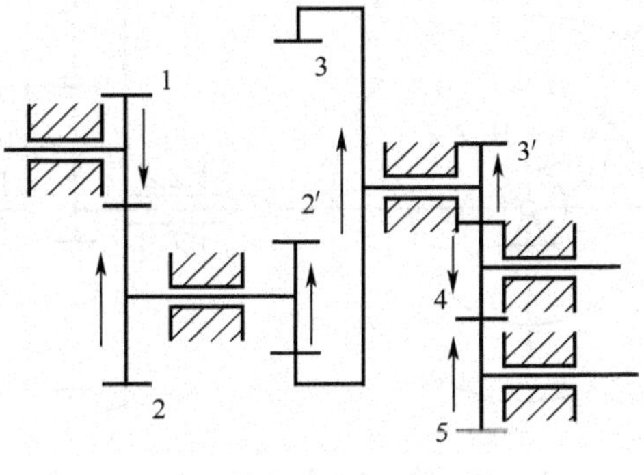

图 9-41　平面定轴轮系

定轴轮系又可以分为平面定轴轮系和空间定轴轮系，主要区别如下：

1）平面定轴轮系。各齿轮的轴线均互相平行，如图 9-41 所示。

2）空间定轴轮系。各齿轮的轴线相交或交叉，并不全部互相平行，如图 9-42 所示。

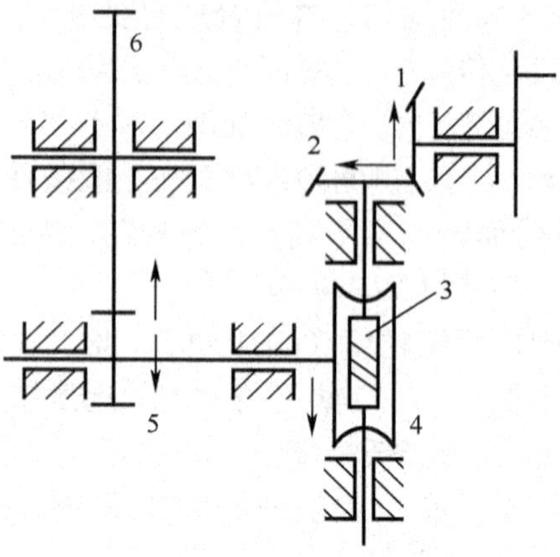

图 9-42　空间定轴轮系

（2）行星轮系。轮系在传动时，若至少有一个齿轮的几何轴线绕另一齿轮的固定几何轴线转动，这种轮系称为行星轮系。如图 9-43 所示，行星轮系由太阳轮、行星轮、行星架和内齿圈组成。其中，太阳轮和行星架绕同一固定轴线转动，称为行星轮系的基本构件，而行星齿轮转动轴线不固定，具有运动几何轴线。如图 9-44 所示为行星轮系的机构简图。

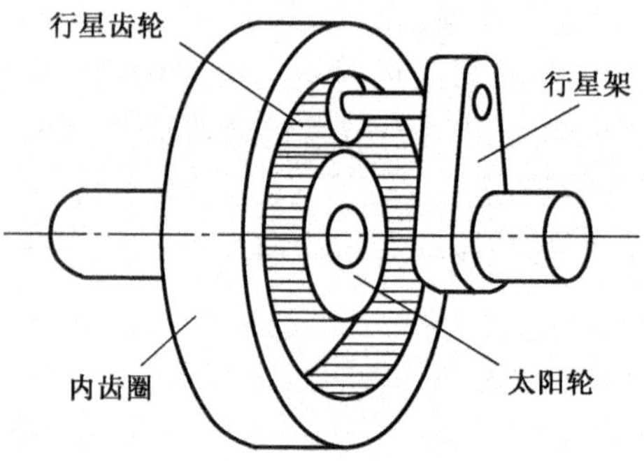

图 9-43　行星轮系结构图

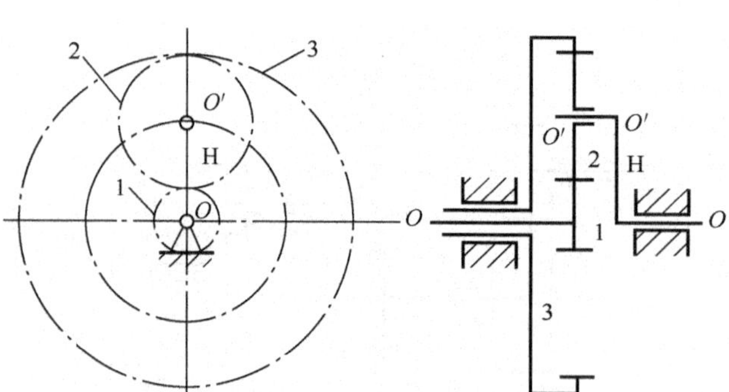

1、3－太阳轮；2－行星轮；H－行星架

图 9-44　行星轮系

行星轮系可以分为以下两类：

1）差动轮系。如图 9-45 所示的行星轮系中，两个中心轮 1 和 3 均固定不动，这种行星轮系称为差动轮系。汽车后桥差速器（如图 9-46 所示）就采用差动轮系，其中齿轮 1 和齿轮 3 是中心轮，它们固定不动，齿轮 2 为行星轮，装在行星架 H 上。

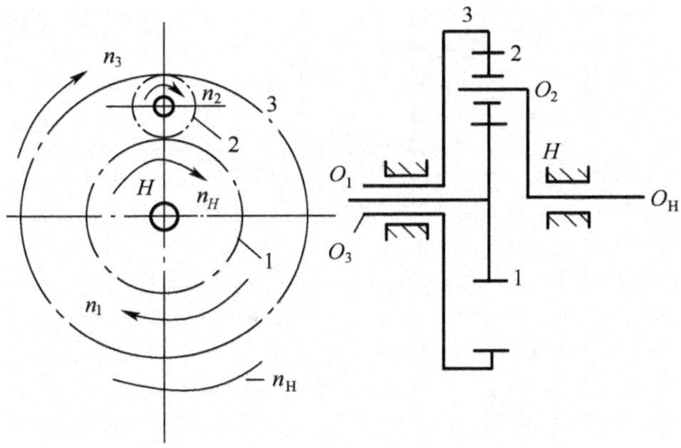

图 9-45　差动轮系

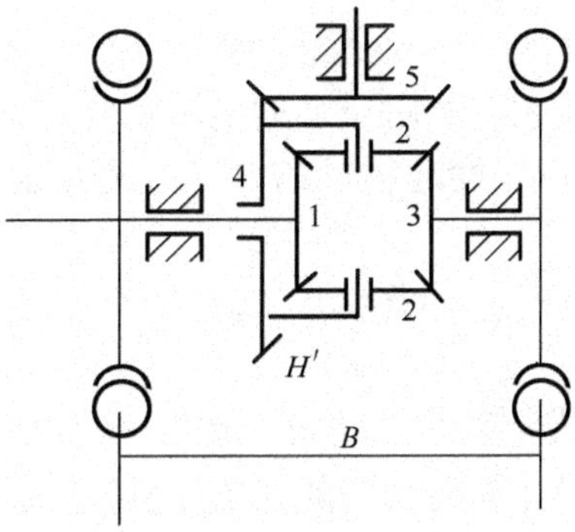

图 9-46　汽车后桥差速器

2）简单行星轮系。如图 9-47 所示的轮系中，将齿轮 3（或齿轮 1）固定，则这种有一个中心轮固定的行星轮系称为简单行星轮系。

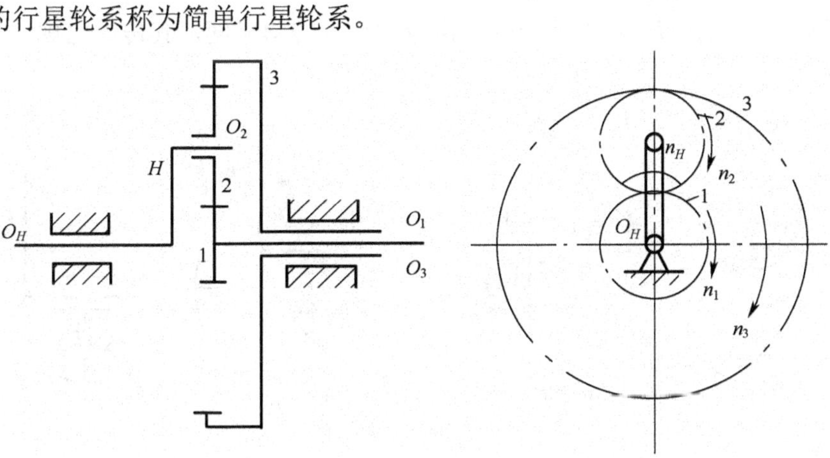

图 9-47　行星轮系

（3）混合轮系。在实际机械中应用的轮系，除了单一的定轴轮系和行星轮系外，也可能是这两种基本轮系适当组合而成的混合轮系。如图 9-48 所示，其中，齿轮 1 和齿轮 2 组成定轴轮系部分，齿轮 3、4、5 和构件 *H* 则构成行星轮系部分，二者组成混合轮系。

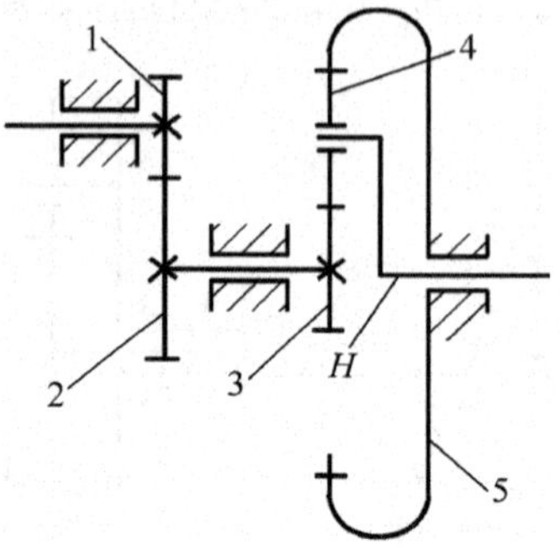

图 9-48　混合轮系

2. 轮系的功用

各种轮系在实际生产中都有广泛的应用，其主要功用有以下几点：

（1）获得较大的传动比。一对齿轮的传动比不宜过大，但采用轮系可以获得较大的传动比。

（2）做较远距离的传动。如两轴中心距较大时，用一对齿轮传动，势必将齿轮做得很大，不仅浪费材料，而且传动机构庞大，若用一系列齿轮啮合传动，就可避免以上缺点。

（3）得到多种传动比。如汽车变速箱里的滑移齿轮变速系统。

（4）改变从动轴的转向。

（5）将两个独立的转动合成为一个转动，或将一个转动分解成为两个独立的转动。

3. 定轴轮系的传动比计算

所谓轮系的传动比，是指该轮系的主动轮（首轮）与从动轮（末轮）的转速之比。轮系传动比的计算，一般来说，除了计算传动比的大小以外，还要确定传动比的转动方向。

如图 9-49（a）所示为一对外啮合圆柱齿轮，两轮转向相反，其传动比规定为负，可表示为$i_{12}=\dfrac{n_1}{n_2}=-\dfrac{z_2}{z_1}$。

如图 9-49（b）所示为一对内啮合圆柱齿轮，两轮转向相同，其传动比规定为正，可表示为$i_{12}=\dfrac{n_1}{n_2}=\dfrac{z_2}{z_1}$。

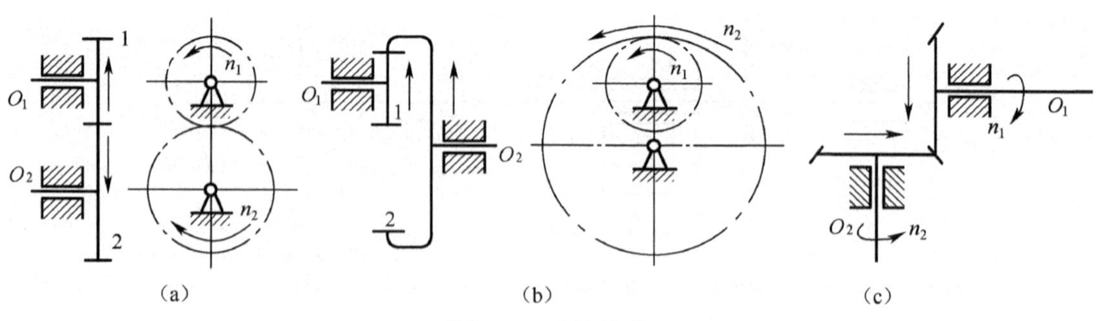

图 9-49　定轴轮系

因此，一对啮合齿轮的传动比可表示为

$$i_{12}=\frac{n_1}{n_2}=\pm\frac{z_2}{z_1}$$

上式中的符号规定为：如主、从动轮外啮合，转向相反，取负号；若主、从动轮内啮合，转向相同，取正号。

同理，对于一个定轴轮系，如果首轮与末轮转向相反，轮系的传动比取负号；反之，则取正号。

下面讨论平面定轴轮系的传动比计算。如图 9-41 所示为圆柱齿轮组成的平面定轴轮系。设齿轮 1 为首轮（主动轮），齿轮 5 为末轮（从动轮）。齿轮的转速与齿数分别用代号 n 和 z 表示，则齿轮轮系中各对啮合齿轮的传动比分别为：

$$i_{12}=\frac{n_1}{n_2}=-\frac{z_2}{z_1}$$

$$i_{2'3}=\frac{n_{2'}}{n_3}=\frac{z_3}{z_{2'}}$$

$$i_{3'4}=\frac{n_{3'}}{n_4}=-\frac{z_4}{z_{3'}}$$

$$i_{45}=\frac{n_4}{n_5}=-\frac{z_5}{z_4}$$

将上列四式等号两边连乘得：

$$i_{12}\cdot i_{2'3}\cdot i_{3'4}\cdot i_{45}=\frac{n_1}{n_2}\cdot\frac{n_{2'}}{n_3}\cdot\frac{n_{3'}}{n_4}\cdot\frac{n_4}{n_5}=\left(-\frac{z_2}{z_1}\right)\left(\frac{z_3}{z_{2'}}\right)\left(-\frac{z_4}{z_{3'}}\right)\left(-\frac{z_5}{z_4}\right)$$

因轮 2 和 2′、3 和 3′同轴，所以 $n_2=n_{2'}$、$n_3=n_{3'}$，于是得：

$$i_{15}=i_{12}\cdot i_{2'3}\cdot i_{34}\cdot i_{45}=\frac{n_1}{n_5}=(-1)^3\frac{z_2z_3z_5}{z_1z_{2'}z_{3'}}$$

该式表明，定轴轮系的传动比等于组成该轮系的各对啮合齿轮传动比的连乘积，即等于各对啮合齿轮中所有从动轮的齿数连乘积与所有主动轮的齿数连乘积之比。

定轴轮系传动比的正负号取决于外啮合齿轮的对数。上式中的传动比 i_{15} 的符号为负号，说明末轮 5 的转向与首轮 1 相反。此外，轮系中首末两轮的转向关系也可以在图上用箭头的方法确定，如图 9-41 所示。

从以上分析中还可以看出，轮系中的齿轮 4 同时与齿轮 3′及 5 相啮合。对于齿轮 3′，它是从动轮；但对于齿轮 5 来说，它却是主动轮，故在传动比的计算中，其齿数同时出现在计算式的分子和分母中，最终被约去，因而对传动比的大小没有影响。但齿轮 4 参加啮合，就会影响到外啮合的对数，最终影响齿轮 5 的转向，这种齿轮称为惰轮。

将上式定轴轮系传动比的计算公式推广到一般情况。设轮 1 为首轮，轮 K 为末轮，m 为轮系中外啮合齿轮的对数，可得平面定轴轮系传动比计算的普遍公式为：

$$i_{ik}=(-1)^m\frac{\text{齿轮系中轮1至轮}K\text{之间所有从动轮齿轮的连乘积}}{\text{齿轮系中轮1至轮}K\text{之间所有主动轮齿轮的连乘积}}$$

例 14-1　如图 9-50 所示为车床溜板箱进给刻度盘轮系，运动由齿轮 1 输入，由齿轮 4 输出。已知各轮齿数 z_1=18，z_2=87，$z_{2'}$=28，z_3=20，z_4=84。试求轮系的传动比 i_{14}。

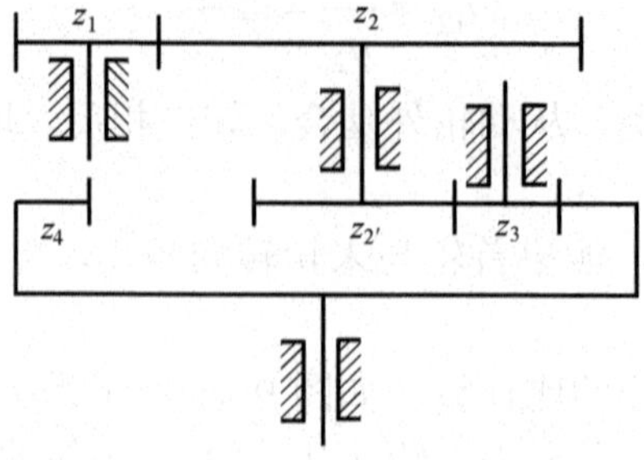

图 9-50　例 14-1 附图

解：根据平面定轴轮系传动比的计算公式得：

$$i_{14}=\frac{n_1}{n_4}=(-1)^m\frac{z_2z_3z_4}{z_1z_2'z_3}=(-1)^2\frac{87\times20\times84}{18\times28\times20}=14.5$$

上式计算结果为正，表示末轮 4 与首轮 1 的转向相同。

如图 9-42 所示为圆锥齿轮传动及蜗杆传动的空间定轴轮系，其传动比的大小仍可用平面定轴轮系的传动比公式计算。但首、末轮的转向关系不能用 $(-1)^m$ 确定。当空间定轴轮系的首轮与末轮的轴线互相平行时，轮系传动比的正负号可用画箭头的方法确定；当空间定轴轮系中首轮与末轮的轴线不平行时，轮系传动比的正负号已没有意义，故在计算公式中不再标正负号，只需在图上用箭头标出各轮转向即可。

4. *行星轮系的传动比计算*

由于行星轮系的运动不是简单地绕固定轴线的运动，所以其各构件间传动比的大小及转向关系不能直接应用定轴轮系的方法求解。这里介绍一种简单而常用的方法：转化机构法，即假设给整个单级行星轮系加上一个与行星架 H 的转速大小相等、方向相反的附加转速“$-n_H$”，使它绕行星架的轴线回转，根据相对运动原理，此时单级行星轮系中各构件间的相对运动关系不变，但行星架的绝对转速为 $n_H+(-n_H)=0$，即行星架成为“静止不动”的构件，行星齿轮就变成了定轴齿轮。即行星轮系变成了定轴轮系，这种经过一定条件转化所得的假想定轴轮系称为原行星轮系的转化轮系。如图 9-51 所示为行星轮系及其转化机构。

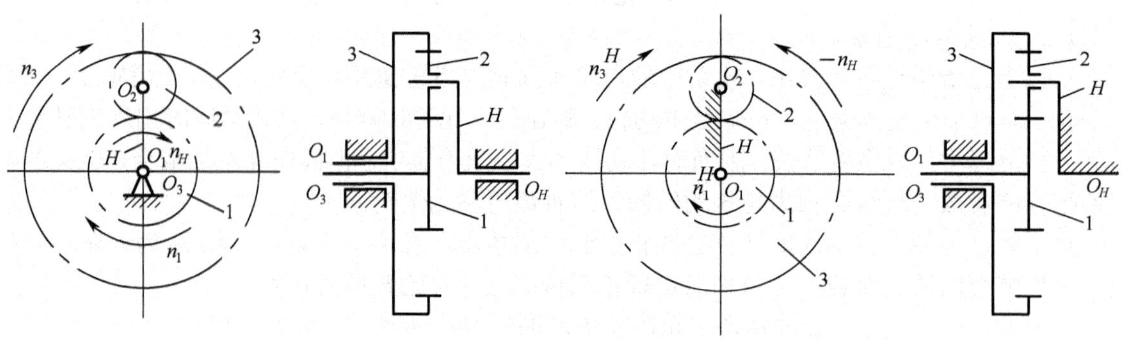

(a)　　(b)

图 9-51　行星轮系及其转化机构

行星轮系成为转化轮系后，设其各构件的转速分别为n_1^H、n_2^H、n_3^H和n_H^H，即各构件相对于行星架 H 的转速。现将行星轮系转化前后各构件转速变化情况列于表 9-11 中。

表 9-11　转化前、后行星轮系中各构件的转速

构件	原轮系中的转速	转化机构中的转速
1	n_1	$n_1^H = n_1 - n_H$
2	n_2	$n_2^H = n_2 - n_H$
3	n_3	$n_3^H = n_3 - n_H$
H	n_H	$n_H^H = n_H - n_H = 0$

对于转化机构的传动比，则可用定轴轮系传动比的计算方法求出，即

$$i_{13}^H = \frac{n_1^H}{n_3^H} = \frac{n_1 - n_H}{n_3 - n_H} = -\frac{z_3}{z_1}$$

即

$$\frac{n_1 - n_H}{n_3 - n_H} = -\frac{z_3}{z_1}$$

上式中，负号表示齿轮 1 和齿轮 3 在转化轮系中的转向相反。i_{13}^H表示在转化轮系中齿轮 1 相对于齿轮 3 的传动比，其大小和方向完全按定轴轮系传动比的计算方法确定。

若设 G、K 为行星轮系中的任意两个齿轮，同理可得行星轮系中任意两轮的转速n_G、n_K与行星架转速n_H之间的关系式为：

$$i_{GK}^H = \frac{n_G - n_H}{n_K - n_H} = (-1)^m \frac{\text{齿轮}G\text{、}K\text{之间所有从动轮齿数的连乘积}}{\text{齿轮}G\text{、}K\text{之间所有主动轮齿数的连乘积}}$$

式中，m 为转化轮系中齿轮 G、K 之间外啮合的次数。

由上式可知，当各轮的齿数为已知时，若给定转速n_G、n_K、n_H中任意两个转速，则另一转速可求。但应注意，将已知两个转速代入公式计算时，必须将符号一起代入，如两者转向相反，则其中一个用正号，另一个用负号。

在简单行星轮系中，由于有一个中心轮是固定的，其转速为零（设$n_k = 0$），故只要知道转速n_G和n_H中任意一个，另一个转速则可确定。

在应用关系式时是还应注意以下两点：

（1）$i_{GK}^H \neq i_{GK}$，前者是转化轮系中 G、K 两轮的传动比$\dfrac{n_G^H}{n_K^H}$。而后者是原行星轮系中 G、K 两轮的传动比$\dfrac{n_G}{n_K}$；

（2）齿轮 G、K 和行星架的轴线必须互相平行或重合。

例 14-2　一个行星轮系如图 9-52 所示，已知各轮齿数为：z_1=16，z_2=24，z_3=64，当轮 1 和轮 3 的转速为 n_1=100r/min，n_3=–400r/min，试求 n_H和 i_{1H}。

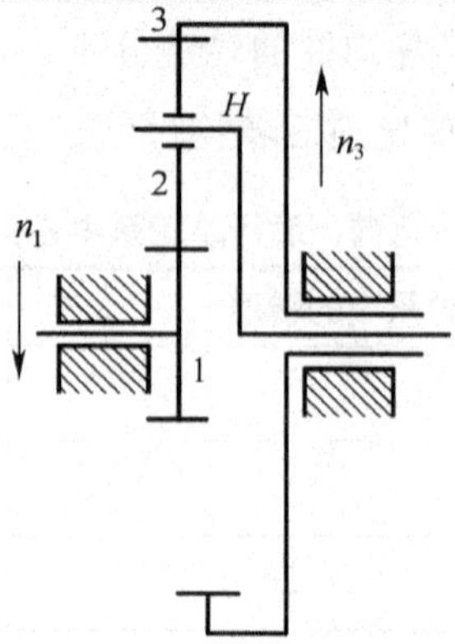

图 9-52　例 14-2 附图

解

$$i_{13}^H = \frac{n_1 - n_H}{n_3 - n_H} = (-1)^1 \frac{z_3}{z_1}$$

将 $n1$，$n3$ 及各轮齿数代入上式得：

$$\frac{100 - n_H}{-400 - n_H} = -\frac{64}{16}$$

解得

$$n_H = -300r/\min$$

则

$$i_{1H} = \frac{n_1}{n_H} = -\frac{1}{3}$$

5. 轮系在汽车上的应用

（1）实现运动分解。如图 9-53 所示的汽车后桥差速器是一个差动轮系，可将一个原动基本构件的转动按所需比例分解为另外两个从动基本构件的不同转动。当汽车转弯时，它能将发动机传到齿轮 5 的运动以不同转速分别传给左、右两轮。

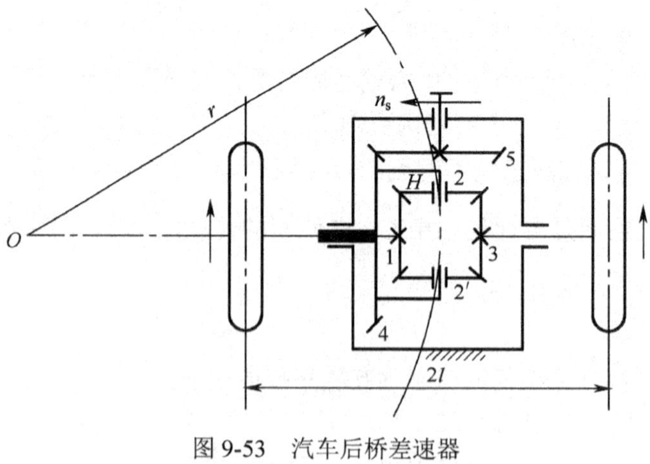

图 9-53　汽车后桥差速器

当汽车沿直线行驶时，左、右两轮转速相等。这时齿轮 1、2、3 和 4 如同一个固联的整体一起转动。当汽车左转弯时，为保证左、右车轮与地面为纯滚动，减少轮胎的磨损，就要求右轮转速比左轮转速要高。这时齿轮 1 和齿轮 3 之间发生相对转动，齿轮 2 和齿轮 2′除随齿轮 4（转臂 *H*）公转外，还绕自己的轴线自转。由齿轮 1、2（2′）、3 和 4 组成的差动轮系，借助于车轮与地面间的摩擦力，将轮 4 的转动根据弯道的半径大小，按需要分解为轮 1 和轮 3 的转动。

（2）实现变速传动。在主动轴转速不变的情况下，利用轮系可以使从动轴得到若干种不同的转速。如图 9-54 所示为变速箱的传动简图。

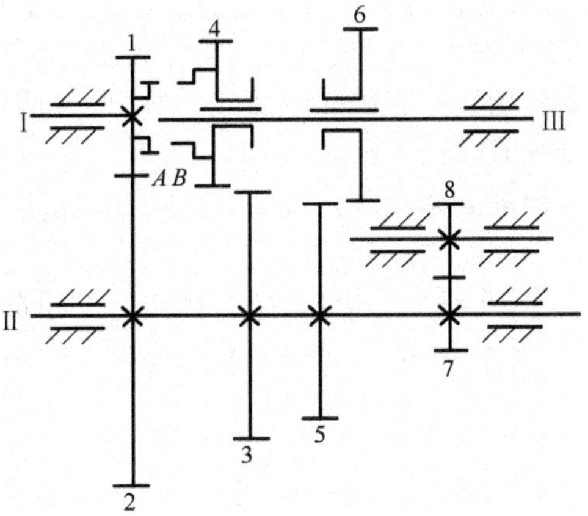

图 9-54　变速箱的传动简图

9.4　蜗杆传动

9.4.1　蜗杆传动原理及其传动比计算

蜗杆传动由蜗杆和蜗轮组成，用于传递空间交错的两轴间的运动和动力，一般交错角为 90°，常用的普通蜗杆是一个具有梯形螺纹的螺杆，其螺纹有左旋、右旋和单头、多头之分。常用蜗轮是在一个齿宽方向具有弧形轮缘的斜齿轮，如图 9-55 所示。它广泛用于机床、汽车、起重运输机械、冶金设备和仪表中。

图 9-55　蜗杆传动

蜗杆传动一般以蜗杆为主动件，蜗轮为从动件。设蜗杆头数为 z_1（一般为 1、2、4、6），

蜗轮齿数为 z_2，当蜗杆转动一圈时，蜗轮转过 z_1 个齿，即转过 z_1/z_2 圈。当蜗杆转速为 n_1 时，蜗轮的转速应为 $n_2=n_1z_1/z_2$。所以蜗杆传动的传动比应为

$$i_{12}=n_1/n_2=z_2/z_1$$

9.4.2 蜗杆传动的主要特点

蜗杆传动相较于齿轮传动，具有以下特点：

（1）传动比大。蜗杆传动的传动比计算公式在形式上与齿轮传动相同。但齿轮传动中的主动齿轮的齿数受最小齿数的限制，而蜗杆传动中的蜗杆头数可小到 1。因此，单级蜗杆传动所得到的传动比要比齿轮传动大得多，而且它的结构很紧凑。

（2）传动平稳。由于蜗杆的齿沿连续的螺旋线分布，它与蜗轮齿的啮合是连续的，传动平稳，并可得到精确的微小传动位移。

（3）有自锁作用。由于蜗杆的螺纹升角较小，只有蜗杆能驱动蜗轮，蜗轮却不能驱动蜗杆，所以它有反向自锁作用。

（4）效率低。蜗杆传动工作时，因蜗杆与蜗轮的齿面之间存在着剧烈的滑动摩擦，所以发热严重，效率较低（一般 η=0.7～0.9）。由于蜗杆传动存在这一缺点，故其传动的功率不宜太大。

本章小结

1．带传动依靠传动带与带轮之间的摩擦力，将主动轴的运动和转矩传给从动轴。通常应用于传动比要求不高、两轴中心距较大的机械中。

2．链传动属于啮合传动，它以链条作为中间挠性元件，靠链条与链轮轮齿的啮合传递运动和动力。

3．齿轮传动应用广泛，要求运转平稳，有足够的承载能力和寿命。用来传递相对位置不远的两轴之间的运动和动力。其中渐开线齿轮由于传动比准确，应用最广泛。

4．轮系传动能够获得多种传动比，改变传动方向，且能实现远距离传动，因此在生产中得到广泛应用。

5．蜗杆传动相较于齿轮传动，传动比大，传动平稳，具有自锁功能，但传递效率低。

习题 9

一、填空题

1．带传动是由________、________和________组成的。依靠________与________之间的________，将主动轴的运动和转矩传给从动轴。

2．普通 V 带的横截面结构由________、________、________和________组成。________是 V 带的保护层；________是承受拉力的主体。

3．链传动是由装在平行轴上的________、________和绕在链轮上的________组成的，它以________作为中间挠性元件，靠________与链轮轮齿的________传递运动和动力。

4．蜗杆传动由________和________组成，用于传递空间交错的两轴间的运动和动力，一般以________为主动件，________为从动件。

5．根据轮系传动时各齿轮几何轴线的位置相对于机架是否固定，可分为________和________两种基本类型。

6．汽车齿轮主要装配在________和________中。

7．对齿轮传动的基本要求：一是________；二是________。

8．齿轮失效将导致齿轮失去正常工作能力，主要发生在轮齿部分，其主要失效形式有________、________、________和________等。

9．带传动常见的三种张紧装置是________、________和________。

10．齿轮传动是利用两齿轮的轮齿相互啮合传递动力和运动的机械传动。按齿轮轴线的相对位置，分为________、________和________。

二、简答题

1．常用的带传动有哪几种类型？为什么在相同的情况下，常用 V 带传动？

2．何谓“标准齿轮”？何谓“变位齿轮”？变位齿轮的主要特点是什么？

3．齿轮轮齿有哪几种主要失效形式？失效的主要原因是什么？

4．标准直齿圆柱齿轮、斜齿圆柱齿轮、直齿圆锥齿轮的正确啮合条件是什么？

5．与齿轮传动相比较，说明蜗杆传动的特点及应用范围。

6．定轴轮系和行星轮系的主要区别是什么？

第 10 章　汽车液压传动

本章导读

液压传动是用液体作为工作介质来传递能量和进行控制的传动方式。液压传动又称为流体传动，是根据 17 世纪帕斯卡提出的液体静压力传动原理而发展起来的一门新兴技术，是工农业生产中广为应用的一门技术。流体传动技术水平的高低已成为一个国家工业发展水平的重要标志。

本章要点

1. 液压传动概述。
2. 液压元件的类型及工作原理。
3. 液压基本回路的结构原理和性能。
4. 典型汽车液压系统。

10.1　液压传动概述

1. 液压传动技术的发展与应用

液压传动是指以有压流体为传动介质实现能量传递和控制。

相对于传统的机械传动来说，液压传动还是一门新的技术。近半个世纪以来，液压传动才得以真正推广，并随着世界原子能科学、空间技术、计算机技术的发展，液压传动技术也得到了很大的发展，逐渐渗透到了国民经济的各个领域，尤其是在工程机械、汽车、军工、冶金、船舶、石油、航空等行业中得到了普遍应用。液压传动技术正朝着高压、高速、高效率、高功率、低能耗、低噪声、经久耐用等方向发展；应运而生的是新型液压元件的应用、计算机仿真、微机控制等技术。

紧跟国际液压传动的步伐，我国的液压技术在 20 世纪 50 年代就发展起来了，最初应用在机床和锻压设备上，后来随着汽车工业的发展，也应用到了汽车上。目前，我国机械工业在认真消化、推广从国外引进的先进液压技术的同时，大力研制开发国产液压元件新产品，加强产品质量的可靠性和新技术应用的研究，积极采用国际标准并执行新的国家标准，合理调整产品结构，对一些性能较差的不符合国家标准的液压元件采取逐步淘汰的措施。液压传动技术在我国的发展已经进入了一个崭新的历史阶段。

2. 液压传动的基本工作原理

这里通过介绍液压千斤顶的工作原理来说明液压传动的工作原理。

（1）组成。液压千斤顶主要由杠杆 1、小活塞 2、小油缸 3、单向阀 4 和 5、大油缸 6、大活塞 7、截止阀 9 等组成，另外还有重物 8 和油箱 10，如图 10-1 所示。

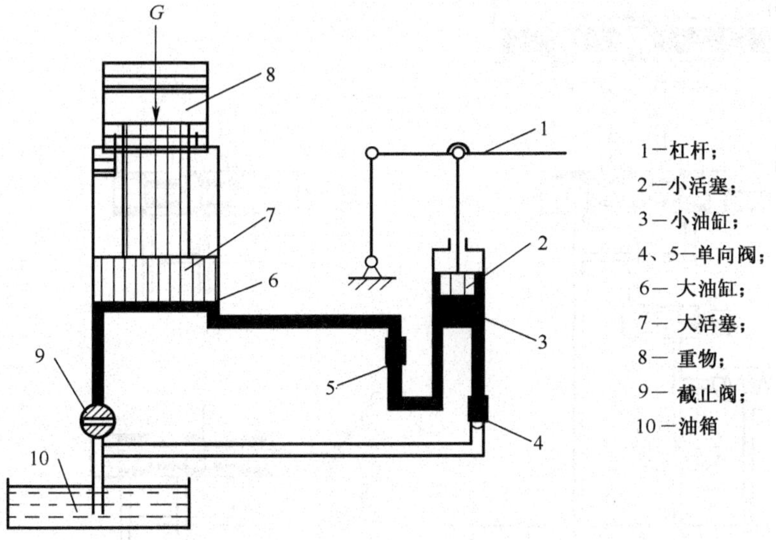

图 10-1　液压千斤顶的工作原理图

（2）工作原理。

1）用手向上提起杠杆 1，则小活塞 2 被带动上升，于是小油缸 3 的下腔密封容积增大，腔内压力下降，形成局部真空度，这时单向阀 5 将所在的通道关闭，油箱 10 中的油液在大气压力的作用下推开单向阀 4，沿进油通道进入油缸 3 的下腔，这样一次吸油动作就完成了。

2）用手向下压杠杆 1，则小活塞 2 下移，小油缸 3 的下腔密封容积减小，腔内压力升高，这时单向阀 4 自动关闭油液流回油箱 10 的通道，而油缸 3 下腔的压力油推开单向阀 5 挤入大油缸 6 的下腔，推动大活塞 7 向上移动，将重物 8 顶起一段距离。如此反复提压杠杆 1，即可将重物不断升起，达到顶起重物的目的。

3）若将截止阀 9 旋转 90°，则在重物的重力作用下，大油缸 6 中的油液流回油箱，大活塞 7 下降到原位。这就是液压千斤顶的工作原理。

3. *液压传动系统的组成及图形符号*

（1）液压传动系统的组成。如图 10-2 所示是一个机床工作台的液压传动系统，可以通过这个液压传动系统进一步了解液压传动系统的基本原理和组成情况。

由图 10-2 可知液压传动系统由以下五个部分组成：

1）动力元件。动力元件是指液压泵，它将原动机输入的机械能转换为流体的压力能，以驱动执行元件运动。

2）执行元件。执行元件是指做直线运动的液压油缸和做回转运动的液压马达，它们是将液压能转换为机械能。输出力和速度或扭矩和转速，以驱动工作部件。

3）控制元件。控制元件是指各种阀类，其作用是控制系统中油液的压力、流量和流动方向，以保证执行元件完成预定的动作。

4）辅助元件。辅助元件是指油管、管接头、蓄能器、滤油器、油箱及压力表等，其作用是提供必要的条件使系统得以完成正常工作。

5）工作介质。工作介质是液压油，液压系统就是通过工作介质来实现运动和动力传递的。

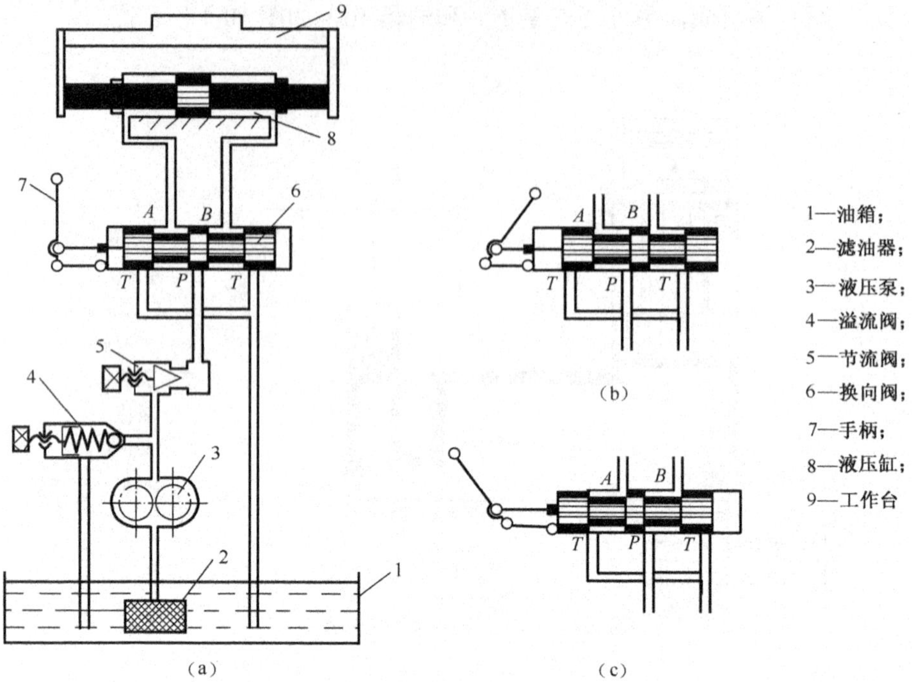

图 10-2　液压传动系统的组成

（2）液压传动系统的图形符号。为了便于阅读、分析、设计和绘制液压系统，在工程实际中，大部分采用液压元件的图形符号来表示。这些图形符号只表示元件的功能，不表示元件的结构和参数，并以元件的静止状态或零位状态来表示。用图形符号表示的液压传动系统的工作原理如图 10-3 所示。

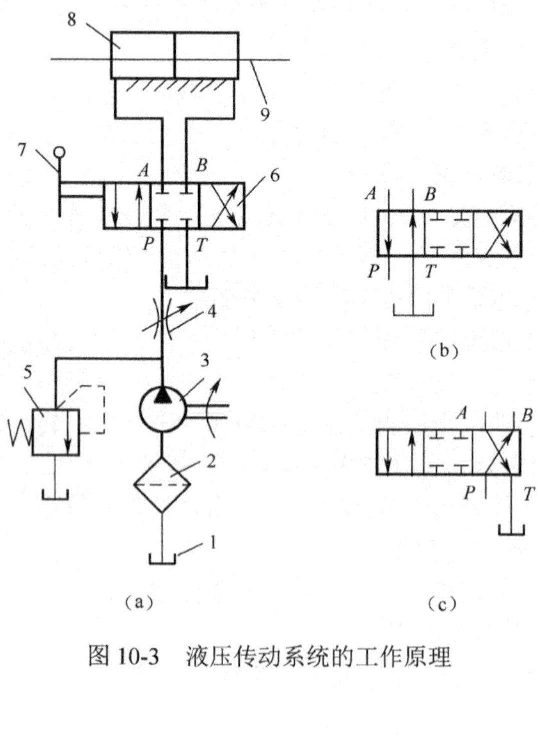

图 10-3　液压传动系统的工作原理

4. 液压传动的特点

（1）液压传动的优点。

1）液压传动能方便地实现无级调速，且调速范围大。

2）执行元件工作平稳，换向时冲击较小，可频繁换向。

3）易于实现过载保护，且工作油液能使液压元件实现自润滑，故使用寿命长。

4）在相同功率条件下，液压传动装置体积小、重量轻。

5）操纵简单，调节控制方便，特别是与机、电、气联合使用，易于实现复杂的自动工作循环。

6）由于液压元件已实现了标准化、系列化和通用化，液压系统的设计、制造、维修已大大简化。

（2）液压传动的缺点。

1）由于液压元件和工作介质都在封闭的油路内工作，所以液压系统出现故障时不易查找原因。

2）液压传动有较多的能量损失，传动效率较低，因此不宜做远距离传动。

3）液压传动对油温的变化比较敏感，不宜在很高或很低的温度下工作，且易污染环境。

4）液压传动中的泄漏和液体的可压缩性会影响执行元件运动的准确性。

5）油液元件制造精度要求高，加工装配较困难。

总的来说，液压传动的优点是十分突出的，它的缺点将随着科学技术的发展逐步得到解决。

10.2 液压元件

10.2.1 液压动力元件

1. 液压泵的工作原理及分类

如图 10-4 所示为单柱塞液压泵的工作原理。柱塞 2 安装在泵体 3 里，并在弹簧作用下始终与偏心轮 1 接触，当偏心轮 1 由原动机带动旋转时，柱塞 2 便在泵体 3 内往复移动，使密封腔 a 的容积发生变化。

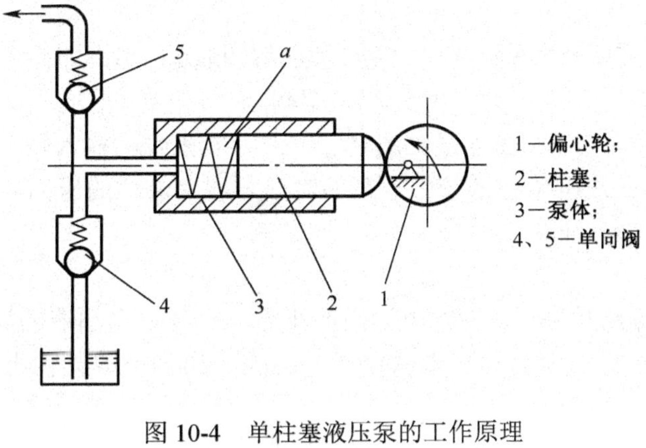

图 10-4　单柱塞液压泵的工作原理

（1）容积泵工作的两个必要条件是：有周期性的密封容积变化；有配流装置。

上述单柱塞泵中的两个单向阀 4、5 就是起配流作用的，是配流装置的一种类型。

（2）根据液压泵结构形式的不同分类。

1）齿轮泵：外啮合齿轮泵、内啮合齿轮泵。

2）叶片泵：单作用叶片泵和双作用叶片泵。

3）柱塞泵：轴向柱塞泵和径向柱塞泵。

4）螺杆泵。

2. *液压泵的性能参数*

（1）压力。

1）工作压力 p_P：是指液压泵工作时，输出油液的实际压力。其值的大小取决于外界负载，当外界负载增大时，液压泵的压力升高；当外界负载减小时，液压泵的压力降低。

2）额定压力 p_H：液压泵在正常工作条件下，按试验标准规定，能连续运转的最高压力称为液压泵的额定压力。

3）最高允许压力 p_m：在超过额定压力的条件下，根据试验标准规定，允许液压泵短暂运行的最高压力值称为液压泵的最高允许压力。

表 10-1　压力等级

压力等级	低压	中压	中高压	高压	超高压
压力 *p*（MPa）	≤2.5	>2.5～8	>8～16	>16～32	>32

（2）排量和流量。

1）排量 V：由泵的密封容腔几何尺寸变化计算而得的泵每转的排油体积称为泵的排量，其常用单位为 L/r。排量可以调节的液压泵称为变量泵，排量不可以调节的称为定量泵。

2）理论流量 q_t：由泵的密封容腔几何尺寸变化计算而得的泵在单位时间内的排油体积称为泵的理论流量。泵的理论流量等于排量与其转速的乘积，即：

$$q_t = Vn \tag{10-1}$$

式中，q_t 为理论流量，L/min；V 为液压泵的排量，L/r；n 为主轴转速，r/min。

3）实际流量 q_p：液压泵的实际流量是泵工作时实际排出的流量。

4）额定流量 q_H：液压泵的额定流量是泵在额定压力和额定转速下输出的实际流量。

（3）功率。

1）输入功率 P_i：液压泵的输入功率为驱动泵轴的机械功率，即：

$$P_i = T_i\ \omega = 2\pi n T_i \tag{10-2}$$

式中，P_i 为泵的输入功率，n 为泵轴的转速，T_i 为液压泵的输入转矩。

2）输出功率 P_o：在液压传动系统中，泵的输出表现为液体的压力和流量，其输出功率等于液体压力和流量的乘积，即：

$$P_o = pq_v \tag{10-3}$$

式中，P_o 为泵的输出功率，p 为输出油液的压力，q_v 为输出油液的流量。

液压泵在工作中，由于有泄漏和机械摩擦，有能量损失，故其输出功率小于输入功率，即 $P_o < P_i$。

（4）效率。

1）容积效率 η_v：液压泵的实际流量与理论流量的比值称为泵容积效率，即

$$\eta_v=P_o/P_t=p_pq_p/p_pq_t=q_p/q_t=1-\delta q/q_t \quad (10\text{-}4)$$

式中，δ_q 为液压泵的泄漏量，其值为：

$$\delta_q=q_t-q_p \quad (10\text{-}5)$$

液压泵的容积损失是由于液压泵内部高压腔的泄露、油液的压缩、以及在吸油过程中因吸油阻力太大、油液黏度大、液压泵转速高等原因而导致油液不能全部充满密封工作腔而产生的。

2）机械效率 ηm：由于泵在工作时存在各种摩擦损失（如机械摩擦、液体摩擦），所以驱动泵轴所需要的实际转矩必然大于理论转矩，理论转矩与实际转矩的比值称为机械效率，即：

$$\eta_m=T_t/T_i \quad (10\text{-}6)$$

式中，T_i 为实际输入转矩，T_t 为理论转矩。

3）总效率 η。泵的输出功率与输入功率的比值称为泵的总效率，即

$$\eta=P_o/P_i=\eta m\eta_v \quad (10\text{-}7)$$

3．齿轮泵

（1）外啮合齿轮泵。

优点：结构简单、制造方便、体积小、重量轻、转速高、自吸性能好、对油的污染不敏感、工作可靠、寿命长、维修方便、价格低廉等。

缺点：流量的脉动较大、噪声大、排量不可调节。

1）外啮合齿轮泵的工作原理。如图 10-5 所示为渐开线圆柱直齿形的外啮合齿轮泵的工作原理图，在泵体内有一对齿数相同的外啮合渐开线齿轮，齿轮两侧由端盖盖住（图中未标出）。

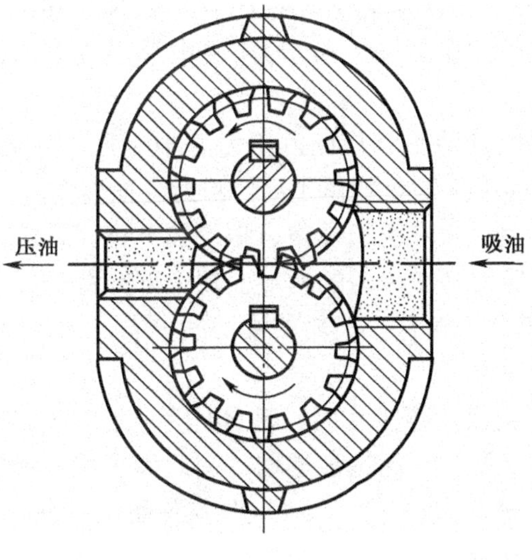

图 10-5　外啮合齿轮泵的工作原理图

外啮合齿轮泵是符合液压泵工作必备条件的，由于该泵的吸、排油过程是连续的，因此，油液被源源不断地排出。吸油时油腔内产生一定的真空度，油液才会被大气压压入吸油腔，真

空度过大会造成空穴，也会使进油量不足，因此，为减小进油阻力，齿轮泵的进油孔相对于压油孔尺寸要大一些。

外啮合齿轮泵工作时，每一对齿轮啮合时，随啮合点位置的变化，瞬时流量从最小变为最大，又从最大变为最小，所以就出现了流量脉动。

2）齿轮泵的排量和流量。齿轮泵的排量 V 相当于两个齿轮齿槽容积之和。假设齿槽容积等于轮齿体积，那么其排量就等于一个齿轮的齿槽容积和轮齿体积的总和，即相当于以有效齿高（h=2m）和齿宽构成的平面所扫过的环形体积，即泵的排量为

$$V=\pi dhb=2\pi zm^2b \tag{10-8}$$

式中，d 为分度圆直径，$d=mz$；h 为有效齿高，$h=2m$；z 为齿轮齿数。

实际齿槽容积比轮齿体积稍大一些，所以通常取

$$V=6.66\,zm^2b \tag{10-9}$$

齿轮泵的实际输出流量为

$$q_v=6.66\,zm^2bn\eta V \tag{10-10}$$

式中，n 为泵的转速，η_v 为泵容积效率，q_v 是齿轮泵的平均流量。

实际上，由于齿轮泵啮合过程中压油腔的容积变化率是不均匀的，因此齿轮泵的瞬时流量是脉动的。设 $q_{v\max}$ 和 $q_{v\min}$ 分别表示最大和最小瞬时流量，流量脉动率 σ 可用下式表示：

$$\sigma=\frac{q_{v\max}-q_{v\min}}{q_v} \tag{10-11}$$

齿轮泵的齿数越少，流量脉动率就越大，其值最高可达 20%以上。流量脉动引起压力脉动，随之产生振动与噪声（内啮合齿轮泵的流量脉动率要小得多），所以，高精度机械不宜采用外啮合齿轮泵。

3）外啮合齿轮泵结构上存在的问题。

①困油现象。如图 10-6 所示的齿轮泵，密封容积随齿轮转动先由最大（如图 10-6（a）所示）逐渐减小到最小（如图 10-6（b）所示），又由最小逐渐增加到最大（如图 10-6（c）所示）。

当密封容积减小时，被困油液受到挤压，压力急剧上升，并从缝隙中流出，导致油液发热，轴承等机件也受到附加的不平衡负载作用；当密封容积增大时，又会造成局部真空，使溶于油中的气体分离出来，产生气穴，引起噪声、振动和气蚀，这就是齿轮泵的困油现象。

消除困油现象的方法：通常是在齿轮的两端盖板上开卸荷槽（如图 10-6（d）中的虚线所示），在很多齿轮泵中，两槽并不对称于齿轮的中心线分布，而是整个向吸油腔侧平移一段距离，这样能取得更好的卸荷效果。

②径向作用力不平衡。当齿轮泵工作时，液体作用在齿轮外缘上的压力是不均匀的，从低压腔到高压腔，压力沿齿轮旋转方向逐齿递增，因此齿轮和轴受到径向不平衡力的作用。

工作压力越高，径向不平衡力也越大，严重时能使泵轴弯曲，导致齿顶接触泵体产生磨损，同时降低了轴承的使用寿命。

解决办法：为了减少径向不平衡力的影响，常采取缩小压油口的办法使压油腔的压力油仅作用在一到两个齿的范围内；同时适当增大径向间隙，使齿顶不与泵体接触。

③泄漏。外啮合齿轮泵压油腔的压力油向吸油腔泄漏有三条途径：通过齿轮啮合处的啮

合间隙；通过泵体内孔和齿顶圆间的径向间隙；通过齿轮两端面和盖板间的端面间隙。

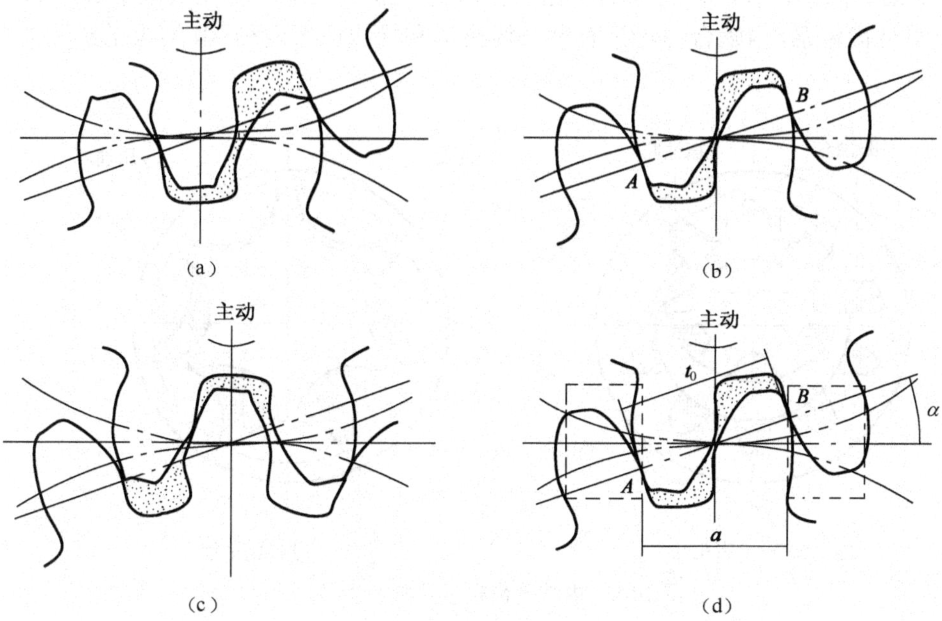

图 10-6　齿轮泵的困油现象及消除措施

在三类间隙中，以端面间隙的泄漏量最大，约占 70%～80%左右，而且泵的压力越高，间隙泄漏就越大，因此其容积效率很低，一般齿轮泵只适用于低压场合。

解决办法：通常采用的端面间隙自动补偿装置有浮动轴套式和弹性侧板式。

其原理都是引入液压油，使轴套或侧板紧贴齿轮端面，压力越高，贴得越紧，因而能自动补偿端面磨损和减小间隙。

如图 10-7 所示为采用浮动轴套的中高压齿轮泵的一种典型结构，图中 1 和 2 是浮动安装的，轴套左侧的空腔均与泵的压油腔相通。

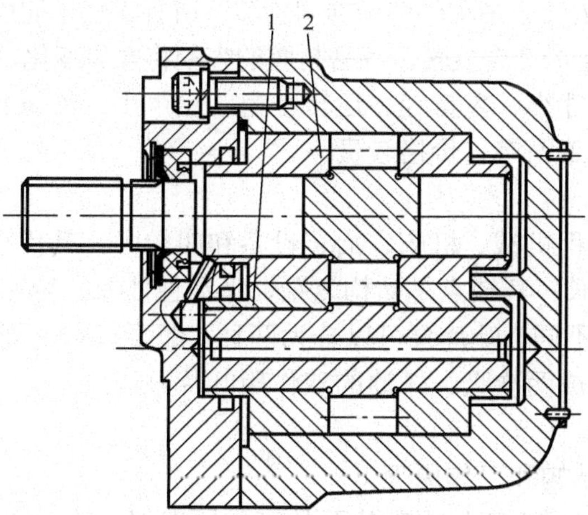

图 10-7　采用浮动轴套的中高压齿轮泵

当泵工作时，轴套 1 和 2 受左侧高压油的作用而向右移动，将齿轮的两侧面压紧，从而自动补偿了端面间隙。这样，齿轮泵的额定工作压力可达 20MPa，容积效率不低于 0.9。

（2）内啮合齿轮泵。内啮合齿轮泵有渐开线齿形和摆线齿形两种，其结构示意图如图 10-8 所示。

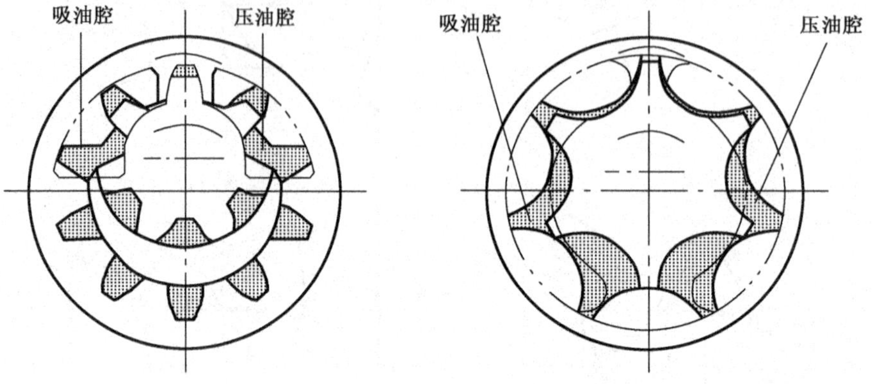

（a）渐开线齿形　　（b）摆线齿形

图 10-8　内啮合齿轮泵结构示意图

1）渐开线齿形内啮合齿轮泵。

组成：渐开线齿形内啮合齿轮泵由小齿轮、内齿环、月牙形隔板等组成。

工作原理：当小齿轮为主动轮时，带动内齿环绕各自的中心同方向旋转，左半部轮齿退出啮合，容积增大，形成真空，进行吸油。进入齿槽的油被带到压油腔，右半部轮齿进入啮合，容积减小，从压油口压油。在小齿轮和内齿轮之间要装一块月牙形隔板，以便将吸、压油腔隔开。

2）摆线齿形内啮合齿轮泵。

组成：主要零件是一对内啮合的齿轮（即内、外转子）。内转子齿数比外转子齿数少一个，两转子之间有偏心距。

工作原理：工作时，内转子带动外转子同向旋转，所有内转子的齿都进入啮合，形成几个独立的密封腔。随着内外转子的啮合旋转，各密封腔的容积将发生变化，从而进行吸油和压油。

优点：结构紧凑、尺寸小、重量轻、运转平稳、噪声小、流量脉动小等。

缺点：齿形复杂、加工困难、价格较贵。

4. 叶片泵

叶片泵主要应用在工程机械、机床、冶金设备和船舶中。其优点是结构紧凑、运动平衡、噪声小、输油均匀、寿命长；其缺点是结构复杂、吸油性能差、转速不能太高、对油的污染敏感。根据吸、排油的次数不同，叶片泵可以分为两种，即泵每转一周完成一次吸、排油的单作用叶片泵和泵每转一周完成两次吸、排油的双作用叶片泵。

（1）双作用叶片泵。

1）双作用叶片泵的结构和工作原理。

①结构。如图 10-9 所示为双作用叶片泵的工作原理图，该泵主要由定子、转子、叶片、配油盘和泵体等组成。定子表面近似椭圆形，该椭圆形由两段长半径圆弧、两段短半径圆弧和

四段过渡曲线组成；转子为圆柱体，其上有转子槽；叶片装在转子槽中，并可在槽内滑动；定子和转子的中心重合。

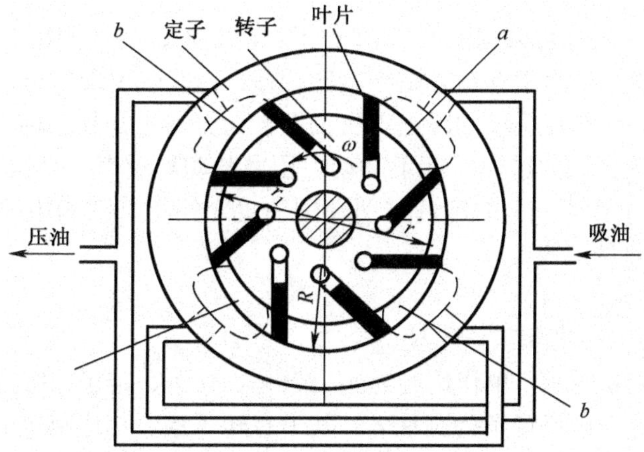

图 10-9　双作用叶片泵的工作原理图

②工作原理。当转子带动叶片旋转时，叶片在离心力的作用下压向定子内表面，则在叶片、定子、转子与配油盘之间形成互相隔离的密封容积。当叶片由小半径向大半径滑动时，密封容积变大，完成吸油过程。当叶片由大半径向小半径滑动时，密封容积变小，完成压油过程。

这种泵每转一周，每一个叶片往复滑动两次，因而吸、压油作用发生两次，故这种泵称为双作用叶片泵。因为吸、压油口对称分布，转子和轴所受的径向液压力相平衡，所以这种泵又称为平衡式叶片泵。

2）双作用叶片泵的排量和流量。由叶片泵的工作原理可知，当叶片泵每伸缩一次时，每两个叶片间油液的排出量等于大半径 R 圆弧段的容积与小半径 r 圆弧段的容积之差。若叶片数为 z，则双作用叶片泵每转排油量应等于上述容积差的 $2z$ 倍，表达式为

$$V=2z(R^2-r^2)b \tag{10-12}$$

泵输出的实际流量则为

$$q_v=Vn\eta_V=2z(R^2-r^2)bn\eta_V \tag{10-13}$$

式中，b 为叶片宽度。

如果不考虑叶片厚度，则理论上双作用叶片泵流量无脉动。这是因为在转子转动时，压油窗口处的叶片使前后两个工作腔之间互相连通，形成了一个组合的密封工作腔。随着转子的匀速转动，位于大、小圆弧处的叶片均在圆弧上滑动，压油腔的容积不变，因此泵的瞬时流量也是均匀的。但由于叶片有一定厚度，根部又连通压油腔，在吸油区的叶片不断伸出，根部容积要用压力油来补充，导致减少了输出量，造成少量流量脉动。

3）双作用叶片泵的结构特点。

① 定子过渡曲线。定子内表面的曲线是由 4 段圆弧和 4 段过渡曲线组成的。理想的过渡曲线不仅应使叶片在槽中滑动时的径向速度和加速度变化均匀，而且应使叶片转到过渡曲线和圆弧交接点处的加速度变大，以减小冲击和噪声。

目前，双作用叶片泵一般都使用综合性能较好的等加速或等减速曲线作为过渡曲线。

② 径向作用力平衡。由于双作用叶片泵的吸、压油口对称分布，所以转子和轴承上所承受的径向作用力是平衡的。

4）叶片泵的困油和泄露问题及解决措施。

①困油问题。双作用叶片泵中，相邻两个叶片、定子、转子和两个侧配油盘所包括的容积，在通过长半径和短半径封油区时，由于制造误差，可能会出现轻微的困油现象。为了保证正常的吸、排油，在配油盘上从吸油区进入压油区一边开有三角槽，称为卸荷槽，使被困油液逐渐与压油腔相通，这样大大减少了流量脉动、压力脉动和噪声，且消除了困油现象。

②泄漏问题。叶片泵转子上的叶片与两端配油盘之间的缝隙为主要泄漏渠道，一般解决端面泄漏采用浮动配油盘结构。

（2）单作用叶片泵。

1）单作用叶片泵的结构和工作原理。

①结构。如图 10-10 所示，单作用叶片泵由泵体、转子、定子、叶片、配油盘和端盖等组成。定子具有圆柱形内表面；转子为圆柱体，其上有转子槽；叶片装在转子槽内，并且可以在转子槽内转动；定子和转子间有偏心距。

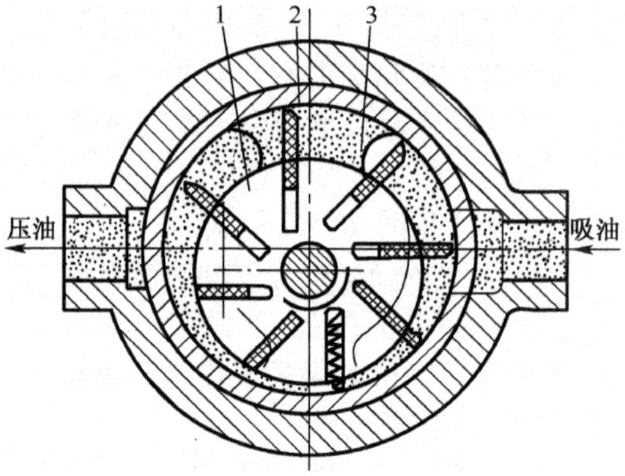

1—转子；2—定子；3—叶片

图 10-10　单作用叶片泵的结构和工作原理

②工作原理。由于转子与定子的不同心，当转子转动时，叶片的伸出与缩回使密封容积发生变化。转子两端的配油盘上只开有一个吸油口和一个压油口。所以转子每旋转一周完成吸、排油各一次。

2）单作用叶片泵的特点。

① 由于单作用叶片泵工作时存在径向不平衡力，其密封容积变化不均匀，所以其流量脉动大。

②因为径向力是不平衡的，所以限制了该泵的工作压力，故不宜用作高压泵。

③移动定子位置，改变偏心距和偏心方向，可做成变量泵和双向泵。

5. 柱塞泵

柱塞泵是依靠柱塞在缸体内做往复运动，使密封容积发生变化来实现吸排油的。由于柱塞和缸体内孔均为圆柱表面，因此具有配合精度高、密封性能好等优点。同时柱塞泵易于实现单向和双向变量，所以通常作为变量泵使用。

（1）斜盘式轴向柱塞泵。

1）斜盘式轴向柱塞泵的工作原理。斜盘式轴向柱塞泵的工作原理如图 10-11 所示，它主要由斜盘 1、柱塞 2、缸体 3、配油盘 4 组成。缸体 3 上均匀分布了若干个轴向柱塞孔，孔内装有柱塞 2，柱塞都与缸体轴线平行。

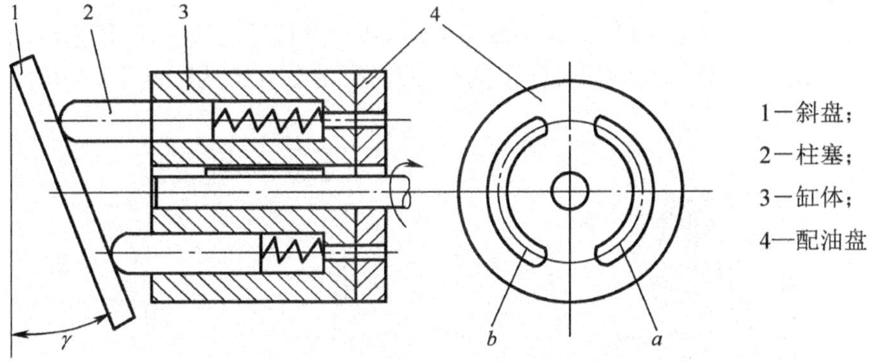

图 10-11　斜盘式轴向柱塞泵的工作原理

工作原理：斜盘与缸体间倾斜了一个 γ 角，缸体由轴带动旋转，斜盘和配油盘固定不动。在底部弹簧的作用下，柱塞头部始终紧贴斜盘。当缸体按图示方向旋转时，由于斜盘和弹簧的共同作用，使柱塞产生往复运动，各柱塞与缸体间的密封腔容积便发生增大或缩小的变化，通过配油盘上的窗口 a 吸油，窗口 b 压油。

2）斜盘式轴向柱塞泵的排量和流量。当柱塞泵旋转一周时，柱塞移动的距离为 $L=D\tan\gamma$（如图 10-12 所示），故柱塞泵每转的排量为

$$V=\frac{\pi}{4}d^2D(\tan\gamma)z \qquad (10\text{-}14)$$

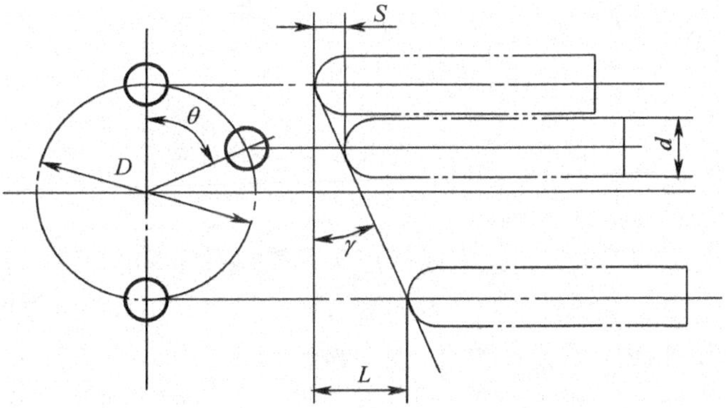

图 10-12　轴向柱塞泵流量的计算

柱塞泵实际输出的流量为

$$V=\frac{\pi}{4}d^2D(\tan\gamma)z \qquad (10\text{-}15)$$

式中，d 为柱塞直径，D 为缸体上柱塞分布圆直径，γ 为斜盘倾角，z 为柱塞数，n 为泵的转数。

3）轴向柱塞泵的结构特点。如图 10-13 所示为手动变量斜盘式轴向柱塞泵结构图，它由两部分组成：右边的主体部分（可分为前泵体部分、中间泵体部分）和左边的变量部分。缸体 5 安装在中间泵体 1 和前泵体 7 内，由传动轴 8 通过花键带动旋转。在缸体内的 7 个轴向缸孔中分别装有柱塞 9。柱塞的球形头部装在滑履 12 的孔内，并可做相对滑动。中心弹簧 3 通过内套 2、钢球 13 和回程盘 14 将滑履 12 紧紧地压在斜盘 15 上，同时，中心弹簧 3 又通过外套 10 将缸体 5 压向配油盘 6。当缸体由传动轴带动旋转时，柱塞相对缸体做往复运动，于是容积发生变化，这时油液可通过缸孔底部月牙形的通油孔、配油盘 6 上的配油窗口和前泵体 7 的进、出油孔完成吸、压油工作。

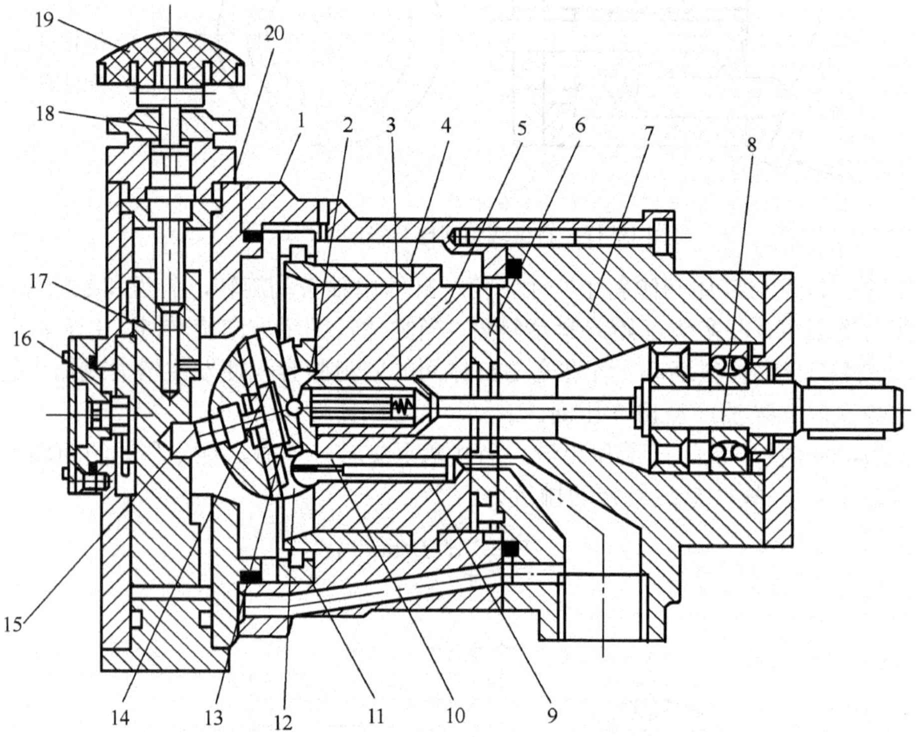

图 10-13　手动变量斜盘式轴向柱塞泵

轴向柱塞泵的结构特点如下：

①滑履结构。在图 10-13 中，各柱塞以球形头部直接接触斜盘而滑动，柱塞头部与斜盘之间为点接触，因此被称为点接触式轴向柱塞泵。当泵工作时，柱塞头部接触应力大，极易磨损。故一般轴向柱塞泵都在柱塞头部装有滑履。改点接触为面接触，并且各相对运动表面之间通过滑履上的小孔引入压力油，实现可靠的润滑，大大降低了相对运动零件表面的磨损。这样就有利于泵在高压下工作。

②中心弹簧机构。柱塞泵要想正常工作，柱塞头部的滑履必须始终紧贴斜盘。在图 10-11 中采用在每个柱塞底部加一个弹簧的方法，但这种结构随着柱塞的往复运动，弹簧易于疲劳损坏。在图 10-13 中改用一个中心弹簧 3，通过钢球 13 和回程盘 14 将滑履压向斜盘，从而使泵具有较好的自吸能力，这种结构中的弹簧只受静载荷，不易疲劳损坏。

③缸体端面间隙的自动补偿。由图 10-13 可知，使缸体紧压配油盘端面的作用力，除弹簧

3 的推力外，还有柱塞孔底部台阶面上所受的液压力，此液压力比弹簧力大得多，而且随泵工作压力的增大而增大。由于缸体始终受力紧贴着配油盘，因此使端面间隙得到了自动补偿，提高了泵的容积效率。

④变量机构。在图 10-13 中采用的是手动变量机构，设置在泵的左侧。当变量时，转动手轮 19、丝杆 18 随之转动，变量活塞 17 便上下移动，通过轴销 16 使支承在变量壳体上的斜盘 15 绕其中心转动，从而改变了斜盘的倾角 γ。

（2）径向柱塞泵。

1）径向柱塞泵的工作原理。如图 10-14 所示为径向柱塞泵的工作原理图，泵由转子 1、定子 2、柱塞 3、配油铜套 4 和配油轴 5 等主要零件组成，柱塞沿径向均匀分布地安装在转子上。

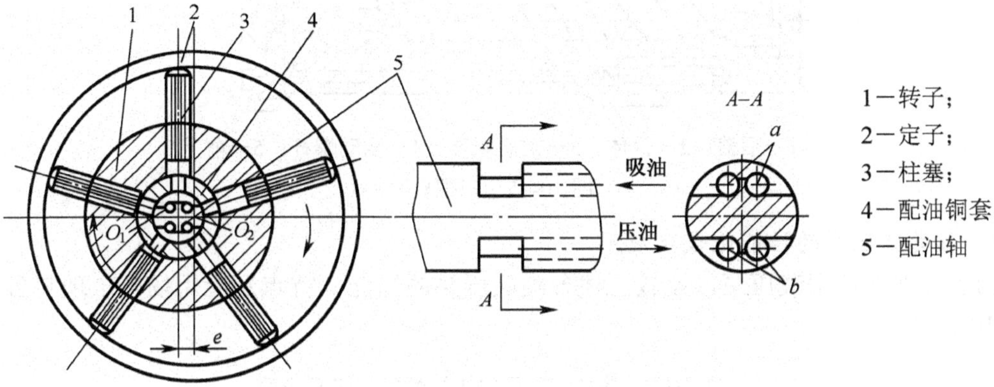

图 10-14　径向柱塞泵的工作原理图

配油铜套和转子紧密配合，并套装在配油轴上，配油轴是固定不动的。转子连同柱塞由电动机带动一起旋转，柱塞靠离心力紧压在定子的内壁面上。

由于定子和转子之间有偏心距 e，所以，当转子按图示方向旋转时，柱塞在上半周内向外伸出，其底部的密封容积逐渐增大，产生局部真空，于是通过固定在配油轴上的窗口 a 吸油；当柱塞处于下半周时，柱塞底部的密封容积逐渐减小，通过配油轴窗口 b 把油液压出。转子转一周，每个柱塞各吸、压油一次。

若改变定子和转子的偏心距 e，则泵的输出流量也改变，即为径向柱塞变量泵；若偏心距 e 从正值变为负值，则进油口和压油口互换，即为双向径向变量柱塞泵。

2）径向柱塞泵的排量和流量。柱塞的行程为两倍的偏心距 e，泵的排量为

$$V=\frac{\pi}{4}d^2 2ez=\frac{\pi}{2}d^2 ez \qquad (10\text{-}16)$$

泵的实际输出流量为

$$q_v=\frac{\pi}{2}d^2 ezn\eta_v \qquad (10\text{-}17)$$

式中，d 为柱塞直径，z 为柱塞数，n 为泵的转数，η_v 为泵的容积效率。

6. 螺杆泵

如图 10-15 所示是三螺杆泵的结构图。在泵体内安装三根螺杆，中间的主动螺杆是右旋凸

螺杆，两侧的从动螺杆是左旋凹螺杆。三螺杆泵的外圆与泵体的对应弧面保持着良好的配合，螺杆的啮合线把主动螺杆和从动螺杆的螺旋槽分割成多个相互隔离的密封工作腔。随着螺杆的转动，密封工作腔可以一个接一个地在左端形成，不断从左向右移动。主动螺杆每转一周，每个密封工作腔便移动一个导程，最左面的密封工作腔的容积逐渐增大，则将油吸入；最右面的容积逐渐减小，则将油压出。

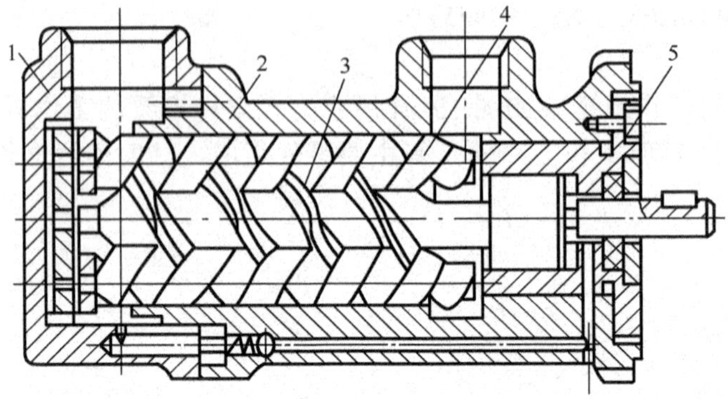

1—后盖；2—泵体；3—主动螺杆；4—从动螺杆；5—前盖

图 10-15　三螺杆泵

7. 各类液压泵的性能比较及应用

为了合理地选用液压泵，比较上述各类液压泵的性能、特点及应用场合，现将各类泵列于表 10-2 中。

表 10-2　各类液压泵的主要性能比较及应用

类别性能	外啮合齿轮泵	双作用叶片泵	限压式变量叶片泵	螺杆泵	轴向柱塞泵
工作压力/MPa	＜20	6.3～21	7	＜10	＜10
流量调节	不能	不能	能	20～35	20～35
容积效率	0.7～0.95	0.8～0.95	0.8～0.9	能	能
输出流量脉动	很大	很小	中等	能	能
自吸特性	好	较差	较差	0.75～0.95	0.75～0.95
对油污染敏感性	不敏感	较敏感	较敏感	0.9～0.98	0.9～0.98
噪声	大	小	较大	很小	很小

10.2.2　液压执行元件

1. 液压缸的类型和特点

液压缸与液压马达同属于液压传动系统中的执行元件，液压缸是将液体的压力能转换为直线运动形式的机械能输出，液压缸输入的压力能表现为液体的流量和压力，输出的机械能表现为直线运动的速度和力。液压缸用来驱动工作机构实现直线往复运动和摆动。液压缸结构简单，工作可靠，制造容易，做直线往复运动时省去减速机构，且没有传动间隙，传动平稳，反应快，可与杠杆、连杆、齿轮、齿条、棘轮及凸轮等配合实现多种机械运动。按其结构特点分为活塞式、柱塞式、摆动式、组合式。按作用方式分为单作用式和双作用式。

（1）活塞式液压缸。活塞式液压缸可分为双杆式和单杆式两种，其固定方式有缸体固定式和活塞固定式两种。

1）双杆活塞式液压缸。如图 10-16 所示为双杆活塞式液压缸的原理图，活塞两侧均装有活塞杆。如图 10-16（a）所示为缸体固定式结构，缸体两端设有进、出油口，当压力油从进、出油口交替输入液压缸左、右工作腔时，压力油作用于活塞端面，驱动活塞或缸体运动，并通过活塞杆或缸体带动工作台做直线往复运动。如图 10-16（b）所示为活塞固定式结构。当两个活塞杆直径相同（即有效工作面积相等）、供油压力和流量不变时，那么活塞往返运动时，两个方向的推力和运动速度均相等，即

$$u=\frac{q_v}{A}=\frac{4q_v}{\pi(D^2-d^2)} \tag{10-18}$$

$$F=(p_1-p_2)A=\frac{\pi}{4}(D^2-d^2)(p_1-p_2) \tag{10-19}$$

式中，u 为活塞（或缸体）的运动速度，q_v 为供油流量，F 为活塞（或缸体）上的推力，p_1、p_2 分别为液压缸进、出口压力，A 为液压缸有效工作面积，D、d 分别为活塞、活塞杆直径。

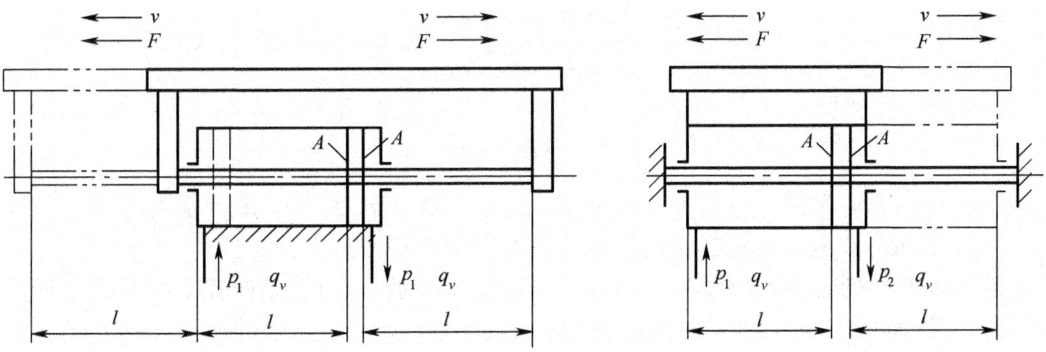

（a）缸体固定式　　　　（b）活塞固定式

图 10-16　双杆活塞式液压缸

这种两个方向等速、等力的特性使双杆液压缸可以用于双向负载基本相等的场合，如磨床液压系统等。

2）单杆活塞式液压缸。如图 10-17 所示为单杆活塞式液压缸。它只在活塞的一侧装有活塞杆，因而两腔的有效作用面积不同。当向两腔分别供油，且供油压力和流量不变时，活塞在两个方向的运动速度和推力都不相等。

①当无杆腔进油、有杆腔回油时，活塞的运动速度 v_1 和推力 F_1 分别为

$$v_1=\frac{q_v}{A_1}=\frac{4q_v}{\pi D^2} \tag{10-20}$$

$$\begin{aligned}F_1&=p_1A_1-p_2A_2\\&=\frac{\pi}{4}D^2p_1-\frac{\pi}{4}(D^2-d^2)p_2\\&=\frac{\pi}{4}D^2(p_1-p_2)+\frac{\pi}{4}d^2p_2\end{aligned} \tag{10-21}$$

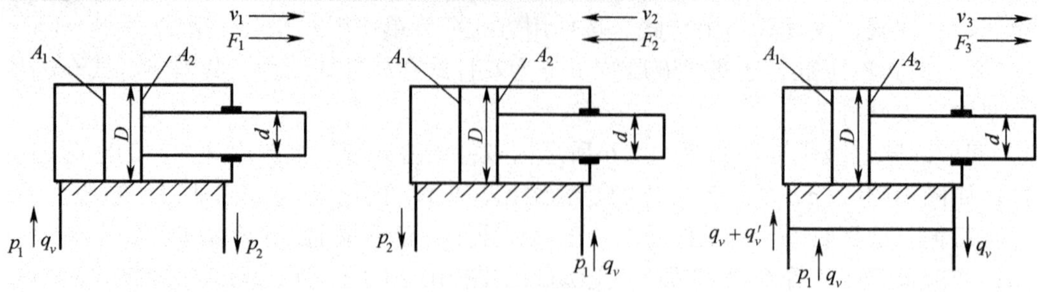

（a）无杆腔进油　　（b）有杆腔进油　　（c）差动连接

图 10-17 单杆活塞式液压缸

式中，q_v 为供油流量，p_1、p_2 为分别为液压缸进、出口压力，D、d 分别为活塞、活塞杆直径，A_1、A_2 分别是液压缸无杆腔和有杆腔的活塞有效作用面积。

②当有杆腔进油、无杆腔回油时，活塞的运动速度 v_2 和推力 F_2 分别为

$$v_2 = \frac{q_v}{A_2} = \frac{4q_v}{\pi(D^2 - d^2)} \tag{10-22}$$

$$\begin{aligned} F_2 &= p_1A_2 - p_2A_1 \\ &= \frac{\pi}{4}(D^2 - d^2)p_1 - \frac{\pi}{4}D^2 p_2 \\ &= \frac{\pi}{4}D^2(p_1 - p_2) - \frac{\pi}{4}d^2 p_1 \end{aligned} \tag{10-23}$$

式中，q_v 为供油流量，p_1、p_2 分别为液压缸进、出口压力，D、d 分别为活塞、活塞杆直径，A_1、A_2 分别是液压缸无杆腔和有杆腔的活塞有效作用面积。

③液压缸两腔同时供入压力油（如图 10-17（c）所示），由于无杆腔工作面积比有杆腔工作面积大，活塞向右的推力大于向左的推力，故其向右移动。液压缸的这种连接方式称为差动连接，差动连接时，活塞的速度 v_3 和推力 F_3 分别为

$$v_3 = \frac{q_v}{A_1 - A_2} = \frac{4q_v}{\pi d^2} \tag{10-24}$$

$$F_3 = p_1A_1 - p_2A_2 \approx \frac{\pi}{4}D^2 p_1 - \frac{\pi}{4}(D^2 - d^2)p_1 = \frac{\pi}{4}d^2 p_1 \tag{10-25}$$

式中，q_v 为供油流量，p_1、p_2 分别为液压缸进、出口压力，D、d 分别为活塞、活塞杆直径，A_1、A_2 分别是液压缸无杆腔和有杆腔的活塞有效作用面积。

单杆活塞式液压缸常用于一个方向负载但运行速度较低、另一个方向空载且做快速退回运动的设备。如各种金属切削机床、压力机、起重机等的液压系统。

（2）柱塞式液压缸。如图 10-18 所示，柱塞缸由缸筒 1、柱塞 2、导向套 3、密封圈 4 和压盖 5 等零件所组成。

优点：结构简单、制造容易、维修方便，常用于大行程设备。

（3）摆动式液压缸。摆动式液压缸是输出转矩并实现往复摆动的执行元件，有单叶片和双叶片两种形式。如图 10-19（a）所示为单叶片式摆动缸，它的摆动角较大，可达 300°。当摆动缸的进出油口压力分别为 p_1 和 p_2，且输入流量为 q_v 时，它的输出转矩 T 和角速度 ω 各为

$$T=\frac{b}{2}({R_2}^2-{R_1}^2)(p_1-p_2) \tag{10-26}$$

$$\omega=\frac{2q_v}{b({R_2}^2-{R_1}^2)} \tag{10-27}$$

式中，b 为叶片的宽度，R_1、R_2 分别为叶片底部、顶部的回转半径。

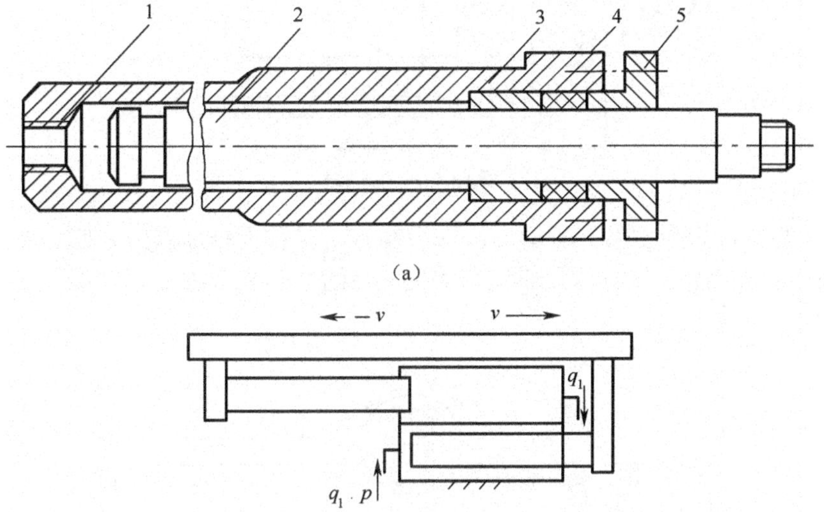

(a)

(b)

1—缸筒；2—柱塞；3—导向套；4—密封圈；5—压盖

图 10-18　柱塞式液压缸

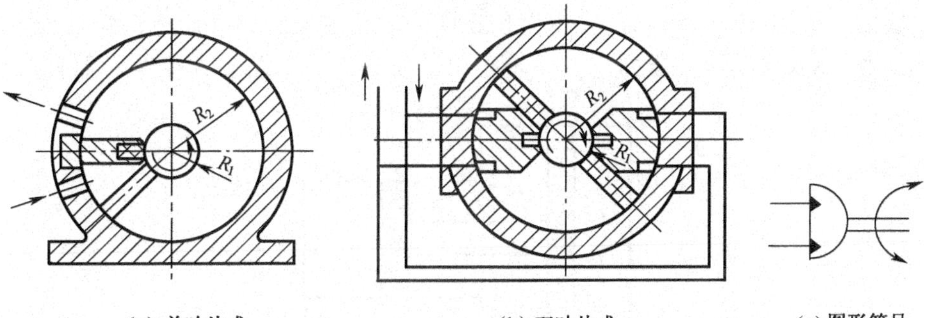

(a) 单叶片式　　(b) 双叶片式　　(c) 图形符号

图 10-19　摆动缸

（4）组合式液压缸。

1）伸缩缸。伸缩缸又称多级缸，它由两极或两极以上的活塞缸套装而成，如图 10-20 所示，前一级活塞缸的活塞就是后一级活塞缸的缸筒。当伸缩缸逐个伸出时，有效工作面积依次减小，因此，当输入流量相同时，外伸速度依次增大；当负载恒定时，液压缸的工作压力逐渐升高。

空载收回的顺序一般是从小活塞到大活塞，活塞全部收回后，总长度较短，结构紧凑，适用于安装空间受到限制而行程要求很长的场合，如起重机伸缩臂液压缸、自卸汽车举升液压缸等。

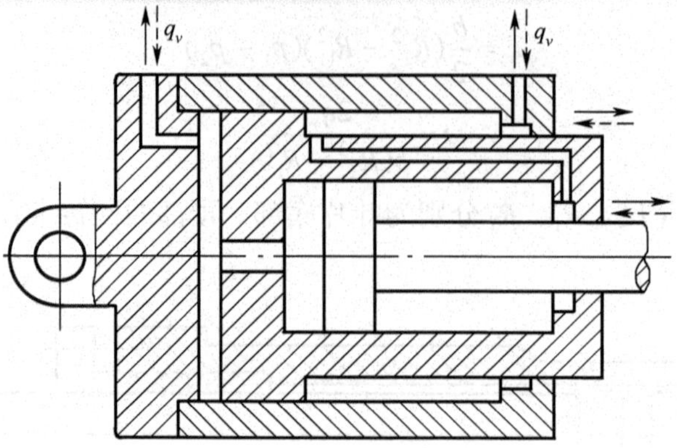

图 10-20　伸缩缸

2）齿条活塞缸。如图 10-21 所示为齿条活塞缸，又称无杆活塞缸，它由带齿条杆的双活塞缸和齿轮齿条机构组成。这种液压缸的特点是：将活塞的直线往复运动经过齿轮齿条机构转换为回转运动。

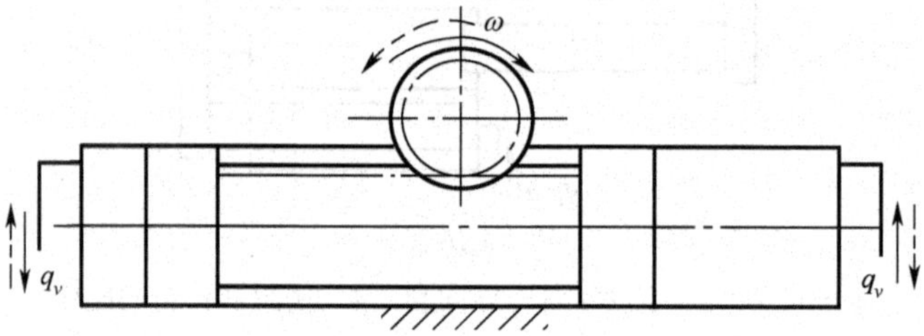

图 10-21　齿条活塞缸

3）增压缸。如图 10-22 所示，它由面积不同的两个液压缸串联而成，大缸为原动缸，小缸为输出缸。设输入原动缸的压力为 p_1，输出缸的压力为 p_2，若不计摩擦，则有：

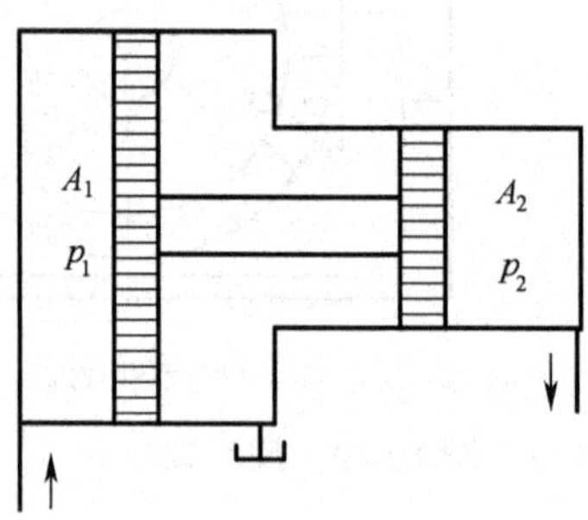

图 10-22　增压缸

$$A_1p_1=A_2p_2$$

整理得

$$p_2= A_1p_1/ A_2$$

式中，比值 A_1/A_2（或 D_1^2/D_2^2）称为增压比。

2. 液压缸的典型结构

以单杆活塞式液压缸为例，液压缸的典型结构可从活塞与活塞杆的连接、缸筒与缸盖的连接、密封装置、缓冲装置和排气装置五个基本部分进行分析。

（1）活塞与活塞杆的连接。活塞也受压力的作用，在缸体内做往复运动，因此必须有一定的强度和耐磨性，它常用耐磨铸铁制造。活塞结构分为整体式和组合式，它与活塞杆的连接形式如图 10-23 所示。

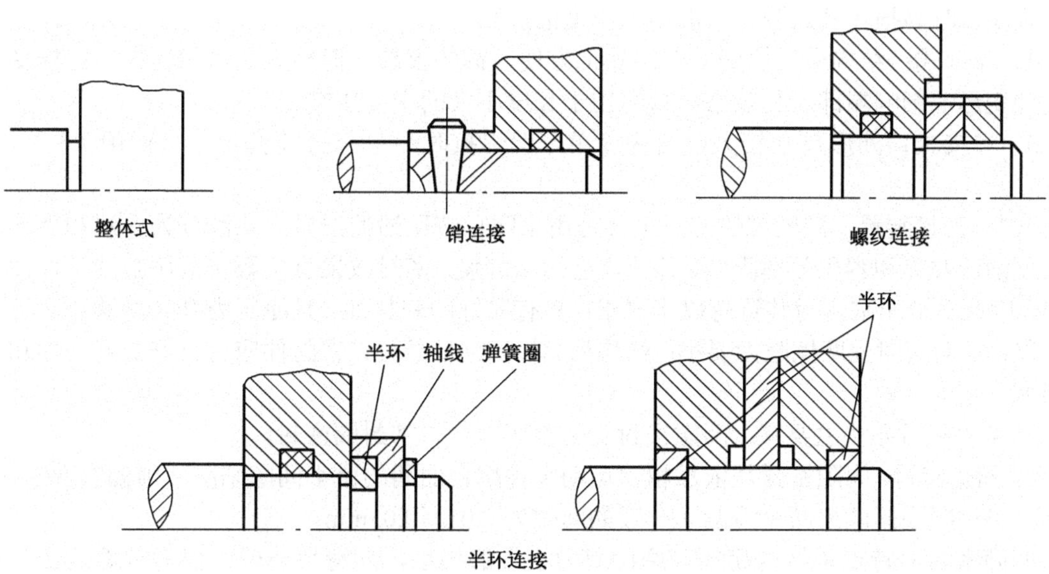

图 10-23　活塞与活塞杆的连接形式

活塞杆是连接活塞和工作部件的传力零件，要有足够的强度和刚度。活塞杆要在导向套内做往复运动，其外圆柱表面要耐磨和防锈，故其表面有时采用镀铬工艺。

（2）缸筒与缸盖的连接。缸筒和缸盖组件不仅构成了液压缸的密封容积，同时也要承受很大的液压力，所以缸筒和缸盖组件要有足够的刚度、强度和可靠的密封性。其连接的形式如图 10-24 所示。

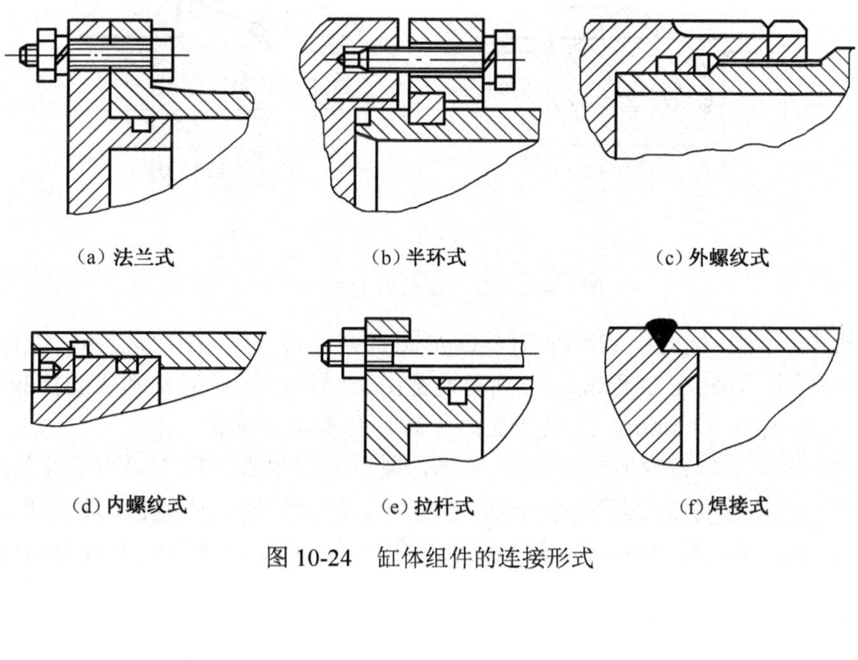

图 10-24　缸体组件的连接形式

1）法兰式：结构简单，拆装和加工方便，连接可靠，大液压缸普遍采用这种连接。

2）半环式：半环连接工艺性好，连接可靠，结构紧凑，拆装方便。但半环槽对缸筒强度有所削弱，需加厚缸壁，常用于无缝钢管、缸筒与端盖的连接。

3）螺纹式：其特点是重量轻，外径小，结构紧凑，但缸筒端部结构复杂，装卸需专用工具，旋端盖时易损坏密封圈，一般用于小型液压缸。

4）拉杆式：结构通用性好，缸筒加工方便，拆装容易，但端盖的体积较大，拉杆受力后会拉伸变形，影响端部密封效果，只适用于长度不大的中低压缸。

5）焊接式：外形尺寸较大，结构简单，但焊接时易引起缸筒变形，主要用于柱塞式液压缸。

（3）密封装置。液压缸的密封主要是用来防止液压油的泄漏。泄漏分为内泄和外泄，泄漏会使油液发热和容积效率降低，外泄还会污染环境。密封效果直接影响液压缸的工作性能和效率，因此对液压缸密封装置有以下要求：具有良好的密封性，且随压力升高能够自动提高密封性能；运动密封处摩擦阻力要小；结构简单，工艺性要好；密封件应有良好的耐磨性和足够的寿命。

常见的密封方法主要有：间隙密封、活塞环密封、密封圈密封。

1）间隙密封。间隙密封是依靠相对运动零件配合面间的微小间隙来防止泄漏实现密封的，因此，可用减小间隙来减少泄漏。一般的间隙为 0.01～0.05mm。

间隙密封的特点是结构简单，摩擦阻力小，磨损小，润滑性能好，但对零件的加工精度要求较高，密封效果较差，而且在受到磨损后不能自动补偿。因此，间隙密封仅适用于尺寸较小、压力较低、运动速度较高的活塞与缸体内孔间的密封。

2）密封圈密封。

①O 形密封圈。O 形圈在安装时必须保证适当的预压缩量，压缩量的大小直接影响 O 形圈的使用性能和寿命，过小不能密封，过大则摩擦力增大，且易损坏，如图 10-25 所示。

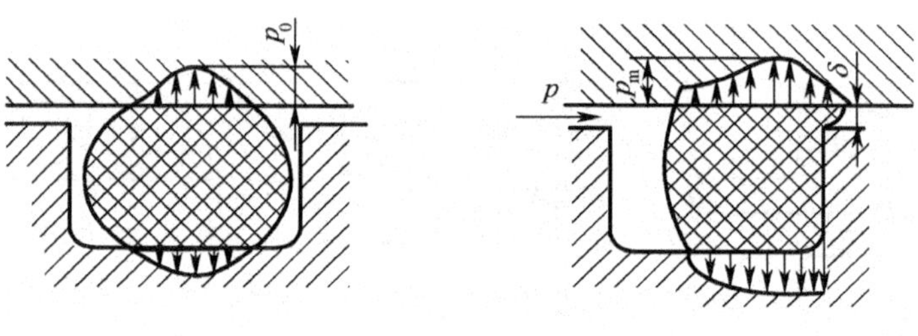

（a） （b）

图 10-25　O 形密封圈的密封原理

在静密封中，当压力大于 32MPa 时，O 形圈就会被挤入间隙中而损坏，以致密封效果降低或失去密封作用，为此在 O 形圈低压侧需设置由聚四氟乙烯或尼龙制成的挡圈（如图 10-26 所示），其厚度为 1.25～2.5mm。当双向受高压时，两侧都要加挡圈。

②Y 形密封圈。Y 形密封圈的截面呈 Y 形，属唇形密封圈，它主要用于往复运动的密封。Y 形圈在从低压到高压的压力范围内都表现了良好的密封性能，还能自动补偿唇边的磨损。

当安装 Y 形圈时，唇口端对应着液压力高的一侧。当压力变化较大且滑动速度较快时，为避免翻转，要使用支撑环，以固定密封圈，如图 10-27 所示。

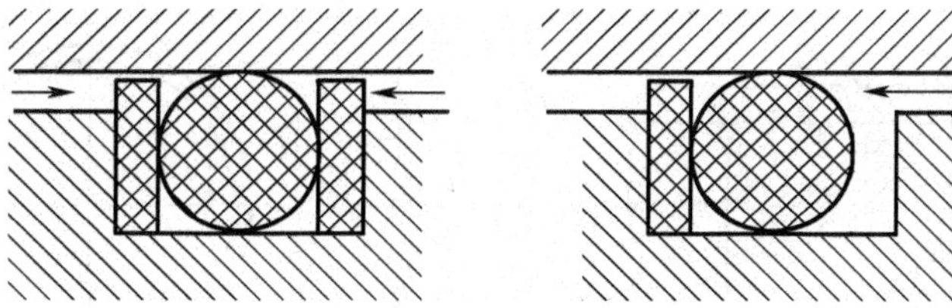

图 10-26　挡圈的设置

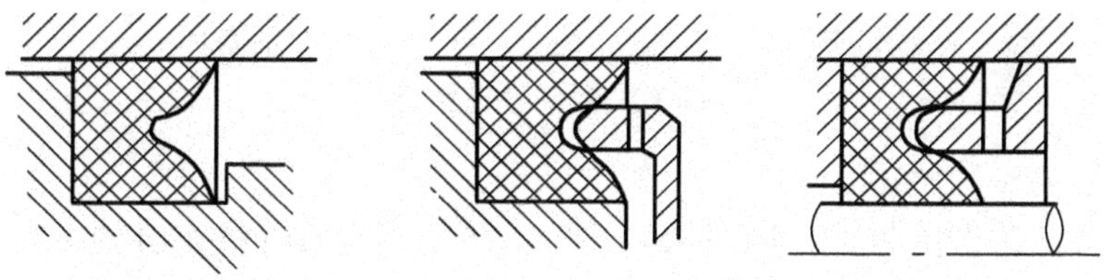

（a）Y 形圈一般安装　　（b）Y 形圈带支撑环安装

图 10-27　Y 形密封圈

③V 形密封圈。V 形密封圈的截面是 V 形，如图 10-28 所示，安装时，V 形圈的开口应向压力高的一侧。

优点：V 形圈的密封性能良好、耐高压、寿命长，通过选择适当的 V 形圈的数量和调节压紧力，可获得最佳的密封效果，

缺点：V 形圈的摩擦阻力及轴向结构尺寸较大，它主要用于活塞杆的往复运动密封。

④防尘圈。防尘圈设置在活塞杆或柱塞密封圈的外部（如图 10-29 所示），防止外界灰尘、沙粒等异物进入液压缸内，以避免影响液压系统的工作液压元件的使用寿命。

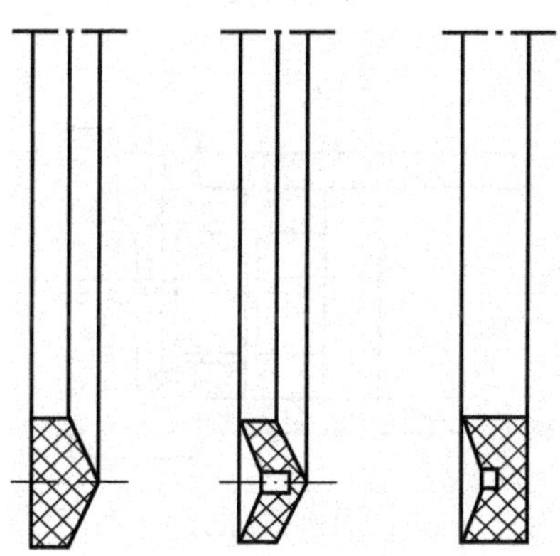

图 10-28　V 形密封圈

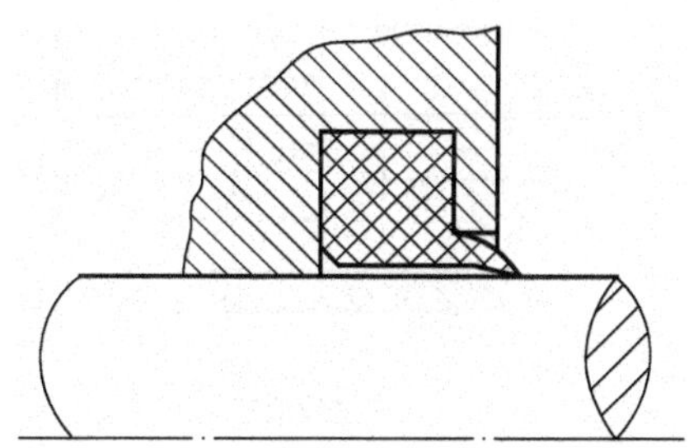

图 10-29　防尘圈

3）活塞环密封。活塞环密封是依靠装在活塞环形槽内的弹性金属环紧贴缸筒内壁来实现密封，如图 10-30 所示。

优点：其密封效果较间隙密封好，适应的压力和温度范围宽，能自动补偿磨损和温度变化的影响，能在高速条件下工作，摩擦阻力小，使用寿命长，工作可靠。

缺点：因活塞环与其对应的滑动面之间为金属接触，故不能完全密封，且活塞环加工复

杂，缸筒内表面加工精度要求高，一般用于高压、高温、高速的场合。

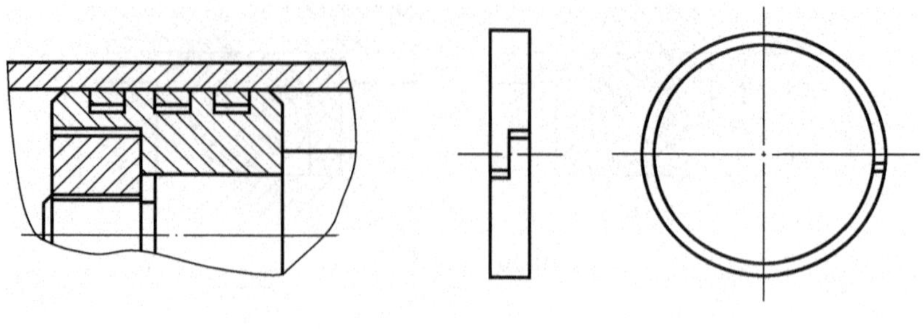

（a）活塞环的安装　　　（b）活塞环

图 10-30 活塞环密封

（4）液压缸的缓冲装置。

1）圆柱形环隙式缓冲装置。如图 10-31（a）所示，当缓冲柱塞 A 进入缸盖上的内孔时，缸盖和活塞间形成环形缓冲油腔 B，被封闭的油液只能经环形间隙 δ 排出，产生缓冲压力，从而实现减速缓冲。

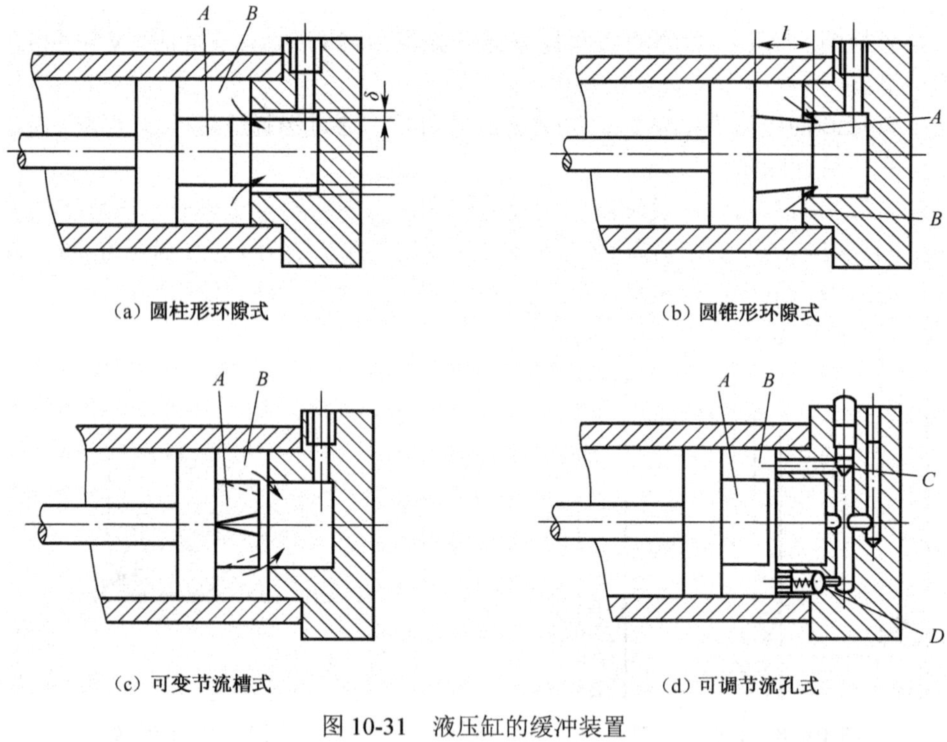

（a）圆柱形环隙式　　　（b）圆锥形环隙式

（c）可变节流槽式　　　（d）可调节流孔式

图 10-31　液压缸的缓冲装置

缺点：由于回油通道的节流面积不变，故缓冲开始时产生的缓冲制动力很大，其缓冲效果较差，液压冲击较大，且实现减速所需行程较长。

2）圆锥形环隙式缓冲装置。如图 10-31（b）所示，由于缓冲柱塞 A 为圆锥形，所以，缓冲环形间隙 δ 随位移量的不同而改变，即节流面积随缓冲行程的增大而缩小，使机械能的吸收较均匀，其缓冲效果较好，但仍有液压冲击。

3）可变节流槽式缓冲装置。如图 10-31（c）所示，在缓冲柱塞 A 上开有三角节流沟槽，节流面积随着缓冲行程的增大而逐渐减小，其缓冲压力变化较平缓。

4）可调节流孔式缓冲装置。如图 10-31（d）所示，当缓冲柱塞 A 进入到缸盖内孔时，回油口被柱塞堵住，只能通过节流阀 C 回油，调节节流阀的开度，可以控制回油量，从而控制活塞的缓冲速度。当活塞反向运动时，压力油通过单向阀 D 很快进入到液压缸内。

（5）排气装置。液压缸往往会有空气渗入，以致影响运动的平稳性，严重时，系统将不能正常工作，因此设计液压缸时必须考虑空气的排出。

对于要求不高的液压缸，往往不设专门的排气装置，而是将油口置于缸体两端的最高处，这样也能利用液流将空气带到油箱而排出，但对于稳定性要求较高的液压缸，常常在液压缸的最高处设置专门的排气装置，如排气阀、排气塞等。如图 10-32 所示为排气塞结构图。松开螺钉即可排气，将气排完后拧紧螺钉，液压缸便可正常工作。

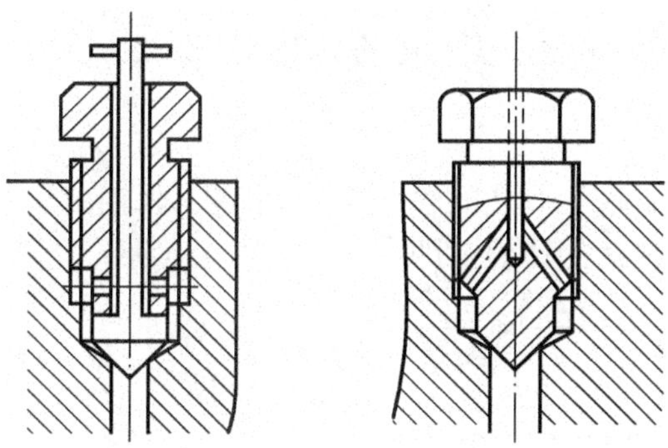

图 10-32　液压缸的排气塞结构图

3．液压马达

（1）液压马达的类型。液压马达是将输入的液压能转换为旋转运动形式的机械能输出的执行机构。

1）按照结构形式的不同，液压马达可分为齿轮式、叶片式和柱塞式三大类。

2）按照转速的不同，液压马达可分为高速（额定转速高于 500r/min）和低速（额定转速低于 500r/min）两大类。

3）按照排量是否可调，液压马达可分为定量马达和变量马达两大类（变量马达又可分为单向变量马达和双向变量马达）。液压马达与液压泵的作用和工作原理相反，同类型的泵和马达在结构上相似。

从原理上讲，液压马达可以当作液压泵用，液压泵也可以当作液压马达用。但由于两者的使用目的不一样，导致了它们在结构上的某些差异，例如液压马达需要正、反转，所以在内部结构上应具有对称性，其进、出油口大小相等；而液压泵一般是单方向旋转，因而没有这一要求，为了改善吸油性能，其吸油口往往大于压油口。故只有少数液压泵能当作马达使用。

（2）液压马达的主要性能参数。

1）液压马达的转速和容积效率。由于马达存在泄漏，输入马达的实际流量 q_v 应大于理论流量 q_{vt}，故液压马达的容积效率为

$$\eta_v = \frac{q_{vt}}{q_v} \tag{10-28}$$

将 $q_{vt}=Vn$ 代入上式，可得液压马达的转速为

$$n = \frac{q_v}{V\eta_v} \tag{10-29}$$

2）液压马达的转矩和机械效率。因为液压马达工作时存在摩擦，所以它的实际输出转矩 T 必然小于理论转矩 T_t，故液压马达的机械效率为

$$\eta_m = \frac{T}{T_t} \tag{10-30}$$

设马达进、出口间的压差为 δ_p，则马达的理论功率为 $P_t=2\pi nT_t=\delta pq_{vt}=\delta pVn$，因而有

$$T_t = \frac{\Delta pV}{2\pi}$$

将上式代入式（10-30），可得液压马达的输出转矩公式为

$$T = \frac{\Delta pV}{2\pi}\eta_m \tag{10-31}$$

3）液压马达的总效率。液压马达的输入功率 $P_i=\delta pqv$，输出功率 $P_o=2\pi nT$。马达的总效率 η 为输出功率 P_o 与输入功率 P_i 的比值，即

$$\eta = \frac{P_o}{P_i} = \frac{2\pi nT}{\Delta pq_v} = \frac{T}{\frac{\Delta pV}{2\pi}}\eta_v = \eta_m\eta_v \tag{10-32}$$

从上式可知，液压马达的总效率等于液压马达的机械效率 η_m 和容积效率 η_v 的乘积。

10.2.3 液压控制阀

液压控制阀用来控制油液的压力、流量和流向，从而控制液压执行元件的启动、停止、运动方向、速度、作用力等，满足液压设备对各工况的要求。

按用途可分为三大类：方向控制阀，简称为方向阀，如单向阀、换向阀等；压力控制阀，简称为压力阀，如溢流阀、顺序阀、减压阀和压力继电器等；流量控制阀，简称为流量阀，如节流阀、调速阀等。这三类阀可以相互组合，成为复合阀，如单向顺序阀、单向减压阀、卸荷阀和单向节流阀等。

按工作压力等级可分为：低压阀、中压阀和高压阀。

按控制原理可分为：开关阀、比例阀、伺服阀和数字阀。

按安装连接形式可分为：管式连接、板式连接、叠加式连接和插装式连接。

1. *方向控制阀*

方向控制阀在液压系统中主要是用来连通油路或切换油流的方向，从而控制执行元件的启动、停止或改变其运动方向。按用途可分为单向阀和换向阀。

（1）单向阀。

1）普通单向阀。如图 10-33 所示，普通单向阀的作用是仅允许液流沿一个方向通过，而反向液流则截止。普通单向阀的弹簧主要用来克服阀芯运动时的摩擦力和惯性力。为了使单向阀工作灵敏可靠，弹簧力应较小，以免流液产生过大的压力降。一般单向阀的开启压力约为

0.035～0.05MPa，额定流量通过时的压力损失不超过 0.1～0.3MPa。当利用单向阀的背压阀时应换成较硬的弹簧，使回油保持一定的背压。作背压阀用时，开启压力一般在 0.2～0.6MPa。

对单向阀的主要性能要求是：当油液从单向阀的正向通过时阻力要小；而反向截止时无泄漏，阀芯动作灵敏，工作时无撞击和噪声。

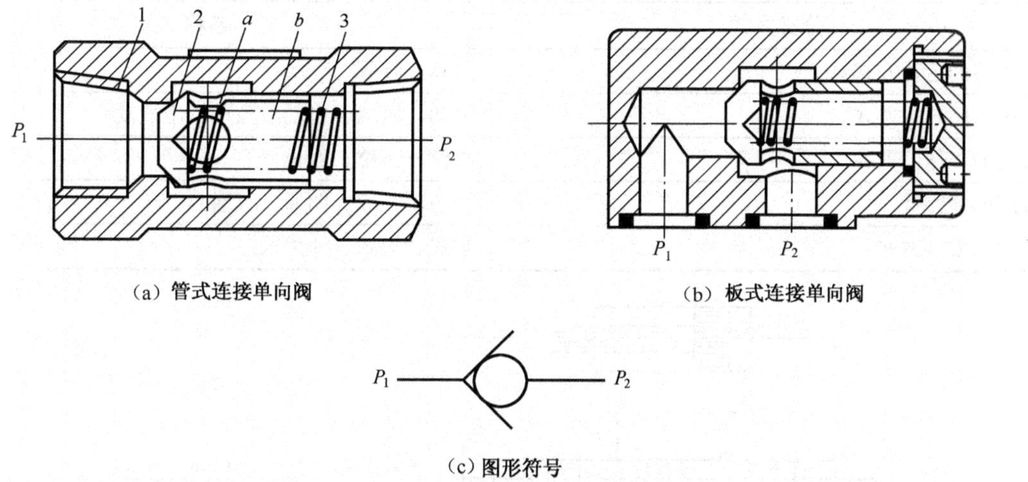

1—阀体；2—阀芯；3—弹簧

图 10-33　单向阀

2）液控单向阀。如图 10-34 所示，液控单向阀具有良好的单向密封性，与普通单向阀的区别是：在一定的控制条件下可反向流通，液控单向阀常用于液压系统的保压、锁紧和平衡回路。

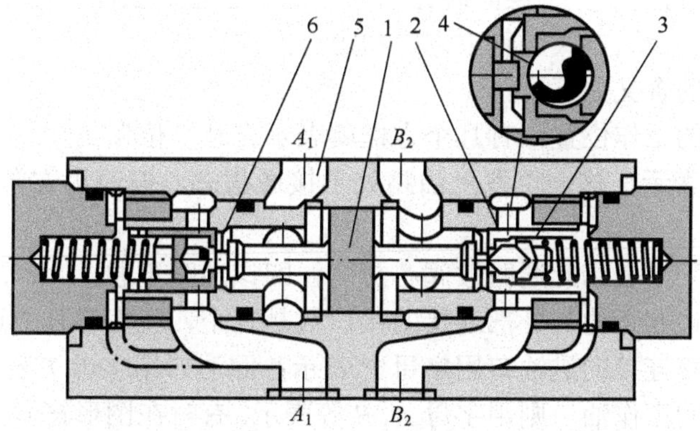

图 10-34　液控单向阀

（2）换向阀。换向阀是利用改变阀芯与阀体的相对位置控制相应油路的接通、切断或变换油液的方向，从而实现对执行元件运动方向的控制。按换向阀阀芯的运动方式、控制方式、工作位置和通路数等特征进行分类，如表 10-3 所示。

对换向阀的要求是：换向动作灵敏、可靠、平稳、无撞击；能获得准确的终止位置；内部泄露和压力损失要小。

1）滑阀式换向阀的换向原理。如图 10-35 所示，在图示位置，液压缸两腔不通压力油，液压缸停止运动。当阀芯左移，阀体上的油口 P 和 A 连通，B 和 T 连通。压力油经 P 和 A 进入液压缸左腔，其活塞右移，右腔油液经 B 和 T 回油箱。反之，阀芯右移，则 P 和 B 连通，A 和 T_1 连通，油缸活塞左移。

表 10-3　换向阀的类型

分类方式	名称
按阀芯的运动方式	滑阀、转阀
按操纵阀芯的方式	手动、机动、电动、液动、电液动
按阀的工作位置数	二位、三位、四位
按阀的通路数	二通、三通、四通、五通
按阀的安装方式	管式、板式、法兰式

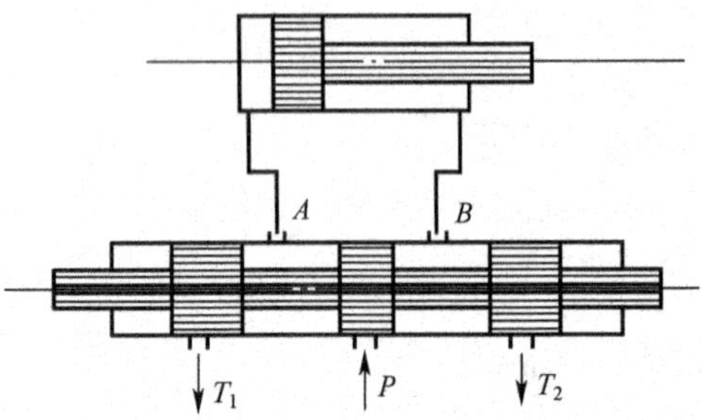

（a）结构原理

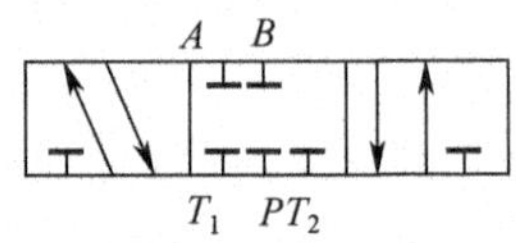

（b）图形符号

图 10-35　滑阀式换向阀的工作原理

2）换向阀的图形符号。一个换向阀完整的图形符号包括工作位置数、通路数、在各个位置上的油口连通关系、操纵方式、复位方式和定位方式等。

换向阀图形符号的含义如下：

①用方框表示阀的工作位置，有几个方框就表示有几“位”。

②方框内的箭头表示在这一位置上油路处于接通状态，但箭头方向并不一定表示油流的实际方向。

③方框内符号“丅”表示此通路被阀芯封闭，即该油路不通。

④一个方框的上边和下边与外部连接的接口数是几个，就表示几“通”。

⑤阀与系统供油路连接的进油口用字母 P 表示；回油口用字母 T 表示（有时用字母 O）；而阀与执行元件连接的工作油口则用字母 A、B 等表示。有时在图形符号上还表示出泄漏油口，用字母 L 表示。

3）常用换向阀的结构原理和图形符号如表 10-4 所示。

2. 压力控制阀

在液压系统中，控制液体压力或利用压力作为信号来控制其他元件动作的阀统称为压力控制阀。常用的有溢流阀、顺序阀、减压阀和压力继电器等。

（1）溢流阀。溢流阀通过阀口溢流，使被控制系统或回路的压力维持恒定，实现调压、稳压和限压三个功能。对溢流阀的主要性能要求是：调压范围大，调压偏差小，工作平稳，动作灵敏，通流能力大，压力损失小，噪声小等。

表 10-4　常用换向阀的结构原理和图形符号

类型	结构原理图	图形符号
二位二通	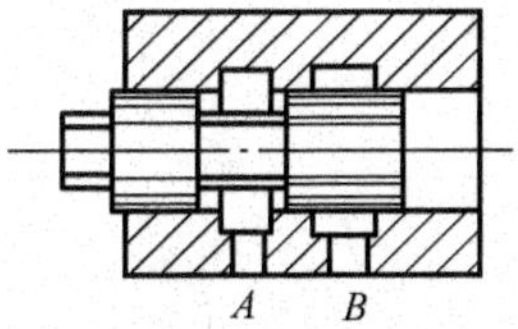	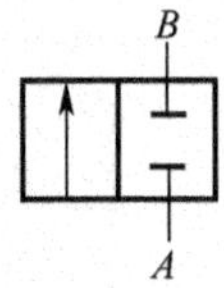
二位三通	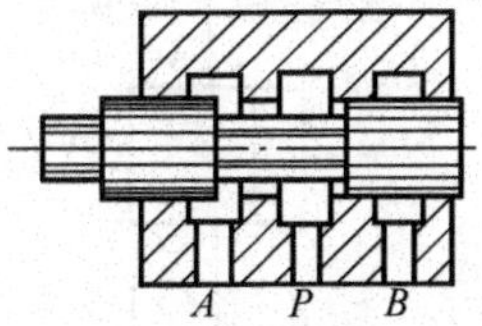	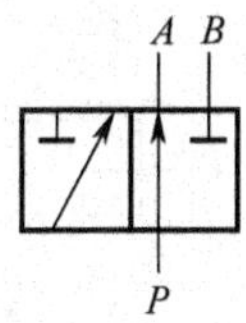
二位四通	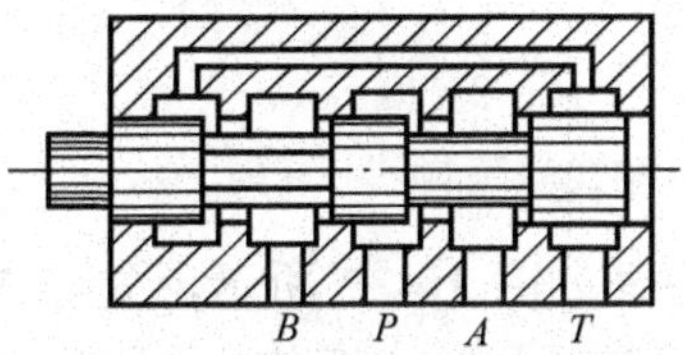	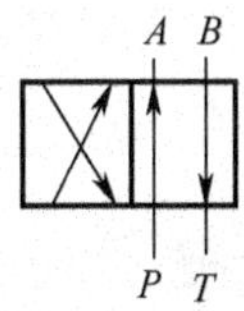
二位五通	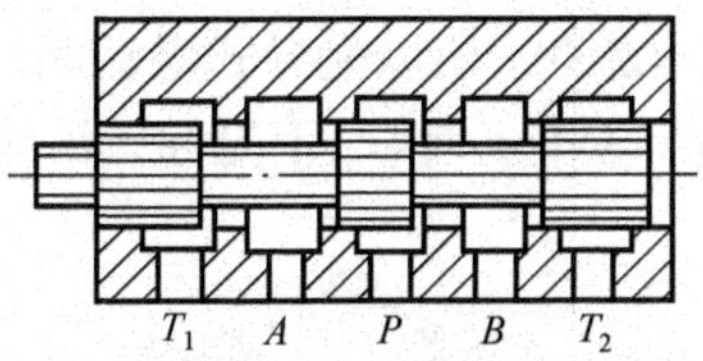	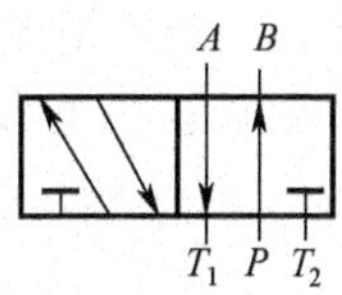
三位四通	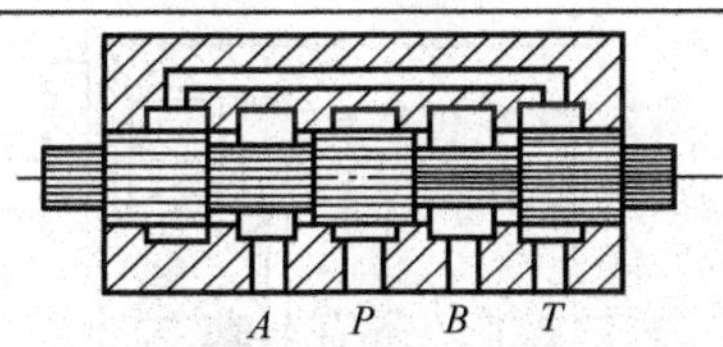	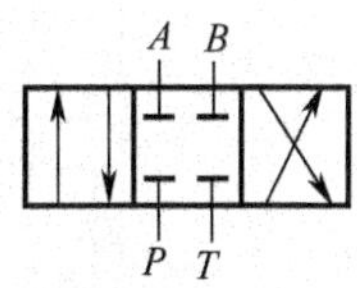
三位五通	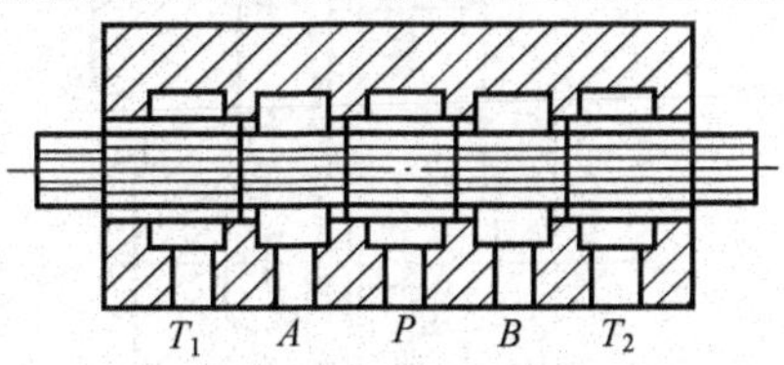	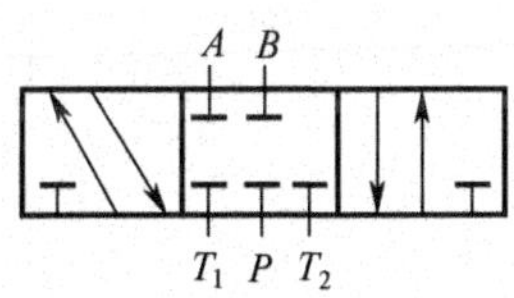

按其工作原理分为直动式溢流阀和先导式溢流阀两种。一般直动式溢流阀用于低压系统，先导式溢流阀用于中、高压系统。

1）直动式溢流阀。直动式溢流阀的结构原理如图 10-36 所示，直动式溢流阀由于采用了阀芯上设有阻尼小口的结构，因此可避免阀芯动作过快时造成的振动，提高了阀工作的平稳性。但这类阀用于高压、大流量时，需设置刚度较大的弹簧，且随着流量变化，其调节后的压力 P 波动较大，所以这种阀只适用于系统压力较低、流量不大的场合。直动式溢流阀的最大调整压力一般为 2.5MPa。

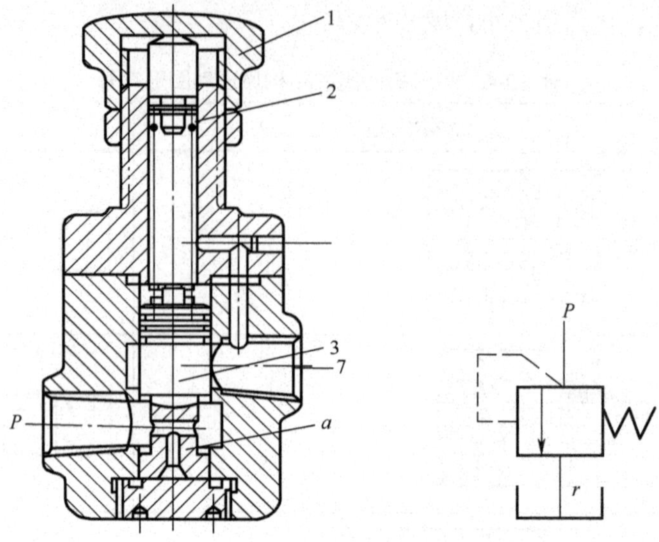

1—调节螺母；2—弹簧；3—阀芯

图 10-36　直动式溢流阀

2）先导式溢流阀。先导式溢流阀的结构原理如图 10-37 所示，先导式溢流阀在工作时，由于先导阀调压，主阀溢流，溢流口变化时平衡弹簧预紧力变化小，因此进油口压力受溢流量变化的影响不大，其压力流量特性优于直动式溢流阀。所以先导式溢流阀广泛应用于高压、大流量和调压精度要求较高的场合。额定压力为 6.3MPa。但由于先导式溢流阀是二级阀，其灵敏度和响应速度比直动式溢流阀低些。

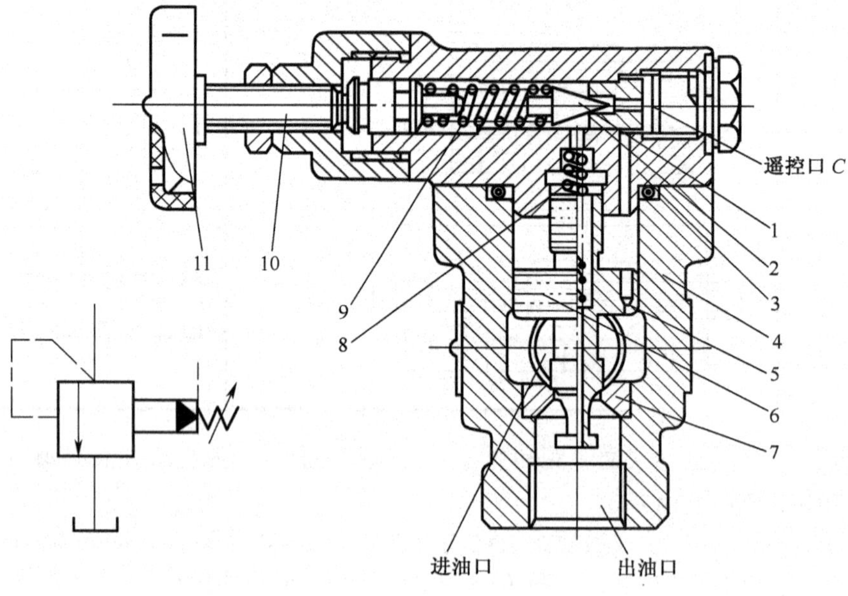

图 10-37　先导式溢流阀

3）溢流阀的应用。溢流阀在液压系统中的主要用途有：作为溢流阀、安全阀、背压阀、卸荷阀用，远程调压，多级调压，如图 10-38 至图 10-43 所示。

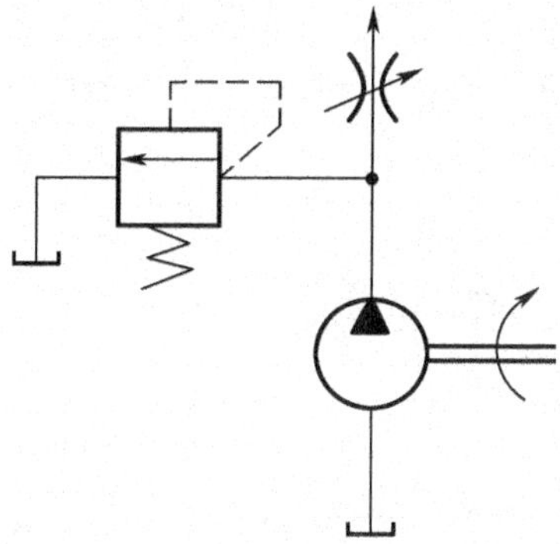

图 10-38　溢流阀起定压溢流作用

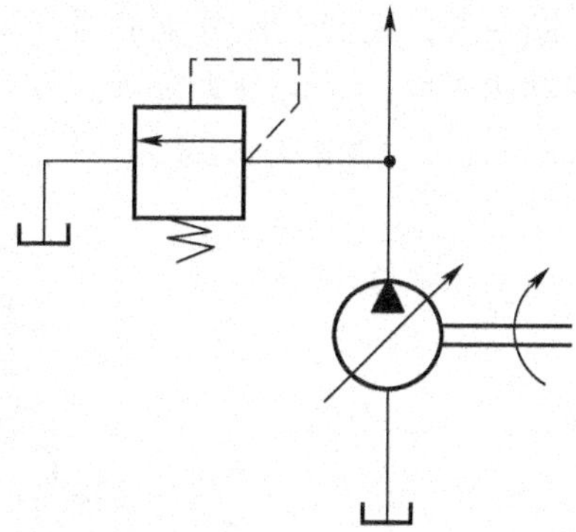

图 10-39　溢流阀起限压安全作用

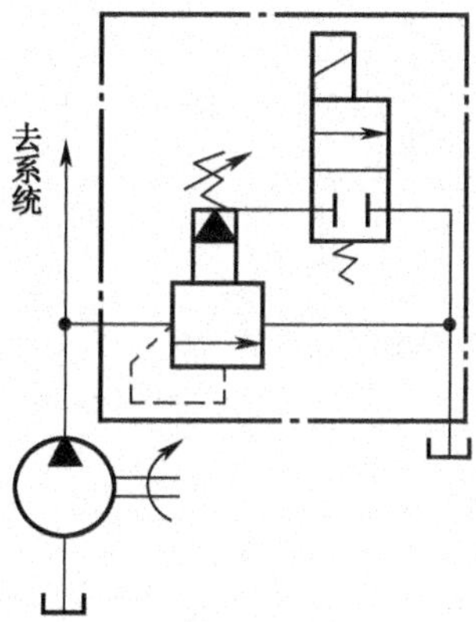

图 10-40　溢流阀作卸荷阀用

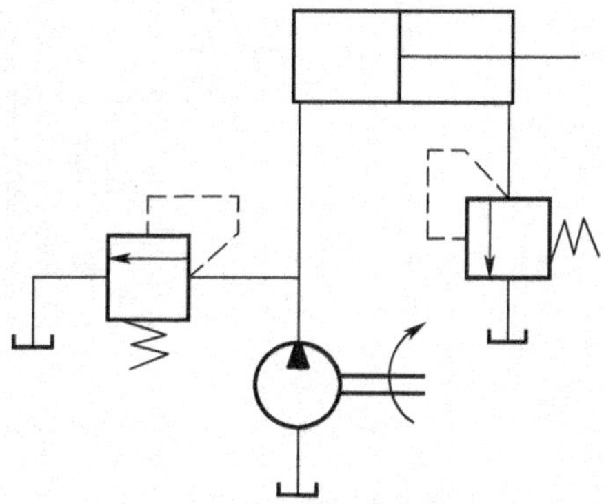

图 10-41　溢流阀作背压阀用

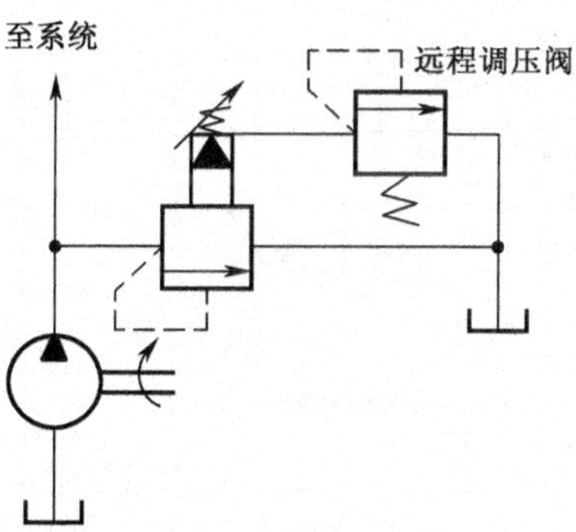

图 10-42　远程调压

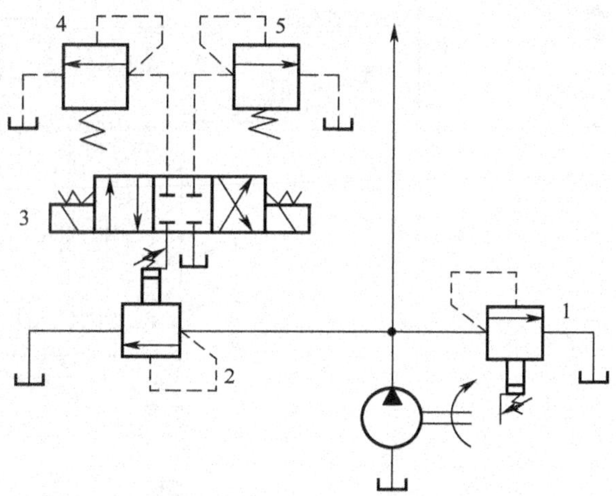

图 10-43　多级调压

（2）顺序阀。顺序阀是以压力为控制信号来实现油路的自动接通或断开的液压阀。其结构和工作原理与溢流阀相似。顺序阀可以控制执行元件按设计顺序动作。

按调压方式不同，可分为直控式和液控式。前者直接利用阀的进口压力控制阀的开闭，也简称为顺序阀；后者利用外来的压力油控制阀的开闭，也称为外控顺序阀。

按其结构不同，又可分为直动式顺序阀和先导式顺序阀。

1）直动式顺序阀的结构原理及图形符号如图 10-44 所示。

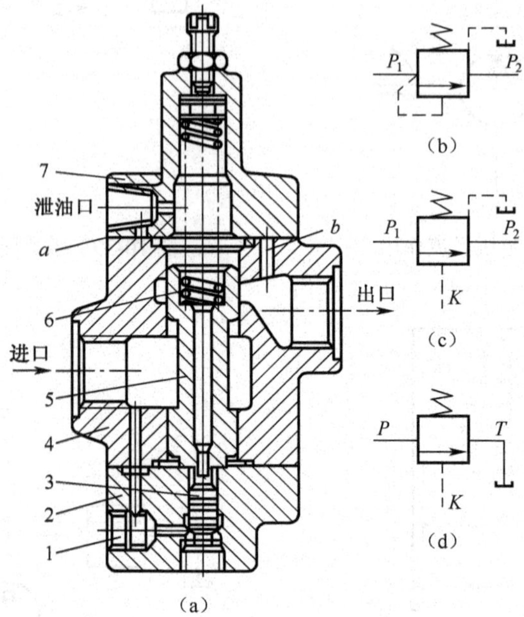

图 10-44　直动式顺序阀

2）先导式顺序阀的结构原理及图形符号如图 10-45 所示。

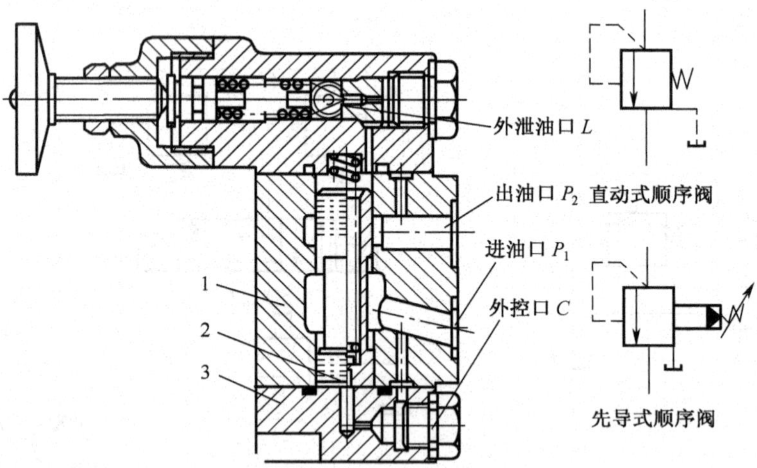

图 10-45　先导式顺序阀

（3）减压阀。减压阀是用来降低系统某部分支路压力的压力控制阀。它利用液流流过缝隙产生压降的原理，使出口压力低于进口压力。按其控制压力，可分为定值减压阀（又称定压减压阀）、定差减压阀和定比减压阀。其中定值减压阀的应用最广，定值减压阀简称减压阀，能保持出口压力近似恒定，又分为直动式和先导式，其中后者应用较广。

1）先导式减压阀的结构及工作原理。先导式减压阀的结构原理图如图 10-46 所示。减压阀和溢流阀的主要差别有：减压阀将出口压力控制为定值，溢流阀将进口压力控制恒定；常态时，减压阀阀口常开，溢流阀阀口常闭；减压阀串联在系统中，其出口油液接通执行元件，因此泄漏油需单独引回油箱（外泄）；溢流阀的出口直接接油箱，它是并联在系统中的，因此其泄漏油引至出口（内泄）。

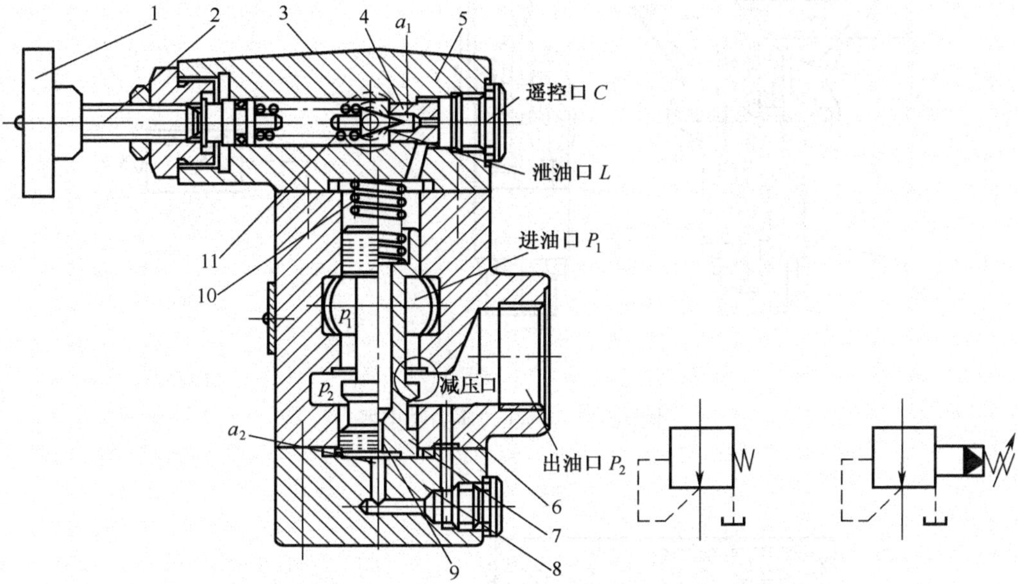

图 10-46　先导式减压阀的结构原理及符号

2）减压阀的应用。减压阀常用于降低系统某一支路的油液压力，使该支油路的压力稳定且低于系统的调定压力，如夹紧油路、润滑油路和控制油路。必须说明的是：减压阀的出口压力还与出口的负载有关，若负载建立的压力低于调定压力，则出口压力由负载决定，此时减压阀不起减压作用。

（4）压力继电器。压力继电器是将系统或回路中的压力信号转换为电信号的转换装置。它可以利用液压力来开闭电气触点发生电信号，从而控制电气元件（如电机、电磁铁和继电器等）的动作，实现电机启停、液压泵卸荷、多个执行元件的顺序动作和系统的安全保护等。如图 10-47 所示为单注式压力继电器的结构原理图。

3．流量控制阀

流量控制阀是液压系统用于控制液体流量的阀，是靠改变控制口（过流断面）的大小或通流通道的长短来调节通过阀口的流量，从而改变执行元件的运动速度。

常见的流量控制阀有节流阀、调速阀、分流阀及其与单向阀、行程阀组成的各种复合阀等。

（1）节流阀。如图 10-48 所示为普通节流阀。它的节流口为轴向三角槽式（节流口除轴向三角槽式之外，还有偏心式、针阀式、周向缝隙式、轴向缝隙式等），压力油从进油口 P_1 流入，经阀芯左端的轴向三角槽后，由出油口 P_2 流出。阀芯 1 在弹簧力的作用下始终紧贴在推杆 2 的端部。旋转手轮 3 可使推杆沿轴向移动，改变节流口的通流截面积，从而调节通过阀的流量。

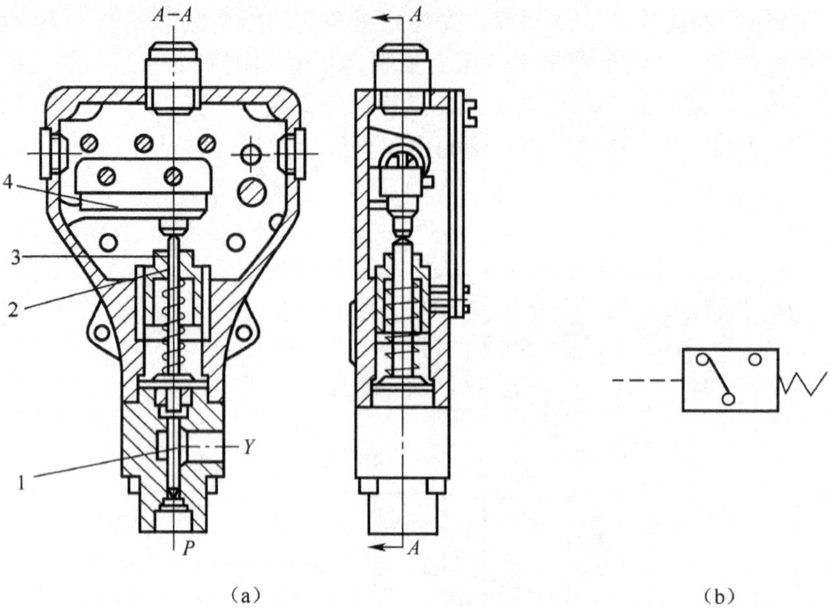

图 10-47　单注式压力继电器

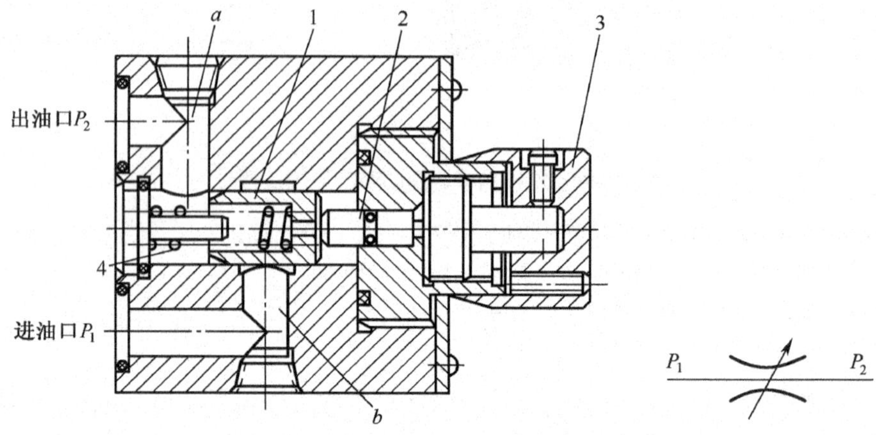

图 10-48　节流阀

这种阀结构简单，制造容易，体积小，但流量的稳定性较差，受负载和温度的变化影响较大，所以适用于负载和温度变化不大或速度稳定性要求不高的场合。

（2）调速阀。调速阀是由定差减压阀与节流阀串联而成的。定差减压阀能使节流阀阀口前后的压力差自动保持不变，从而使通过节流阀的流量不受负载变化的影响。调速阀具有调速和稳速的功能，常用于执行元件负载变化较大、运动速度稳定性要求较高的液压系统。缺点是：结构较复杂，压力损失较大。调速阀的工作原理如图 10-49 所示。

4．新型控制阀

（1）电液比例压力阀。电液比例阀是能够使输入的电信号连续地、按比例地控制液压系统中的流量、压力和方向的控制阀，是介于普通阀和伺服阀之间的一种液压控制阀。普通液压阀只能对液流的压力、流量进行定值控制，对液流的方向进行开闭控制，当工作机构的动作要求对液压系统的压力、流量参数进行连续控制或控制精度要求较高时，则不满足要求。这时就需要用电液比例控制阀（简称比例阀）进行控制。

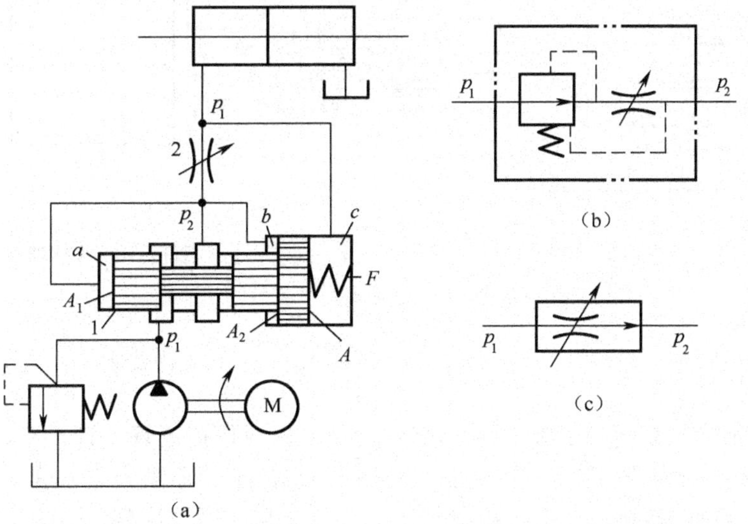

图 10-49 调速阀

大多数比例阀具有类似普通液压阀的结构特征。它与普通液压阀的主要区别在于其阀芯的运动是采用比例电磁铁控制，使输出的压力或流量与输入的电流称正比。所以可用改变输入电信号的方法对压力、流量进行连续控制。有的阀还兼有控制流量大小和方向的功能。这种阀在加工制造方面的要求接近于普通阀,但其性能却大大提高。比例阀的使用能使液压系统简化，所以液压元件数量大大减少，且使其可用计算机控制，自动化程度明显提高。

在结构上，电液比例控制阀是由直流比例电磁铁（磁力马达）与普通液压阀两部分组成。按其控制的参量可分为电液比例压力阀、电液比例流量阀、电液比例换向阀和电液比例复合阀等，前两种为单参数控制阀，只能控制一个参量；后两种能同时控制多个参量。

（2）电液数字阀。电液数字阀简称数字阀，它是用数字信息直接控制的液压阀。数字阀直接与计算机接口，不需要数模转换器，所以可用于计算机实现实时控制的电液系统中。

接受计算机数字控制的方法有很多种，现在常用的是增量式数字阀，即用步进电机驱动的液压阀，现已有数字流量阀、数字压力阀和数字方向流量阀等产品。步进电机能接收计算机发出的经驱动电源放大的脉冲信号，每接收一个脉冲信号就转动一定的角度。步进电机的转动又通过凸轮或丝杠等机构转换成直线位移量，从而推动阀芯或压缩弹簧实现液压阀对方向、流量或压力的控制。

如图 10-50 所示为增量式数字流量阀。计算机发出信号后，步进电机 1 转动，通过丝杠 2 转化为轴向位移，带动阀芯 3 移动。该阀有两个节流口，阀芯移动时首先打开右边的非全周节流口，流量较小；继续移动则打开左边的第二个全周节流口，流量较大，可达 3600L/min。该阀的流量由阀芯 3、阀套 4 及阀杆 5 的相对热膨胀取得温度补偿，维持流量恒定。

这种阀没有反馈功能，但装有一个零位移传感器 6，在每个控制周期终止时，阀芯都可在它的控制下回到零位。这样就可以保证每个工作周期都在相同的位置开始，使该阀具有较高的重复精度。

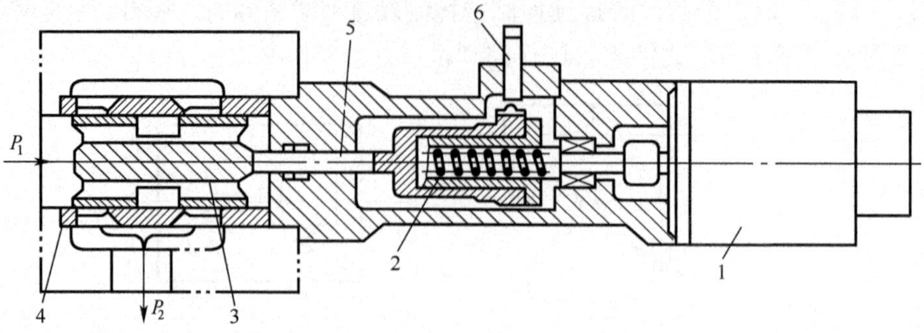

1—步进电机；2—丝杠；3—阀芯；4—阀套；5—阀杆；6—传感器

图 10-50　增量式数字流量阀

10.2.4　液压附件

液压附件也是液压系统分的基本组成部分之一，主要包括油管、管接头、油箱、滤清器、蓄能器、密封元件、冷却器和热交换器等。从液压传动的工作原理来看，这些元件是起辅助作用的，不直接参与能量转换，也不直接参与压力、方向和流量的控制，但从保证液压系统正常工作上来看，这些元件确实是必不可少的。

1. 油管

油管分为硬管和软管两种。

（1）硬管。硬管用于连接无相对运动的液压元件，常用的有无缝钢管和紫铜管。

无缝钢管承受压力高，价格便宜，但装配时不宜弯曲，主要用于中、高压系统。无缝钢管有冷拔和热轧两种。冷拔管几何尺寸准确，质地均匀，易与卡套式管接头配合。压力管路常用 10 号和 15 号冷拔无缝钢管，其中 10 号用于压力小于 8MPa 的场合，15 号用于压力大于 8MPa 的场合。

紫铜管容易弯曲、装配方便，而且管壁光滑，摩擦阻力小，但是耐压能力低，其抗振能力也比较弱，价格较高，在高温工作时油液容易氧化变质。紫铜管主要用于中、低压系统，机床中应用较多，常配以扩口管接头。

（2）软管。软管主要用于连接相对运动的液压元件。通常为耐油橡胶软管，它可分为高压和低压两种。

高压软管被大量用于液压支架和外挂式单体液压支柱管路系统。它由内胶层、钢丝编织层、中间胶层和外胶层组成。常用高压软管的钢丝编织层有单层和双层两种，单层软管可承受 6～20MPa 的压力，双层软管可承受 11～60MPa 的压力，软管的通径越小，承压越高。

低压橡胶软管是由夹有帆布层的耐油橡胶制成，适用于压力小于 1.5MPa 的低压管路。软管装配方便，能吸收液压系统中的冲击和振动，但高压软管制造工艺复杂，寿命短，成本高，刚性差，因此在固定元件的连接中一般不采用高压管。

2. 管接头

管接头是油管与油管、油管与液压元件之间的可拆式连接件。它应便于加工装拆、连接牢固、密封可靠、结构紧凑、液阻小、抗振性能好、压力损失小等。

管接头的种类有很多。按接头的通路数量和方向，可分为直通、弯头、三通、四通等；

按油管与管接头的连接方式，可分为焊接式、管端扩口式、卡套式和铰接式等；按接头与机体的连接方式，可分为螺纹式、法兰式等。此外还有各种满足特殊用途需要的结构形式。

3. 蓄能器

蓄能器是用于储存和释放液压能的装置。它可以均衡功率分配、减小压力波动。

（1）蓄能器的类型。有重锤式、弹簧式和充气式等多种，其中最常用的是充气式中的活塞式和皮囊式。

1）活塞式蓄能器。如图 10-51（a）所示为活塞式蓄能器，它利用缸筒 2 中浮动的活塞 1 把缸中的液压油和气体隔开。这种蓄能器的活塞上装有密封圈，活塞的凹部面向气体，以增加气体室的容积。这种蓄能器结构简单，易安装，维修方便。但活塞的密封问题不能完全解决，压力气体容易漏入液压系统中，而且由于活塞的惯性和密封件的摩擦力使活塞的动作不够灵敏。它的最高工作压力为 17MPa，总容量为 1～39L，温度使用范围为-4℃～+80℃。

2）气囊式蓄能器。如图 10-51（b）所示为气囊式蓄能器，它由壳体 1、皮囊 2、充气阀 3、限位阀 4 等组成，工作压力为 3.5MPa～35MPa，容量范围为 0.6～200L，温度使用范围为-10℃～+65℃。工作前，从充气阀向皮囊内冲进一定压力的气体，然后将充气阀关闭，使气体密封在皮囊内。压力液体从壳体底部限位阀处引到皮囊外腔，使皮囊受压缩而储存液压能。当系统需要时，气囊膨胀，输出压力液体，其优点是惯性小、反应灵敏，且结构小、重量轻，一次充气后能长时间地保存气体，充气也比较方便，故在液压系统中得到广泛的应用。如图 10-51（b）所示，左上角为充气式蓄能器的职能符号。

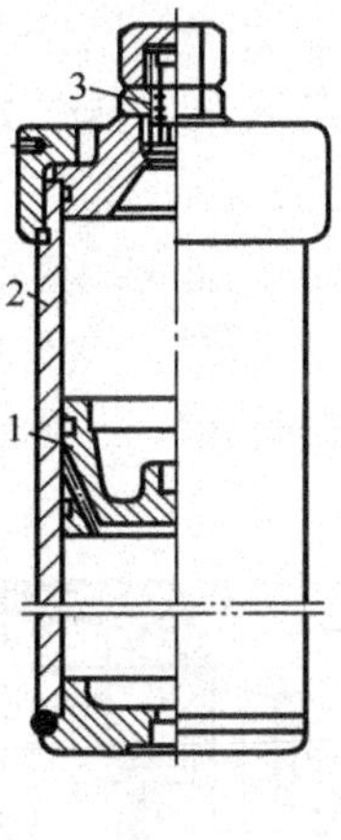

1—活塞；2—缸筒；3—充气阀

（a）活塞式蓄能器

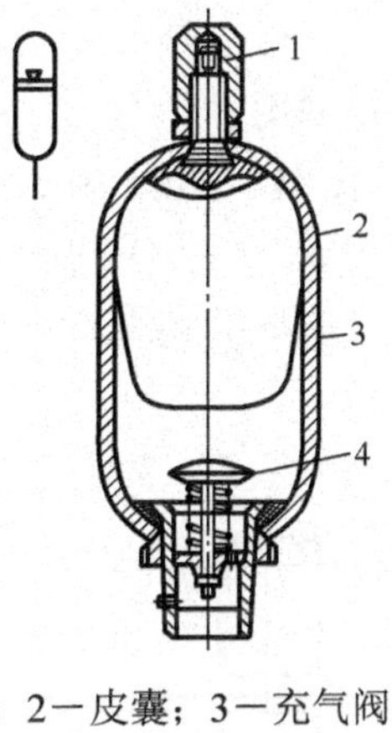

1—壳体；2—皮囊；3—充气阀；4—限位阀

（b）气囊式蓄能器

图 10-51　充气式蓄能器

（2）蓄能器的安装使用。在蓄能器的安装和使用过程中应注意以下几点：

1）气囊式蓄能器原则上应垂直安装，油口向下，只有在空间位置受限时才考虑倾斜或水平安装。

2）装在管路上的蓄能器必须用支持板或支架固定。

3）用于吸收冲击压力和脉动压力的蓄能器应尽可能安装在靠近振源处。

4）蓄能器与管路系统之间应安装截止阀，便于充气和检修。蓄能器与油泵之间应安装单向阀，防止油泵停转或卸荷时蓄能器中的压力油倒流回油泵。

5）要防止因气体压力过高或过低而造成皮囊损破。

6）要注意皮囊材质的耐油性，使之与工作油相容。

7）在使用中要经常检查，防止充气阀或皮囊的微小孔处漏气，造成气体消耗量增多。

4. 滤油器

（1）滤油器的过滤精度。油液中的杂质是造成液压系统产生故障的罪魁祸首。由于杂质的存在，相对运动的零件会急剧磨损、划伤、破坏配合表面的精度和表面粗糙度，颗粒过大时会使阀芯卡死、节流阀的节流口以及各阻尼小孔堵塞，造成元件动作不灵活，影响液压系统的工作性能，甚至使液压系统不能工作。在液压系统中，大约有 75%的故障是与油液中的杂质有关的，因此，保持液压油的清洁是液压系统能够正常工作的必要条件。过滤器正扮演了这个角色。

过滤精度是指过滤下来的杂质颗粒的大小 d。根据液压系统的不同要求，过滤精度有四类，如表 10-5 所示。

表 10-5　过渡精度的分类

过滤器	粗滤器	普通过滤器	精滤器	特精过滤器
过滤精度（mm）	$d>0.1$	$d>0.01$	$d>0.005$	$d>0.001$

（2）常用滤油器的类型。按照滤芯的材质和结构形式的不同，过滤器可分为网式滤油器、线隙式滤油器、纸芯式滤油器、烧结式滤油器和磁性滤油器等。

1）网式滤油器。如图 10-52 所示为网式滤油器，它由一、二层铜丝网围在开孔的金属圆筒或圆形的支架上。过滤精度为 0.08～0.18mm。它的特点是结构简单，压力损失小，多在系统的吸油路上作粗滤用，也有较细的用于调压阀前的过滤。

2）线隙式滤油器。如图 10-53 所示为线隙式滤油器，滤芯是由金属线密绕在多角形或圆筒形金属骨架上构成，利用线间的缝隙过滤油液。它的特点是结构简单，过滤效果好，通过性强，耐高温高压，但过滤精度低，主要用于吸液油管和回液油路过滤。

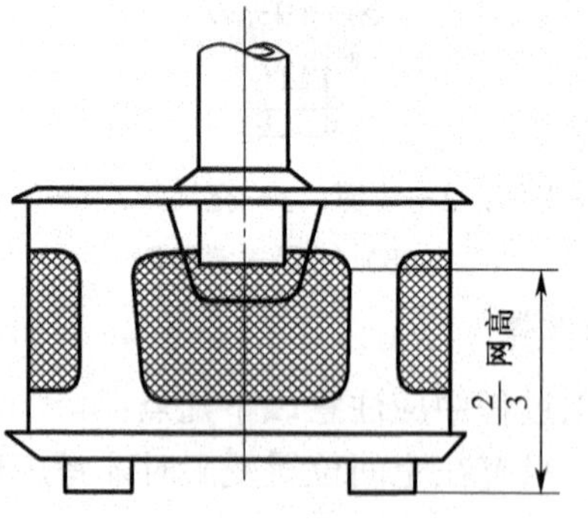

图 10-52　网式滤油器

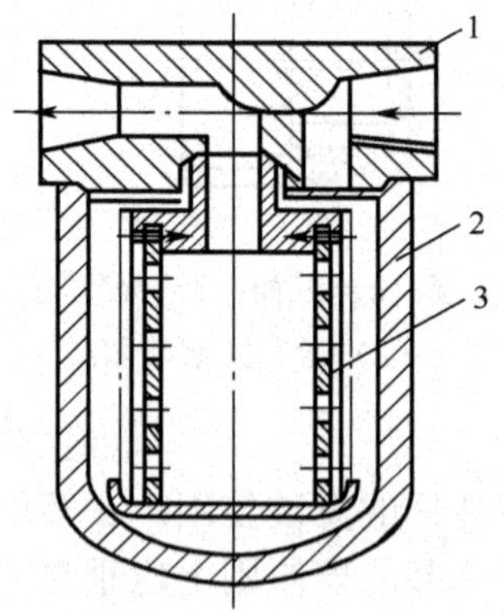

图 10-53　线隙式滤油器

3）纸芯式滤油器。如图 10-54 所示为纸芯式滤油器，它由滤纸围绕在酚醛树脂或木浆微孔滤纸制成的支架上，为增大过滤面积，纸芯做成了折叠形。这种滤油器适用于精过滤，精度可达 0.005mm，工作压力可达 38MPa，压力损失为 0.05～0.12MPa。它的特点是易堵塞，而且无法清洗，所以使用这种滤油器时必须定期更换纸芯，多用于压力管路和回液管路。

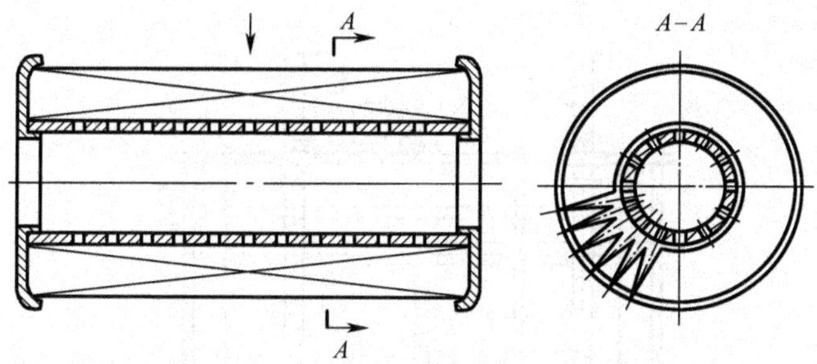

图10-54　纸芯式滤油器

4）烧结式滤油器。烧结式滤油器由青铜等金属烧结而成，它是利用金属颗粒间的缝隙进行过滤的。由于构成滤芯的金属粉末的颗粒大小不同，所以过滤精度也不同，它的特点是结构简单、强度高、抗腐蚀，过滤精度高，适用于精度器，但颗粒易脱落，压力损失大，难以清洗。

5）磁性滤油器。磁性滤油器的滤芯由永久磁铁做成，这种滤油器主要用于清除油液中的铁屑、铸铁粉末等铁磁性杂质。

（3）滤油器的安装。根据需要安装在液压泵的吸油路（如图10-55（a）所示）、压油路（如图10-55（b）和（c）所示）和回油路（如图10-55（d）所示）上，重要元件之前也应安装。

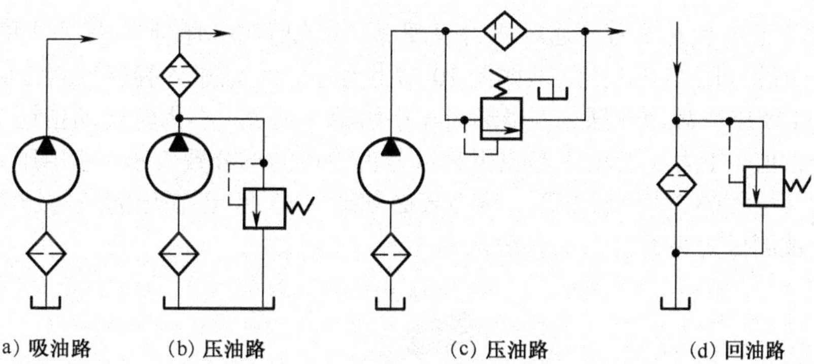

图10-55　滤油器的安装位置

5. 油箱

（1）油箱的种类与一般要求。油箱是液压系统中用来储油、散热、沉淀、过滤油中的固体杂质、逸出渗入油中的空气的一个重要部件。对油箱的一般要求是：有足够的容积，有足够的散热面积或散热措施，应有合理的结构，方便清洗、加油、放油等。

（2）油箱的类型与结构。油箱按液面是否与大气相通，分为开式油箱和闭式油箱。开式油箱的液面与大气相通，在液压系统中广泛应用；闭式油箱与大气隔离，有隔离式和充气式两种，用于水下设备和气压不稳定的高空设备中。

油箱按布置方式分为总体式和分离式。总体式是利用机械设备的机体空腔作为油箱，结构紧凑，体积小，但维修不便，油液不宜散热，液压系统振动影响设备精度。分离式油箱是独立机构，广泛用于精密机床设备上。

油箱通常用钢板焊接而成。采用不锈钢板为最好，但是成本高，大多数情况采用镀锌钢板或在普通钢板内涂防锈的耐油涂料。如图 10-56 所示为一个油箱的简图。

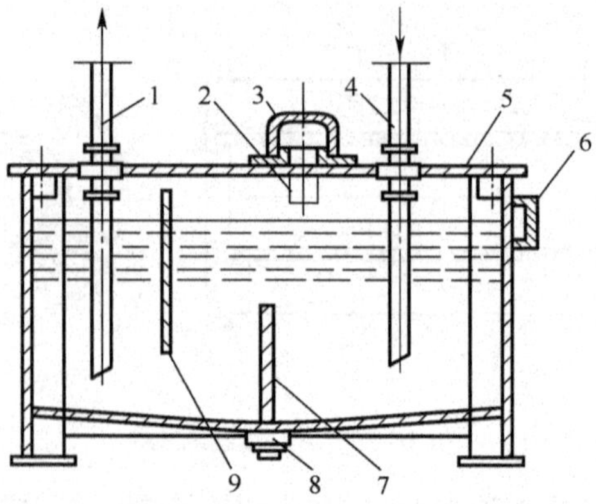

1—吸油管；2—滤网；3—盖；4—回油管；5—上盖；
6—油位指示器；7、9—隔板；8—放油阀

图 10-56 油箱简图

如果压力不高的压缩空气进入油箱，使油箱中的压力大于大气压，这就是所谓的压力油箱，压力油箱中的通气压力为 0.05MPa 左右，这时外部空气和灰尘没有渗入的可能，对提高液压系统的抗污能力和改善吸入条件都是有益的。

6. 压力表

液压系统各工作点的压力可通过压力表观测，以便调整和控制。压力表的种类有很多，最常用的是弹簧管式压力表，其原理如图 10-57 所示。压力油进入弹簧弯管 1 时，管端产生变形，通过杠杆 4 使扇形齿轮 5 摆动，扇形齿与小齿轮 6 啮合，小齿轮带动指针 2 旋转，从刻度盘 3 上读出压力值。压力表的精度等级用其误差占量程的百分数表示。选用压力表时，系统的最高压力约为其量程的 3/4 比较合理。压力表必须直立安装，并在压力表与压力管道间设置阻尼器，以防止被测压力突然升高而将表破坏。

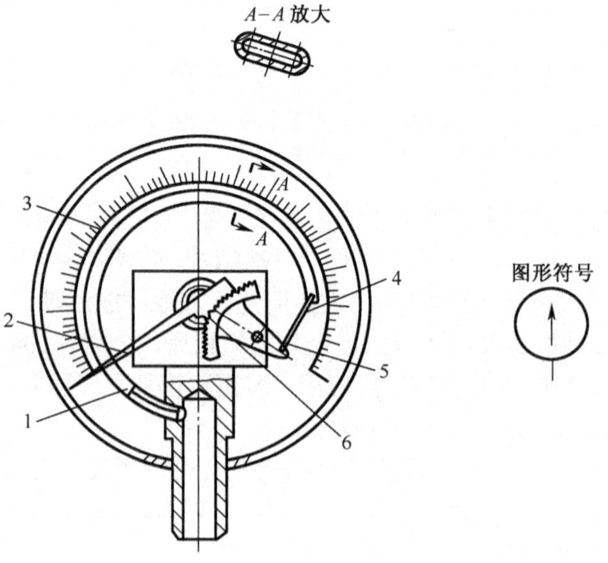

图 10-57 弹簧管式压力表

10.3　液压基本回路

不论液压传动系统如何复杂，总是可以分解为一个个具有各种功用的基本回路。熟悉并掌握这些基本回路的结构原理和性能，对于分析液压系统是非常必要的。液压基本回路按其功用分为：方向控制回路、压力控制回路、速度控制回路和多缸工作控制回路等。本节主要介绍一些常见的液压回路。

10.3.1　方向控制回路

在液压系统中，利用方向阀控制油液通断和换向，使执行元件的启动、停止和换向，并且能在换向过程中平稳准确地制动、锁紧的回路，称为方向控制回路。

1. 锁紧回路

液压缸或液压马达在任意位置停止运动时，为防止因外界作用力的影响而发生漂移或窜动，可采用锁紧回路。最常用的方法是采用液控单向阀，其锁紧回路如图 10-58 所示。

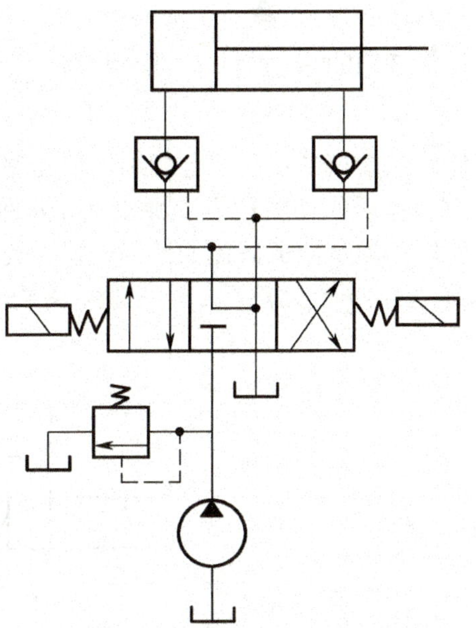

图 10-58　液控单向阀锁紧回路

在液压缸两腔的油路上都设置了一个液控单向阀。当三位四通换向电磁阀处于中位时，泵停止向液压缸输油，液压缸停止运动。此时两个液控单向阀将液压缸两腔的油液封闭在里面，使液压缸锁住。由于液压单向阀的锥阀关闭得十分严密，所以密封性能好，即使在外力作用下，活塞也不至于移动，能够长时间地将活塞准确地锁紧在停止位置上。

2. 换向回路

要想改变执行元件的运动方向，只有通过换向回路控制液压系统中的油流方向来实现。因此，要求换向回路的换向精度高、换向灵敏且平稳。运动部件的换向多采用电磁换向阀来实现；在容积调速的闭合回路中，利用变量泵控制油流的方向来实现液压缸换向。

如图 10-59 所示为利用限位开关控制三位四通电磁换向阀动作的换向回路。按下启动按钮，1YA 通电，液压缸活塞向右移动，当碰上限位开关 2 时，2YA 通电，1YA 断电，换向阀切换到右位工作，液压缸右腔进油，活塞向左移动。反之，活塞向右移动。这样往复变换换向阀的工作位置，就可自动变换活塞的运动方向。当 1YA 和 2YA 都断电时，换向阀处于中位，活塞停止运动。它的特点是使用方便，价格便宜，但换向冲击大，换向精度低，一般不宜用作频繁换向。因此该回路主要适用于低速、轻载和换向精度要求不高的场合。

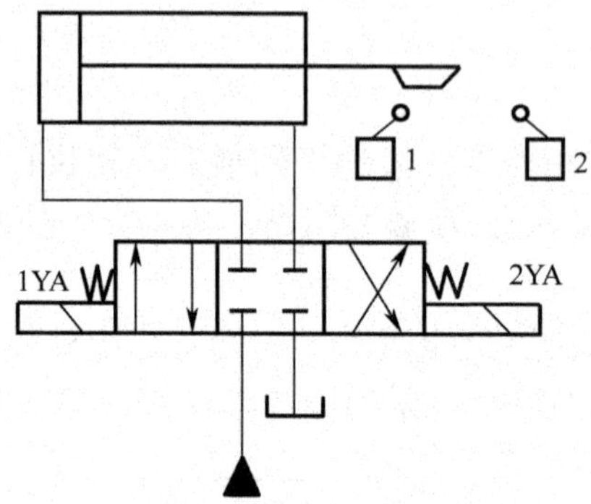

图 10-59　电磁换向阀换向回路

3. *启停回路*

在液压系统中，执行元件的频繁启动和停止是利用启停回路来实现的。如图 10-60 所示分别为二位二通电磁阀和二位三通电磁阀切断压力油源使执行元件停止运动。其差别在于：（a）在切断压力油路时，泵输出的压力油从溢流阀流回油箱，泵压较高，消耗功率大，不经济；而（b）在切断压力油源的同时，泵输出的油液经二位三通电磁阀流回油箱，使泵在很低的压力工况下运转。

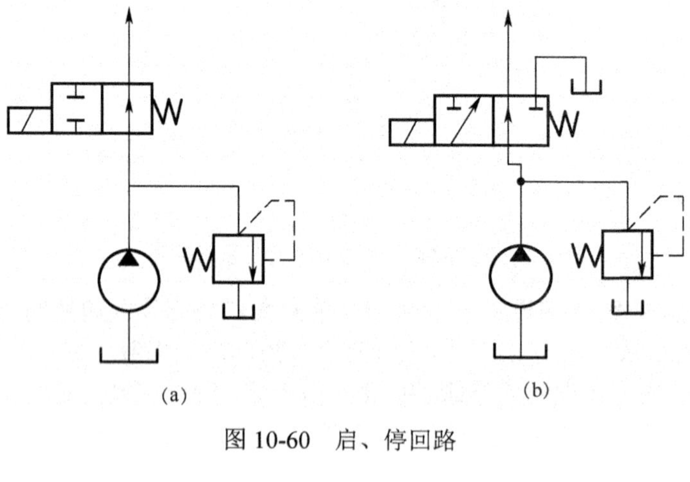

图 10-60　启、停回路

10.3.2　压力控制回路

压力控制回路是利用压力控制阀来控制油液的压力，以满足液压执行元件对力或转矩要求的回路，常用的压力控制回路有调压、减压、增压、保压、卸荷和平衡等多种回路。

1. 调压回路

液压系统的工作压力必须与所承受的负载相适应。执行元件所受到的负载使油液产生相应的压力，负载越大，压力越高，但最高的工作压力必须有一定的限制。为使系统保持一定的压力，或在一定的压力范围内工作，要对整个系统或局部的压力进行调整和控制。调压回路的功用是使液压系统整体或部分的压力保持恒定或不超过某个数值。在定量泵系统中，液压泵的供油压力可以通过溢流阀来调节。在变量泵系统中，用安全阀来限定系统的最高压力，防止系统过载。若系统中需要两种以上的压力，则可采用多级调压回路。

（1）单级调压回路。如图 10-61 所示为单级调压回路，系统由定量泵供油，采用调节节流阀的开口大小来调节进入执行元件的流量，使执行元件获得所需的运动速度。在工作过程中，溢流阀是常开的，液压泵的工作压力决定于溢流阀的调整压力，并保持基本恒定，溢流阀的调整压力必须大于液压缸的最大工作压力和油路各种压力损失的总和。在泵的出口处安置一个单向阀，主要用于当泵停止工作时，防止油液倒流和避免空气侵入系统。

（2）二级调压回路。如图 10-62 所示为二级调压回路，可实现两种不同的系统压力控制。由溢流阀 2 和溢流阀 4 各调一级，当二位二通电磁阀 3 处于图示位置时，系统压力由阀 2 调定，当阀 3 得电后处于右位时，系统压力由阀 4 调定，但要注意：阀 4 的调定压力一定要小于阀 2 的调定压力，否则不能实现；当系统压力由阀 4 调定时，溢流阀 2 的先导阀口关闭，但主阀开启，液压泵的溢流流量经主阀回油箱。

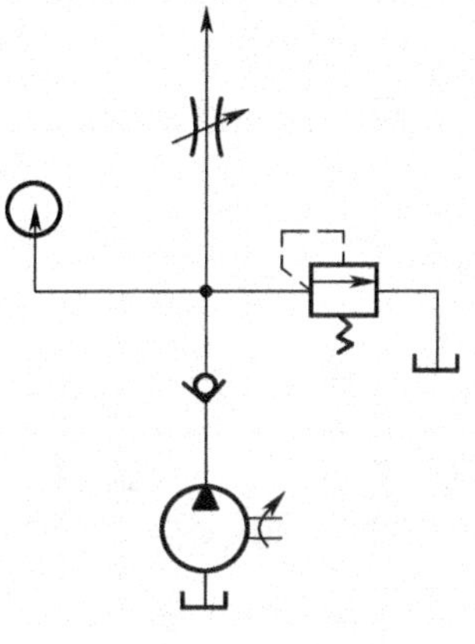

图 10-61　单级调压回路

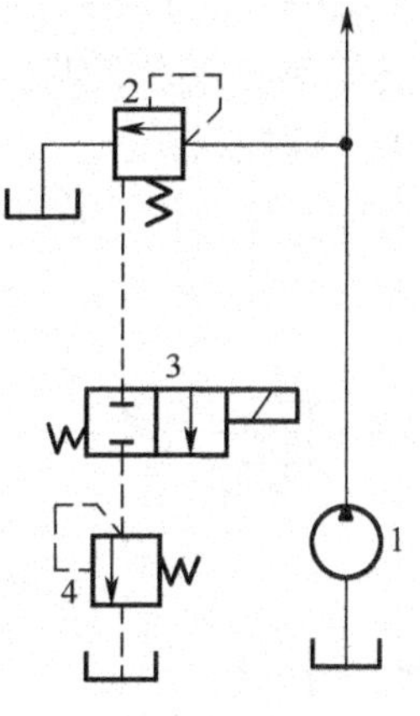

图 10-62　二级调压回路

（3）多级调压回路。如图 10-63 所示的多纹调压回路由溢流阀 1、2、3 分别控制系统的压力，从而组成了三级调压回路。当两电磁铁均不带电时，系统压力由阀 1 调定，当 1YA 得电时，由阀 2 调定系统压力；当 2YA 带电时，系统压力由阀 3 调定。但在这种调压回路中，阀 2 和阀 3 的调定压力都要小于阀 1 的调定压力，而阀 2 和阀 3 的调定压力之间没有关系。

（4）连续、按比例进行压力调节的回路。如图 10-64 所示，调节先导型比例电磁溢流阀的输入电流 I，即可实现系统压力的无级调节，这样不但回路结构简单、压力切换平稳，而且更容易使系统实现远距离控制或程序控制。

2. 减压回路

在液压系统中，当某个执行元件或某一支油路所需要的工作压力低于系统的工作压力，或要求有较稳定的工作压力时，可采用减压回路。如控制油路、加紧油路、润滑油路中的工作压力常需低于主油路的压力，因而常采用减压回路。

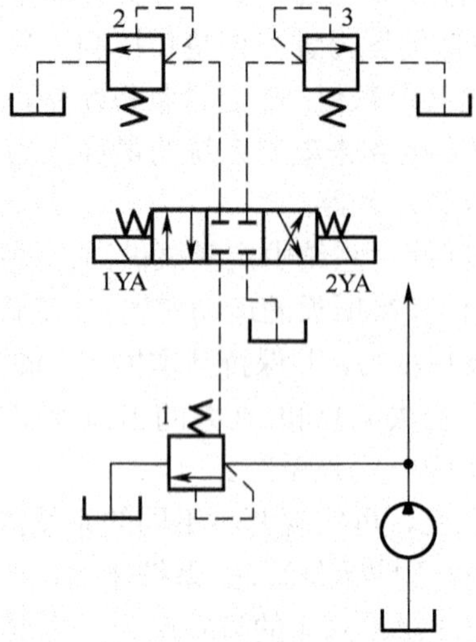

图 10-63 多级调压回路

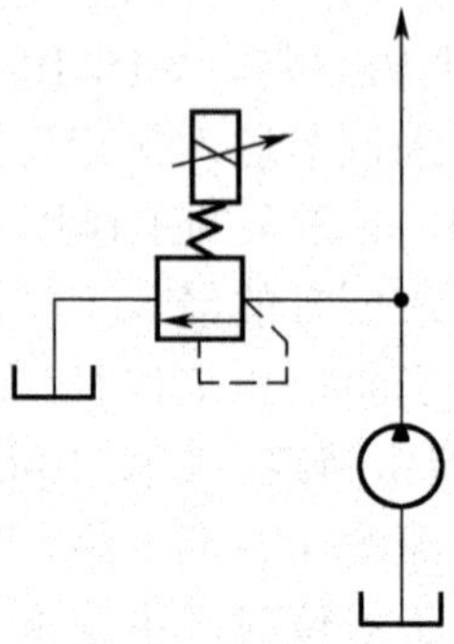

图 10-64 连续、按比例进行压力调节的回路

最常见的减压回路通过定值减压阀与主油路相连，如图 10-65（a）所示。回路中的单向阀使主油路压力降低（低于减压阀调整压力）时防止油液倒流，起短时保压的作用，减压回路中也可以采用类似两级或多级调压的方法获得两级或多级减压，如图 10-65（b）所示为利用先导型减压阀 1 的远控口接一个远控溢流阀 2，则可由阀 1、阀 2 各调得一种低压，但要注意，阀 2 的调定压力值一定要低于阀 1 的调定压力值。

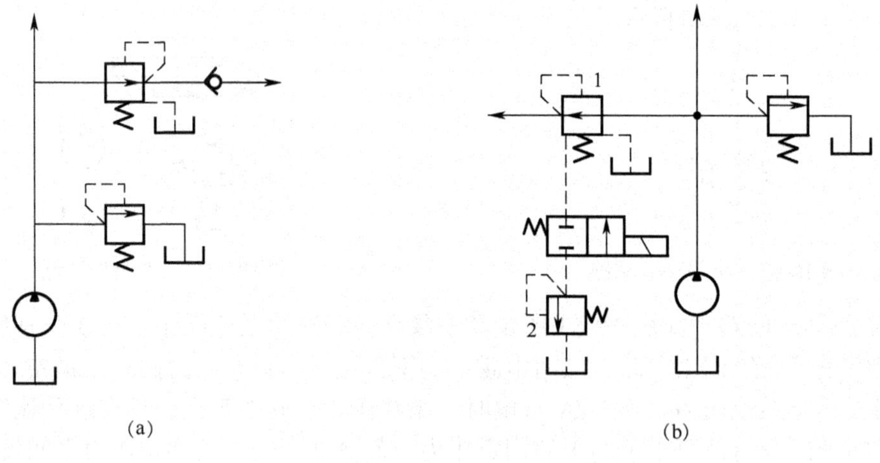

图 10-65 减压回路

3. 增压回路

增压回路与减压回路相反，当液压系统的某一支油路需要压力较高而流量又不大的压力油时，若采用高压液压泵，要么不经济，要么没有这样压力的液压泵，这时就需要采用增压油路。采用了增压油路的系统的工作压力很低，因而节省能源，并且系统工作可靠、噪声小。

（1）利用串联液压缸的增压回路。如图 10-66 所示，将小直径液压缸和大直径液压缸串联可使冲柱急速推出，且在低压下可得很大的力量输出。将换向阀移到左位，泵所送过来的油液全部进入小直径液压缸活塞后侧，冲柱急速推出，此时大直径液压缸由单向阀将油液吸入，且充满大液压缸后侧空间。当冲柱前进到尽头受阻时，泵送出的油液压力升高，而使顺序阀动作，此时油液以溢流阀所设定的压力作用在大、小直径液压缸活塞后侧，故推力等于大、小直径液压缸活塞的后侧面积和乘以溢流阀所调定的压力。当然如想单独使用大直径液压缸以同样速度运动，势必选用更大容量的泵，而采用这种串联液压缸则只要用小容量泵就够了，节省许多动力。

（2）利用增压器的增压回路。如图 10-67 所示是采用单动型增压器作为液压压床冲柱增压用。将三位四通换向阀移到右位工作时，泵将油液经引导型单向阀送到液压缸活塞后侧，使冲柱向下压，同时增压器的活塞也受到油液作用向右移动，但达到规定的压力自然就停止，使它成为只要一有油送进增压器活塞大直径侧就能够马上前进的状态。于是当冲柱下降碰到工件（即产生负荷）时，则泵的输出立即升高并打开顺序阀，经减压阀减压的油液以减压阀所调定的压力作用在增压器的大活塞上，于是使增压器小直径侧产生 3 倍减压阀所调定压力的高压油液进入冲柱上方，而产生更强的加压作用。当换向阀移到阀左位时，冲柱上升，换向阀如移到中阀位时，可以暂时防止冲柱向下掉。如果要完全防止其向下掉，则必须在冲柱下降时，在油的出口处装一个液控单向阀。

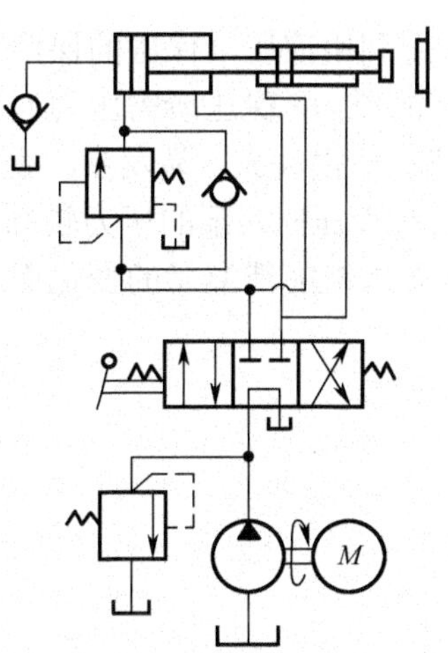

图 10-66　利用串联液压缸的增压回路

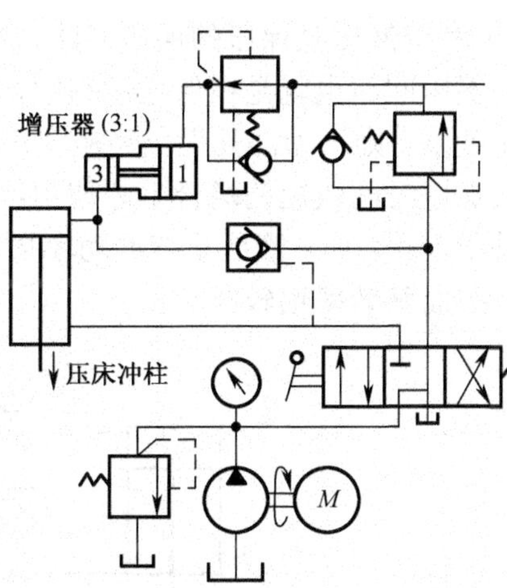

图 10-67　利用增压器的增压回路

（3）气压－液压的增压回路。如图 10-68 所示是把上方油箱的油液先送入增压器的出口侧，再将压缩空气作用在增压器大活塞面积上，使出口侧油液压力增强。把手动操作换向阀移到阀右位工作时，空气进入上方油箱，把上方油箱的油液经增压器小直径活塞下部送到三个液压缸。当液压缸冲柱下降碰到工件时，造成阻力使空气压力上升，打开顺序阀，使空气进入增压器活塞的上部来推动活塞。增压器的活塞下降会遮住通往上方油箱的油路，活塞继续下移，使小直径活塞下侧的油液变成高油液并注到三支液压缸。一旦把换向阀移到阀左位时，下方油箱的油会从液压缸下侧进入，把冲柱上移，液压缸冲柱上侧的油液流经增压器并回到上方油箱，增压器恢复原来位置。

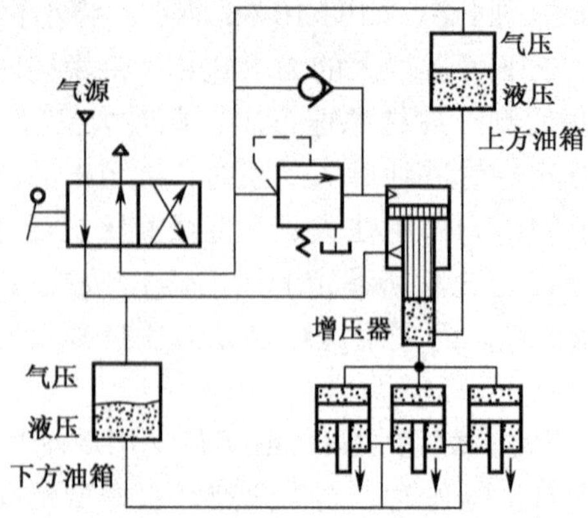

图 10-68　气压－液压的增压回路

4. 保压回路

有的机械设备在工作过程中，常常要求液压执行机构在其行程终止时保持一段时间的压力，这时需采用保压回路。所谓保压回路，也就是使系统在液压缸不动，或仅有工件变形所产生的微小位移下稳定地维持住压力，最简单的保压回路是使用密封性能较好的液控单向阀的回路，但是阀类元件处的泄漏使得这种回路的保压时间不能维持太久。常用的保压回路有以下几种：

（1）利用液压泵保压的保压回路。如图 10-69 所示为利用液压泵保压的保压回路。利用液压泵的保压回路也就是在保压过程中，液压泵仍以较高的压力（保压所需压力）工作，此时，若采用定量泵，则压力油几乎全经溢流阀流回油箱，系统功率损失大，易发热，故只在小功率的系统且保压时间较短的场合下才使用；若采用变量泵，在保压时，泵的压力较高，但输出流量几乎等于零。因而，液压系统的功率损失小，这种保压方法能随泄漏量的变化而自动调整输出流量，因而其效率也较高。

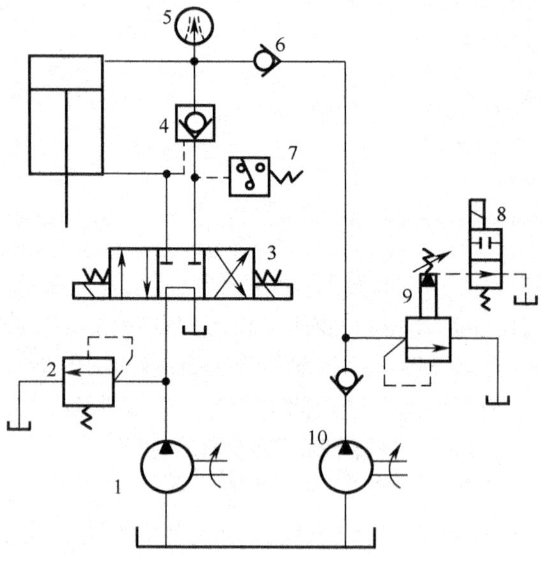

图 10-69　利用液压泵保压的保压回路

（2）利用蓄能器的保压回路。这种保压回路借助蓄能器来保持系统压力，补偿系统泄漏。如图10-70所示为利用虎钳做工件的夹紧。将换向阀移到阀左位时，活塞前进，将虎钳夹紧，这时泵继续输出的压力油将蓄能器充压，直到卸荷阀被打开卸载，此时作用在活塞上的压力由蓄能器来维持并补充液压缸的漏油作用在活塞上，当工作压力降低到比卸荷阀所调定的压力还低时，卸荷阀又关闭，泵的液压油再继续送往蓄能器。本系统可节约能源并降低油温。

（3）利用液控单向阀的保压回路。如图10-71所示，当液压缸7上腔压力达到保压数值时，压力继电器发出电信号，三位四通电磁换向阀3回到中位，泵1卸荷，液控单向阀6立即关闭，液压缸7的上腔油压依靠液控单向阀内锥阀关闭的严密性来保压。由于液控单向阀不可避免地存在泄漏，会使压力下降，因此，这种保压回路的保压时间较短，压力稳定性较差。

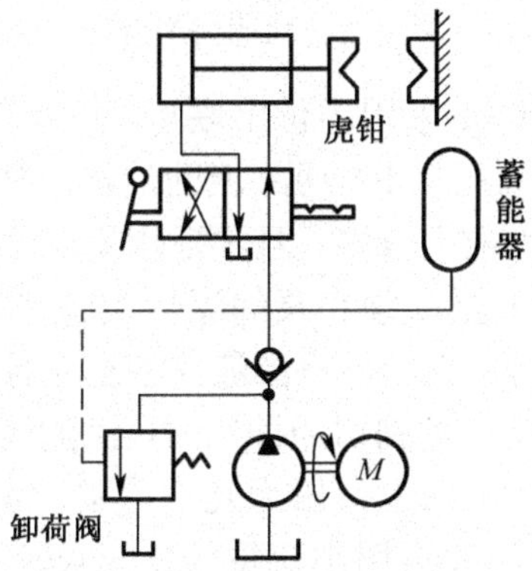

图10-70　利用蓄能器的保压回路

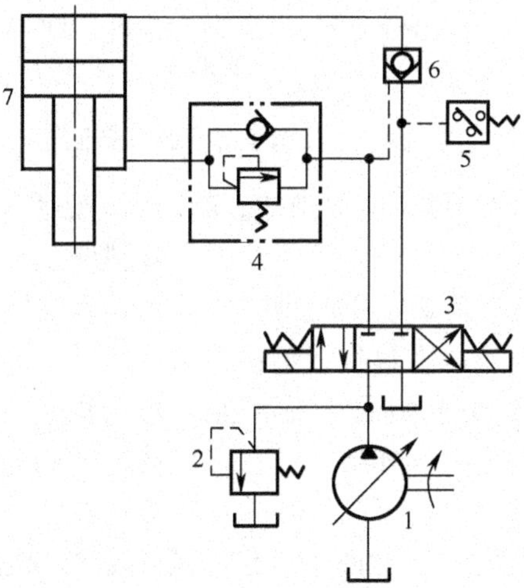

图10-71　利用液控单向阀的保压回路

5. 卸荷回路

液压系统的能源装置有两种，一种是采用定量泵供油，另一种是采用变量泵供油。采用定量泵供油的卸荷回路，泵在零压或低压下卸荷，称为压力卸荷；采用变量泵供油的卸荷回路，输出流量为零或接近于零时，压力却维持原有需要的压力值，称为流量卸荷。常用的卸荷回路有以下几种：

（1）采用复合泵的卸荷回路。如图10-72所示为利用复合泵作液压钻床的动力源。当液压缸快速推进时，推动液压缸活塞前进所需的压力较左右两边的溢流阀所设定的压力还低，故大排量泵和小排量泵的压力油全部送到液压缸，使活塞快速前进。

当钻头和工件接触时，液压缸活塞移动速度要变慢，而且在活塞上的工作压力变大，此时往液压缸管路的油压力上升到比右边的卸荷阀设定的工作压力大时，卸荷阀被打开，低压大排量泵所排出的液压油经卸荷阀送回油箱。单向阀受高压油作用的关系，低压泵所排出的油根本就不会经单向阀流到液压缸。可知在钻削进给的阶段，液压缸的油液就由高压小排量泵来供给。因为这种回路的动力几乎完全是由高压泵消耗，故可达到节约能源的目的。卸荷阀的调定压力通常比溢流阀的调定压力要低0.5MPa以上。

（2）利用二位二通阀旁路卸荷的回路。如图10-73所示的回路，当二位二通阀左位工作时，泵排出的液压油以接近零压状态流回油箱来节省动力，并避免油温上升。图中二位二通阀以手动操作，也可使用电磁操作。注意二位二通阀的额定流量必须和泵的流量相适应。

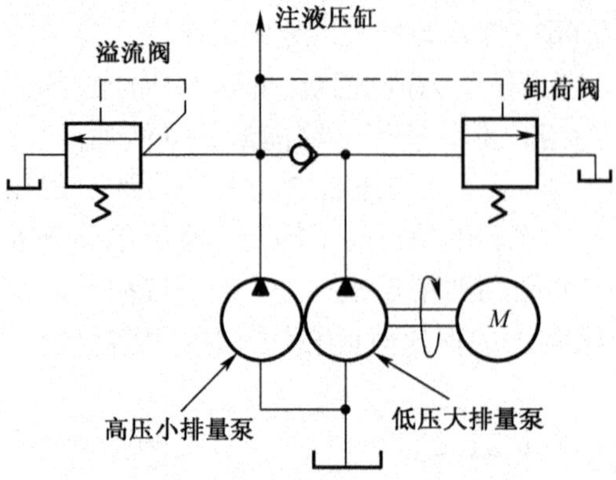

图 10-72　采用复合泵的卸荷回路

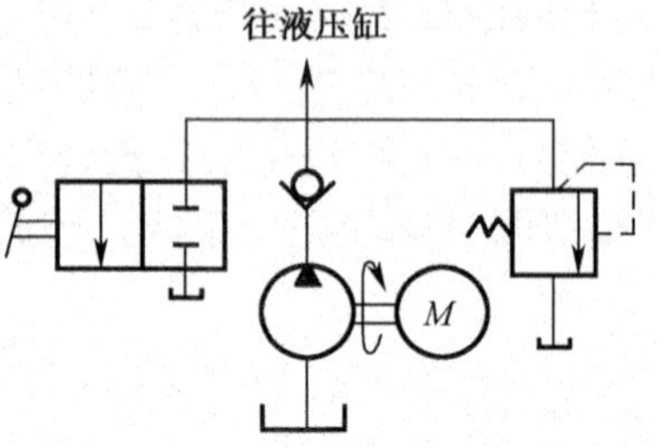

图 10-73　利用二位二通阀旁路卸荷的回路

（3）利用换向阀卸载的回路。如图 10-74 所示的回路是采用中位串联型（M 型中位机能）换向阀，当阀位处于中位时，泵排出的液压油直接经换向阀的 PT 通路流回油箱，泵的工作压力接近于零。使用此种方式卸载，方法比较简单，但压力损失较多，且不适用于一个泵驱动两个或两个以上执行元件的场合。注意三位四通换向阀的流量必须和泵的流量相适宜。

（4）利用溢流阀远程控制口卸载的回路。如图 10-75 所示，将溢流阀的远程控制口和二位二通电磁阀相接。当二位二通电磁阀通电、溢流阀的远程控制口通油箱时，溢流阀的平衡活塞上移，主阀阀口打开，泵排出的液压油全部流回油箱，泵的出口压力几乎是零，故泵成卸荷运转状态。注意图中二位二通电磁阀只通过很少流量，因此可用小流量规格（尺寸为 1/8 或 1/4）。在实际应用上，二位二通电磁阀和溢流阀组合在一起的组合称为电磁控制溢流阀。

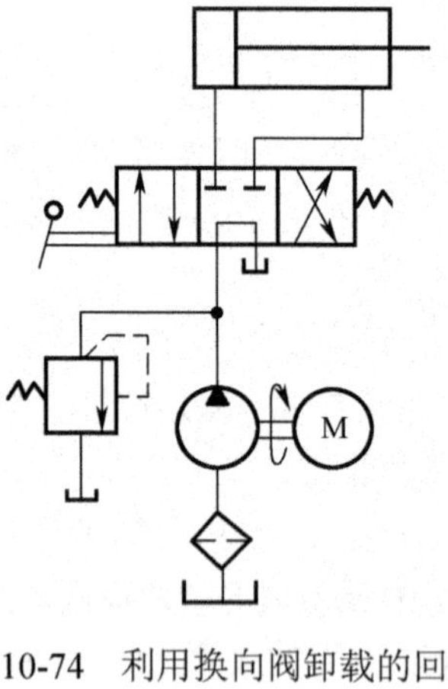

图 10-74　利用换向阀卸载的回路

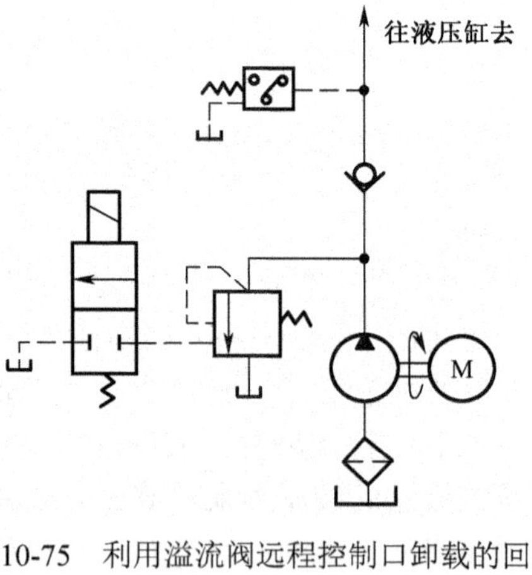

图 10-75　利用溢流阀远程控制口卸载的回路

6. 平衡回路

为了防止立式液压缸或垂直运动的工作部件由于自重的作用而下滑，造成事故；或在下行中因自重而造成超速运动，使运动不平稳，在系统中可采用平衡回路，即在立式液压缸下行的回油路上设置一个顺序阀使之产生一定的阻力来平衡自重。

（1）用单向顺序阀的平衡回路。如图 10-76 所示为采用单向顺序阀的平衡回路,当 1YA 得电后活塞下行时，回油路上就存在着一定的背压；只要将这个背压调得能支承住活塞和与之相连的工作部件的自重，活塞就可以平稳地下落。当换向阀处于中位时，活塞就停止运动，不再继续下移。这种回路中，当活塞向下快速运动时，功率损失大，锁住时，活塞和与之相连的工作部件会因单向顺序阀和换向阀的泄漏而缓慢下落；因此它只适用于工作部件重量不大、活塞锁住时定位要求不高的场合。

（2）用远控单向顺序阀的平衡回路。如图 10-77 所示为采用远控单向顺序阀的平衡回路，当 2YA 通电时，三位四通电磁换向阀处于右位工作，泵向液压缸上腔供油，并进入到远控顺序阀的控制口，当供油压力达到顺序阀的调整压力时，打开顺序阀，液压缸下腔油液经过液控顺序阀和三位四通电磁换向阀流回油箱，活塞带着重物下行。当活塞及重物作用突然出现超速现象时，肯定是液压缸上腔压力降低，此时远控顺序阀控制油路压力也随之下降。将液控顺序阀关小，增大其回油阻力来降低运动部件的下滑速度。这种回路适用于负载重量变化的场合，比较安全可靠；但活塞下行时，由于重力作用会使顺序阀的开口量处于不稳定状态，系统平稳性较差。

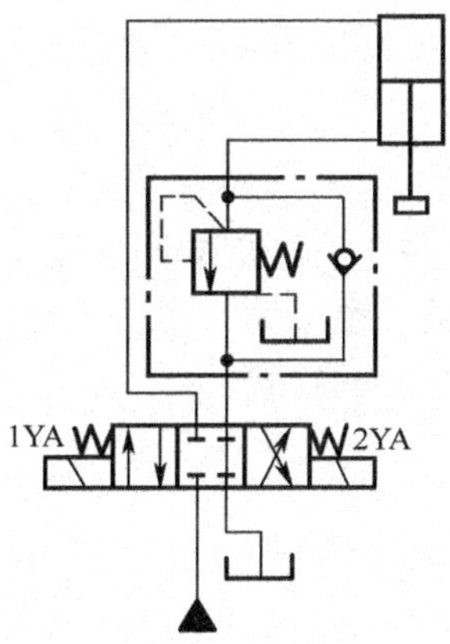

图 10-76　用单向顺序阀的平衡回路

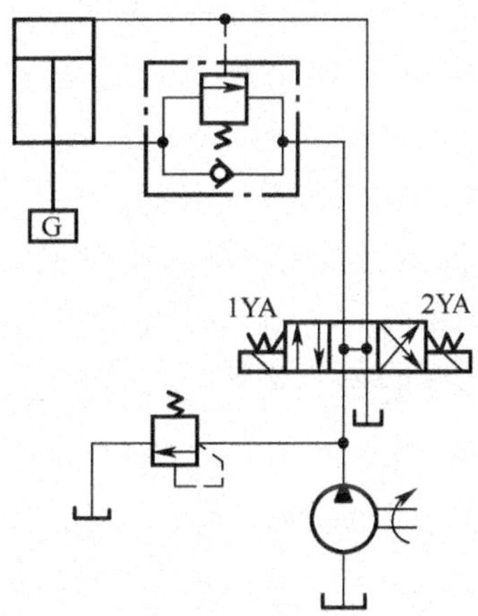

图 10-77　用远控单向顺序阀的平衡回路

10.3.3　速度控制回路

用来控制执行元件运动速度的回路称为速度控制回路。包括调速回路、快速回路、速度换接回路。

1. 调速回路

调速回路是液压系统用来传递动力的回路，它在基本回路中占有重要地位。分为节流调速回路、容积调速回路和容积节流调速回路。

（1）节流调速回路。

工作原理：通过改变流量控制阀阀口的通流面积来控制流进或流出执行元件的流量，以调节其运动速度。

按流量控制阀安装位置的不同，分为进油节流调速回路、回油节流调速回路、旁路节流调速回路。

1）进油节流调速回路。如图 10-78 所示，将节流阀安置在定量泵与液压缸的进油口之间，通过调节阀的节流口的大小来调节进入液压缸的流量，即调节液压缸的运动速度，定量泵输出的多余流量经溢流阀流回油箱。定量泵输出的流量 q_p 是恒定的，一部分流量 q_1 经节流阀输入给液压缸左腔，用于克服负载 F，推动活塞右移，另一部分输出的多余流量 δ_q 经溢流阀流回油箱，其流量关系式为

$$q_p=q_1+\delta_q$$

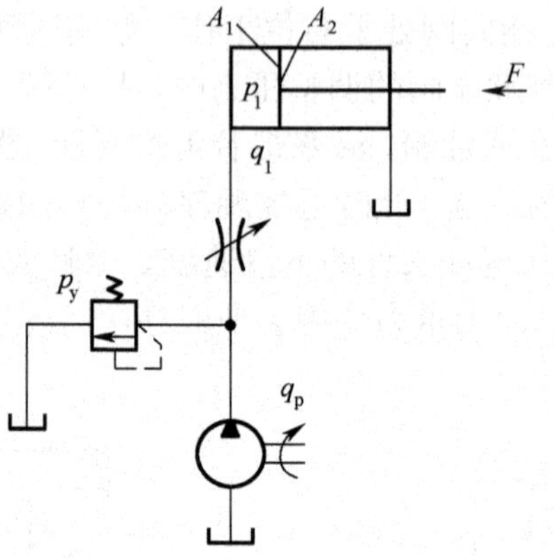

图 10-78　进油节流调速回路

2）回油节流调速回路。如图 10-79 所示，将节流阀串联在液压缸的回油路上，即安装在液压缸与油箱之间，由节流阀控制和调节排出液压缸的数量，也就调节了进入液压缸的数量，从而调节活塞的运动速度。定量泵输出的多余油液经溢流阀流回油箱。

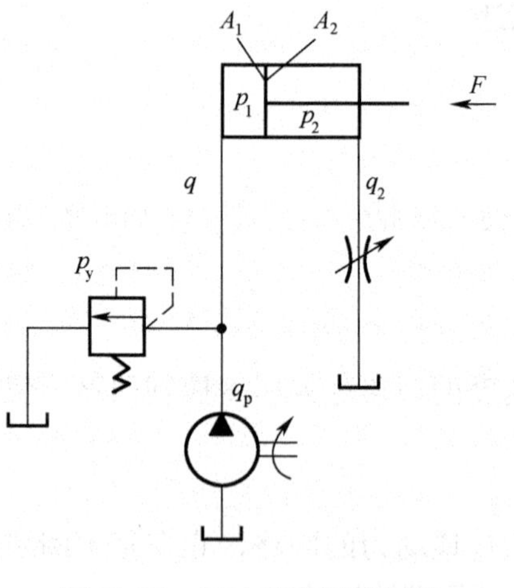

图 10-79　回油节流调速回路

3）旁路节流调速回路。如图 10-80 所示，将节流阀安装在与液压缸并联的支路上，泵输出的流量一部分进入液压缸，另一部分经节流阀流回油箱，通过调节节流阀的节流口的大小来控制进入液压缸的数量，从而实现对液压缸运动速度的调节。节流阀安装在液压泵与油箱之间，所以液压缸的运动速度取决于节流阀流回油箱的流量，流回油箱的流量越多，进入液压缸的流

量就越少，液压缸活塞的运动速度就越慢；反之，活塞的运动速度就越快。这里溢流阀不起溢流作用，而作安全阀使用，其调节压力大于克服最大负载所需的压力，系统正常工作时，溢流阀处于关闭状态。液压泵的供油压力等于液压缸进油腔压力，其值取决于负载的大小。

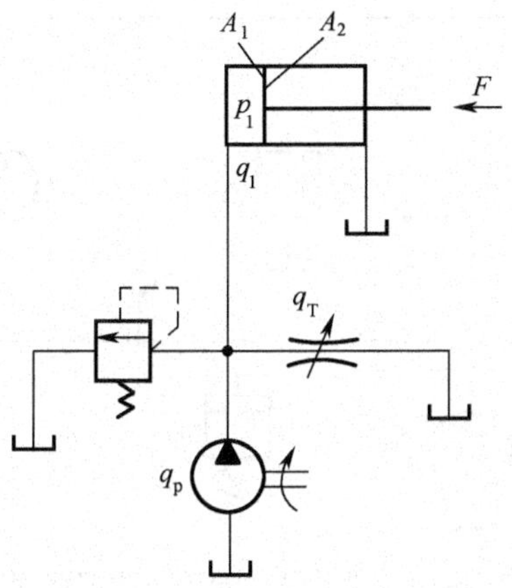

图 10-80　旁路节流调速回路

（2）容积调速回路。容积调速回路是由液压泵和液压马达组成的，依靠改变变量泵或变量马达的排量来调节执行元件运动速度的回路。无节流损失或溢流损失，效率高，发热小，一般用于大功率场合。容积调速回路根据液压泵与执行元件的组合方式不同，有三种形式：①变量泵－定量马达调速回路；②变量泵－变量马达调速回路；③定量泵－变量马达调速回路。

1）变量泵－定量马达调速回路。如图 10-81 所示为变量泵与定量液压马达组成的调速回路，通过改变变量泵的排量实现对液压马达的运动速度调节。变量泵输出流量全部进入执行元件，无节流损失和溢流损失。回路中的溢流阀用于防止系统过载，系统正常工作时，安全阀关闭。泵 6 是补充泄露用的辅助泵，流量很小，当需要时，顶开单向阀 5 向系统补油。溢流阀 4 是使变量泵吸油口有一定的补油压力，以防空气进入。

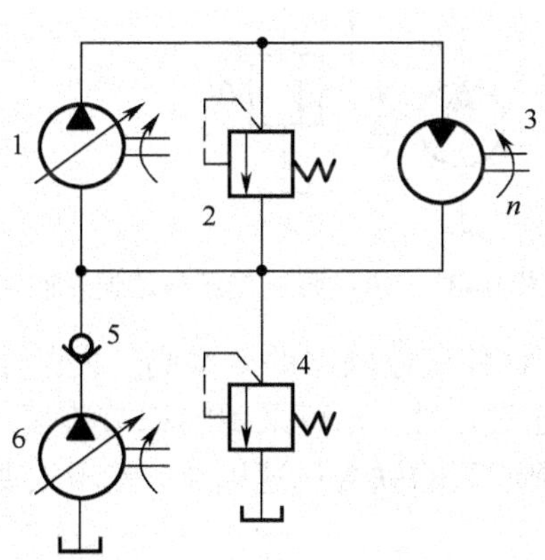

图 10-81　变量泵－定量马达调速回路

2）变量泵－变量马达调速回路。如图 10-82 所示为变量泵－变量马达调速回路，改变变量泵的排量或液压马达的排量实现无级调速，大大扩大了调速范围。图中双向变量泵 3 既能改变流量，又能反向供油，实现液压马达反向旋转。由于闭式回路存在泄漏问题，液压泵 1 通过单向阀 6 和 7 向系统实现双向补油，单向阀 8 和 9 能确保无论液压泵向哪个方向供油都能使安全阀 5 起作用。

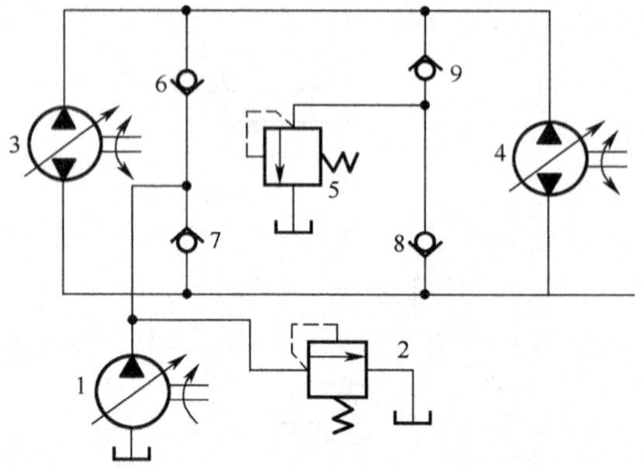

图 10-82　变量泵—变量马达调速回路

3）定量泵—变量马达调速回路。如图 10-83 所示为定量泵—变量马达调速回路，在工作中，定量泵 3 输出的流量全部进入液压马达，马达排量越大，输出转速越低；反之，输出转速越高。因此通过改变液压马达的排量可实现对液压马达转速的调节。泵 1 为补油用的辅助泵，溢流阀 6 的压力调得很低，使主泵 3 吸油口具有一定压力，以防空气侵入。

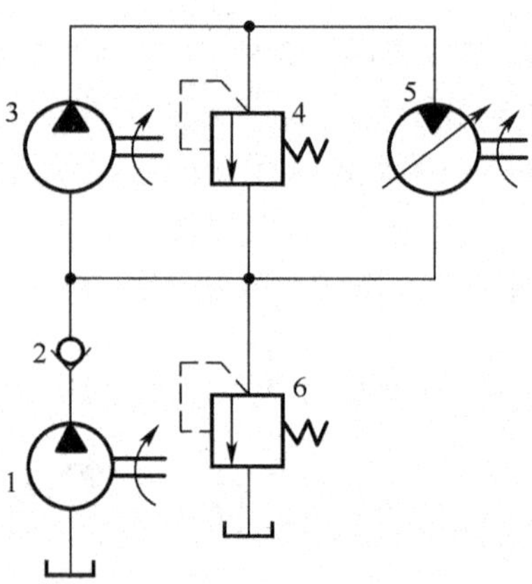

图 10-83　定量泵—变量马达调速回路

（3）容积节流调速回路。容积调速回路的效率高，发热小，但低速稳定性差。如果既要求效率高，又要求有良好的低速稳定性，则可采用容积节流调速回路。容积节流调速回路可分为两种：限压式变量叶片泵与调速阀的联合调速回路，差压式变量泵和节流阀组成的联合调速回路。

2. 快速回路

快速回路使执行元件获得必要的高速以提高效率，充分利用功率。可分为：液压缸差动连接快速回路、双泵供油快速回路、增速缸快速回路、蓄能器供油快速回路。

（1）液压缸差动连接快速运动回路，如图 10-84 所示。

（2）双泵供油快速运动回路。采用低压大流量泵和高压小流量泵组成的双联泵供油。如图 10-85 所示，系统高速运动时两泵同时供油，系统工作进给时由高压小流量泵供油。特点：效率高，适用于执行元件快进、工进速度差别大的场合。

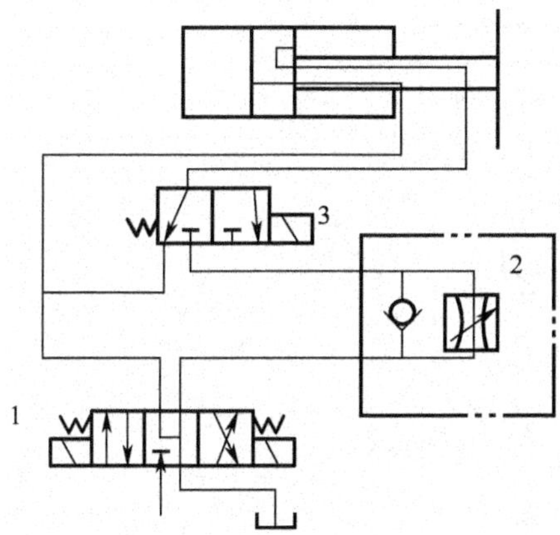

图 10-84　液压缸差动连接快速运动回路

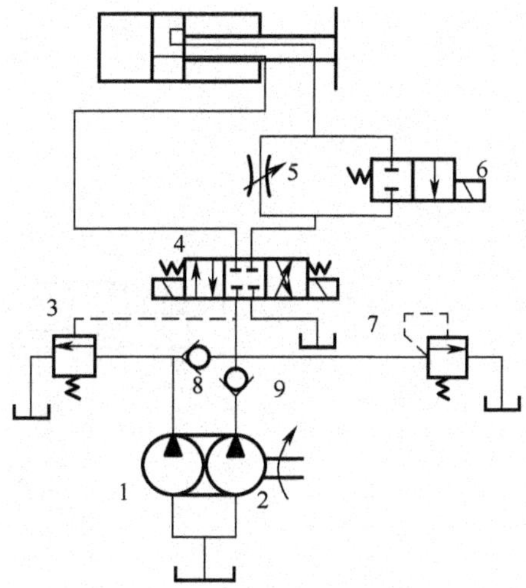

图 10-85　双泵供油快速运动回路

（3）增速缸快速运动回路。

增速缸增速回路：对于卧式液压缸可采用增速缸实现快速运动，但结构复杂，且增速比受增速缸尺寸限制。

辅助缸的快速运动回路：如图 10-86 所示，通过辅助缸带动主缸快速运动，回路简单易行，常用于冶金机械。

（4）蓄能器供油快速回路。如图 10-87 所示，用于垂直运动部件质量较大的液压机系统。

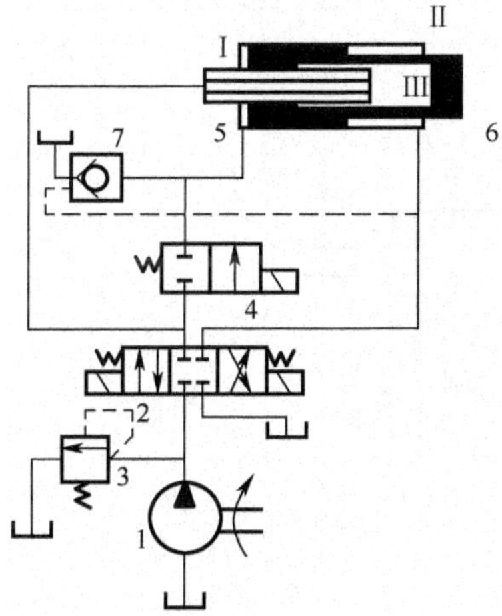

图 10-86　增速缸快速运动回路

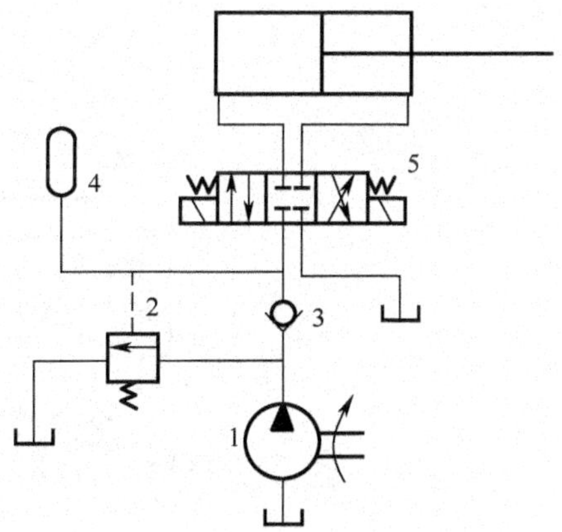

图 10-87　蓄能器供油快速回路

3．速度换接回路

（1）快慢速转换回路。如图 10-88 所示为快慢速转换回路。这种速度转换回路的速度换接快，行程调节比较灵活，电磁阀可安装在液压站的阀板上，也便于实现自动控制，应用很广泛。缺点就是平稳性较差。

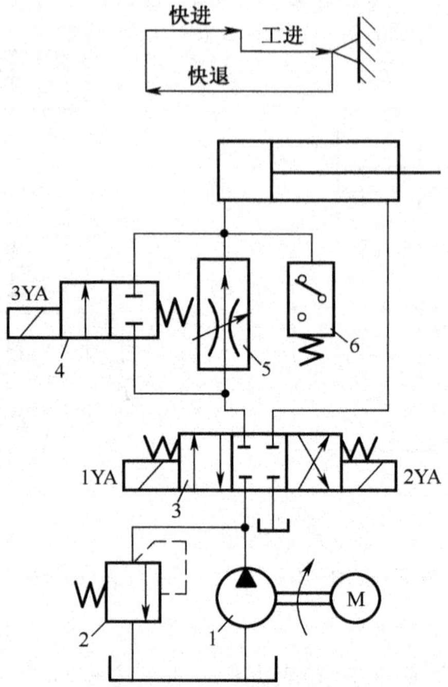

图 10-88　快慢速转换回路

（2）两种慢速的换接回路。如图 10-89 所示为两种慢速的换接回路。这种回路当一个调速阀工作时，另一个调速阀的油路被封死，其减压阀口全开。当电磁换向阀换位时，其出油口与油路接通的瞬间，压力突然减小，减压阀口来不及关小，瞬时流量增加，会使工作部件出现前冲现象。这种回路有一定的能量损失。

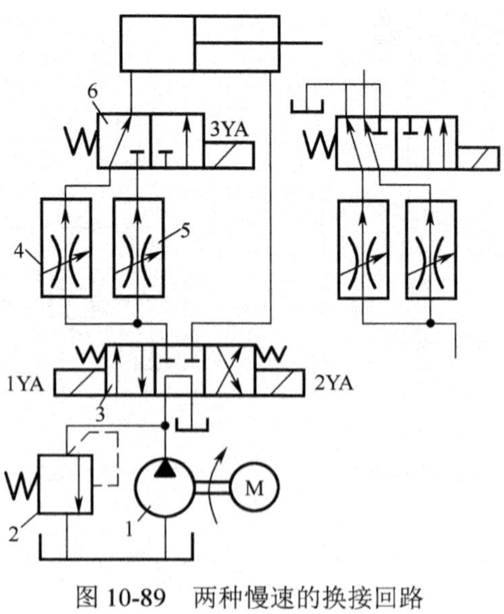

图 10-89　两种慢速的换接回路

10.3.4 多缸工作控制回路

1. 同步回路

在液压装置中常需要使两个以上的液压缸同步运动，理论上依靠流量控制即可达到，但若要做到精密的同步，则可采用比例式阀门或伺服阀配合电子感测元件和计算机来达成，以下将介绍几种基本的同步回路。

（1）如图 10-90 所示为两个单向调速阀控制并联液压缸的同步回路。两个调速阀可分别调节进入两个并联液压缸下腔的流量，使两缸活塞向上运动的速度相等。这种回路可用于两缸有效工作面积相等时，也可用于两缸有效工作面积不相等时。其结构简单，使用方便，而且可以调速。

（2）如图 10-91 所示为机械连接同步回路，将两支（或若干支）液压缸运用机械装置（如齿轮或刚性梁）将其活塞杆连接在一起，使它们的运动相互受牵制，因此，即可不必在液压系统中采取任何措施而达到同步。这种同步方法简单，工作可靠，不宜使用在两缸距离过大或两缸负载差别过大的场合。

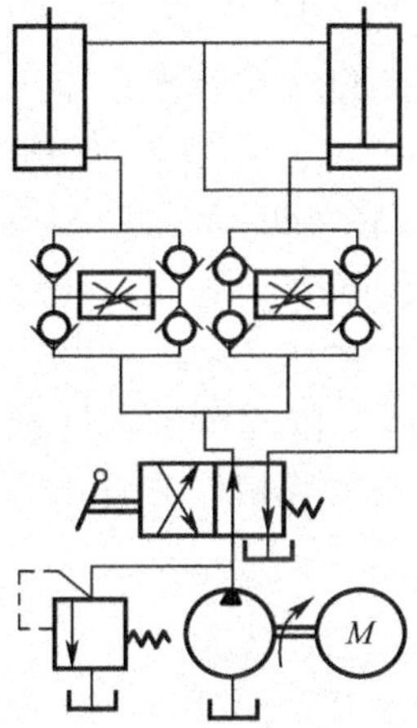

图 10-90 使用调速阀的同步回路

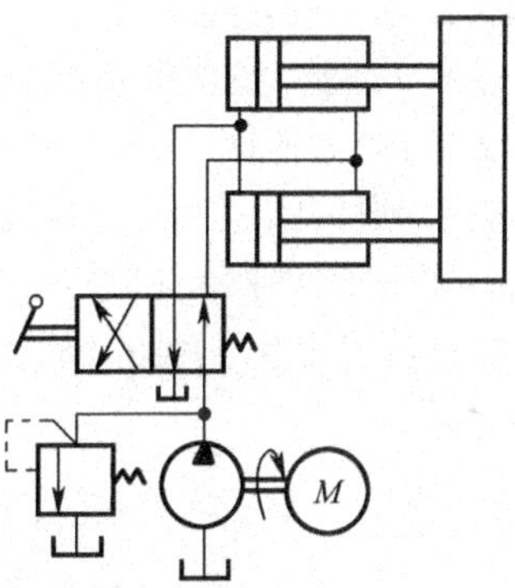

图 10-91 机械连接同步回路

2. 顺序动作回路

顺序动作回路的功用是使多缸液压系统中的各个液压缸严格地按规定的顺序动作。按控制方式不同，可分为行程控制和压力控制两大类。

（1）行程控制顺序动作回路。如图 10-92 所示为用行程阀控制的顺序动作回路，在图示状态下，*A*、*B* 两个液压缸的活塞均在右端。推动手柄使阀 *C* 在左位工作，缸 *A* 左行，完成动作①；挡块压下行程阀 *D* 后，缸 *B* 左行，完成动作②；手动换向阀复位后，缸 *A* 先复位，实现动作③；随着挡块后移，阀 *D* 复位，缸 *B* 退回，实现动作④。至此，顺序动作全部完成。这种回路工作可靠，但动作顺序一经确定，再改变就比较困难，同时管路长，布置较麻烦。

如图 10-93 所示为用行程开关控制的顺序动作回路，当阀 *E* 电磁铁得电换向时，缸 *A* 左行，完成动作①后，触动行程开关 S_1 使阀 *F* 电磁铁得电换向，控制缸 *B* 左行，完成动作②，当缸 *B* 左行至触动行程开关 S_2 使阀 *E* 电磁铁失电，缸 *A* 返回，实现动作③后，触动 S_3 使阀 *F* 电磁铁断电，缸 *B* 返回，完成动作④，最后触动 S_4，使泵卸荷或引起其他动作，完成一个工作循环。这种回路的优点是控制灵活方便，但其可靠程度主要取决于电气元件的质量。

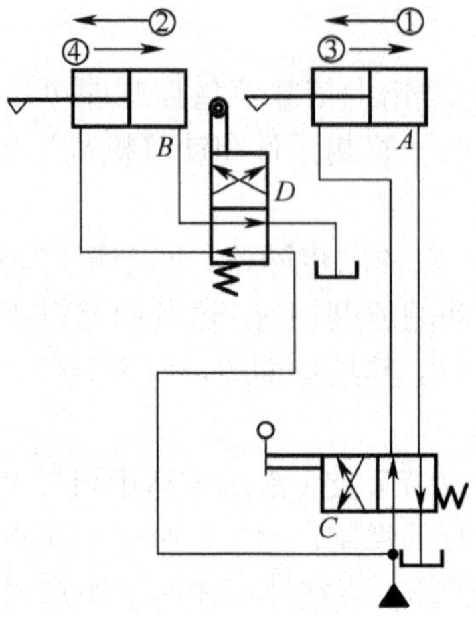

图 10-92　用行程阀控制的顺序动作回路

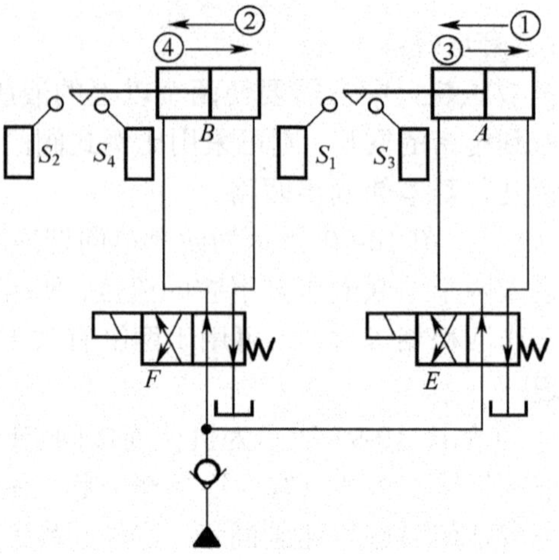

图 10-93　用行程开关控制的顺序动作回路

（2）压力控制顺序动作回路。如图 10-94 所示为使用顺序阀的压力控制顺序动作回路。当换向阀左位接入回路且顺序阀 *D* 的调定压力大于液压缸 *A* 的最大前进工作压力时，压力油先进入液压缸 *A* 的左腔，实现动作①；当液压缸行至终点后，压力上升，压力油打开顺序阀 *D*，进入液压缸 *B* 的左腔，实现动作②；同样地，当换向阀右位接入回路且顺序阀 *C* 的调定压力大于液压缸 *B* 的最大返回工作压力时，两液压缸则按③和④的顺序返回。显然这种回路动作的可靠性取决于顺序阀的性能及其压力调定值，即它的调定压力应比前一个动作的压力高出 0.8～1.0MPa，否则顺序阀易在系统压力脉冲中造成错误动作。由此可见，这种回路适用于液压缸数目不多、负载变化不大的场合。其优点是动作灵敏，安装连接较方便；缺点是可靠性不高，位置精度低。

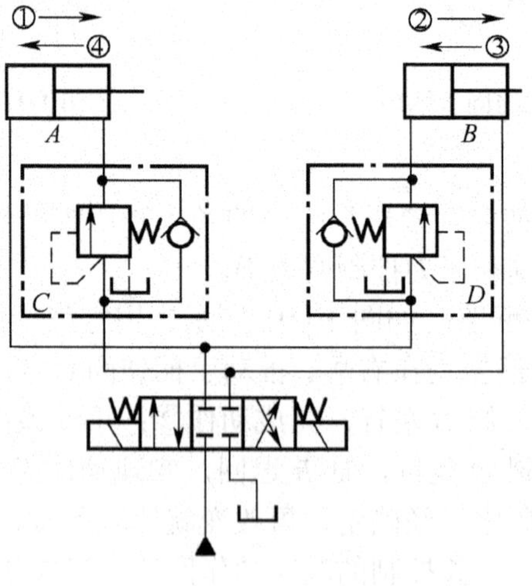

图 10-94　压力控制顺序动作回路

3. 互锁回路

互锁回路可以使一个液压缸在工作时不允许另一个液压缸有任何运动。如图 10-95 所示为双缸并联互锁回路。

4. 多缸工作控制回路

为了避免一个液压缸快速运动的瞬间造成系统压力下降，影响其他缸的正常工作，所以，采用了多缸互不干扰回路。如图 10-96 所示为双泵供油的快慢速互不干扰回路。液压缸 *A*、*B* 均需完成“快进—工进—快退”自动工作循环，且要求工进速度平稳。该油路的特点是：两缸的快进和快退都是由低压大流量泵 2 供油，两缸的工进都是由高压小流量泵 1 供油。快速和慢速供油渠道不同，从而避免了相互干扰的现象。

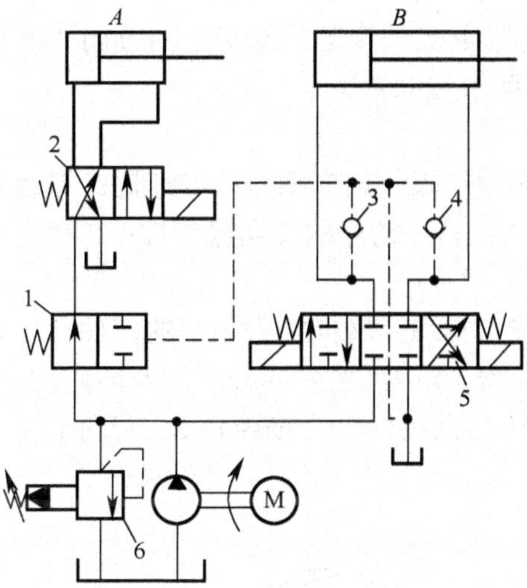

图 10-95　双缸并联互锁回路

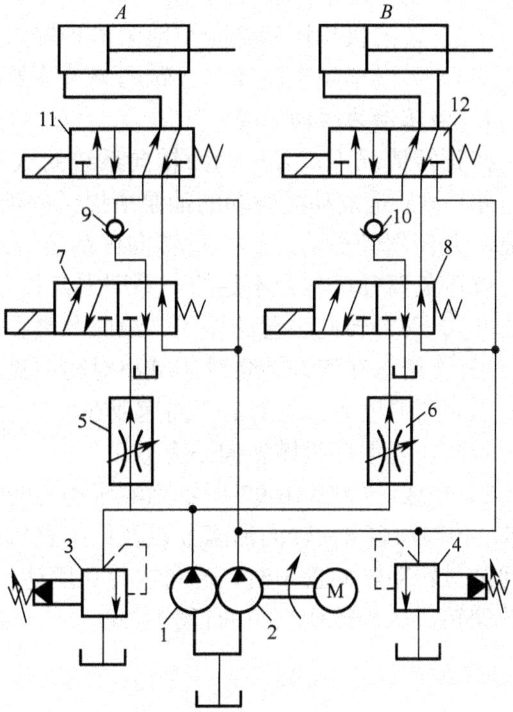

图 10-96　双泵供油的快慢速互不干扰回路

10.4　典型汽车液压系统

汽车上的液压系统主要应用在小型汽车上，有液压转向系统、常规液压制动系统、制动防抱死装置（ABS）、离合器液压操纵系统和液压控制自动变速器等。

10.4.1　液压转向系统

1. 转向系统的基本组成

（1）转向操纵机构。

（2）转向器。

（3）转向传动机构。

2. 转向系统的分类

按转向能源的不同，转向系统可分为机械转向系统和动力转向系统两大类。

（1）机械转向系统。以驾驶员的体力（手力）作为转向能源的转向系统，其中所有传力件都是机械的。

（2）动力转向系统。用驾驶员体力和发动机（或电机）的动力为转向能源的转向系统，它是在机械转向系统的基础上加设一套转向加力装置形成的。

3. 对转向系统的要求

（1）工作可靠，操纵轻便。

（2）转向机构还应能减小地面传到转向盘上的冲击，并保持适当的“路感”。

（3）当汽车发生碰撞时，转向装置应能减轻或避免对驾驶员的伤害。

4. 液压动力转向装置

在正常情况下，采用动力转向系统的汽车转向所需的能量只有小部分是驾驶员提供的体能，而大部分是发动机驱动的油泵所提供的液压能。用以将发动机输出的部分机械能转化为压力能，并在驾驶员的控制下对转向传动装置或转向器中某一传动件施加不同方向的液压作用力，以避免驾驶员施力不足的一系列零部件总称为动力转向器。

（1）动力转向装置的作用、组成及类型。

1）作用。在汽车转弯时，减小对转向盘的操作力；限制转向系统的减速比；原地转向时能提供必要的助力；限制车辆高速或在薄冰上的助力，具有较好的转向稳定性；在动力转向装置失效时，能保持机械转向系有效工作。

2）组成。如图 10-97 所示为液压动力转向系统结构图。转向加力装置的部件有：转向油泵 5、转向油管 4、转向油罐 6 以及位于整体式转向器 10 内部的转向控制阀及转向动力缸等。当驾驶员转动转向盘 1 时，转向摇臂 9 摆动，通过转向直拉杆 11、横拉杆 8、转向节臂 7 使转向轮偏转，从而改变汽车的行驶方向。

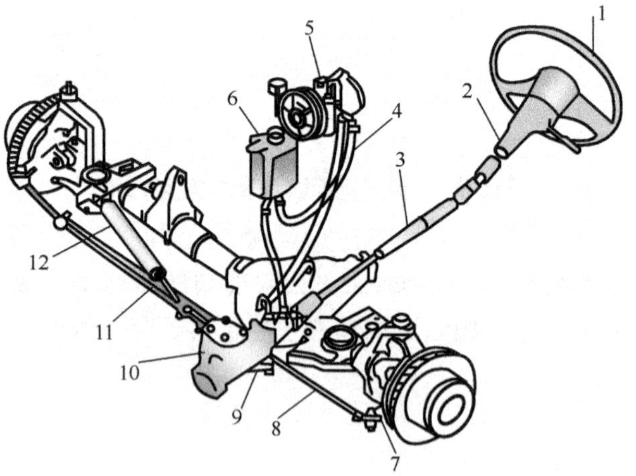

图 10-97　液压动力转向系统结构图

3）类型。动力转向装置分为常压式液压动力转向和常流式液压动力转向两类，如图 10-98 和图 10-99 所示。

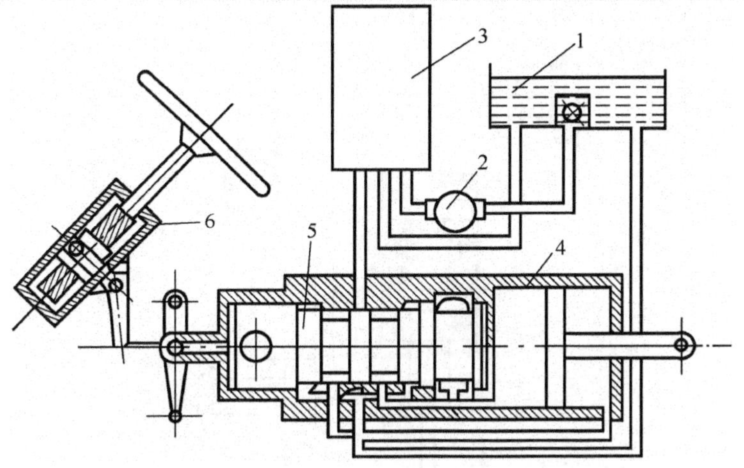

图 10-98 常压式液压动力转向装置示意图

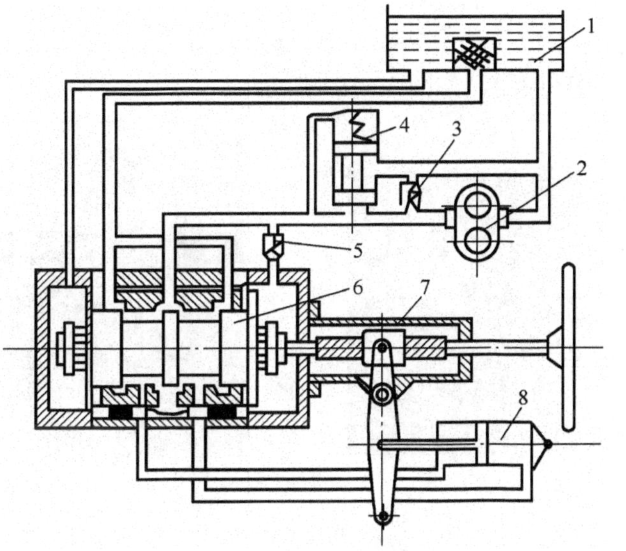

图 10-99 常流式液压动力转向装置示意图

（2）液压式动力转向装置的工作原理。

如图 10-100 所示为液压动力转向系统示意图。动力转向系统是在机械式转向系统的基础上加一套动力辅助装置组成的。转向油泵 6 安装在发动机上，由曲轴通过皮带驱动并向外输出液压油。转向油罐 5 有进、出油管接头，通过油管分别与转向油泵 6 和转向控制阀 2 连接。转向控制阀用以改变油路。机械转向器和缸体形成左右两个工作腔，它们分别通过油道和转向控制阀连接。

当汽车直线行驶时，转向控制阀 2 将转向油泵 6 泵出来的工作液与油罐相通，转向油泵处于卸荷状态，动力转向器不起助力作用。当汽车需要向右转向时，驾驶员向右转动转向盘，转向控制阀将转向油泵泵出来的工作液与 R 腔接通，将 L 腔与油罐接通，在油压的作用下，活塞向下移动，通过传动结构使左、右轮向右偏转，从而实现右转向。向左转向时，情况与上述相反。

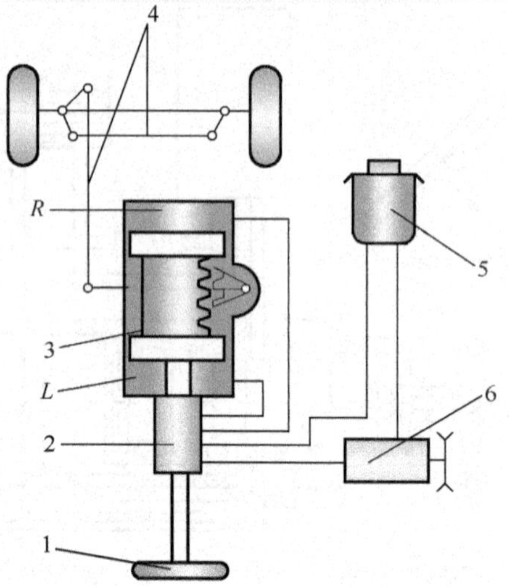

图 10-100 液压动力转向系统示意图

（3）动力转向器。

1）滑阀整体式动力转向器，如图 10-101 所示。

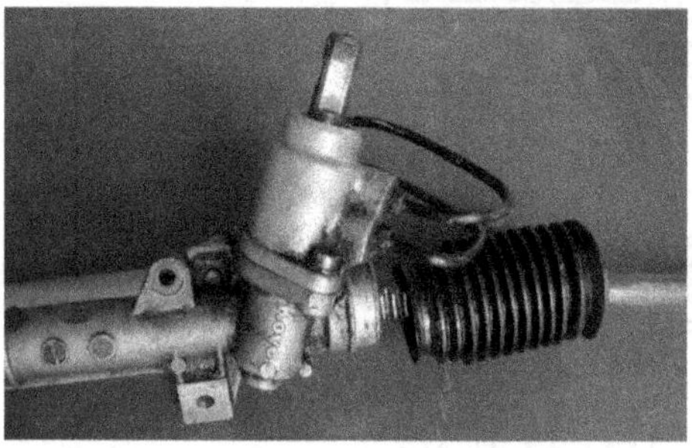

（a）

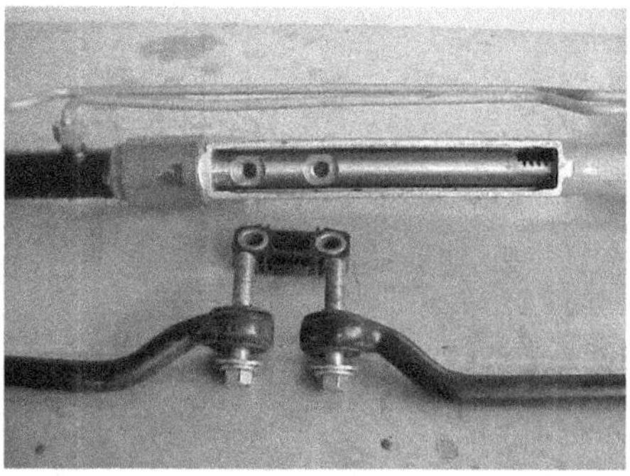

（b）

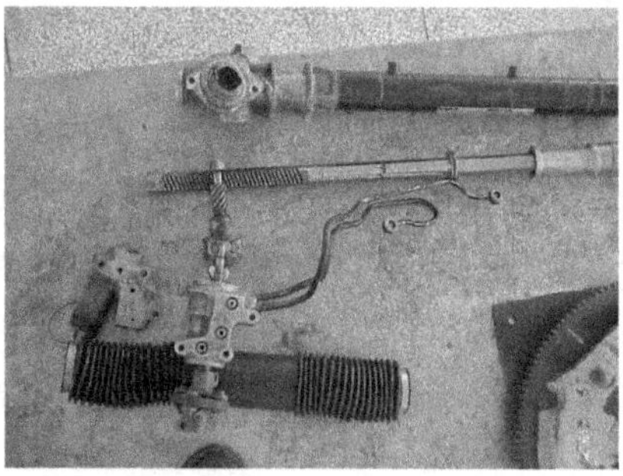

（c）

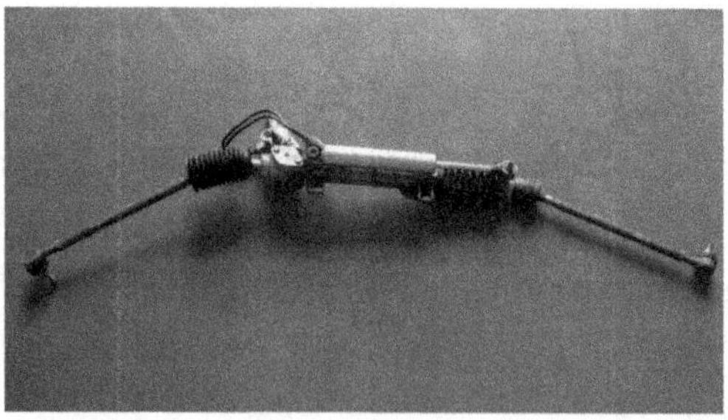

（d）

图 10-101 滑阀整体式动力转向器

2）转阀整体式动力转向器。转阀整体式动力转向器由机械转向器、转向动力缸和旋转式转向控制阀三者结合为一体组成，具有结构紧凑、重量轻、操纵轻便等特点，如图 10-102 所示。

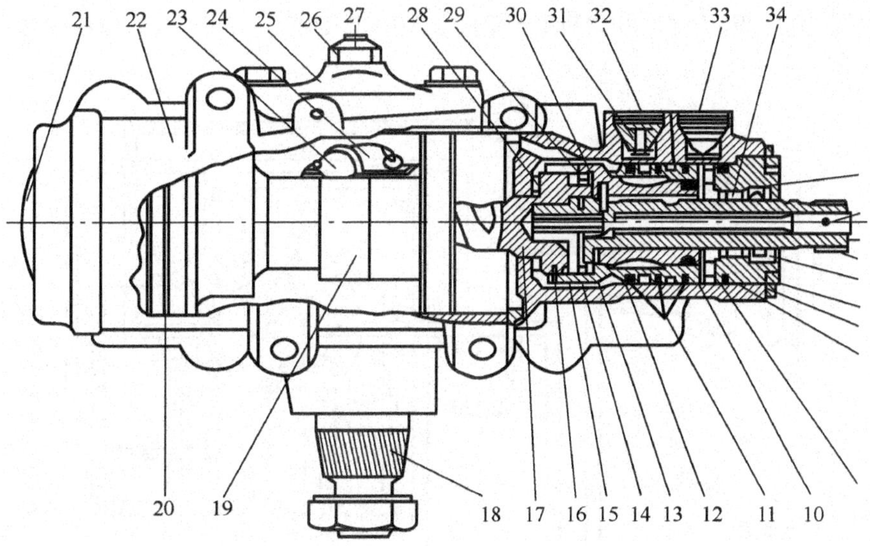

图 10-102　转阀整体式动力转向器

转阀整体式动力转向器的工作过程：①汽车直行时的转向器的工作状态，如图 10-103 所示；②汽车左转弯时转向器的工作状态，如图 10-104 所示；③汽车右转弯时转向器的工作状态，如图 10-105 所示。

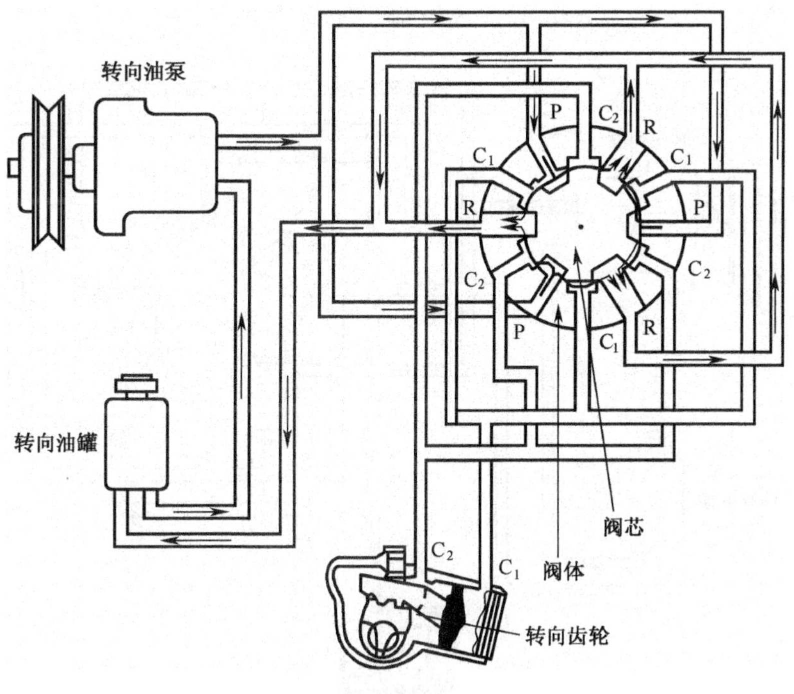

图 10-103　直线行驶时转阀的工作状态

汽车直线行驶时，阀芯与阀套的位置关系如图 10-103 所示。来自泵的液压油流向左右动力缸及回油缸，左右动力缸的油压相等，汽车保持直线行驶。驾驶员转动方向盘时，阀芯与阀套的相对位置发生改变，使得大部分或全部来自泵的液压油流入某一个动力缸，使汽车左转或右转。

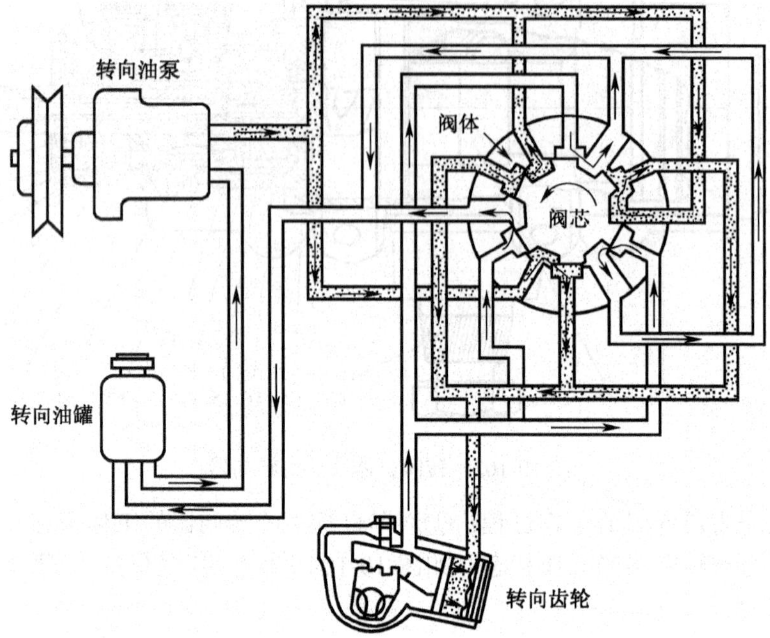

图 10-104　左转弯时转阀的工作状态

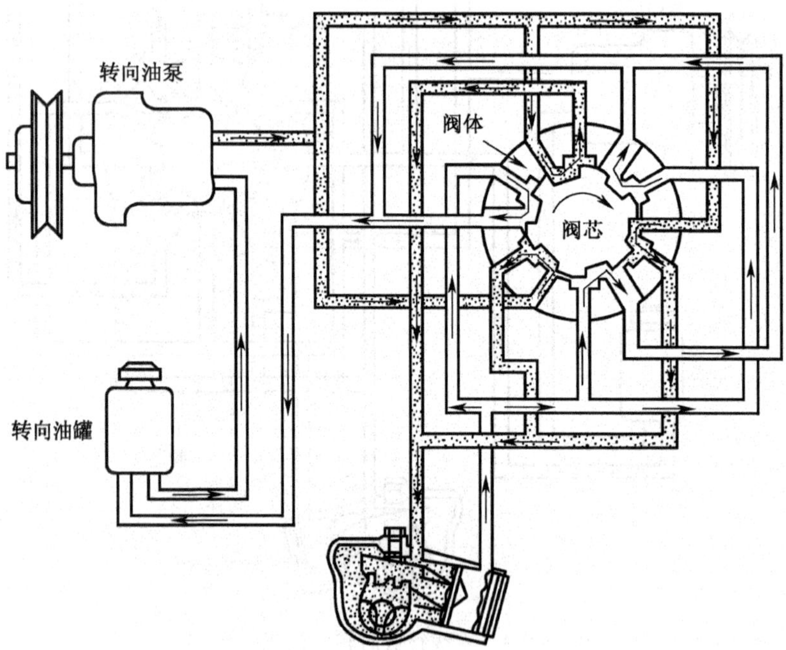

图 10-105　右转弯时转阀的工作状态

当转向盘停在某一位置不再继续转动时，阀芯与阀套相对位移减小，左右动力腔的油压差减小。但仍有一定的助力作用，此时的助力力矩与车轮的回正力矩相平衡，使车轮维持在某一个转向位置上。

10.4.2　常规液压制动系统

1. 汽车制动系统的作用

使行驶中的汽车按照驾驶员的要求进行强制减速甚至停车；使已停驶的汽车在各种道路条件下（包括在坡道上）稳定驻车；使下坡行驶的汽车速度保持稳定。

2. 汽车制动系统的工作原理

在汽车车轮上作用一个与汽车行驶方向或趋势相反的力矩，并使路面产生阻碍车轮转动和汽车行驶的阻力。

3. 汽车制动系统的分类

（1）按制动系统的作用分。制动系统可分为行车制动系统、驻车制动系统、应急制动系统和辅助制动系统等。用以使行驶中的汽车降低速度甚至停车的制动系统称为行车制动系统；用以使已停驶的汽车驻留原地不动的制动系统称为驻车制动系统；在行车制动系统失效的情况下，保证汽车仍能实现减速或停车的制动系统称为应急制动系统；在行车过程中，辅助行车制动系统降低车速或保持车速稳定，但不能将车辆紧急制停的制动系统称为辅助制动系统。上述各制动系统中，行车制动系统和驻车制动系统是每一辆汽车都必须具备的。

（2）按制动操纵能源分。制动系统可分为人力制动系统、动力制动系统和伺服制动系统等。以驾驶员的肌体作为唯一制动能源的制动系统称为人力制动系统；完全靠由发动机的动力转化而成的气压或液压形式的势能进行制动的系统称为动力制动系统；兼用人力和发动机动力进行制动的制动系统称为伺服制动系统或助力制动系统。

（3）按制动能量的传输方式分。制动系统可分为机械式、液压式、气压式、电磁式等。同时采用两种以上传输方式的制动系称为组合式制动系统。

4. 液压传动装置

目前，轿车的行车制动系统都采用了液压传动装置，主要由制动主缸（制动总泵）、液压管路、后轮鼓式制动器中的制动轮缸（制动分泵）、前轮钳盘式制动器中的液压缸等组成，如图10-106 所示。

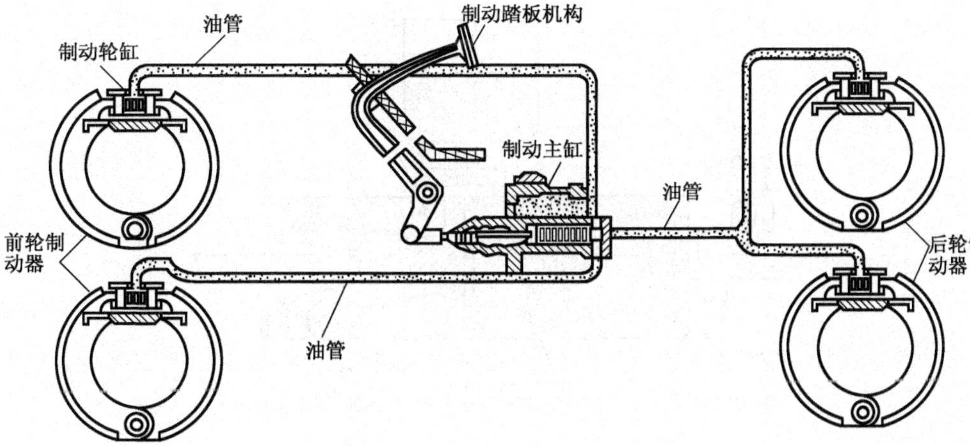

图 10-106　液压传动装置

主缸与轮缸间的连接油管除用金属管（铜管）外，还采用特制的橡胶制动软管。各液压元件之间及各段油管之间还有各种管接头。制动前，液压系统中充满专门配制的制动液。

踩下制动踏板，制动主缸将制动液压入制动轮缸和制动钳，将制动块推向制动鼓和制动盘。在制动器间隙消失并开始产生制动力矩时，液压与踏板力方能继续增长直到完全制动。此过程中，由于在液压作用下，油管的弹性膨胀变形和摩擦元件的弹性压缩变形，踏板和轮缸活塞都可以继续移动一段距离。放开踏板，制动蹄和轮缸活塞在回位弹簧作用下回位，将制动液压回主缸。

（1）双管路制动传动装置的布置形式。双管路制动传动装置是利用彼此独立的双腔制动主缸，通过两套独立管路，分别控制两桥或三桥的车轮制动器，若一套管路失效，另一套管路仍然能继续起制动作用。

其布置形式一般有以下几种：①II 型——一轴对一轴；②X 型——交叉型；③HI 型——一轴半对半轴；④LL 型——半轴一轮对半轴一轮；⑤HH 型——双半轴对双半轴。

各种布置形式如图 10-107 所示。

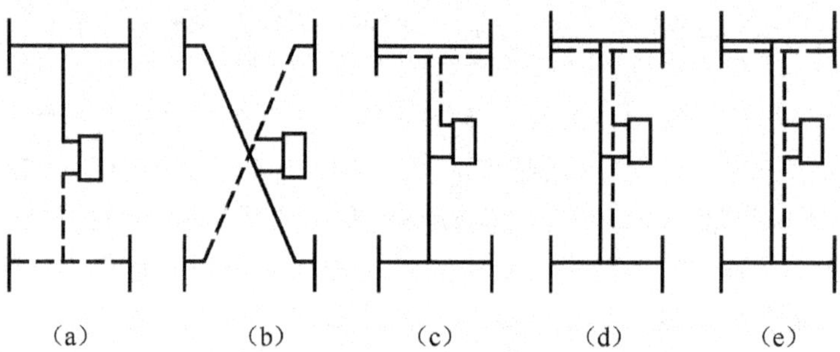

图 10-107　双管路液压制动传动装置的布置形式

（2）制动液。现在普遍使用合成制动液和矿物油制动液。

（3）液压式制动传动装置主要部件的结构。

1）制动主缸。制动主缸将踏板输入的机械能转化为液压能，如图 10-108 所示。

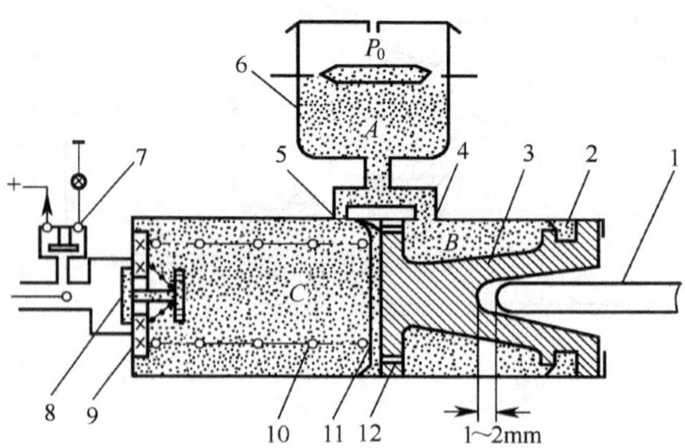

图 10-108　液压式制动主缸原理图

制动主缸的工作过程如图 10-109 所示。

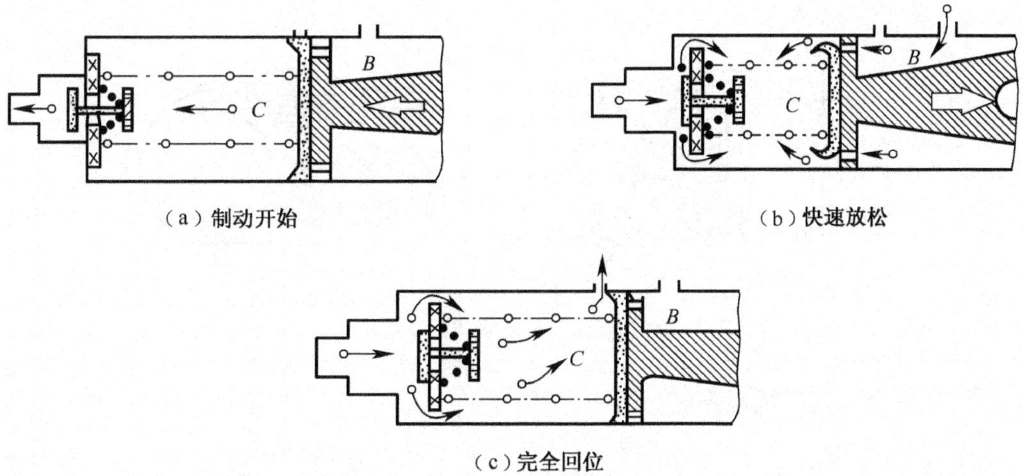

图 10-109　制动主缸工作过程示意图

双腔制动主缸的结构如图 10-110 所示。

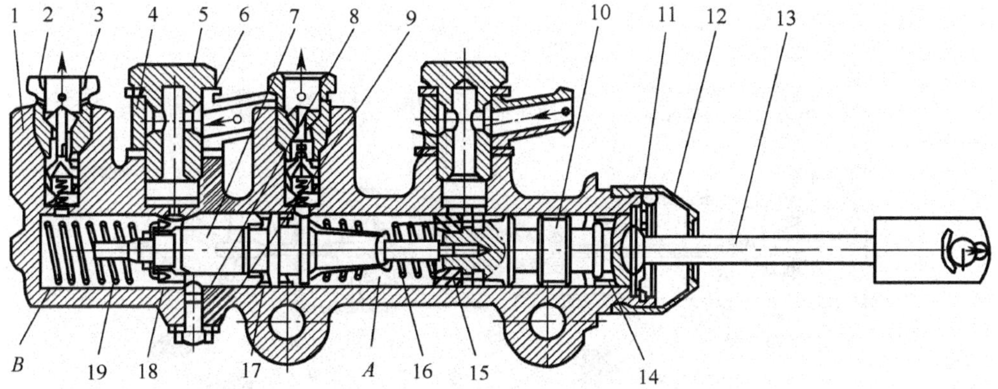

图 10-110　双腔制动主缸的结构

2）制动轮缸。制动轮缸把油液压力转变成轮缸推力，推动制动蹄压靠在制动鼓上，产生制动作用。一般制动轮缸分为双活塞式与单活塞式两种。

① 双活塞式制动轮缸如图 10-111 所示。

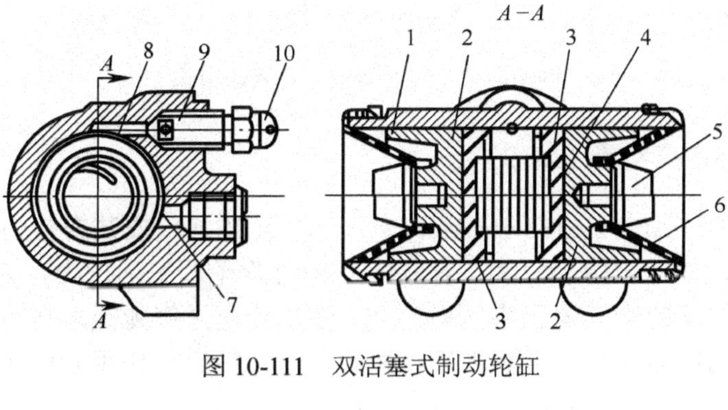

图 10-111　双活塞式制动轮缸

②单活塞式制动轮缸如图 10-112 所示。

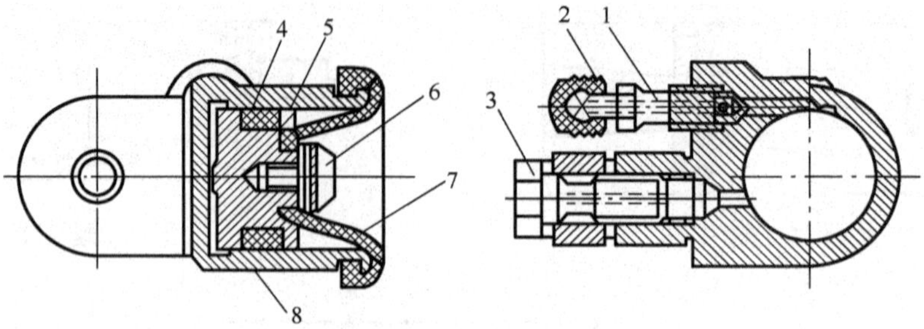

图 10-112　单活塞式制动轮缸

10.4.3　离合器液压操纵系统

液压式操纵机构由踏板、主缸、储液罐、工作缸、分离板、分离轴承、助力弹簧和管路系统等组成，如图 10-113 所示。

液压操纵机构具有摩擦阻力小、重量轻、操纵轻便、接合柔和、布置方便、不受车身车架变形的影响等优点，另外由于采用了吊挂式踏板，提高了车身内的密封性，因此应用较为广泛。

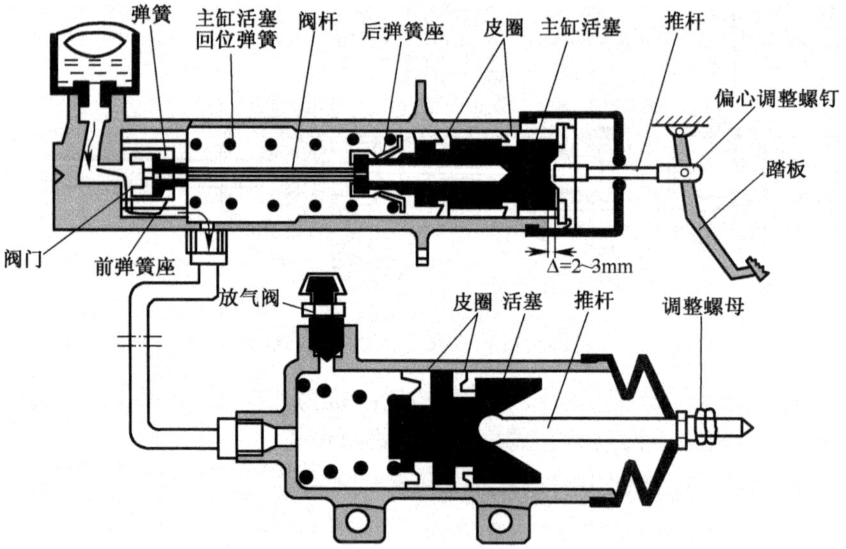

图 10-113　离合器液压式操纵机构

10.4.4　制动防抱死装置（ABS）

制动防抱死系统（Anti-locked Braking System，ABS）可安装在任何带液压刹车的汽车上。它是利用阀体内的一个橡胶气囊，在踩下刹车时给予刹车油压力，充斥到 ABS 的阀体中，此时气囊利用中间的空气隔层将压力返回，使车轮避过锁死点。当车轮即将到达下一个锁死点时，刹车油的压力使气囊重复作用，如此在一秒钟内可作用 60～120 次，相当于不停地刹车、放松，即相似于机械的“点刹”。因此，ABS 防抱死系统能避免在紧急刹车时方向失控及车轮侧滑，使车轮在刹车时不被锁死，不让轮胎在一个点上与地面摩擦，从而加大摩擦力，使刹车效率达到 90%以上，同时还能减少刹车消耗，延长刹车轮鼓、碟片和轮胎两倍的使用寿命。装有 ABS 的车辆在干柏油路、雨天、雪天时的路面防滑性能分别达到 80%～90%、30%～10%、15%～20%。

近年来，由于汽车消费者对安全的日益重视，大部分的车都已将 ABS 列为标准配备。如果没有 ABS，紧急制动通常会造成轮胎抱死，这时，滚动摩擦变成滑动摩擦，制动力大大下降。而且如果前轮抱死，车辆就失去了转向能力；如果后轮先抱死，车辆容易产生侧滑，使行车方向变得无法控制。所以，ABS 系统通过电子或机械的控制，以非常快的速度精密地控制制动液压力的收放来达到防止车轮抱死，确保轮胎的最大制动力以及制动过程中的转向能力，使车辆在紧急制动时也具有躲避障碍的能力。

ABS 防抱制动系统由汽车微电脑控制，当车辆制动时，它能使车轮保持转动，从而帮助驾驶员控制车辆达到安全停车。这种防抱制动系统用速度传感器检测车轮速度，然后把车轮速度信号传送到微电脑里，微电脑根据输入的车轮速度，通过重复地减少或增加在轮子上的制动压力来控制车轮的打滑率，保持车轮转动。在制动过程中保持车轮转动不但可以保证控制行驶方向的能力，而且在大部分路面情况下，与抱死（锁死）车轮相比，能提供更多的制动力。

如图 10-114 所示，通常一个带 ABS 功能的制动系统由以下部件组成：制动主缸、比例分配阀、制动压力调节装置、制动轮缸、轮速传感器、ABS 电控单元、ABS 警告灯和刹车指示灯。

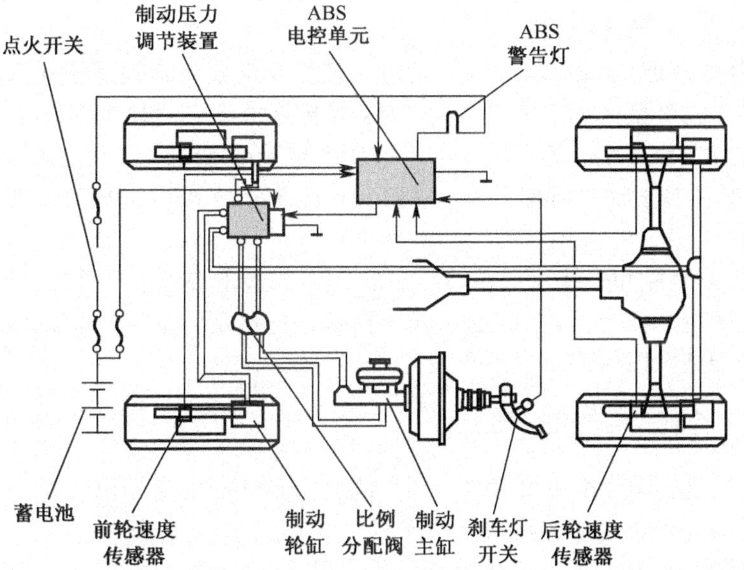

图 10-114　带 ABS 功能的制动系统的结构

在这个系统中，与 ABS 相关的主要部件是：轮速传感器、ABS 电控单元、制动压力调节装置和 ABS 警告灯。其中轮速传感器主要用于测量车轮的转速，并将其信号经过初步处理后输入到 ABS 电控单元中去。在电控单元中一般含有 1～2 个微控制器，在 ABS 作用时，它们接收来自传感器的信息，解析出轮速，在此基础上计算出轮加速度、参考车速和滑移率等参数，并根据设定的算法推算出汽车所应采取的相应动作，然后向同样位于主控单元上的执行器件发出相应的指令。制动压力调节装置则接收此执行器件发出的指令，调节各车轮上的制动压力，以使车轮处于附着系数最大状态并防止车轮被抱死而出现纯滑动摩擦。在此过程中，轮速传感器是信号输入装置，而主要的控制部分是由 ABS 电控单元完成的。因此 ABS 电控单元必须符合以下要求：

（1）具有高速处理传感器信号的能力。由于一些比较低端的传感器只有信号传输能力而自身没有计算能力，所以传感器的信号处理工作往往由电控单元来完成。在车辆速度较快的情况下，从传感器端输入信号的速度也会提高，而且一般的系统需要同时处理至少 4 个轮速信号。为了及时处理这些信号信息，电控单元必须有较强的信号处理能力。

（2）高速计算的能力。ABS 的电控单元肩负着执行预定算法的能力。它需要根据车轮的速度信息计算出汽车的各种状态信息，如车速、车加速度、滑移率等，并根据此信息搜寻算法中与之相符的状态，然后根据此状态预设的算法计算出应采取的各种动作和参数。这一切都需要在极短的时间内完成，所以要求电控单元有较强的计算能力。通常会在此单元上采用至少一颗 16 位微控制器。

（3）快速有效执行的能力。ABS 必须在车辆高速的状态下也能起到相应的作用，也就是要不断完成加压、保压、减压这个过程来控制车辆的行驶状态，所以执行器件也必须快速有效。

（4）处理大电流的能力。由于 ABS 要控制多达 8 个阀门的运动，整个系统的峰值电流会达到一个较高的值，所以电控单元必须要有处理大电流的能力，如器件要能通过较大的容量，器件和系统要有较强的散热能力。

（5）与其他系统通信的能力。ABS 的轮速信息经常要被其他系统利用，所以 ABS 和其他系统之间经常需要交换信息。另外，当 ABS 被扩展成牵引力控制系统（TCS）或电子稳定系统（有 ESC/ESP/VSC/DSC 等不同名称，下文中将采用 ESC 这一名称）时，需要对发动机进行控制，所以需要与发动机管理系统（EMS）间的通信。因此，ABS 电控单元应该包括 CAN 或 LIN 接口。

（6）系统诊断监控和失效保护性能。ABS 是汽车最重要的安全系统之一，它的性能往往关系着车内乘员的生命安全。所以它必须能对自身进行诊断和监控，即使在失效时也能提供紧急的替代和保护措施，以保证车辆不会失控。

10.4.5 电子控制式自动变速器

汽车自动变速是指自动变换传动比，调节或变换发动机动力输出性能，经济而方便地传送动力，较好地适应外界负载与道路条件的需要。

目前，电子控制自动变速器发展的主要特点是实现一机多参数、多规律控制，并在此基础上将控制变速器的微机与控制发动机的微机合并在一起，实现其综合控制。所谓一机是指采用单一微机控制，多参数是指输入微机的控制参数多元化，即控制参数不仅有发动机转速、车速、节气门开度等信号，而且有反映发动机和变速器工作环境、车辆行驶环境的信号，这些参数能全面反映发动机和变速器的实际工况。多规律是指控制微机中同时存储多种换挡规律，如最佳经济性和最佳动力性换挡规律等，驾驶员可根据需要调用相应的规律实现最佳换挡控制。

所谓综合控制是指在发动机与变速器微机处理信号的同时，对变速时发动机的点火时间进行延迟控制，使发动机输出扭矩略有下降，大大减少变速时的冲击现象，明显改进变速性能，综合控制的方框图如图 10-115 所示。

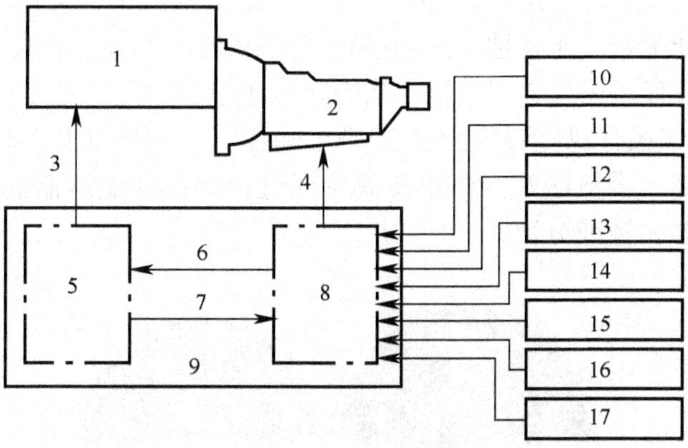

1－发动机；2－自动变速器；3－发动机控制信号；4－变速控制信号；5－发动机控制用微机 6－发动机控制信号；7－发动机转速状态控制信号；8－变速控制用微机；9－发动机与变速控制单元 ECU；10－节气门位置传感器；11－速度传感器（在变速器内）；12－速度传感器（在速度表内）；13－水温开关；14－变速方式选择开关；15－空挡启动开关；16－停车灯开关；17－变速控制开关

图 10-115　综合控制的方框图

其次，电子控制自动变速器为提高传动效率、改善燃油经济性普遍采用了闭锁式液力变矩器。为减轻质量、缩短动力传动路线，在前置发动机前轮驱动的车辆（FF）中，自动变速器通常与驱动桥结合为一体，构成自动驱动桥。为加宽变速范围、缩小传动比间隔，自动变速器正在向多挡化发展，四挡变速器已普遍成为轿车的标准结构，五挡自动变速器早已投放市场。为便于使用维修，控制系统的诊断功能不断增强。此外，世界各大汽车公司对无级变速的研究十分活跃，估计在不长的时间内，电子控制的无级自动变速器将会应用于现代汽车上。

电子控制自动变速器通常由液力变矩器、行星齿轮变速系统、换挡执行器、液压自动操纵系统、电子控制系统五部分组成，如图 10-116 所示为典型的汽车四挡自动变速器结构图。

图 10-116　汽车四挡自动变速器结构图

1. 液力变矩器

液力变矩器是电子控制自动变速器不可缺少的核心组成部分，它能将输入轴的扭矩连续自动地传给输出轴，是典型的液力传动装置。目前轿车上广泛采用由泵轮、涡轮和导轮组成的单级综合式液力变矩器（如图 10-117 所示），其优点是结构简单、工作可靠、性能良好。液力变矩器实际上是一个能无级（连续地）自动进行变矩的液力自动变速器。变矩器除了上述三个主要元件外，有的还具有锁止离合器。锁止离合器位于涡轮前端，是一个液压直接控制的全自动离合器。它的工作由电脑控制系统控制，即由电脑控制系统根据发动机的转速传感器和车速传感器输入的信号控制一个电磁阀，而电磁阀则通过控制通向变矩器的油道中工作液（ATF）的流向，使锁止离合器闭锁或分离。

图 10-117　单级综合式液力变矩器

2. 齿轮变速系统

液力变矩器虽能传递和增大发动机扭矩，但变扭比不大，变速范围不宽，远不能满足汽车使用工况的需要，为此在液力变矩器后面又装一个辅助变速装置——齿轮变速系统，多数是行星齿轮变速系统，也可以是平行轴式（固定轴线式）齿轮变速系统，用以进一步增大扭矩，扩大其变速范围，提高汽车的适应能力。行星齿轮变速系统是一种常啮合传动，其传动比变换可通过分离与结合离合器或制动器而方便地实现，特别有利于动力换挡或自动换挡。电子控制自动变速器的行星齿轮变速系统一般由双排行星轮或三排行星轮组成，并广泛采用三自由度变速器。如图 10-118 所示为丰田 A340E 自动变速器行星齿轮机构，该变速器在同一轴上有三个单排行星轮，后两排行星轮由一个公共的空心太阳轮相连，该太阳轮与两行星排的行星轮啮合。

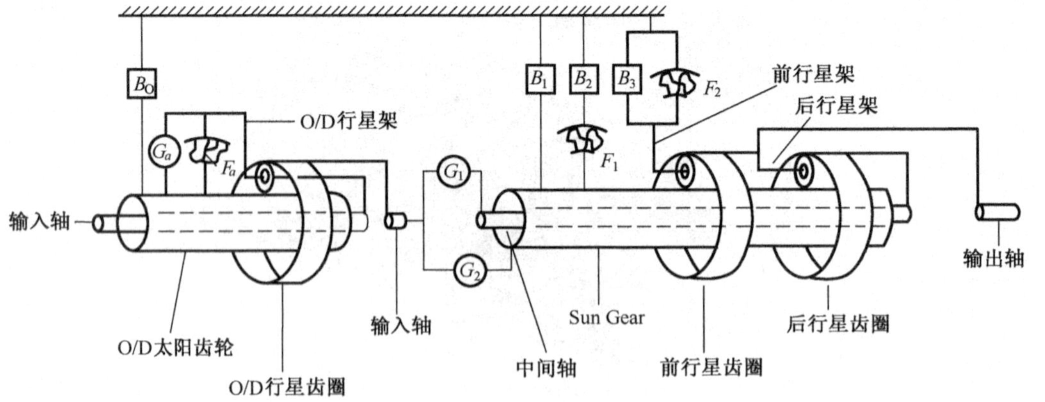

图 10-118　丰田 A340E 自动变速器行星齿轮机构

3. 换挡执行器

行星轮变速器的换挡执行机构包括换挡离合器、换挡制动器和单向离合器。换挡离合器为多片离合器，由液压来控制其结合与分离，通常由若干交错排列的主从动离合器片组成。

（1）离合器。离合器用于输入轴、中间轴、输出轴和行星齿轮机构中元件的连接，实现扭矩的传递。如图 10-119 所示为多片式离合器。

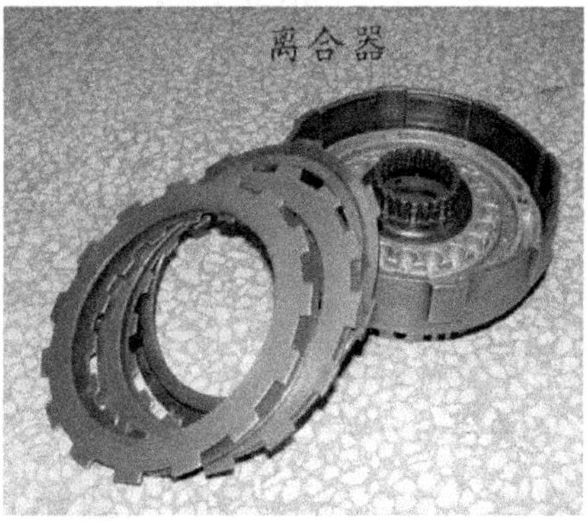

图 10-119　多片式离合器

（2）制动器。制动器指将行星齿轮系三元件中任一元件与变速器壳体相连，使该元件制动。如图 10-120 所示为多片式制动器。

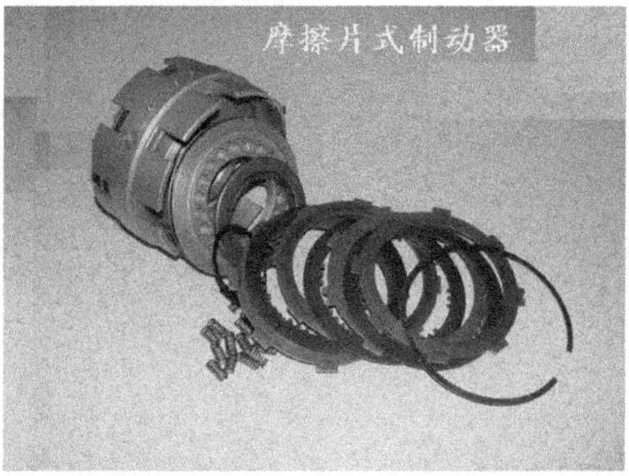

图 10-120　多片式制动器

（3）单向离合器。单向离合器用于单向连接或单向制动。如图 10-121 所示为楔块式单向离合器。

4. 液压自动操纵系统

液压自动操纵系统通常由供油泵、手动选挡、参数调节、换挡时刻控制、换挡品质控制等部分组成。供油部分包括供油泵（如图 10-122 所示）、油滤清器、主油路调压阀、第二调压阀、油冷却器等。供油泵和主油路调压阀是液压自动操纵系统的动力源，第二调压阀也称变矩器补偿压力调节阀。

手动选挡部分包括手控制阀和手控制阀拨板，手控制阀由换挡杆操纵，作用是利用滑阀的移动实现控制油路的转换，即根据换挡杆所置排挡位置将液压油转换到“P”、“R”、“N”、

“D”、“2”或“L”的油路。

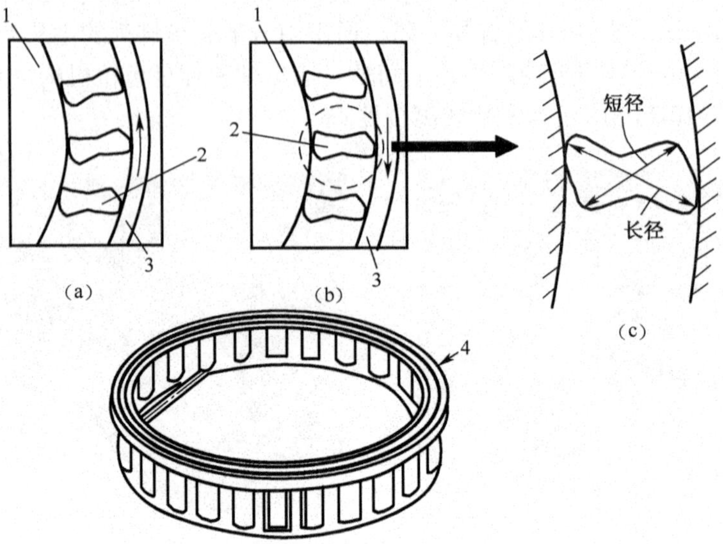

图 10-121　楔块式单向离合器

图 10-122　内齿啮合式油泵

参数调节部分主要有两个方面：一是节气门压力调节阀（简称节气门阀），作用是根据节气门开度产生加速踏板控制液压，并将此控制液压加在 1-2 挡、2-3 挡、3-4 挡三个换挡阀（变速阀）的一端，当节气门开度变大时，加速踏板控制液压升高；二是速控调压阀（又称调速器），作用是根据车速产生由车速控制的液压，并将此速控液压加在各换挡阀的另一端，车速增大时，速控液压增大。换挡阀即根据以上两个参数变换挡位。在电子控制自动变速器中，节气门开度和车速这两个参数分别由节气门位置传感器和车速传感器采集成电信号送至电脑，电脑则通过电磁阀操纵换挡阀，使其自动变换挡位。

换挡时刻控制部分主要是换挡阀，在电子控制自动变速器中，换挡阀根据电子控制器确定的换挡点及换挡信号工作，进行自动换挡。

换挡品质控制机构的作用是控制换挡过程，使升降挡更加平稳、柔和、无冲击，防止产生大的动载荷。一般是在液压通道上增加蓄能减振器、缓冲阀、定时阀、执行力调节阀等。

5. 电子控制系统

电子控制自动变速器一般采用电控液动系统，由于动力源是供油泵和主调压阀，并由其产生液压，因此仍保留液压操纵系统。电子控制系统是将电控液动系统液压操纵装置的换挡控制机构改为电子控制机构，其作用是将车速传感器和节气门开度传感器产生的电信号输入电子控制系统，由电子控制系统经过计算、比较处理后，根据预先编制的换挡程序确定挡位与换挡点，输出换挡指令，控制电磁阀线圈的通断，改变换挡阀端面的控制液压，导致换挡阀的移动，自动切换执行元件的油路，实现自动换挡。

本章小结

1. 随着世界原子能科学、空间技术、计算机技术的发展，液压传动技术也得到了很大的发展，逐渐渗透到了国民经济的各个领域，尤其是在工程机械、汽车、军工、冶金、船舶、石油、航空等行业中得到了普遍应用。

2. 从单个液压元件的结构和工作原理入手去掌握其特性，然后通过类比的方法去掌握该液压元件的共性。

3. 液压基本回路是由若干液压元件组成的，是用来完成特定功能的典型回路。

4. 汽车上的液压系统主要应用在小型汽车上，有液压转向系统、常规液压制动系统、制动防抱死装置（ABS）、离合器液压操纵系统和液压控制自动变速器等。

习题 10

一、填空题

1. 液压传动是指以有压________为传动介质，实现能量传递和控制。

2. 液压传动系统由________、________、________、________、________组成。

3. 根据液压泵结构形式的不同，可分为________、________、________、________。

4. ________与________同属于液压传动系统中的执行元件。

5. 液压缸是将液体的________能转换为________运动形式的机械能输出。

6. 常见的密封方法主要有：________、________、________。

7. 液压控制阀用来控制油液的________、________和________，从而控制液压执行元件的启动、停止、运动方向、速度、作用力等，满足液压设备对各工况的要求。

8. 在液压系统中，控制液体压力或利用压力作为信号来控制其他元件动作的阀统称为________。

9. 蓄能器是用于________和________液压能的装置。

10. 在液压系统中，利用方向阀控制油液通断和换向，使执行元件启动、停止和换向，并且能在换向过程中平稳准确地制动、锁紧的回路称为________回路。

二、简答题

1．管路中的压力损失有哪些？
2．容积式液压泵必须满足的基本条件是什么？
3．困油现象的形成条件是什么？
4．常用的液压缸有哪些类型？各有什么特点？
5．若减压阀的进、回油孔反接，会出现什么情况？
6．液压系统中为什么要设置背压回路？它与平衡回路有什么区别？
7．液压系统中为什么要设快速运动回路？
8．溢流阀有什么用途？它的工作原理是什么？

第 11 章　汽车常用机械零件

本章导读

汽车作为一种特殊的综合性机器，它由非常多的机械零件组成，这些零件也由不同的金属材料或非金属材料制造而成，汽车上常用的机械零件主要有轴、轴承、联轴器、制动器、离合器、连接件和弹簧等。本章主要介绍这些常用机械零件的结构和作用。

本章要点

1. 轴的分类、材料及结构设计。
2. 滚动轴承的结构、类型及代号。
3. 联轴器、离合器、制动器。
4. 键连接、销连接及螺纹连接。
5. 弹簧的作用、类型、特点及应用。

11.1　轴

轴的主要功用是支承旋转零件（如齿轮、带轮、联轴器等）并传递运动和动力，是组成机器的重要零件之一。

11.1.1　轴的分类

根据承载情况不同，轴可分为心轴、传动轴和转轴三类，如表 11-1 所示。

表 11-1　心轴、传动轴和转轴的承载情况及特点

种类	举例		受力简图	特点
心轴	固定心轴	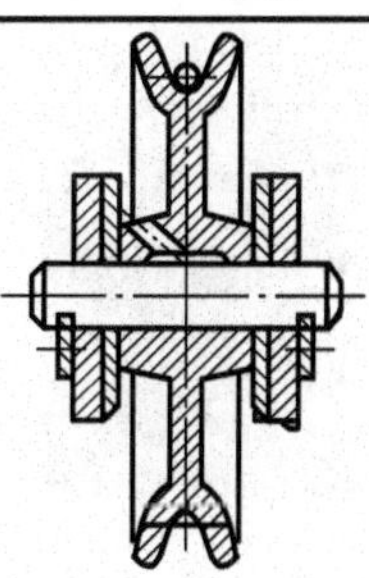	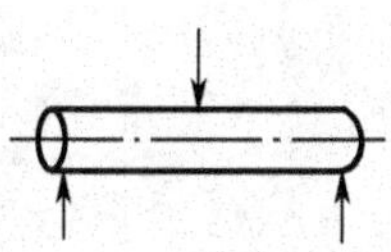	只承受弯矩，不承受转矩 起支承作用 截面上的弯曲应力 σ_W 为静应力 $\sigma_W = \dfrac{M}{W}$ M——截面上的弯矩 W——抗弯截面系数

续表

种类	举例	受力简图	特点
心轴	转动心轴 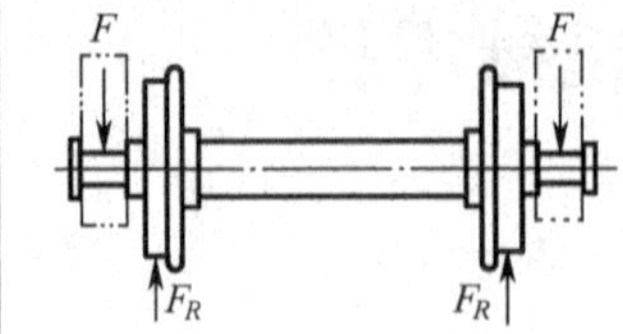	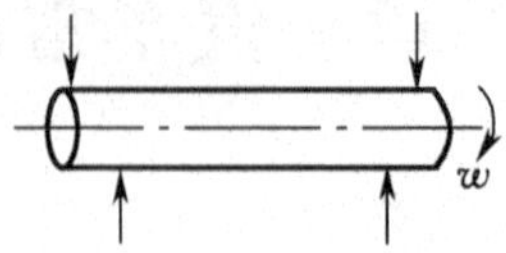	截面上的弯曲应力 σ_w 为变应力 $\sigma_w=\dfrac{M}{W}$
传动轴	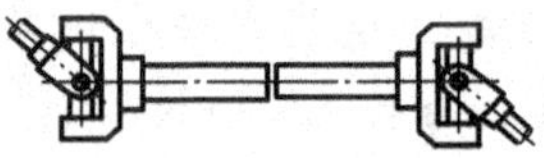	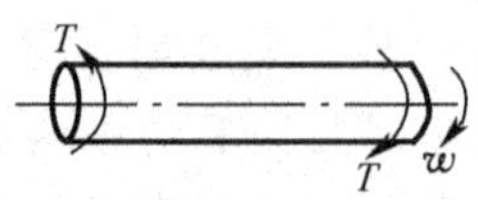	主要承受转矩，不承受弯矩或承受很小弯矩；仅起传递动力的作用；截面上的扭转切应力 $\tau_T=\dfrac{T}{W_T}$ T——截面上的转矩 W_T——抗扭截面系数
转轴	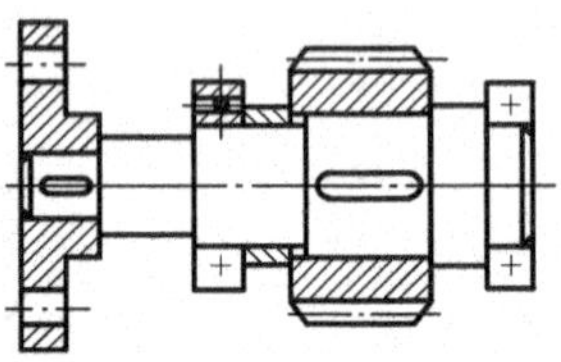	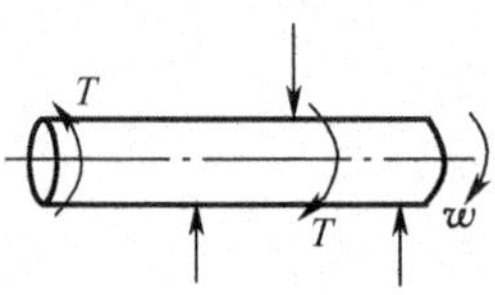	既承受弯矩又承受转矩；是机器中最常用的一种轴；截面上受弯曲应力 σ_w 和扭转切应力 τ_T 的复合作用，其当量应力 $\sigma_e=\dfrac{M_e}{W}$ M_e——截面上的当量弯矩 W——抗弯截面系数

根据轴线形状，轴又可分为直轴、挠性钢丝轴、曲轴，如图 11-1 所示。直轴应用较广，根据外形分为直径无变化的光轴和直径有变化的阶梯轴。为了提高刚度或减轻重量，有时制成空心轴。

（a）直轴

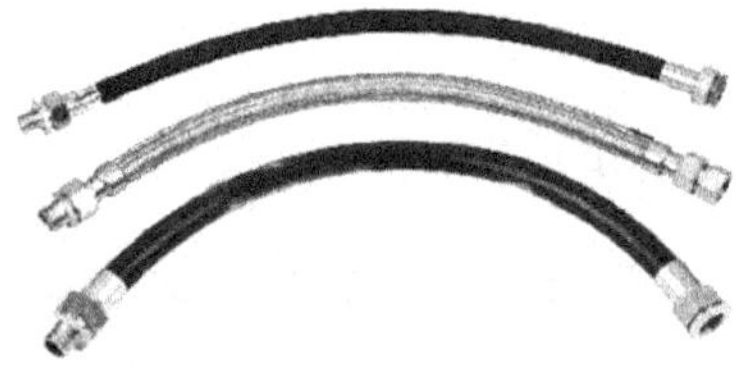

（b）挠性钢丝轴

（c）曲轴

图 11-1　直轴、挠性钢丝轴、曲轴

11.1.2　轴的材料

轴的主要失效形式为疲劳破坏，轴的材料应具有较好的强度、韧性及耐磨性。

1. *碳素结构钢*

通常选用 35、45、50 等优质碳素结构钢，其中 45 钢是最常用的。

2. *球墨铸铁*

球墨铸铁主要用于制造外形比较复杂的轴，如发动机的曲轴。

3. *合金结构钢*

这种钢主要应用于要求重量轻且有特殊要求的轴上。汽车发电机转子轴要求在高速、高温且重载等恶劣环境下工作，通常采用 27Cr2MoAIV、38 CrMoAIV 等合金结构钢。

轴的常用碳素结构钢、合金结构钢的牌号及力学性能如表 11-2 所示。

表 11-2　轴的常用材料及其力学性能

材料		热处理	毛坯直径 /mm	力学性能							备注
类别	牌号			硬度	强度极限 σ_b /MPa	屈服点 σ_s /MPa	弯曲疲劳极限 σ_{-1} /MPa	剪切疲劳极限 τ_{-1} /MPa	ψ_σ	ψ_τ	
碳素结构钢	Q235		≤16	—	460	235	200	105	0.2	0.1	用于不重要或承载不大的轴
			≤40	—	440	225					
	45	正火	≤100	170～217	600	300	275	140	0.2	0.1	应用最广
		调质	≤200	217～255	650	360	300	155			
合金钢	40Cr	调质	≤100	241～266	750	550	350	200	0.25	0.15	用于承载较大而无很大冲击的重要轴
			>100～300	241～266	700	550	340	185			
	35SiMn（42SiMn）	调质	≤100	229～286	800	520	400	205	0.25	0.15	性能接近 40Cr，用于中小型轴
			>100～300	217～269	750	450	350	185			
	40MnB	调质	25		1000	800	485	280	0.25	0.15	性能接近 40Cr，用于重要轴
			≤200	241～286	750	500	335	195			
	20Cr	渗碳淬火回火	15	表面 50～60HRC	850	550	375	215	0.25	0.15	用于要求强度和韧性均较高的轴
			≤60		650	400	280	160			
	20CrMnTi		15	表面 50～62HRC	1100	850	525	300			

11.1.3　轴的结构设计

对轴的要求是：根据受力情况设计合理的尺寸，以满足强度和刚度需要；还必须使轴上零件可靠地定位和紧固；同时便于加工制造、拆装和调整。

1. *零件在轴上的定位和固定*

零件在轴上的轴向定位和固定可采用轴环、轴肩、套筒、螺母、轴端挡圈及圆锥表面等方法。零件在轴上的周向定位和固定可采用键连接，花键连接，螺钉、销钉连接，过盈配合等方法，如图 11-2 所示。

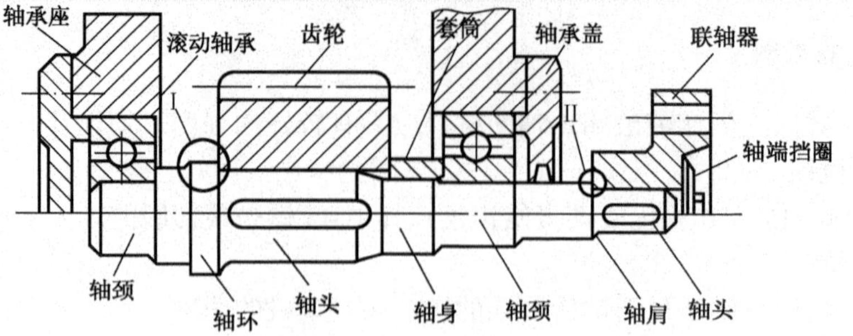

（a）轴的组成

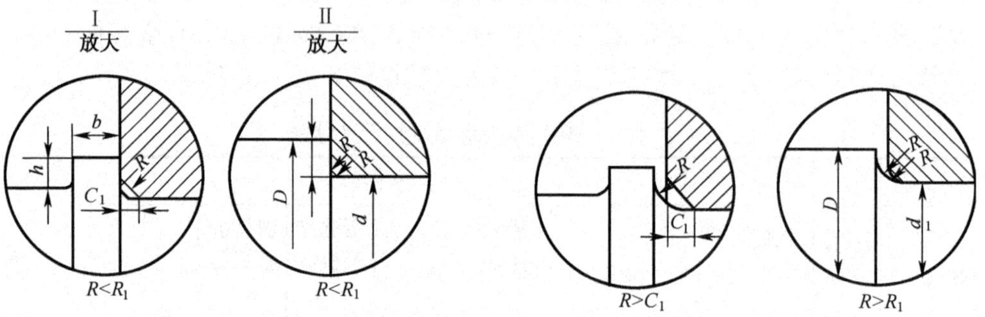

（b）轴向定位正确

（c）轴向定位不正确

图 11-2　减速器输出轴

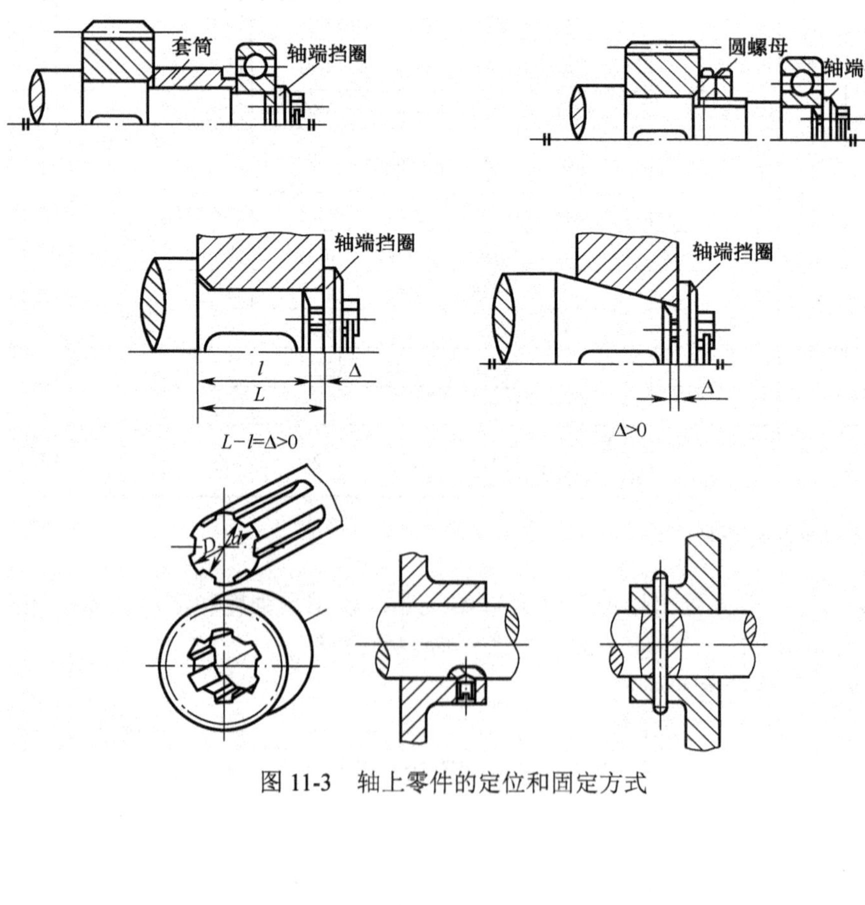

图 11-3　轴上零件的定位和固定方式

2. 结构工艺要求

（1）一般将轴设计成阶梯形，目的是增加强度和刚度，便于拆装，易于轴上零件的固定；区别不同轴段的精度及表面光洁度等满足不同的需要。

（2）在轮毂端面贴紧轴肩定位面或切螺纹、磨削轴段的轴肩处，应留有螺纹退刀槽和砂轮越程槽。

（3）为了减少应力集中，轴肩、轴环过渡要缓和，并做成圆角。

（4）当轴上有多个键槽时，应尽可能安排在同一条直线上，使加工键槽时无需多次装夹换位。

（5）轴直径尽量采用标准系列。

11.2　滚动轴承

滚动轴承是各类机器中广泛应用的重要部件，它是依靠主要元件间的滚动接触来支承转动零件的，具有摩擦阻力小、易起动、对转速及工作温度的适用范围宽、轴向尺寸小、润滑及维修保养方便、有较好的互换性等优点。滚动轴承是一种标准件。

11.2.1　滚动轴承的结构

滚动轴承一般由内圈、外圈、滚动体和保持架组成，如图 11-4 所示。当内、外圈相对旋转时，滚动体沿内、外圈滚道滚动。保持架的作用是把滚动体均匀分开。

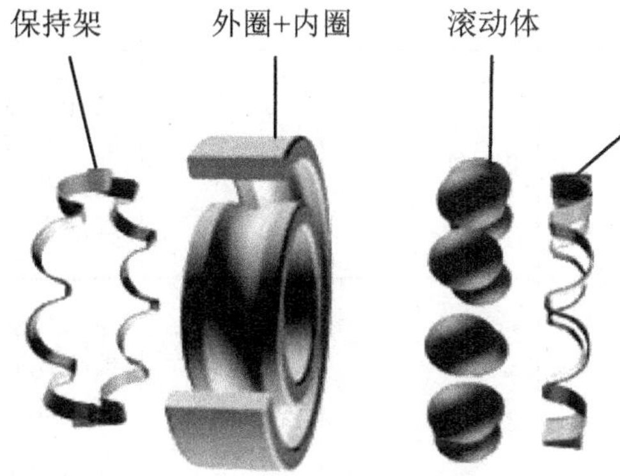

图 11-4　滚动轴承的构造

滚动轴承具有摩擦阻力小、启动灵敏、效率高、润滑方便、互换性好等优点。其缺点是抗冲击能力较差，高速时易出现噪声，工作寿命较短。

11.2.2　滚动轴承的类型

滚动轴承按受载方向，可分为向心轴承和推力轴承两大类，向心轴承主要受径向载荷，推力轴承主要承受轴向载荷。

滚动体是滚动轴承中的关键零件，按滚动体形状，轴承可分为球轴承与滚子轴承两大类，其形状如图 11-5 所示。

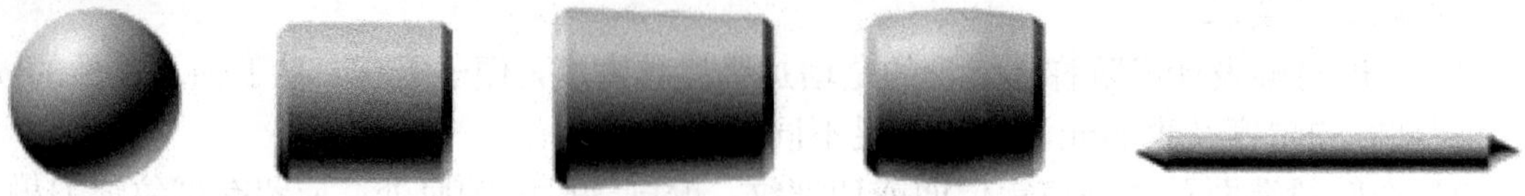

图 11-5　滚动体种类

滚动轴承的基本类型及特性如表 11-3 所示。

表 11-3　滚动轴承的基本类型及特性

轴承类型及代号	结构简图	极限转速比	允许偏差	基本额定动载荷比	特性和应用
调心球轴承 1	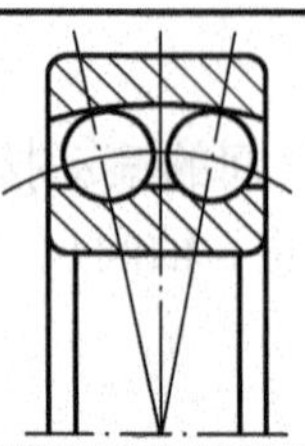	中	2°～3°	0.6～0.9	主要承受径向载荷，同时也能承受少量的轴向载荷。由于外圈滚道表面是以轴承中点为中心的球面，故能自动调心
调心滚子轴承 2	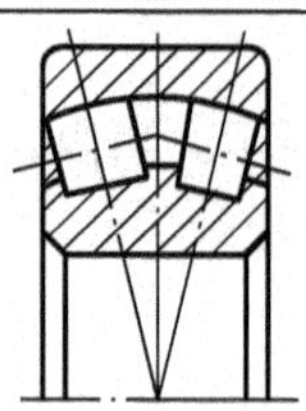	中	1°～2.5°	1.8～4	能承受很大的径向载荷和少量轴向载荷。承载能力强，具有自动调心性能
推力调心滚子轴承 2	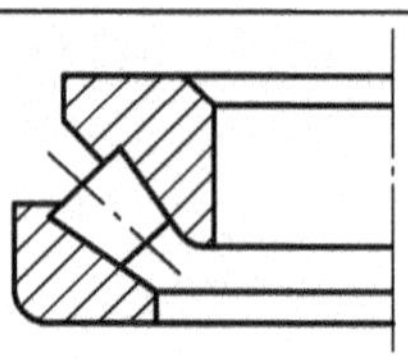	低	2°～3°	1.7～2.2	允许滚道是球面形的，能适应两滚道轴线间的角偏差及角运动。具有可分离部件，轴承为可分离型
圆锥滚子轴承 3	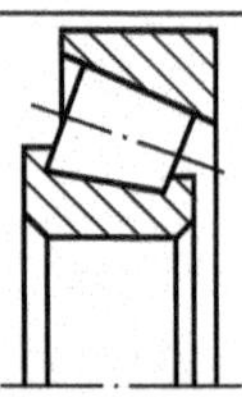	中	2′	1.1～2.5	能同时承受较大的径向、轴向载荷，因系数接触，承载能力大于“7”类轴承。内外圈可分离，装拆方便，成对使用
推力球轴承 5	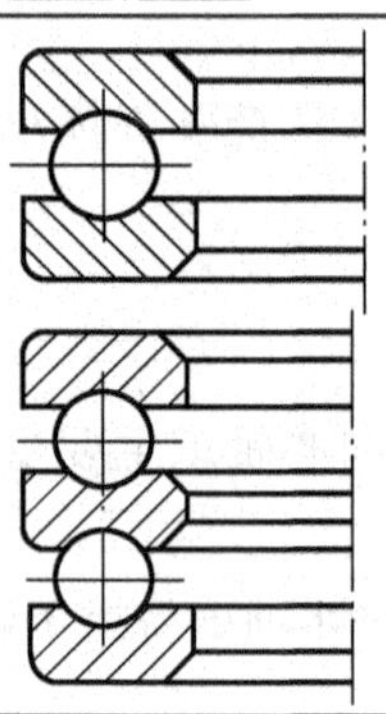	低	不允许	1	只能承受轴向载荷，而且载荷作用线必须与轴线相重合，不允许有角偏位。有两种类型：单列和双列。高速时，因滚动体离心力大，球与保持架摩擦发热严重，可用于轴向载荷大、转速不高之处

续表

轴承类型及代号	结构简图	极限转速比	允许偏差	基本额定动载荷比	特性和应用
深沟球轴承 6	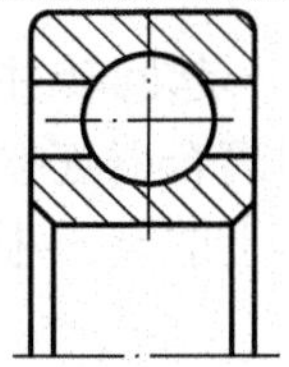	高	2′～10′	1	主要承受径向载荷，同时也可承受一定的轴向载荷。当转速很高而轴向载荷不太大时，可代替推力球轴承承受纯轴向载荷
角接触球轴承 7		高	2′～10′	1.0～1.4	能同时承受径向、轴向联合载荷，接触角越大，轴向承载能力也越大，通常成对使用，可以分装于两个支点或同装于一个支点上
圆柱滚子轴承 N	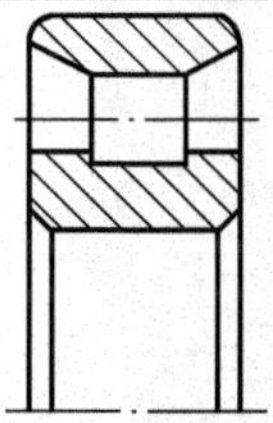	高	2′～4′	1.5~3	能承受较大的径向载荷，不能承受轴向载荷。因为是线接触，内外圈只允许有极小的相对偏转
滚针轴承 NA	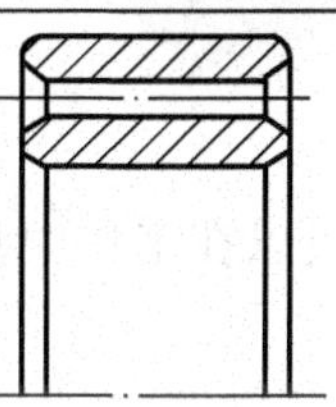	低	不允许	—	只能承受径向载荷，承载能力强，径向尺寸小。一般无保持架，因而滚针间有摩擦，极限转速低。因为是线接触，不允许有角偏位。可以不带内圈

11.2.3 滚动轴承的代号

国家标准 GB/T272－1993 规定的轴承代号由前置代号、基本代号、后置代号组成。其中基本代号是核心，前置和后置代号是补充代号，一般情况可省略。

1．基本代号

基本代号表示轴承的基本类型、结构和尺寸，是轴承代号的基础。一般由 5 个数字或 1 个字母加 4 个数字表示。

2．前置代号

前置代号在基本代号段的左侧用字母表示。它表示成套轴承的分部件（L 表示可分离轴承的分离内圈或外圈；K 表示为滚子和保持架组件）。

3．后置代号

后置代号为补充代号，轴承在结构形状、尺寸公差、技术要求等有改变时，才在基本代号右侧予以添加，一般用字母表示，与基本代号相距半个汉字距离。后置代号共分为 8 组。

11.3 联轴器、离合器与制动器

联轴器和离合器主要用来连接不同机器或部件的两根轴，使它们一起回转并传递转矩。用联轴器连接的两根轴只有在机器停车时才能拆卸并分离它们，而利用离合器连接的两根轴在机器转动过程中能够方便地实现分离和结合。制动器主要是用来使机器上的某一根轴在机器停车后立即停止运转，实现制动。

1. 联轴器

按其结构特点，联轴器可以分为刚性联轴器和弹性联轴器两种。

（1）刚性联轴器。刚性联轴器是通过若干刚性零件将两轴连接在一起的，它有多种结构形式：凸缘联轴器、套筒联轴器和万向联轴器，如图 11-6 所示。

图 11-6 刚性联轴器

（2）弹性联轴器。弹性联轴器包含有弹性零件的组成部分，所以在工作中具有较好的缓冲和减振作用。主要有弹性圆柱销联轴器和尼龙柱销联轴器两种。

2. 离合器

离合器的主要形式有嵌入式离合器和摩擦式离合器两种。嵌入式离合器是依靠齿的嵌合来传递转矩的，摩擦式离合器主要是靠工作表面之间的摩擦力来实现扭矩的传递的。

（1）嵌入式离合器。常用的嵌入式离合器主要有牙嵌离合器和齿轮离合器两种。齿轮离合器如图 11-7 所示。

图 11-7 齿轮离合器

（2）摩擦式离合器。摩擦式离合器分为圆盘式、圆锥式和多片式等类型，汽车自动变速器上的离合器主要应用的就是多片式离合器，如图 11-8 所示。

图 11-8　多片式离合器

3. 制动器

常用的制动器主要有片式制动器、鼓式制动器和带式制动器三种结构形式，它们都是利用零件接触表面所产生的摩擦力来实现制动的。

（1）盘式制动器。盘式制动器主要用于汽车制动系的前制动轮中，其结构如图 11-9 所示。

图 11-9　盘式制动器

（2）鼓式制动器。鼓式制动器主要用于汽车制动系的后制动轮中，其结构如图 11-10 所示。

图 11-10　鼓式制动器

（3）带式制动器。带式制动器主要用于汽车自动变速器的制动器中，其结构如图 11-11 所示。

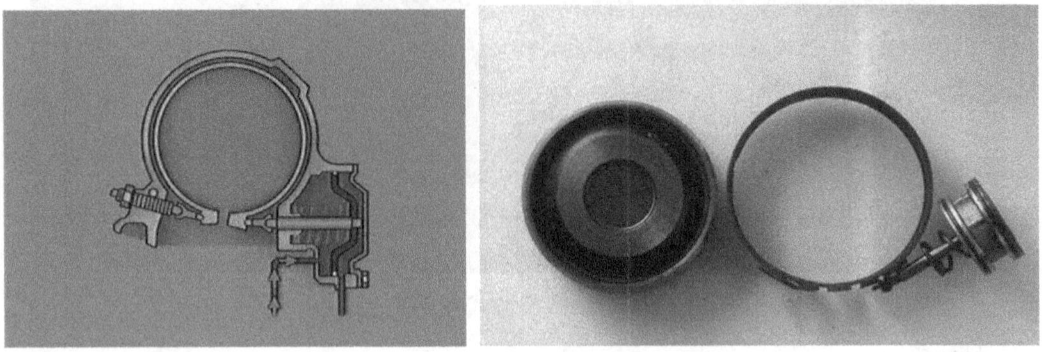

图 11-11　带式制动器

11.4　连接件

连接件是将两个或两个以上的零件合成一体的结构。为了便于机器的制造、安装、维修等，常采用不同的连接方法将零、部件合成一个整体。

（1）不可拆连接。当拆开连接时，至少要破坏或损伤连接中的一个零件，这种连接称为不可拆连接。如胶接、铆钉连接和焊接等。

（2）可拆连接。当拆开连接时，无需破坏或损伤连接中的任何零件，这种连接称为可拆连接。如螺纹连接、键连接和销连接等。

（3）过盈配合连接。过盈配合连接是利用包容件和被包容件间的过盈量，将两个零件连成一体的结构，是介于可拆连接和不可拆连接之间的一种连接。

11.4.1　键连接

键是一种标准件，主要用于轴和轴上零件之间的周向固定，有的还能实现轴零件的轴向固定或轴向滑动。

1. 键连接的类型及应用

键连接可分为平键连接、半圆键连接、楔键连接、花键连接和切向键连接。

（1）平键连接。平键的两个侧面为工作面，上表面与轮毂槽底之间留有间隙。平键连接对中性好、拆装方便、结构简单。平键连接分为普通平键连接、导向平键连接和滑键连接。普通平键的连接如图 11-12 所示。普通平键按其端部形状的不同分为 A 型（圆头）、B 型（方头）、C 型（单圆形）三种，如图 11-13 所示，A 型键在轴上的键槽用端铣刀加工，B 型键在轴上的键槽用盘形铣刀加工，C 型键主要用于轴端处。

（2）半圆键连接。半圆键的工作面为两个互相平行的半圆侧面，其特点是键在轴槽中能绕槽底圆弧曲率中心摆动，自动适应轮毂上键槽的斜度，拆装方便。一般适用于轻载，尤其是锥形轴端部的连接。半圆键连接如图 11-14 所示。

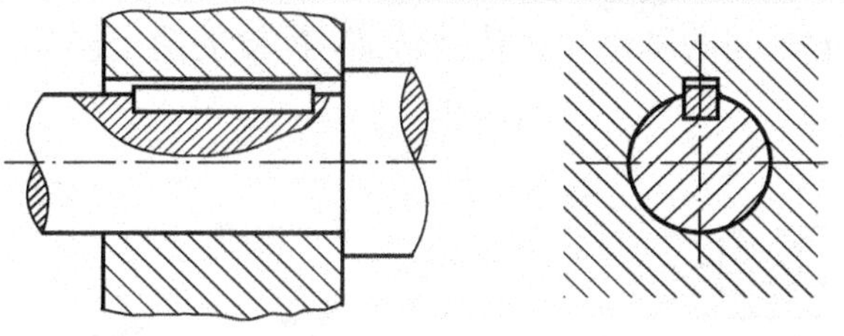

图 11-12　普通平键的连接

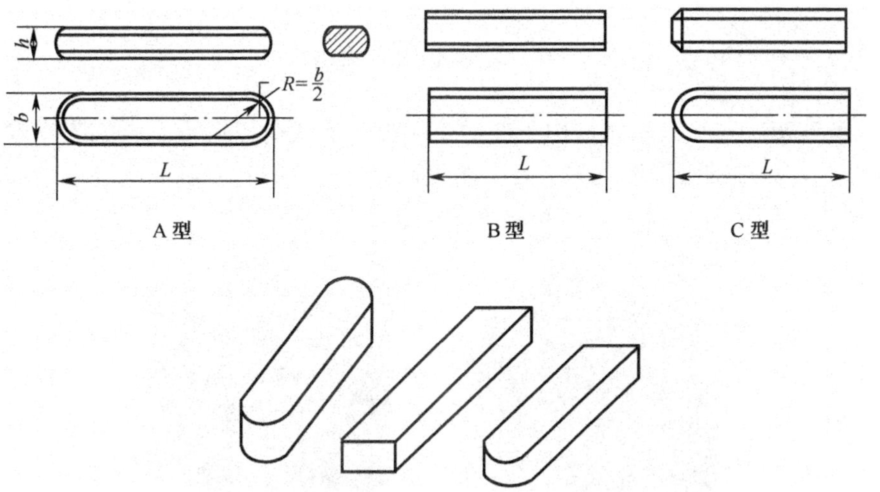

图 11-13　普通平键的类型

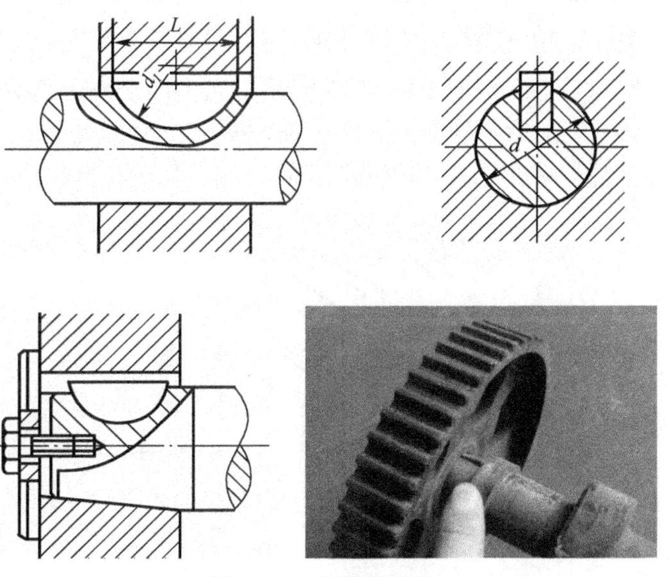

图 11-14　半圆键连接

（3）楔键连接。楔键连接按其结构不同，可分为普通楔键连接（如图 11-15 所示）和钩头楔键连接（如图 11-16 所示）两种。楔键的上表面都有 1:100 的斜度，两个侧面互相平行，上下两面是工作面。装配时将键打入轴与轴上零件之间的键槽内，使工作面上产生很大的压力。

这样工作时靠上下接触面之间的摩擦力来传递转矩，楔键的两个侧面为非工作面，允许与键槽之间有间隙。

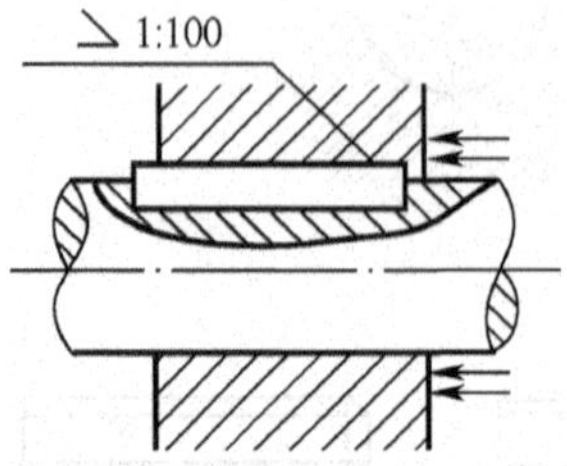

图 11-15　普通楔键连接

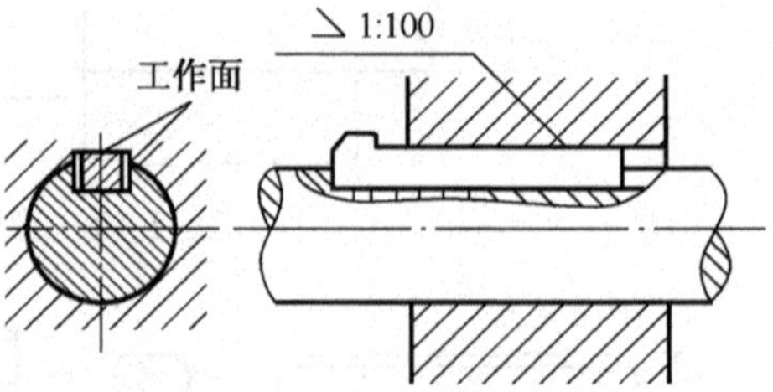

图 11-16　钩头楔键连接

（4）花键连接。与平键相比，由于花键是多齿传递载荷，可承受大的工作载荷；齿浅，齿根应力集中小，对轴的强度削弱轻；定心精度高，导向性好；所以花键连接一般用于载荷较大、定心性要求高的场合。汽车上主要用于手动变速箱上，如图 11-17 所示。

图 11-17　手动变速箱输出轴上的花键连接

（5）切向键连接。切向键连接如图 11-18 所示。它由两个普通楔键组成，装配时两个楔键分别自轮毂两端楔入，装配后，两个相互平行的窄面为工作面。单个切向键只能传递单向转矩。若传递双向转矩，应装两个互成 120°的切向键。

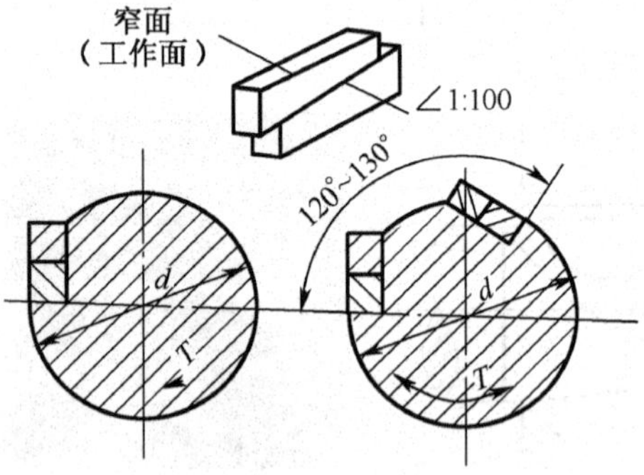

图 11-18　切向键连接

2. 平键的尺寸选择和键连接的强度校核

平键是标准件，一般先根据轴的直径，从标准中选取尺寸，然后进行强度校核。

（1）平键的尺寸选择。根据轴的直径 d 从标准中选择平键宽度 b（高度 h），键的长度 L

应略小于轮毂长度，并与标准中规定的长度系列相符。

（2）平键连接的失效形式及强度校核。平键连接工作时的受力情况如图 11-19 所示。普通平键连接属于静连接，其主要失效形式是连接中强度较弱零件的工作面被压溃。导向平键和滑键连接属于动连接，其主要失效形式是工作面过度磨损。

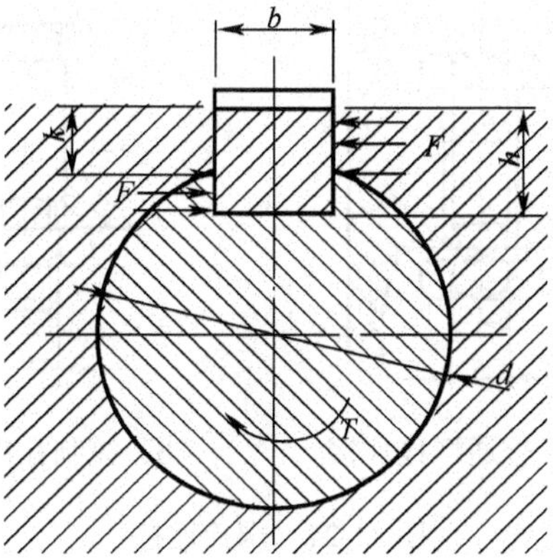

图 11-19　平键连接的受力分析

如果校核后键连接的强度不够，在不超过轮毂宽度的条件下，可适当增加键的长度，但键的长度一般不应超过 2.25d，否则载荷沿键长方向的分布将很不均匀；或者相隔 180°布置两个平键，因考虑制造误差引起的载荷分布不均，只能按 1.5 个键作强度校核。

11.4.2　销连接

销连接主要有三个方面的用途：一是用来固定零件之间的相互位置，这种销称为定位销，它是组合加工和装配时的重要辅助零件；二是用于轴与轮毂或其他零件的连接，并传递不大的载荷，这种销称为连接销，如图 11-20 所示为联轴器上的销连接；三是用作安全装置中的过载剪断元件，这种销称为安全销。大多数销都是标准零件，一般采用 35 号钢和 45 号钢制造。

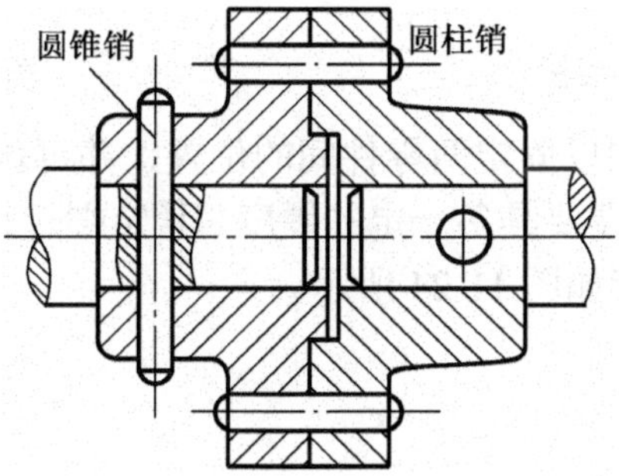

图 11-20　联轴器上的销连接

11.4.3　螺纹连接

1．螺纹连接的类型

螺纹连接是一种可拆卸连接，结构简单，拆装方便，连接可靠，成本低廉，广泛应用于汽车上。螺纹连接有四种基本类型，即普通螺栓连接、双头螺柱连接、螺钉连接和紧定螺钉连接。

（1）螺栓连接。普通螺栓连接的螺杆与孔之间都有间隙，杆与孔的加工精度要求低，使用时需拧紧螺母。普通螺栓连接拆装方便，应用广泛，如图 11-21 所示。

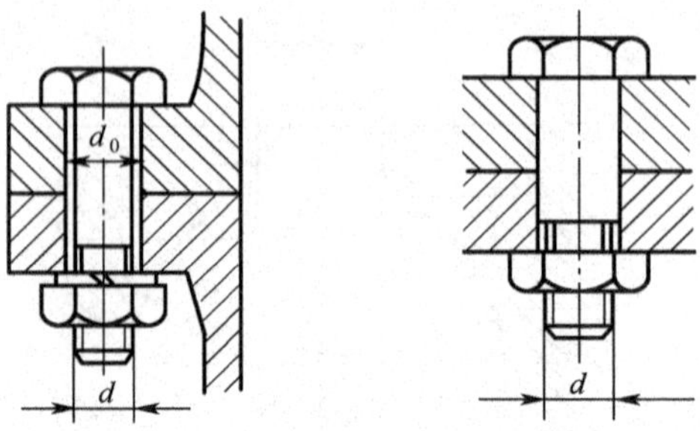

（a）普通螺栓连接　　（b）铰制孔用螺栓连接

图 11-21　螺栓连接

（2）双头螺柱连接。适用于被连接件之一较厚、难以穿孔并经常拆装的场合，拆卸时只需拧下螺母。双头螺柱连接如图 11-22 所示。

（3）螺钉连接。在螺纹连接中只有螺钉，不需要螺母，直接拧入被连接件体内的螺纹孔中，结构简单，但不宜经常装拆，以免损坏孔内螺纹。螺钉连接如图 11-23 所示。

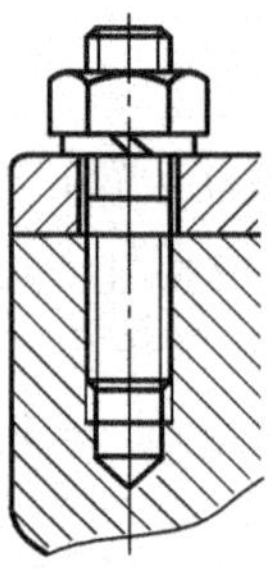

图 11-22　双头螺柱连接

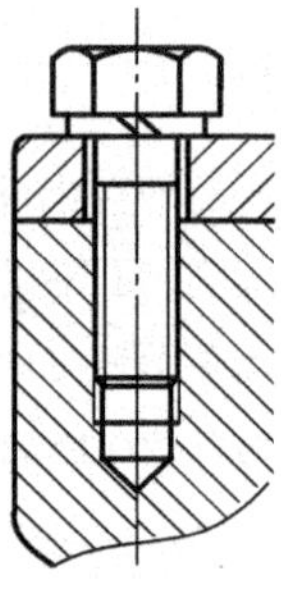

图 11-23　螺钉连接

（4）紧定螺钉连接。常用以固定两零件间的位置，并可传递不大的力或扭矩，它的末端与被连接件表面顶紧，所以末端要具备一定的硬度。紧定螺钉直径是根据轴的直径 D 确定的，$d \approx (0.2 \sim 0.3)D$。紧定螺钉连接如图 11-24 所示。

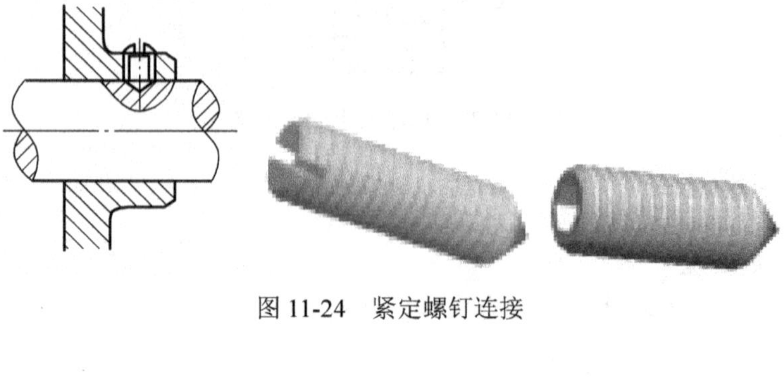

图 11-24　紧定螺钉连接

2. 螺纹连接的预紧和防松

（1）螺纹连接的预紧。螺纹连接预紧的目的是保持正常工作。如汽缸螺栓连接，有紧密性要求，防漏气，接触面积要大，靠摩擦力工作，增大刚性等。通常，拧紧力矩 T（N·mm）和螺栓轴向预紧力 F_0 间的关系为

$$T\approx 0.2F_0 d\ (\mathrm{N\cdot mm})$$

（2）螺纹连接和防松。在静载荷和恒温条件下，对于 M10～M64 的普通螺纹连接，螺纹升角 γ=1.5°～3.5°，当量摩擦角 $\rho_v\approx 9.8°$，因此满足自锁条件 $\gamma<\rho_v$，自锁可靠，一般不会松动。但如有冲击、振动、变载或温度变化，会使螺旋副间的预紧力瞬时减小或消失，使连接失效。因此，为了确保螺纹连接的可靠性，必须采取防松措施。

1）摩擦力防松。双螺母、弹簧垫圈、尼龙垫圈、自锁螺母等。

2）机械防松。开槽螺母与开口销、圆螺母与止动垫圈、弹簧垫片、轴用带翅垫片、止动垫片、串联钢丝等。

3. 提高螺栓连接强度的措施

要提高螺栓连接的强度，主要在于提高螺栓的强度，特别是疲劳强度。但影响螺栓强度的因素有很多，如结构、材料、载荷和应力的特性、制造和装配的质量等。

（1）避免附加弯曲应力。尽量避免制造和装配误差及结构的不合理而使螺栓产生附加弯曲应力。

（2）减小应力集中。螺纹的牙根和收尾、螺栓头部到栓杆的过渡处、螺栓杆的截面变化处都是产生应力集中的部位。因此，在这些地方采用较大的圆角半径以及使螺纹收尾部分平缓过渡，都能减小应力集中以提高螺栓的疲劳强度。

（3）改进工艺措施。首先，制造螺栓应尽量采用辗压方法，因辗压螺纹是通过材料的塑性变形而形成的，金属纤维不像车削时那样被切断；其次，冷镦头部因冷作硬化而使螺纹表面层留有残余压应力，故螺纹的强度比车削的高。此外，螺栓经过氮化等表面硬化处理也能提高其强度。

11.5　弹簧

弹簧广泛应用于机械中，受到外力后能够产生较大的变形，从而能够把机械能或动能转变成弹簧的变形能储存起来，卸掉外力之后，这种弹簧就立即恢复原状，从而又把变形能转变成了原来的机械能或动能。

1. 弹簧的作用

（1）缓冲和吸收振动。

（2）控制机构的运动。

（3）储存能量作为动力源。

（4）测量力和力矩。

2. 弹簧的类型、特点和应用

弹簧多为合金材料制作而成，按其所承受的载荷不同，可以分为拉伸弹簧、压缩弹簧、扭转弹簧和弯曲弹簧等；按其形状的不同，可以分为螺旋弹簧、碟形弹簧、环形弹簧、涡卷弹簧、板弹簧和片弹簧等。

常用弹簧的类型、特点和应用如表 11-4 所示。

表 11-4　常用弹簧的类型、特点和应用

名称	结构简图	特点和应用
圆柱形螺旋弹簧	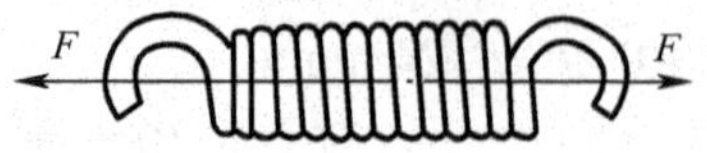 拉伸弹簧 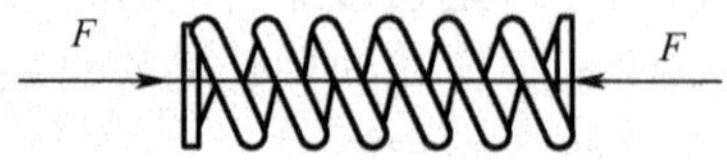 压缩弹簧	结构简单，制造方便；应用最为广泛
圆柱形螺旋扭转弹簧	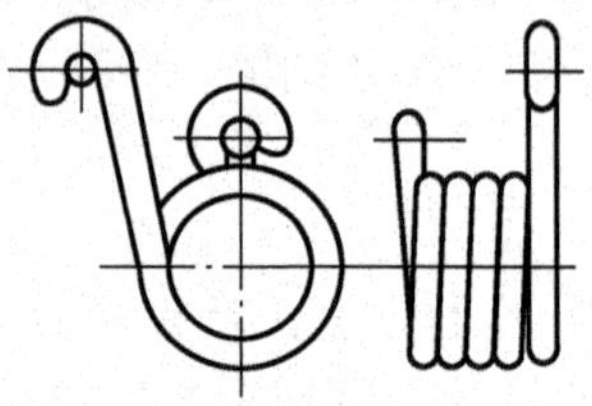	能承受转矩；主要用于各种需要压紧和储能的装置中
圆锥形螺旋弹簧		能承受较大的压力，结构紧凑，稳定性好，防振能力强；主要用于承受较大载荷和减振的场合中
碟形弹簧	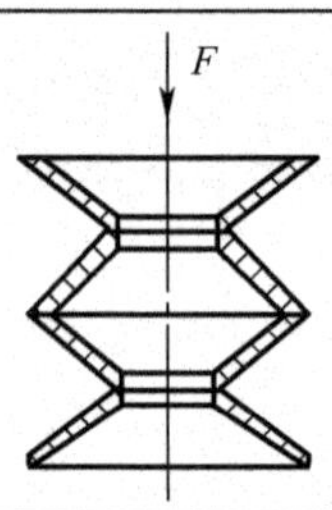	能承受压力，缓冲和减振能力强；主要用于重型机械的缓冲和减振装置中
环形弹簧	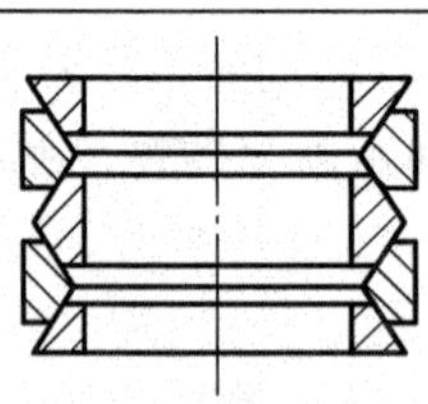	能承受压力，是目前最强的压缩和缓冲弹簧；主要用于重型设备的缓冲装置中
涡卷弹簧	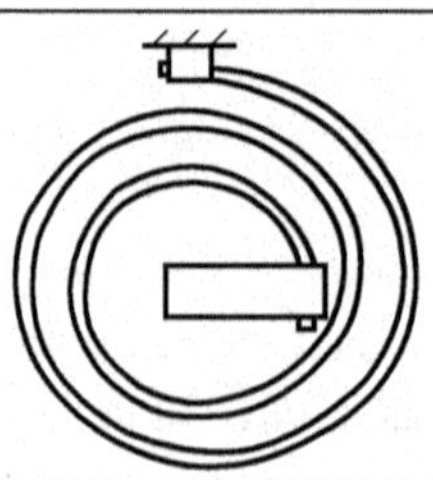	能承受转矩，能储备较大的能量；主要用作各种仪器、钟表的储能弹簧（发条）

续表

名称	结构简图	特点和应用
板弹簧	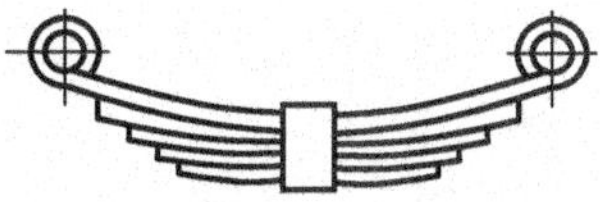	能承受较大的弯曲载荷，该弹簧变形大，吸振能力强； 主要用于皮卡及重型载重汽车的悬挂装置中

有些弹簧不是用合金材料制成的，如图 11-25 所示为汽车电控悬架上使用的空气弹簧。这种弹簧是用橡胶制成的。

图 11-25　空气弹簧

1. 轴的主要功用是支承旋转零件（如齿轮、带轮、联轴器等）并传递运动和动力，是组成机器的重要零件之一。

2. 滚动轴承是各类机器中广泛应用的重要部件，它是依靠主要元件间的滚动接触来支承转动零件的，具有摩擦阻力小、易起动、对转速及工作温度的适用范围宽、轴向尺寸小、润滑及维修保养方便、有较好的互换性等优点。

3. 联轴器和离合器主要用来连接不同机器或部件的两根轴，使它们一起回转并传递转矩。用联轴器连接的两根轴只有在机器停车时才能拆卸并分离它们，而利用离合器连接的两根轴在机器转动过程中能够方便地实现分离和结合。制动器主要是用来使机器上的某一根轴在机器停车后立即停止运转，实现制动。

4. 连接件是将两个或两个以上的零件合成一体的结构。为了便于机器的制造、安装、维修等，常采用不同的连接方法将零、部件合成一个整体。

5. 弹簧广泛应用于机械中，受到外力后它能够产生较大的变形，从而能够把机械能或动能转变成弹簧的变形能储存起来，卸掉外力之后，这种弹簧就立即恢复原状，从而又把变形能转变成了原来的机械能或动能。

习题11

一、填空题

1．轴的主要功用是支承________零件，并传递________和________。

2．根据承载情况不同，轴可分为________、________和________三类。

3．根据轴线形状，轴又可分为________、________、________。

4．轴的主要失效形式为________，轴的材料应具有较好的强度、韧性及耐磨性。

5．对轴的要求是：根据受力情况设计合理的尺寸，以满足________和________需要；还必须使轴上零件可靠地________和________；同时便于________、________和________。

6．零件在轴上的轴向定位和固定可采用________、________、________、________及________等方法。

7．滚动轴承一般由________、________、________和________组成。

8．滚动轴承按受载方向，可分为________轴承和________轴承两大类。

9．轴承代号由________代号、________代号、________代号组成。

10．弹簧多为合金材料制作而成，按其所承受的载荷不同，可以分为________弹簧、________弹簧、________弹簧和________弹簧等。

二、简答题

1．轴上常用的定位结构是什么？

2．轴的结构工艺要求有哪些？

3．键连接的主要作用是什么？

4．普通平键有哪三种类型？各用于什么场合？

5．螺纹连接中的外力是怎么产生的？为了避免这些外力的产生，应采取什么措施？

6．弹簧的作用有哪些？

7．螺纹连接的类型有哪些？

8．提高螺栓连接强度的措施有哪些？

参考文献

[1] 邱国庆．液压技术与应用．北京：人民邮电出版社，2006.

[2] 王鹏．汽车机械基础．北京：北京理工大学出版社，2006.

[3] 刘跃南．机械基础．北京：高等教育出版社，2002.

[4] 康国初．汽车机械基础．重庆：重庆大学出版社，2008.

[5] 寇世瑶．机械制图．北京：高等教育出版社，2007.

[6] 赵大兴，庞璐，李汉平，谭姝．现代工程图学教程．武汉：湖北科学技术出版社，2004.

[7] 于梅．机械制图．南京：东南大学出版社，2005.

[8] 邹吉权．公差配合与技术测量．重庆：重庆大学出版社，2004.

[9] 寇世瑶．机械制图习题集．北京：高等教育出版社，2007.

[10] 常春．材料成形基础．北京：机械工业出版社，2004.

[11] 杨克桢，程光蕴．机械设计基础．北京：高等教育出版社，1999.

[12] 张桂华．汽车材料与金属加工．济南：山东科技出版社，2007.

[13] 李明惠．汽车应用材料．北京：机械工业出版社，2008.

[14] 胡如夫．汽车机械基础．杭州：浙江大学出版社，2006.

[15] 王鹏．汽车机械基础．北京：北京理工大学出版社，2006.

[16] 贾利敏，时建，杨峻峰．机械基础．济南：山东科技出版社，2007.